U0139035

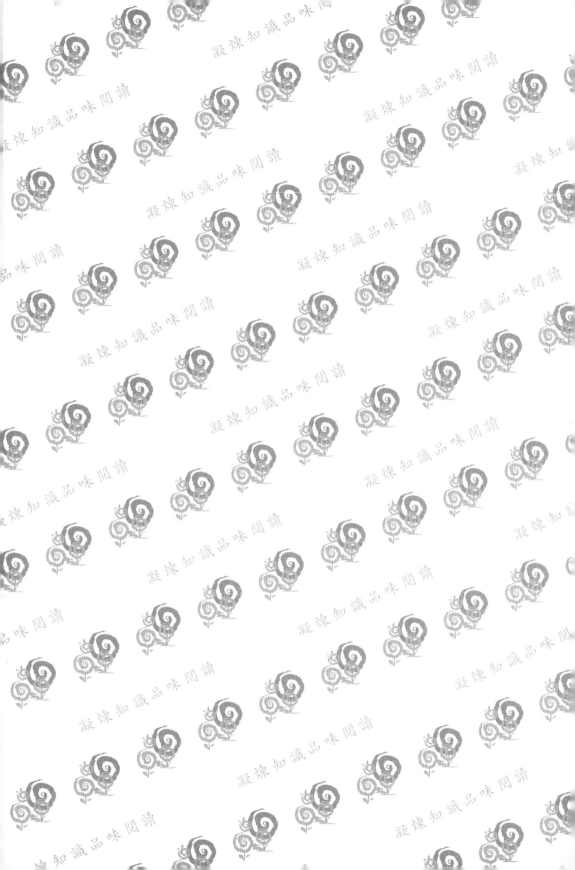

老師，你也可以這樣做！

校園法律實務與理念

財團法人民間公民與法治教育基金會 著

黃旭田律師 策劃

林佳範教授、張澤平律師、林孟皇法官、高涌誠律師、
洪鼎堯老師、陳端峰老師、劉麗媛老師 主編

五南圖書出版公司 印行

五版序，寫在釋字第784號解釋作成之後

黃旭田／財團法人民間公民與法治教育基金會董事

　　《老師，你也可以這樣做！》初版至今已逾十五年，四版至今也逾八年。二十多年前我們開始接觸校園內的老師，注意到老師們會對於輔導管教學生的分寸感到困擾，於是我們嘗試以Q&A的方式提供老師們思考：「何者應為」、「何者可行」、「何者不可行」，初版問世後迄今我有二個欣慰、二個遺憾。

　　第一個欣慰是，這本書至今共發行四版41刷；合計逾42,000冊，以銷售成績來說，讀者們肯定了我們幫助老師的初心。

　　第二個欣慰是，教育部在96年6月22日發布修正的「學校訂定教師輔導與管教學生辦法注意事項」（下稱注意事項）內容非常詳細，且處理的問題相當貼近實務現場，應該多少有受到本書的影響。如果把注意事項想成「教科書」，那本書就像「參考書」，而有趣的是參考書還比教科書先問世，但無論如何，如果能夠合併閱讀，相信老師們會更有收穫，在教學現場更有自信。

　　而第一個遺憾是，本書拋磚引玉後，十多年來迄今市場上仍沒有看到與我們類似、兼顧理論與實務的輔導與管教參考書籍，不免有幾分孤寂感。

　　另一個遺憾是，前述注意事項發布至今也已十多年，但我個人在全台各地演講，仍然發現多數老師並未注意到自己的學校早已經依據前揭注意事項訂有相關辦法，顯然無論師資培育乃至教師在職進修，在這方面仍有不足。

　　四版迄今，司法院的大法官們繼釋字第684號解釋後，又在去（108）年

10月作出釋字第784號解釋，變更了釋字第382號解釋的見解，大法官們宣示「各級學校學生認其權利因學校之教育或管理等公權力措施而遭受侵害時，即使非屬退學或類此處分，亦得按相關措施之性質，依法提起相應之行政爭訟程序以為救濟，無特別限制之必要」。簡言之，得尋求行政救濟的主體不再只是釋字第684號的大學生；受保障的權利範圍也不限於釋字第382號所指涉的「退學或類此處分」這類重大影響「學生受教育的權利」之情形。今後凡是學生認為其權利在教育場域內受公權力措施侵害都能尋求司法救濟。釋字第784號解釋問世後，學生的權利保護大致已經與一般人相當。

當然，有些老師會質疑是不是將來老師的一言一行都有「被告」的風險？其實老師們不必擔心，大法官也指出「學校基於教育目的或維持學校秩序，對學生所為之教育或管理等公權力措施（例如學習評量、其他管理、獎懲措施等），是否侵害學生之權利，則仍須根據行政訴訟法或其他相關法律之規定，依個案具體判斷，尤應整體考量學校所採取措施之目的、性質及干預之程度，如屬顯然輕微之干預，即難得構成權利之侵害。」、「又即使構成權利之侵害，學生得據以提起行政爭訟請求救濟，教師及學校之教育或管理措施，仍有其專業判斷餘地，法院及其他行政爭訟機關應予以較高之尊重，自不待言」。

換言之，校園內師生間許多瑣瑣碎碎的互動，如果只是「顯然輕微的干預」，並不會構成對學生的權利侵害，也就是「告不成啦！」另外法院對學校或老師的做法（措施）是要給予較高的尊重的，即使不是顯然輕微的干預，要法院認定學校不當侵害學生的權利，也沒有那麼簡單。

總而言之，我們樂見司法救濟的大門無差別地為學生打開，但也理解全國數百萬計的師生間無時無刻都有互動關係，客觀上也不可能事事成為司法爭訟的標的。否則不要說是司法機關無法負荷，客觀上也恐怕會造成教育現場寸步難行。

然而究竟應面對釋字第784號解釋？我個人有以下的建議：

一、老師們還是要思考「為何要管？為何要這樣管？」每一個輔導管教學生的措施一定是為某一個教育目的；另一方面，即使「師出有名」，還是要合乎法治國比例原則、平等原則、人性尊嚴的尊重等種種要求，而具體的做法建議大家多檢閱教科書（各校的辦法）與參考書（本書）。

二、老師的輔導管教準據除了專業判斷，也常涉及校規，像釋字第784號解釋所處理的案例就涉及學校的成績評量辦法，因此學校也應該藉由學生參與有關學生權益（學生學業、生活輔導、獎懲等）規章之會議，來使校規更合法合理，師生間的衝突與摩擦自然會減少，這也就是《高級中等教育法》第55條制定之目的：

《高級中等教育法》第55條
高級中等學校為維護學生權益，對學生學業、生活輔導、獎懲有關規章研訂或影響其畢業條件之會議，應由經選舉產生之學生代表出席；其人數由各校校務會議定之。

三、如果一旦有學生認為權利（益）受侵害，學校應該儘可能在學校內予以處理。如果未來每個學校校內的「學生申訴評議委員會」能夠發揮作用，就不會有多少案件還要走入法院，《高級中等教育法》第54條制定目的即在此，其實《大學法》第33條第4項、第33條之1、第33條之2及《國民教育法》第20條之1第2項、第3項也早有類似的規定。目前校園現場，有些老師會抱怨家長常找民意代表來對學校施壓，其實換一個角度來看，如果正式的申訴程序有效，家長又何必去找民意代表？

我們希望藉由學生在校內的參與，師生間都能更講理、衝突也能大幅減少。又即使仍有歧見，學生申訴制度也能發揮功能，那麼「友善校園」才能

真正落實，而釋字第784號所肯認的學生權利保障，也許不一定要走進法院就能夠達成了。

　　本書本次再版承蒙辛佩羿律師、林佳範教授、林孟皇法官、林煜騰律師、張澤平律師、陳端峰老師及劉金玫律師等悉心將近年相關法規修正配合調整文字，希望能讓本書持續陪伴老師們於工作之中。（民國109年7月）

四版序

黃旭田／財團法人民間公民與法治教育基金會董事

　　時間過得真快，《老師，你也可以這樣做！》籌劃至今已超過十年，從第一版發行至今已超過三萬冊，配合教育部訂頒「學校訂定教師輔導管教學生辦法注意事項」而大幅修訂的第三版發行也已逾四年了。

　　我始終相信沒有教育，國家就沒有未來。但面對劇烈變化的世界，教導孩子們「規矩」的老師，怎麼能沒有一套「規矩」來作準繩？這些日子以來，這本書如果說有什麼微薄的貢獻，那就是帶動了教育現場對輔導管教「該怎麼做」的務實對話與討論；然而不可諱言，教育現場也仍然一再發生輔導管教紛爭的案例，令人慨嘆的是有許多觀念，早經我們提出，看來我們還得更加努力才行。

　　四年來教育法制又有許多變化，包括因應霸凌問題受到重視，《教育基本法》第8條有所修正，第四版也特別增訂一則〈學生發生疑似霸凌事件，學校及老師應如何處理？〉，並收錄林佳範教授的〈老師，你也可以這樣做！淺論對霸凌的認識與對策〉供讀者參考。此外，《兒童及少年福利法》全文增修，並更名為《兒童及少年福利與權益保障法》，顯示政府與民間對兒少權益的重視。而針對所謂「狼師」的處理及中輟生的輔導、《教師法》與《強迫入學條例》也都有所修正，這些及相關法令的增修，第四版在內容中也都做了必要的調整。此外，也利用這個機會增加收錄部分判決摘要以供參考。

　　民國100年教育界最大的震撼彈莫過於繼大法官釋字第382號解釋開啟學生接受司法救濟的大門後，1月份公布的大法官釋字第684號解釋更進一步擴

大學生權利受侵害可提起行政爭訟之範圍，將之不再限於退學或類此處分，此次再版也特別收錄本人一篇短文〈如何看待釋字第684號解釋〉供各界參考。

　　最後還要向大家報告一個消息，本書的策劃發行一直都是由財團法人民間司法改革基金會主其事，民間司法改革基金會長期以來關心國內教育現場，早期設有「法治教育小組」，其後與中華扶輪教育基金會、台北律師公會合組「法治教育向下扎根特別委員會」，2006年正式設立「法治教育向下扎根中心」，去(100)年，在扶輪社友、律師界及各方的鼓勵下，以「法治教育向下扎根中心」為基礎，正式擴大獨立為「財團法人民間公民與法治教育基金會」。因此自第四版起，本書的策劃發行也更改掛名。

　　不過，無論用什麼名稱，我們藉由《老師，你也可以這樣做！》搭起教育界與法律界的橋梁，讓關心教育的朋友為教育彼此加油打氣的初衷永遠不變。

　　歡迎來拜訪我們（民間公民與法治教育基金會www.lre.org.tw）和我們一起繼續努力。（民國101年5月）

三版序

黃旭田／財團法人民間公民與法治教育基金會董事

　　《老師，你也可以這樣做！》三版終於與讀者見面了。

　　大約五、六年前，因為感受到教育現場的老師們每每為輔導管教學生所苦，而許多問題非但有不同的教育觀點，更可能涉及見解不一的法律觀點，因此邀集民間司改會法治教育小組的伙伴著手編寫本書，希望提供一個法律與教育對話的平台，也希望更多法律人（特別是律師）面對來自教育現場的詢問予以回答時，儘可能避免「一人一把號，各吹各的調」，反而讓教育界的伙伴更加困擾。

　　初版發行後，意外地獲得不少來自教育界的正面肯定，證明我們的看法沒有錯，老師們在學校的工作就是教導孩子「守規矩」，如果把道理講清楚，老師們一定會樂於遵照（法律與教育的）規矩去從事輔導管教工作，那麼一些無謂的糾紛與困擾一定會降到最低、減到最少。如果過去老師們沒有做好，那不是他（她）們故意的，而是沒有人把「（法律的）規則（規矩）」講清楚，《老師，你也可以這樣做！》就是我們這群法律人（當然還有一些來自教育界的伙伴）的「參考建議」。

　　95年12月27日總統公布了《教育基本法》第8條第2項的修正，修正後的條文是「學生之學習權、受教育權、身心自主權及人格發展權，國家應予保障，並使學生不受任何體罰，造成身心之侵害」這就是所謂「零體罰入（教育基本）法」，依此一法律，教育部歷經半年的討論，在96年6月22日修止公布「學校訂定教師輔導管教學生辦法注意事項」全文48點，此一注意事項的

公布，代表著政府也意識到應該提供第一線的老師及學校在輔導管教學生時有更明確的「行為準繩」，可以算是肯定我們的努力方向，令我們感到無比的欣慰。同時，這次的「注意事項」多達48點，許多條文更分項分款，內容可以說相當完整，一改過往教育部門洋洋灑灑卻不具體的大部頭文章，根本無法作為老師們行為準據的做法，這一回我們願給予教育部肯定。

　　然而徒法不足以自行，新的注意事項要能落實在第一線老師們的教育現場，學生的學習權、身心自主權與人格發展權才真正能獲得保障，這一點仍有待大家一起努力，本書也因應新修訂「注意事項」的公布，全面檢視原本的內容，將絕大多數的Q&A均做不同程度的修正，甚至各篇之前的導讀與原本收錄的四篇文章也都配合修正，另外並增加收錄了林佳範教授特別撰寫的〈綁手綁腳？──淺論教師輔導與管教行為之規範與教育部所訂定之「學校訂定教師輔導管教學生辦法注意事項」〉一文。此外，相關法規與判決摘要也都做了大幅度的增補。希望本書的三版能對老師們在輔導管教工作上有更多的幫助。

　　三年間售出超過二萬本，在台灣出版界雖不是什麼暢銷書，但以高中職以下各級學校約20萬名教師來算，每十位老師就買了一本，閱讀者更應該不止此數，對於這樣的「成績」，我們不敢沾沾自喜，相反地，我們體認到自己更大的責任，去年底，除了原有的法治教育資訊網（http://www.lre.org.tw），民間司改會也承接教育部人權教育諮詢暨資源中心的網站（http://hre.pro.edu.tw/）。我們開闢了一個「校園法律Q&A」專欄，希望持續提供我們的淺見，對教育界能有些許的幫助。畢竟教育就代表台灣未來的希望，讓我們一起加油吧！（寫於民國97年5月）

緣起與本書使用說明

黃旭田／財團法人民間公民與法治教育基金會董事

想要完成這本書，至少想了五年了。

大約在十年前，承王震武教授邀約，加入行政院教改會的研究工作，其後又蒙周志宏教授的召集，加入四一〇教改聯盟「教育基本法小組」的草案草擬工作。從此我就一頭栽進教育圈，再加上民間司改會支持推動法治教育，這十年來，我直接面對學校老師超過五十場次，可是無論談「司法改革」、「法治教育」或是「教育改革」，老師們最關心的還是校園內切身的輔導管教問題。每次的研習活動，我就會知道更多老師們的問題，而我的回答總是令老師們意猶未盡。另一方面，講得愈多，我愈擔心自己講得不妥，而且我知道很少有法律人有機會深入瞭解學校的狀況，而能夠提供老師們深入淺出的回答，於是我開始想，能不能把我每次的回答經過討論後變成文字，讓更多法律人有機會以此為基礎和老師們對話，甚至老師們可以直接閱讀。這樣的心願經由民間司改會法治教育小組的夥伴們一年多以來，數十次的聚會討論，總算呈現在大家面前。

本書內文第一部分是實務篇，是將這些年來我蒐集到的問題，經由小組成員討論，增刪調整為五大類，分別是

一、老師，不要偷看（學生的隱私權與財產權）

二、老師，不要打我（懲罰的極限）

三、老師，你管我（學校規範的正當性）

四、老師，我有了（校園中的性、謊言與暴力攻擊）

五、老師，條子來了（學校與警察、司法機關的協調互動）

　　共四十八個問題。每個問題先由我錄音口述個人看法，再由小組成員整理成文字稿，然後由小組成員經過多次反覆討論，增刪改訂而成，最後定稿的內容，有些甚至與原本我的看法相反，所以這本書絕對是十多位參與者的共同心血結晶。在內容編排上，我們提出問題，並試擬簡要回答，然後再分就「法律觀點」、「教育觀點」、「處理建議」、「延伸思考」提出看法。本書希望讓老師們可以實際使用在教室裡，所以避免鋪陳深澀的理論，也避免太多抽象說明，儘可能具體提出我們的看法與建議的做法。

　　上述編排方式對於各個題目的說明固然明確，但總數將近五十個題目使得本書稍嫌零散，因此我們由林佳範教授、洪鼎堯老師、高涌誠律師、張澤平律師和我本人在這五大類之前分別撰寫一篇導讀，作為個案閱讀前的基礎，也可以作為個案閱讀後的歸納。

　　另外，為使讀者拿到這本書，看完實務篇後，有心做更多探索，或是希望瞭解相關法規與法院見解時，立刻能做進階的閱讀，本書後半有豐富的教育與法律理念之探討，理念篇是民間司改會過去舉辦法治教育研習活動時，所發表的部分內容之摘選，非常值得一看。其次關於輔導管教的基本法規，我們選錄了《教育基本法》、《教師法》、《少年事件處理法》、《性別平等教育法》、少年不良行為及虞犯預防辦法，以及教師輔導與管教學生辦法，其中「教師輔導與管教學生辦法」已在民國92年10月16日廢止，但是目前各級學校依據《教師法》各別制訂之辦法在內容上與之大同小異，為便於說明，仍將之選錄，且在內文中大量引用。

　　附錄的第二部分是八則有關校園輔導管教問題的法院判決摘要，判決書內容一般比較長且有固定的格式，因此許多人不習慣閱讀，所以我們試著作成摘要，供大家參考，如果想深入瞭解，當然可以找判決全文來看。讀者們如果知道有關校園輔導管教的判決，也歡迎提供給民間司改會，也許有機會來日增補在內容裡。

　　在這本書裡，有十多位夥伴一年多的付出，我們不敢說提供了「標準答案」，只能算是提供老師們一個思考與行動的參考，希望各級學校能正面協助老師們面對問題，就校園內各式各樣的輔導管教問題，依其性質，提出具體可行的辦法。同時依照《教師法》的授權，妥適制定各校的輔導管教辦法，讓老師們在輔導管教學生時，有明確的依循，為所當為，不為所不當為，不再充滿疑慮，甚至誤蹈法網。這樣這本書也算是拋磚引玉，對教育界有微薄的貢獻。

　　最後，我要感謝我一生中所有的老師，由於許多老師們的言教與身教，讓我始終願意為別人做一點事，當然還要感謝民間司改會法治教育小組的夥伴與我一起圓夢。（寫於民國93年）

老師　我們不必怪自己

吳忠泰 / 前全國教師工會總聯合會副理事長、前全國教師會理事長

　　民間司改會再度出版本書，我一直對該會願花不少心力在校園的法治教育深感敬佩，這次版本修正和《教育基本法》正式列入「學生不受任何體罰」文字有關，民間司改會也積極調整本書內容，我願意向作者群表達感謝，這樣劍及履及的熱誠，一定會感染每一個讀者的。

　　然而對於廣大的中小學教師而言，從傳統師範教育走過來，雖然作者言之諄諄，但是最大的閱讀障礙是「倫理」與「法治」的衝突——戒嚴時期的師範院校，根本不教我們這些準老師法學概論，沒有權利意識，只有守法教育當然不足以支撐走出師範校門的新鮮人成為一個法治國的教師，直言之，就是：師培嚴重殘缺。

　　從殘缺的師培（範）走過來的老師，多半在無意識中隨著校內的前輩教導學生，人格成為唯一的內在指南，教師的人格中過於藝術傾向者，其輔導管教不一定合於校方要求，更不一定合於法治人權的規範，人格中奉行嚴管勤教者，更易在多數家長的「肯定」中走向「棒下出高徒」的固定模式。管教要現代化，不只是相關人力要搭配，更是對現職教師的革命——心態上的革命。

　　校園人權的伸張，是我國國家正常化的一段真實腳步，校內的轉型正義包括學生人權與教師人權，我們真的得向英明管理告別，我們真的得向「以為你好為名」告別，我們真的該向快速有效告別，如果在過程中有所失衡，大家都得隨時檢討，而最該收起來的，第一是「永遠是別人欠改革」、第二是「用雙重標準看待人權」，這兩種心態是社會發展的阻礙。

我們曾經熱切地追求校園民主，期待老師表達自己對專業的選擇和堅持，我們曾經深入探討教育經費的運用及分配，想讓它更透明、更充裕，如果校園裡不該有永不犯錯的校長，那麼教師當然也不必處處防衛——我們本來存在反省檢討的空間，尤其在人權的補課。

整整數十年的師範教育沒有教給為人師表的，現在靠民間司改會的朋友來為我們補課，而這中間是願者上鉤的關係，不是指導者與被指導者的關係。如果你認同：過去師生關係的威權化，和教育行政與一般教師的關係是相仿的，如果認同校園民主的你願意掙脫服從關係、掙脫績效主義的校園價值，你就不會再為成績而把師生關係變成獄卒與囚犯的關係，你也就有機會和你的學生一起學習真實的師生關係——那裡不存在壓迫與被壓迫，而是師生一起合作對抗流俗的壓迫。

老師，我們不必怪自己，整整兩個世代的師範教育蹉跎了我們的法治教育，現在，是我們恢復自己、做自己的時候，且讓自己有機會走在平實而艱難的人權路上。（寫於民國97年1月）

融合法律與教育的好書

潘文忠／教育部部長

　　這本民間司改會所籌劃出版的《老師，你也可以這樣做！》是法律人與教育人，針對校園學生輔導與管教問題的對話。具有法律專業背景的老師、律師、法官以及法學教授，從現行的法令規定，分析探討老師在校園中，常常實施的管教與輔導行為（例如：檢查學生書包、搜索學生身體、沒收學生物品、處罰犯錯學生、課後輔導⋯⋯）其合法性的界線與應該注意的事項；具有教育專業知能的老師們，則以自己親身的實務經驗，從教育學的觀點，去思考這些輔導與管教行為的目的性與教育性，提出既合法又能達到教育目的處理建議。

　　這本書的特色，在於它不同於一般坊間的法律書籍，完全站在法律的觀點而寫；也不同於一般的教育書籍，純粹從教育學的論點出發。它是結合法律學與教育學兩門學科，分別從法律觀點去探討學生隱私權、財產權、身體權以及人格權的保障，輔以教育觀點去深究學生行為問題發生的原因，並思考與提出符合教育目的之解決方法。

　　由於以前師資培育的過程，欠缺法律相關的課程，以至於各級學校的老師對於學生的權利義務認知不夠，也因此造成許多侵害學生權利的事情發生，自己都還不知道。隨著政治民主化，以及人權意識的抬頭，校園親、師、生的爭執事件逐漸浮出檯面，身為教育工作者的老師們，對於學生輔導管教尺度的拿捏，往往不知所措。《老師，你也可以這樣做！》以具體的案例呈現，兼具法律觀點與教育觀點的說明，且提出周延的處理建議，值得所

有教育界的同仁仔細研讀。對老師本身而言，閱讀這本書可以當成法律常識的學習，以彌補昔日的不足，且藉由認識與瞭解學生權利的意涵，進而建立人權教育、法治教育的觀念；老師也可以參考書上所提供的處理建議，透過輔導與管教學生的過程，教育學生如何尊重他人的權利，以及瞭解法治觀念的重要性。

學生留著什麼樣的髮式，屬於學生個人審美觀的表現，是意見表現自由的一種態樣，也是身體自主權的一部分。因此，校園裡過於嚴苛且一致化的髮式規範，可能限制個人的審美觀，而侵害到學生的人格權。雖然社會各界對於校園應否廢除髮禁的看法不一，但多數意見認為只要符合「衛生」、「健康」的原則，且經過親、師、生三者，依會議的民主程序決定髮式規範即可。教育部也在94年函文重申髮禁已經解除，並訂定「學校解除髮禁政策應辦事項及作業流程」，以維護學生的權利。為了落實《性別平等教育法》，積極維護懷孕學生的受教權，並提供必要的協助，教育部於94年7月28日頒布了「學生懷孕事件輔導與處理要點」。在初版時，這些保障學生權利的法令規章都還沒訂定，為了讓此書的內容更加完整，在榮獲國立編譯館94年度「獎勵人權教育出版品」好書獎的肯定下，針對部分內容增修並附上新的法令規定。

衷心期盼這本兼具實務與理念的書籍，能喚起每個老師及家長，認真思考學生輔導與管教的問題。也惟有親師之間，對此棘手與深具教育意義的課題密切合作，參酌此書提出的處理建議，共同尋找符合教育目的之方法，才能教育好每一個孩子。（寫於民國95年）

有教育也要有法治

陳傳岳／前民間司法改革基金會董事長

　　民間司法改革基金會（以下簡稱民間司改會）從推動改革工作的經驗中，深切體認到司法改革的力量正如同其他改革一樣，必須是由下而上，勢必要經由民間的推力，才足以使得改革的夢想成為真實。民間司改會成立初期致力於對司法體系的監督活動，諸如法官評鑑、法庭觀察及政策監督等，期望對於法院的活動及司法政策產生一股民間的監督力量。然在活動的過程中我們漸漸體認，「司法」、「法治」這些植基於西方民主法治的觀念，如果無法在我國生根茁壯，再多的改革團體出來搖旗吶喊，都無法引起社會的共鳴與改革。一旦司法改革與民眾產生疏離感，改革的行動也將停留在專業團體與官方的對話之中，無法成為真正屬於民間的力量，司法改革的活力終將日漸消沉。

　　民間司改會有感於此，在民國88年成立法治教育小組，初期從帶領教師參觀法庭的一日遊活動，到每年舉辦的教師法治教育主題性的研討會，以及不定期的司法人文講座與舉辦大專學生生活營等等，各種活動目的都是期望將法律帶到一般人的生活中，讓法律不再只是疏離的白紙黑字，而能落實為生活的一部分，同時傳播正確的法治觀念，為法治社會的健全發展奠立基礎。而該小組亦於91年12月完成《看電影學法律》一書的出版，提供更多法治教育的教材，讓教師們的教學能有更多的選擇。

　　繼《看電影學法律》之後，法治教育小組更將觸角進一步深入校園中，在歷經一年多的討論，彙整完成出版這一本《老師，你也可以這樣做！》，

希望能夠讓對校園輔導管教問題感到困擾不已的老師們，有參考的資料。

　　本書雖非提出所有問題的解答，但卻是企圖從不同的角度，對於老師常面對的一些問題，提供些許可能的「魔法棒」或是「指南針」。我們希望這本書只是一個起點，一個將法治觀念帶入校園，讓法治教育真正落實的起點，也希望因這本書的拋磚，能引發更多的討論。

　　最後感謝本會所有參與法治教育小組的成員（張澤平律師、林佳範教授、黃旭田律師、高涌誠律師、林孟皇法官、劉麗媛老師、洪鼎堯老師、李冬梅老師、葉桑如老師、蔡佳吟律師、汪曉君律師、陳婉容老師、陳秋文老師、林靜萍執行長、黃雅玲、李怡俐、李淑惠），沒有他們耗費一年的時間，開了近二十次會議的討論，且每次會議都不斷為讓內容更完整而挑燈夜戰；沒有所有成員在各自工作之餘，抽空撰寫內容，這本書就不可能完成的。

　　我們深深期望他們為本書的努力，能夠成為推展台灣法治教育的重要經驗，同時更能激發台灣各界人士踴躍加入推動法治教育的行列。（寫於民國93年）

營造人權保障與尊重的校園

黃榮村／考試院院長、前教育部部長

　　隨著社會的發展，人本教育、人權意識的興起，在在考驗著老師們如何在校園中有效的處理學生事務，而近年來亦有許多相關司法判例，更影響到校園中老師與學生或與家長的互動，究竟教師對於教育現場的各種狀況，尤其面臨棘手的學生輔導與管教問題，如何作出符合教育專業又能保障自身權益的決定，成為許多老師所關心的議題。

　　其實，教育與法律應是相輔相成的關係，因為明確的法律規定，除指出管教的適當範圍，更有助於教育觀點的釐清；而教育融合法律，亦可使老師在法的基礎上，找到老師專業責任。民間司改會繼出版看《看電影學法律》一書後，由教育界和法律界合作推出第二本法治教育專書《老師，你也可以這樣做！》，提供教育第一線工作的教師，包括輔導管教問題、師生的互動、老師與家長、學校與學生等情境問題，在實務上的具體建議，對於老師處理學生事務有相當大的助益。

　　透過常見的校園問題來說明與校園有關的法律概念，一來不會讓人覺得法律文字的艱澀，二來更能感受到本書的實用與便利；而每一個問題的答案則細分為「簡答」、「法律觀點」、「教育觀點」、「處理建議」等內容，提供老師們在法律與教育不同專業領域的解答，最後還有「延伸思考」引導教育工作者在面對問題時有更完整的思考，可作為老師們處理各種教育現場問題的參考。

在多元文化衝擊下所產生的諸多社會問題，使得法治社會的建立更顯急迫。教育部自86年與法務部合作推動「加強學校法治教育計畫」以來，逐漸由「預防犯罪」的法律常識推廣轉型為「人權保障」理念的促進，期能營造人權保障與尊重的校園，進而孕育一個民主法治的和諧社會。在此之時，欣見民間團體的努力，也期待未來能看見更多民間團體與教育部一同為我國教育發展投注更多心力。（寫於民國93年）

值得人手一冊的書

黃武雄 / 前台大數學系教授

教育是積極的，法律是消極的。

例如，在教育實踐上，一個好的教師會與學生成為朋友，陪學生一起成長，但法律條文無法規定教師須與學生做朋友，也不能規定教師要變成「好的」教師。

這本民間司改會所籌劃出版的《老師，你也可以這樣做！》卻是難能可貴，結合法律界與教育界的專家學者之力，在保障人權的基礎上，同時探究法律與教育的實務問題，用一問一答的方式，呈現法律觀點與教育觀點，並提出「延伸思考」，使兩種觀點相互契合而益形周延，藉以提升思考的層次。我讀這本書，尤感其字句底層用心良苦。作者群關心基本人權，復懷抱教育熱忱，但拘於法律與教育的現實，下筆謹慎持平，很值得教育界同仁細心研讀。學生與家長亦宜人手一冊，多瞭解校園內外之群己界限。

台灣自76年政治解嚴，迄今已十七年，遺憾的是教育並未解嚴，體罰及過度管教學生之事，日日都在發生，教育要現代化，禁絕體罰是首要之務，只要體罰仍然到處存在，教改便告失敗。最近十年的教育改革，決策者並未從結構上去消弭體罰，讓學生免於校園戒嚴的恐懼。大家同心協力去推動教育解嚴是我們每一個參與教改者不能逃脫的責任。

本書適時的從法律觀點提醒社會，體罰是明文禁止的，書中特別指出：《政府遷台前的教育部曾訂定國民學校及中心國民學校管理規則》第7條：「國民學校及中心國民學校訓育實施，不得施行體罰。」前省教育廳也以

(67)教四字第89391號函重申禁止實施體罰。對於教師體罰是否構成傷害罪？書中進一步分析：

《刑法》第277條第1項

「傷害人之身體或健康者，處三年以下有期徒刑……」

依目前實務上之見解，即使只是輕微瘀青，也構成傷害罪。

另外，父母可以將《民法》第1085條所賦予之懲戒權授權教師代為行使之見解已被摒棄，所以即使父母同意教師可以體罰學生，也不合法。

作者之一林佳範教授特別提醒大家：過去校園之師生關係在傳統倫理上被默認為「準親子關係」，在司法實務上則被視為「特別權力關係」，從而逃避了憲法保障基本人權之規範。但民國84年大法官會議釋字第382號解釋則打破這些觀點，主張憲法保障學生基本人權，當學校之處分影響學生受教之權利，允許學生請求司法救濟，使憲法正式走入校園。

時代在變，政治解嚴之後，法律因應時勢，已走在教育之前，但教育界並沒有意識到這個落差，教育行政機關也沒有認真執行其法令，真正負起它監督的責任，社會則縱容學校繼續體罰學生。書中也談教育觀點，委婉地質問：

是不是老師不使用體罰就無法教學？抽離這些處罰方式就難以從事教育工作？……基於對學生人格的尊重，目前大多數家長已少用傷害的方式去處分，那為人師表豈能背道而行，以愛為名，做到傷害的程度？所以不要讓體罰成為一種常態、慣性，而忽略它的傷害性。

沒有任何教育專業理論支持體罰。事實上教師動用體罰，已悖離其教育

專業，要依賴體罰才能教學，顯示教師已失去其教學資格。教師取得教學資格的要件是要修過教育學分的課程。當這些教育理論的課程排除體罰為教育手段，而教師仍執迷於體罰，則教師便不應為教師，其理至明。

體罰是反教育的，因為體罰的行為直接宣示「赤裸裸的暴力，可以在某種名義之下，被視為正當」。成長過程中，讓孩子不斷看到這種示範，孩子所接受到的訊息是：「只要有某種可以解釋為正當的名義，那麼施加暴力於別人身上也是正當的。」這正是暴力教育。所有的暴力，對於施暴者來說，都不怕找不到正當化的說辭。

訴諸體罰，也會壓抑孩子的自律能力。「為什麼你要被打？因為你無法『自律』，必須依靠『他律』，你才會努力，才會學乖。」當孩子被體罰時，他接受到的是這種訊息，這會使他延緩發展自律的能力，甚至終其一生無法建立起自己要堅守的原則，行事經常陽奉陰違。

「自律」與自我負責的精神，必須在被信任的環境下才得以培養。當我們信任孩子有自律的能力，信任孩子能擔負起責任，孩子才會努力去發展自律的能力與負責的精神，進而從他努力發展出來的成果去肯定自己。人培養自律，並不是容易的事，要給孩子多次機會，對他無條件的信任。懷疑孩子自律的能力，甚或用處罰、用「他律」去要求孩子，便直接在戕害孩子自律精神的形成。

體罰不論哪一種形式，包含青蛙跳、半蹲、跑操場等懲處，最關鍵的弊害在於摧毀人的自我價值感（self-esteem）。健全人格的基礎是自我價值感。一個有自我價值感的人，才會活得自在愉快，也才會積極「進取」，才會不斷超越自己。健全人格的形成，最需善加呵護的便是自我價值感，體罰的惡果則為瓦解人的自我價值感。

本書作者苦口婆心，為了要開導那些依賴體罰才會教學的教師，並讓教師瞭解自己真正的職責，作者群所切入的角度是站到教師的立場，替教師

著想，並擔心教師不小心觸法，這些尤其讓人感動。我個人深切祈望這些還未自覺的教師，能體諒作者群用心良苦，立意良誠，而早日開悟，放棄那些違反教育專業的種種藉口，放下打孩子的鞭子，實實在在發展自己的教學能力，與孩子一起成長。

除了體罰的議題以外，其他種種校園實務，包含學生送老師禮物、書包搜查、手機使用、偷竊、蹺課、性侵害、儀容規定……等校園的日常問題，都從法律與教育兩方面做深入的分析，很值得教師、家長與學生用心研讀。

近年社會漸趨多元開放，校園內的教育問題，不只是學校行政人員與教師可以一手包辦的事，家長參與、社區監督，這些現代教育的發展，將隨著時代變化的腳步，逐日蔚為潮流。家長的意見，學生的感受，越來會越受重視，多種不同角度如何在校園內相互融合而取得平衡，一方面必須藉助於民主與法律，另一方面則需深化教育專業。

我相信，這本《老師，你也可以這樣做！》的適時出現，將發揮啟蒙的功效。（寫於民國93年）

教育與法律的理性邂逅

曾憲政／前國立新竹教育大學校長

　　大多數任教於中等以下學校的教師，為了使教學順利進行，常須投入不少的時間、心力於班級秩序的維持與學生行為問題的處理。也難怪有研究發現，影響國中教師的工作情緒、工作價值與工作投入的變項中，訓導與常規問題是最關鍵的變項了。

　　雖然目前坊間有關如何經營班級常規或如何促進良好師生互動的參考書籍不少，各師資培育機構也多半設有與班級經營相關的課程，只是這些書籍與課程的內容多半是以教育觀點探討教師可能遇到的管教問題，而較少論及可能涉及的相關法律問題。譬如說，教師懷疑學生可能帶了違禁物品到學校來，可以搜查學生的書包嗎？上課時，如遇到學生不聽勸、擾亂課堂秩序的情形，教師可以請學生罰站嗎？可以請學生站到教室外嗎？可以把學生送到學生事務處去嗎？為了矯正學生的行為，而懲罰學生，在實施時不僅要注意有無違背教育學與心理學的原理原則，同時也要注意到有無違反法令規定。在民主法治的社會，教師的所作所為，不能只考慮在「情理」上說得通、出發點符合教育學或心理學上的原理原則，還必須要在「法」上站得住腳，不違反相關的法規。

　　還有，假如學生在學習上有落後的情形，教師可以在放學後，把學生留下來繼續輔導嗎？假如可以，教師要留意哪些事情？又假如學生在學校裡傷到了另一位學生，那麼，校方以及教師有什麼責任嗎？假如學生翹課，在校外發生了事故，校方以及教師需負責嗎？諸如此類的問題，其責任歸屬如何

釐清，可能就需要訴諸法律的仲裁了。

　　這本由民間司改會所籌劃出版的《老師，你也可以這樣做！》，就輯錄了如前述所提的各類輔導管教問題，不僅從教育的角度分析問題，也由法律的角度切入，提供許多寶貴的觀點。在社會環境變遷迅速，師生間因不良的互動所造成的爭議以及與教育現場有關的判決時有耳聞的現今，相信這本《老師，你也可以這樣做！》適時的出版，其內容定能幫助在教育第一線工作的教師、學校的行政人員以及準教師們，做到符合教育專業的要求又合於法律規範，不致因而損及他們自身的權益。此外，由於這本書的內容除了有針對特定問題回答的法律觀點與教育觀點之外，還有處理建議與延伸思考，內容相當的豐富多元，觸及許多與學生的校園生活有關的層面。所以，本書的內容應也能提供教師在校園裡推動公民教育與人權教育時的重要參考。

　　近年來，民間司改會投注不少心力於下一代的教育，連續數年針對學生與教師辦理營隊與其他各項活動，以期法治精神能於未來公民的養成過程中紮根。民間司改會現將各類的輔導管教問題及參考的解決之道彙集成書出版，相信這樣的用心與貢獻不但能使教師與學生獲益，也必有助於法治教育的更進一步落實。（寫於民國93年）

尊師重道與校園民主

呂秀菊 / 前全國教師會理事長

　　台灣的校園長久以來以「尊師重道」和「校園倫理」維繫著井然有序的生活，校園中只有一種聲音，校務會議中安安靜靜地聽校長政令報告，縱使全校有一百多位教師；教室中也同樣安安靜靜地聽老師報告班級公約，縱使班上有五十多位學生，一個口令，一個動作！整齊劃一！

　　自從政府宣布解嚴，尤其在84年《教師法》公布之後，依法行政及校園民主化的呼聲從教師、家長、學生的口中逐步增強，於是教育改革試圖對於長久行政獨大的校園，做一些結構性的改變，但拆解四十年根深蒂固之結構，談何容易！十年走來，一路顛簸，如果「尊師重道」是過去校園的倫理規範，那麼「依法行政」應該是現代校園的基本法則吧！校園中的弱勢族群教師、學生在相關法令公布或修訂後，校園生態儼然產生質變。

　　繼84年《教師法》公布之後，共公布九部新法令，尤其重要的是號稱「教育憲法」的《教育基本法》的誕生，為我們的教育開啓了新的紀元：

一、教師法（92.1.15）

二、教師法施行細則（93.1.20）

三、師資培育法施行細則（92.8.11）

四、教師進修研究獎勵辦法（85.10.9）

五、教師申訴評議委員會組織及評議準則（88.6.29）

六、台灣省高級中等學校處理學生申訴案件實施要點（86.3.4）

七、教師輔導與管教學生辦法（92.10.16廢止）

八、教育基本法（88.6.23）

九、教育經費編列與管理法（89.12.13）

近幾年也同時大幅翻修了多部關鍵法令，尤其是二十年末修訂之《國民教育法》，國民教育因此有了重大的改變！

一、高級中學法（93.6.23）

二、國民教育法（93.9.1）

三、國民教育法施行細則（93.7.26）

四、師資培育法（93.5.5）

五、教育人員任用條例（92.12.17）

六、教育人員任用條例施行細則（91.2.25）

七、台灣省各級學校學生家長會設置辦法（86.9.3）

這些法令和教師、學生、家長、行政人員息息相關。老師在反抗校長威權領導的同時，學生也在挑戰老師的權威！

隨著這些法令的公布、修訂，校園中聲音多了，家長、學生、教師，多元化時代的來臨讓人興奮！異言堂的會議室及教室吵雜熱鬧，看似毫無秩序，實則民主的種子已在校園中悄悄地埋下。

校門打開了，教室門也打開了，可是老師的心仍封鎖著！向來只和單純學生互動，對法規偏弱的老師們，面對新法令不但忽視而且依賴尊師重道之精神食糧，仍試圖維繫校園秩序，於是親師衝突等校園糾紛增加了，校園秩序面臨重大考驗。校園和外面的社會有何不同？校園秩序不是也要靠法律維護嗎？校園為一小型社會，長久維持校園秩序的尊師重道與校園倫理如何在校園民主化的衝擊下找到平衡點，是現代教師應迫切面對的新挑戰。從校長遴選、教師甄選、課程改革、專業自主、家長參與等的鬆綁，讓校園呈現的多元，一向大家習慣整齊劃一的校園怎一個亂字了得！如何建立校園新秩序？如何鬆綁？如何培養成熟的公民社會？體罰的禁忌與迷思？校園意外之

法律量尺為何？教師輔導權與管教權如何正當行使？校園民主化的實踐，大家拭目以待！

　　校園中的主角是學生和老師，隨著家長的參與，親師衝突、教師行政對立、教師專業自主權、學生人權等問題，觀念的改變、法律新知、人權尊重，在失序的校園中應儘速建立的新秩序。然校園自主係依法才有自主權，教師在經師、人師諄諄教誨的「人治」長久洗禮下，切莫忘記「法治」乃教育鬆綁、校園民主化後之基本規範。

　　感謝民間司改會在民主法治教育上已經開始耕耘，期盼一向不熟悉法律的基層教師們，能在樹立「專業權威」形象的同時，能有充分的法律素養，否則當教師專業「權威」發揮時，對學生而言儼然成為是另一種「威權」。相信這一本民間司改會籌劃出版的《老師，你也可以這樣做！》，能提供老師豐富的法律邏輯思考方式，對校園民主化的實踐必有助益！同時相信教師在體認「校園法律」的規範後，「師道」仍將獲得社會充分的「尊重」。

（寫於民國93年）

當教育碰上法律

作者群像（依姓氏筆劃排序）

李冬梅：臺北市立南港高中國中公民老師

李怡俐：國立清華大學科技法律研究所助理教授

汪曉君：現任法官

林佳範：國立臺灣師範大學公領系副教授

林孟皇：現任法官

洪鼎堯：臺北市立大同高中公民老師

高涌誠：現任監察委員

高榮志：現任律師

張澤平：現任律師

許仁豪：現任律師

陳端峰：新北市秀朗國小退休老師

陳秋文：臺北市立蓬萊國小老師

陳婉容：游於藝手作負責人、前臺北市立成淵高中公民老師

黃旭田：現任律師

黃雅玲：許仁豪律師事務所辦公室主任

葉桑如：臺北市立中崙高中公民老師

劉麗媛：新北市立三民高中公民老師

劉金玫：現任律師

蔡佳吟：前民間司法改革基金會工作人員

插　畫：迷你馬（一、二版）

編　輯：李淑惠、林禹青、許珍珍

序

實務篇

十七、釋字第784號解釋（民國108年10月25日公布）

解釋文：
本於憲法第16條保障人民訴訟權之意旨，各級學校學生認其權利因學校之教育或管理等公權力措施而遭受侵害時，即使非屬退學或類此之處分，亦得按相關措施之性質，依法提起相應之行政爭訟程序以為救濟，無特別限制之必要。於此範圍內，本院釋字第382號解釋應予變更。

理由書：
聲請人未成年人張○○（下稱聲請人一）原為臺中市立長億高級中學之學生，因其於中華民國105年11月間叼含香菸，受記小過1次之處分；又因無照騎乘機車，於同年12月間受記大過1次之處分（下併稱原處分）。聲請人一不服，循序提起救濟，經臺中高等行政法院106年度訴字第219號及第220號裁定、最高行政法院106年度裁字第2146號裁定及107年度裁字第141號裁定（下併稱確定終局裁定一），均認原處分未對學生憲法上受教育之權利或其他基本權利造成重大影響，依本院釋字第382號解釋（下稱系爭解釋）駁回其訴。聲請人一因認確定終局裁定一，所適用之系爭解釋，有牴觸憲法第7條及第16條之疑義，侵害其受憲法保障之訴訟權等基本權利，聲請解釋暨補充解釋。
聲請人傅如君（下稱聲請人二）原為新竹市立培英國民中學學生，於103年1月該校舉辦102學年度第1學期第3次定期評量時，請病假而未參加其中一日之評量，後參加補考。依101年8月14日修正發布之新竹市國民中學學生成績評量辦法（下稱成績評量辦法）第15條第2款規定：「學生定期評量時，因公、因病或因事經准假缺考者准予補考。……補考成績依下列規定辦理：二、因事、因病假缺考者，其成績……超過60分者，其超過部分7折計算」，聲請人二嗣於接獲成績通知單（下稱系爭成績評量）後不服，認成績折算部分無明確法律授權，應屬無效，循序提起救濟，經臺北高等行政法院103年度訴字第1101號裁定及最高行政法院103年度裁字第1748號裁定（下稱確定終局裁定二），依據系爭解釋，認定系爭成績評量並非行政處分，駁回其訴。聲請人二復提起再審，迭經最高行政法院104年度裁字第487號裁定（下稱確定終局裁定三）以無理由駁回及同院同年度裁字第934號裁定以不合法駁回。因認確定終局裁定二及三所適用之系爭解釋及成績評量辦法第15條第2款，有牴觸憲法第16條、第21條、第22條及第23條之疑義，侵害其受憲法保障之訴訟權等基本權利，聲請解釋暨補充解釋。
按當事人對於確定終局裁判所適用之本院解釋，發生疑義，聲請補充解釋，經核確有文字晦澀不明、論證不周或其他正當理由者，應予受理（本院釋字第503號、第741號、第742號、第757號及第774號解釋參照）。本件聲請人一及二因確定終局裁定一至三引用系爭解釋作為判決依據，致未能獲得救濟。核其聲請確有正當理由，應予受理。上開二聲請案有其共通性，爰予併案審理，作成本解釋，理由如下：
憲法第16條保障人民訴訟權，係指人民於其權利遭受侵害時，有請求法院救濟之權利。基於有權利即有救濟之憲法原則，人民權利遭受侵害時，必須給予向法院提起訴訟，請求依正當法律程序公平審判，以獲及時有效救濟之機會，不得僅因身分之不同，即予剝奪。
一、系爭解釋應予變更
各級學校學生基於學生身分所享之學習權及受教育權，或基於一般人民地位所享之身體自主權、人格發展權、言論自由、宗教自由或財產權等憲法上權利或其他權利，如因學校之教育或管理等公權力措施而受不當或違法之侵害，應允許學生提起行政爭訟，以尋求救濟，不因其學生身分而有不同。
系爭解釋以人民受教育之權利為憲法所保障，學生因學校之退學或類似之處分行為，足以改變其學生身分並損及其受教育之機會，自屬對其受教育之權利有重大影響，於用盡校內申訴途徑後，得依法提起訴願及行政訴訟，不因其學生身分而受影響。惟如學生所受處分係為維持學校秩序、實現教育目的所必要，且未侵害其受教育之權利者（例如記過、申誡等處分），則僅能循學校內部申訴途徑謀求救濟，不許其提起行政爭訟，係對具學生身分者提起行政爭訟權之特別限制。
系爭解釋所稱之處分行為，係包括行政處分與其他公權力措施。惟學校對學生所為之公權力措

施，縱未侵害學生受教育之權利，亦有侵害前揭其他權利之可能。本於憲法第16條保障人民訴訟權之意旨，各級學校學生認其權利因學校之教育或管理等公權力措施而遭受侵害時，即使非屬退學或類此之處分，亦得按相關措施之性質，依法提起相應之行政爭訟程序以為救濟，無特別限制之必要。於此範圍內，系爭解釋應予變更。

至學校基於教育目的或維持學校秩序，對學生所為之教育或管理等公權力措施（例如學習評量、其他管理、獎懲措施等），是否侵害學生之權利，則仍須根據行政訴訟法或其他相關法律之規定，依個案具體判斷，尤應整體考量學校所採取措施之目的、性質及干預之程度，如屬顯然輕微之干預，即難謂構成權利之侵害。又即使構成權利之侵害，學生得據以提起行政爭訟請求救濟，教師及學校之教育或管理措施，仍有其專業判斷餘地，法院及其他行政爭訟機關應予以較高之尊重，自不待言。

二、不受理部分

聲請人二請求解釋成績評量辦法第15條第2款違憲部分，核其所陳，並未具體指摘該規定於客觀上究有何牴觸憲法之處。此部分聲請與司法院大法官審理案件法第5條第1項第2款規定不符，依同條第3項規定，應不受理。

實務篇

學生的**隱私**權與**財產**權

林佳範

　　檢查學生的書包、翻看學生的書信、沒收學生的玩具等等，這些行為均是耳熟能詳的校園劇情。中等學校的學生，一般而言，均是法律上的未成年人，許多人認為他們不能與成年人享有等同的權利，特別是在學校裡，學生當然需受到學校師長的管理與教導，他們的權利更是受到很大的限制。然而，這樣的想法，固然有它的道理，但是學生在學校即無法主張她或他的隱私權與財產權嗎？

未成年人地位之限制？

　　首先，就學生的未成年人的法律地位而言，未成年人無法行使選舉、罷免、創制、複決等之參政權（憲法第17條），甚至應考試、與服公職之權（憲法第18條）。相似地，因為未成年人之思慮不周，為保護其利益，在其民法的行為能力上，其亦被視為是「限制行為能力人」或「無行為能力人」（民法第13條），而限制其在意思表示上的法律效力。除此之外，基於保護兒童與少年的身心健康，其許多行為如抽菸、喝酒、嚼檳榔、閱讀有害其身心健康之刊物、涉足有害其身心健康之場所等等之行為，皆是法律所不允許（《兒童及少年福利與權益保障法》第43條、第47條）。這些法律限制未成年人、少年與兒童之權利，莫不基於考慮其心智之成熟與保護其身心之利益，但此是否意味著，基於這些理由，學生的隱私權與財產權即不受法律的保

護？

　　我們不要混淆「行為能力」與「權利能力」之觀念。少年是每個人成長過程中的一個時期，作為一自然人如憲法第7條所保障的法律地位之平等，根據民法第6條之規定，少年具有「權利能力」，能享受權利負擔義務之資格是毋庸置疑。此與傳統的法制下，少年係集體人格下之部分人格的觀點是很不同的；傳統的封建體制下，不以「個人」作為享受權利負擔義務之基本單位，且依其身分而享有不同的法律地位；簡言之，少年沒有完整獨立之人格地位，例如於「結婚」這樣的法律行為，並不以當事人雙方本身所能決定，往往需以雙方家庭作為單位而相互交涉。簡言之，於現代的法制下，少年具有完整與獨立的法律人格。

　　然而，少年雖具法律人格之獨立性，惟其人格的自主性，是仍待發展與成熟的。少年一般而言，對其行為於社會上的意義或可能的後果，尚不具認識或欠缺認知的能力。故法律上對其行為能力，不得不設計一套制度，一方面保護少年，另一方面維護社會交易的安全，而區分「完全行為能力人」、「限制行為能力人」、「無行為能力人」，且輔以「法定代理人」之制度。當然，每個人的意思自主能力，事關個人人格成熟度而有所不同，有人早熟有人晚熟，惟顧慮到社會交易的安全，不得不有一明確的規定，故「年齡」成為行為能力區分的明確標準，依《民法》第13條規定：「未滿七歲之未成年人，無行為能力。滿七歲以上之未成年人，有限制行為能力。」另一行為能力的標準，顧慮到結婚後的未成年人，社會生活上實際的需要，故亦承認其行為能力（民法第13條第3項）。簡言之，少年為未成年人，少年於法律上意思表示與受意思表示，一般需要由父母作為其法定代理人輔助之，使其行為不會遭受不明的法律後果。

學生之未成年人之身分，限制了學生的法律行為能力，但並未剝奪其享受權利負擔義務之資格，換言之，其仍享有對特定財產之所有權。學生帶到學校之財物，除非是法律上之違禁品，其仍是歸屬學生或其家長所有，除非是純獲法律上利益或依其年齡與身分於日常生活上所必須（民法第77條），許多財產相關之行為，必須得到法定代理人之允許。在隱私權之享有上，係屬法律所保障之人格權之一種（民法第95條），其並未因其未成年人之身分，而影響其受法律保障之地位與資格。人格權，專屬於個人所擁有，其除無所謂的讓與問題外，更是不可拋棄（民法第17條），故與其行為能力之限制，更是沒有關連，且對其限制，必須不悖於公共秩序或善良風俗。

學生身分之限制？

再者，學生進到校園裡，接受學校的管理與教導，其許多的自由當然受到與其在家裡或社會上不同的限制，就像我們進到圖書館，也是要遵守圖書館的使用規則一樣，大家都遵守這些規則，讓圖書館發揮其效用。學生在學校裡，為使學校的教育功能發揮，當然亦需遵守學校的規定與管理，然而，學生的隱私權與財產權，一進入校園即不受到法律的保護嗎？

民國84年釋字第382號解釋以前，許多學生對於學校對其權益之侵害，並無法尋行政訴願與訴訟的管道，而獲得法律之救濟，蓋從民國41年起即成立之判例，基於所謂「特別權力」關係之理論，因其學生之身分而剝奪其法律救濟之機會，無異於前揭一進入校園即不受到法律的保護。甚者，民國108年大法官通過釋字第784號，更擴大救濟的範圍，「各級學校學生認其權利因學校之教育或管理等公權力措施而遭受侵害時，即使非屬退學或類此之處分，亦得按相關措施之性質，

依法提起相應之行政爭訟程序以爲救濟」。高中老師爲了上護理課，讓學生認識其身體，要求其畫自己身體的私處，學生的隱私權是否受到侵犯？老師的規定合法嗎？這是實際發生在校園裡的實例，引起許多的討論。會引起許多的議論，當然是認爲學生的隱私權有可能受到侵害，所以，前揭的學生的隱私權一進入校園即不受到法律保護，多數人當然不會同意，縱使阻斷其行政救濟的機會，但其仍可尋求民事甚至刑事的救濟可能性。有爭議的或許是在於，爲達成教育的目的，老師所做的規定是否合法，甚至爲達成教育之目的，學生對其隱私之受到侵犯，是否仍應加以容忍？

　　校園裡的許多教育行爲，包括教學上或輔導管教上的行爲，若有法令明文之規定，其當然不得違背相關之規定，若無相關規定或縱有規定，而其職權之行使仍需受制於所謂「比例原則」（《行政程序法》第7條），來檢視其行爲之合理性。以前揭之「畫私處」爲例，首先其並非教學以外之行爲，而係依據其教學職權上之行爲，惟其是否符合比例原則，則視：

　　第一，其所採行之方法，應有助於目的之達成：教師的目的在於讓學生認識其自己之身體，故使學生觀察自己的身體，當然有助於該目的之達成。

　　第二，有多種同樣能達成目的之方法時，應選擇對人民權益損害最少者：教師並非將其列爲唯一的作業，且學生得選擇其他的方式交作業，若選擇自己畫私處做爲作業，教師立即登記成績並交回作業給學生，甚至老師不評分只要有做者即加分之方式，使可能的侵害降到最低者。相反地，若老師並無其他的替代作業之方式，且要求其他同學來收作業，並懲罰未交者，則縱使其目的正當，其仍可能被視爲不當侵犯學生的隱私權。

　　第三，採取之方法所造成的損害，不得與欲達成目的之利益，顯失均衡：若採額外加分方式，使損害降到最低，使學生並無隱私受侵害之虞者，學生因而對自己的身體更加認識，很難認為其利益與損害顯失均衡。相反地，若教師強制學生交出作業，甚至傳閱作業，這樣的做法，很難認為妥適，縱其基於教育之職權且有正當之目的，蓋其對學生隱私權的傷害，是難以彌補。

　　學生的身分，並不當然地讓學生在校園裡喪失其隱私權與財產權，學校基於教育目的之達成，雖可以限制學生的隱私權或財產權，例如打針要求學生脫褲子或限制學生上課玩自己的電動玩具，但其限制必須合理（合乎比例原則），例如要求學生脫光所有衣服，或將學生的玩具打爛，則顯然無法被接受。基於傳統特別權力關係理論，僅因其學生的身分即不受到行政救濟的保護之判例，已被釋字第382號和第784號所推翻；若學生之財產權與隱私權受侵害，其不僅可以提民事的侵權行為賠償之訴訟，更可對於侵害這些權利的行政措施或公權力行使，提起行政救濟。

學生的隱私權與財產權

　　學生的隱私權與財產權，如前所述仍是受到法律的保護，惟校園裡學生有哪些隱私權與財產權呢？學生帶到學校的動產或錢，都有可能是屬於學生或其家長的財產，甚至，限制行為能力人得到法定代理人所允許處分之財產（民法第84條），例如其零用錢，或純獲法律上之利益，例如接受贈品或依其年齡與身分在日常生活所必須者（民法第77條），例如購買福利社所販賣之食品，承認其具有行為能力。

　　隱私的觀念，則有待進一步地釐清，一般而言，我們需要斷定下列之要件來確定需要隱私的情況：（1）誰想要隱私；（2）這個人想要保有什麼樣的隱私；（3）這個隱私不想讓誰知道；（4）他採取了

什麼樣的行動來保有他的隱私。例如下列的情境「小花喜歡唱歌，她只有在每個人都出去時才唱歌」，則依據前揭的要件判斷，我們可以瞭解：

■小花想要有隱私
■她不要別人聽到她唱歌
■她不想屋裡的人聽到她唱歌
■她等到所有人離開以後才唱歌

我們需要瞭解誰在保有隱私，才需要進一步地討論，這樣的保有隱私的需求，是否受到法律的保障。大體而言，我們可以將隱私區分成下列三類：

一、觀察上的隱私：若有人不想要受到他人觀察，例如有人決定一個人獨處，不要遭受別人的觀察。在校園裡，例如有人要上廁所不希望別人跟隨，即表示其需要隱私，或我們不希望別人看到我們換衣服，甚至當有人表示其需要獨處的空間時，我們要注意有隱私的問題出現。

二、資訊上的隱私：若有人不讓別人擁有他個人相關之資料或個人私密資訊，即保有其資訊上的隱私，例如，自己的年齡、身分證字號或與自己有關之私密資訊，例如病患與醫師間或甚至夫妻間等皆是。在校園裡，例如學生不讓他人知道其成績、電話、身分證字號或其他個人有關之私密資訊。以前有案例，學校將學生的電話名冊給補習班，此即明顯侵犯到學生的資訊上的隱私權。

三、行為上的隱私：若有人表示可以自由地表現出各種行為，不受他人干擾即表示個人想要擁有行為上的隱私，例如兩個人離開群體，到旁邊進行不希望別人聽到的談話，即表示這些人想擁有行為上

的隱私。校園裡個人想要與誰交往或個人內衣的選擇，並未與他人有關，即應尊重個人的選擇。

再者，我們必須瞭解每個人對隱私的需求都有所不同，甲同學可能不喜歡在眾人面前更衣，但乙同學可能不以為意，教師需讓學生知道尊重別人的隱私，特別是個人主觀的感受，而不是自己不在乎就認為別人也不會在乎同樣的行為。另外，有時候過度的隱私，會有不利的後果，例如同學離家出走，要求你不要對師長或其家人透露其行蹤，但這樣的保持隱私可能導致你的同學的安危。甚至，若自己有不可告人之事，甚至是違法的事，那當然不可能主張隱私權。所以，並不是所有的隱私都可達到權利的地位，而受到法律的保護。

換言之，生活中人與人相處，難免都會有隱私的需求，但並不是所有的隱私都受到法律的保護，但是其隱私的內容愈是任何人皆需要者，其受到法律的保護則會有愈周延的保障，例如有關個人的資料，很容易被別人拿去從事犯罪如電話恐嚇、詐欺等，或拿去從事電話的行銷等，雖未至犯罪，但對個人的生活亦形成一種干擾，所以《個人資料保護法》即規範在資訊化時代蒐集與處理個人之資訊，以保護我們個人資訊上的隱私，甚至在醫療（《醫師法》第23條）、法務（《律師法》第50條之1）、教育（《教師法》第17條第8款）等事務上，許多人會接觸到別人的隱私，而有其相關的法律來加以規範。

又例如針孔相機猖獗，所以刑法第315條之1第1款，即規定「無故利用工具或設備窺視、竊聽他人非公開之活動、言論或談話者」。然而，在合乎法律的規定下，例如調查局申請監聽票竊聽犯罪嫌疑人之電話，則非無故之情況。所以，如前所述，有些時候，個人需忍受其隱私受到侵犯，但其前提是其限制必須是合法與合理的情況。相似地，如前所述，在校園裡學生的隱私權或財產權仍受法律的保護，

惟並不表示學校基於教育目的之達成，完全不能限制學生的隱私或財產，可是需合法與合理。

　　參考教育部訂定的「學校訂定教師輔導與管教學生辦法注意事項」第17點個人及家庭資料之維護，即在提醒教師應注意保護學生的個人資訊的隱私與資訊自主的尊重。又在其第21點第2項提到：「校規、班規、班會或其他班級會議所為決議，不得訂定對學生科處罰款或其他侵害財產權之規定」，即希望能尊重學生的財產權。第28點搜查學生私人物品之限制、第29點校園安全檢查之限制等，也都是希望藉由更明確的規範，讓學生隱私與財產和校園秩序與安全的維護，能獲得最大的兼顧。

一、老師，不要偷看！

1、老師可否搜查學生的書包或信件等私人物品？

A:若有相當證據懷疑學生可能攜帶危險或違禁物品（例如槍械、毒品、色情書刊等）之情形，或有危害公共安全等特殊危機情況發生，可按照一定程序搜查學生管領的私人物品（如書包）或處所，並妥善處理。否則，任意檢查學生管領的私人物品或處所，可能會侵害學生的財產權與隱私權。

法律觀點

　　《刑法》第307條：「不依法令搜索他人身體、住宅、建築物、舟、車或航空機者，處二年以下有期徒刑、拘役或三百元以下罰金。」與同法第315條：「無故開拆或隱匿他人之封緘信函、文書或圖畫者，處拘役或三千元以下罰金。無故以開拆以外之方法，窺視其內容者，亦同。」及同法第304條第1項：「以強暴、脅迫使人行無義務之事或妨害人行使權利者，處三年以下有期徒刑、拘役或三百元以下罰金。」等規定，乃是為落實憲法保障隱私權、財產權、人身自由等的具體規定，可適用於全體國民。

　　在校園部分，基於學校教育的特殊性，教育部所定「學校訂定

教師輔導與管教學生辦法注意事項」（以下簡稱「輔導管教注意事項」）第28點即規定：「為維護學生之身體自主權與人格發展權，除法律有明文規定，或有相當理由及證據顯示特定學生涉嫌犯罪或攜帶第三十點第一項及第二項各款所列之違禁物品，或為了避免緊急危害者外，教師及學校不得搜查學生身體及其私人物品（如書包、手提包等）。」因此，如各校所定輔導管教辦法有參照教育部的「輔導管教注意事項」而定有類似規定，則老師基於教育的目的對於特定學生的自由或利益，做適當的限制，並不會被認為違法。

不過，老師固然可以依據學校參照「輔導管教注意事項」第28點所定的輔導管教辦法，來搜查學生的物品，但不表示老師就可以任意為之，一定要在有相當理由懷疑特定學生攜帶的物品是違法物品或足以影響學生專心學習或干擾教學活動進行的情形，或有危害公共安全等特殊危機的情況下，才可以進行搜查。而所謂有「相當理由足以懷疑」，例如由該物品外觀就可以察知是違法物品，或是依據其他學生的具體檢舉（檢舉內容如不具體，仍不能認為有相當理由），或是特定學生已出現極為不正常的狀況（如因吸毒而精神恍惚）等等，才符合「合理懷疑」的要求。此外，在進行搜查時，更應注意符合比例原則，不得逾越必要的程度。

再者，所謂「搜查」與「檢查」亦應加以區別，檢查係指「對其無隱私或秘密合理期待之行為或生活情形，以目視或科技工具，進行觀察及動態掌握等資料蒐集活動」（參考《警察職權行使法》第11條第1項），相反地，「搜查」則指進一步侵犯隱私的資料蒐集行為。學校有維護校園安全的責任，因此可以進行所謂的「安全檢查」，參考「輔導管教注意事項」第29點建議安全檢查必須符合下列情形：「（一）各級學校得依學生住宿管理規則，進行學生宿舍之定期或不

定期檢查；大專校院進行檢查時，應有學生自治幹部陪同；高級中等以下學校進行檢查時，則應有學校家長會代表或第三人陪同。（二）高級中等以下學校之學務處（訓導處）對特定學生涉嫌犯罪或攜帶第三十點第一項及第二項各款所列違禁物品，有合理懷疑，而有進行安全檢查之必要時，得在第三人陪同下，在校園內檢查學生私人物品（如書包、手提包等）或專屬學生私人管領之空間（如抽屜或上鎖之置物櫃等）。」換言之，安全檢查亦需符合前揭「合理懷疑」的要件，始得進一步進行可能侵犯隱私之「搜查」行為。

綜合上述，除了有相當明顯的證據顯示，特定學生書包可能或可得發現有會「影響學生學習或干擾教學活動」、「危害公共安全等特殊危機的情況」之不當物品，可以由老師本於教育目的，並依教育相關法規授權予以搜查外，其他情形都有可能侵害到學生的基本人權，並觸犯刑責。而且，既然搜查學生物品，必須有相當明顯的證據，顯見這應該只有在例外的情況下才可為之，並只限於可得特定的學生，教師或學校在沒有明顯的證據，動輒搜查全班或全校學生，是不被容許的。另外，除了很明顯的，例如槍械彈藥、毒品、猥褻圖片或色情書刊，以及菸酒等物品外，哪些是屬於「會影響學生學習或干擾教學活動」的物品，在目前法律實務上恐怕會有許多爭議，這是老師要特別留意的。

教育觀點

老師可能希望藉由搜查學生私人物品的方式來瞭解學生之行為，但就輔導管教的精神與目的來看，老師的搜查行為，是否有其必要，的確需要審慎考量。以私人信件來說，基本上這跟輔導管教是沒有太大關係的，因為學生寫信就跟學生與他人說話一般，而搜查學生的信

件，幾乎就像是監聽或監看學生與他人的談話，難道法律會允許老師可以任意地監聽學生通話？老師應該思考的是，是否只因為搜查書包或信件比較容易實施，老師就可以去做？

畢竟，老師不是警察或檢察官，老師的責任在教育學生，而非摘奸發伏、糾舉犯罪。因此，除非有明顯的證據（例如書包外觀或學生指證），或有發生危險的急迫性（例如預防犯罪等傷害的發生）等必要的情形外，無論是學校例行性、全面性大規模的「安全檢查」，或是老師個別搜查班上學生的私人物品前，都必須先認真考量搜查行為的正面及負面影響，且評估是否能確實達到教育的目的，以免老師的關懷與美意，反而在無意中侵犯了學生的人權，同時造成師生間的緊張與對立，破壞了師生間的信賴關係。

處理建議

原則上，學校跟老師是沒有權力搜查學生的書包或信件等私人物品。除非在書包或信件、包裹的外觀上已可以明顯地看出涉及到危險性或犯罪行為，例如說幾月幾日要去丟炸彈等情形，為了防範於未然，學校或老師可以針對可疑的部分加以檢查，以免造成不當的衝突或傷害。

學校如基於教育的立場，認為必須搜查學生的書包或信件等私人物品時，為避免引起學生的反彈，甚至造成侵害學生權利的疑慮，我們建議，學校應參照「輔導管教注意事項」的規定，將搜查的程序、範圍、方法或處分等，在校規或有關輔導管教的規定上明確規定並公告，讓學生明白學校處理這些事情的態度，以及違反時必須承擔的責任，這樣學生或許就會選擇不將與上學無關的物品或與其他人往來的信件寄到學校裡來，而避免不必要的紛爭。

延伸思考

非基於教育目的而搜查手機簡訊或學生網路上往來訊息（例如BBS及有密碼才可進入的E-mail或討論區），也是屬於侵害學生隱私權的不法行為。刑法第358條之1規定：「無故輸入他人帳號密碼、破解使用電腦之保護措施或利用電腦系統之漏洞，而入侵他人之電腦或其相關設備者，處三年以下有期徒刑、拘役或科或併科三十萬元以下罰金。」而該規定與前述第307條、第315條均以「無故」為要件，因此，老師之搜查行為，如不能合乎教育目的與比例原則，有可能被認為是「無故」而構成犯罪。

2、若老師確有必要搜查學生書包，應注意哪些事項？

A:老師若要搜查學生的書包，應有明確之理由，不能是無目的的任意性搜查；如果確有實施搜查之必要，最應該注意的是，一定要有學生代表或其他老師在場共同實施。

法律觀點

基於憲法所保障之基本人身自由與隱私權，任何不依法令而無故搜查他人物件或身體之行為，都是對於人權之侵害。事實上，目前並沒有任何法令明文允許老師可以搜查學生的物件。

不過，由於《教師法》第32條第2項授權各校訂定輔導管教學生辦法，因此各級學校如參照教育部所定「輔導管教注意事項」第28點

有關搜查學生私人物品的規定，而訂有相關或類似規定，老師即可在「有相當理由及證據顯示特定學生涉嫌犯罪或攜帶違法物品，或為了避免緊急危害等不得已之情況下」，基於教育之目的對於學生作出合於法令的搜查行為。

至於關於校園安全檢查部分，「輔導管教注意事項」第29點定有：「為維護校園安全，學校得訂定規則，由學務處（訓導處）進行安全檢查：（一）各級學校得依學生住宿管理規則，進行學生宿舍之定期或不定期檢查；大專校院進行檢查時，應有學生自治幹部陪同；高級中等以下學校進行檢查時，則應有學校家長會代表或第三人陪同。（二）高級中等以下學校之學務處（訓導處）對特定學生涉嫌犯罪或攜帶第三十點第一項及第二項各款所列違禁物品，有合理懷疑，而有進行安全檢查之必要時，得在第三人陪同下，在校園內檢查學生私人物品（如書包、手提包等）或專屬學生私人管領之空間（如抽屜或上鎖之置物櫃等）」等規定，是屬於學校發動校園安全檢查的限制規定。

另外，在實施搜查學生書包時一定要注意符合教育的目的，並依據比例原則以侵害最小的方法為之。例如《刑事訴訟法》第124條：「搜索，應保守秘密，並應注意受搜索人之名譽」之規定，就可以作為搜查學生書包時應注意的參考。

再者，為避免學生在搜查後發生遺失財物等情事而徒增紛爭，實施搜查時應該要有學生代表或其他老師陪同，而不要獨自一人為之；如有查到應沒收之違法物品或其他而應予保管之物品，亦應該參考《刑事訴訟法》第139條：「扣押，應制作收據，詳記扣押物之名目，付與所有人、持有人或保管人。扣押物應加封緘或其他標識，由扣押之機關或公務員蓋印」之規定，做清楚、明白之妥善處置。

教育觀點

　　老師應該讓學生瞭解書包是學生個人私密管領的範圍，在學生可以自我尊重而妥善管理的情形下，他人應該尊重學生的隱私權。但是如果學生不能自律自重，常常攜帶干擾教學活動之不當物品或違法物品到學校，勢必引起其他人之困擾，而老師在維護公共安全與秩序之考慮下，就只能採取搜查、保管學生物品之手段。因此，老師應藉此讓學生知道不應攜帶會干擾他人學習與安全之物品到學校，並讓學生學習自我管理、自律自重，而後師生間即可以互信互重，老師便不會任意搜查學生之書包。

　　另外，老師應該藉由不任意搜查學生書包一事，教導學生尊重他人之隱私權與財產權。在我國目前法治文化環境中，尚未積極建立個人隱私權與財產權絕對尊重之觀念，老師可以藉由類似之機會教育，教導學生尊重隱私權與財產權。

處理建議

　　老師如真有搜查學生書包之必要，應當要注意符合比例原則，以避免引起誤會。在學生思維多元化的今日，也不應一成不變地依照過去搜查的方法，尤其應注意避免因學生以惡作劇方式任意檢舉就必須檢查學生物品的行為而發生不必要的傷害。

　　另外，搜查學生書包畢竟為最後不得已之手段，老師應在平日就儘量宣導，請學生能自我管理，不要攜帶會引起大家困擾之物品到學校。而關於攜帶違法物品甚或違禁物所生之法律上責任，學校平日也應該加強宣導，至少要讓學生瞭解應對自己之行為負責。

延伸思考

　　如果有某一學生聲稱掉錢，是否可以對於全班學生實施書包之搜查？關於此類問題，老師首先應該查明的是學生是否眞有遺失金錢，並應該瞭解學生爲何攜帶高額金錢到學校（老師平常即應該向學生宣導，避免攜帶高額金錢到校，而如果確有攜帶之必要，即應該由老師輔導保管），而後再瞭解學生遺失金錢是否與班級學生有關；只有在有確定之明顯跡證可以顯示學生遺失金錢與班上學生有關時，才可以採取必要之措施，否則不適宜任意進行搜查。換言之，老師不應該在一有學生聲稱掉錢時，即進行搜查班級學生書包之舉措，就好像社會上不會因有人家中遭竊，即對於鄰近社區每一家庭進行搜索一樣。而且，如果任意允許類似搜查，則是否可以無限上綱主張搜查全校學生之書包甚至學校老師的抽屜？因此，我們認爲學生遺失金錢，不應該就隨意對全班書包加以搜查。

3、老師能否沒收學生的物品？

A：老師沒有刑法上沒收的權力。若學生攜帶至學校的物品，除違法物品外，老師不可隨便取走學生的物品，若有也須負擔保管的責任。

法律觀點

　　基於憲法保障人民財產權的意旨，剝奪或限制人民財產權是極

為嚴重的強制處分，必須有法律上依據。目前我國有關剝奪人民財產權的規定，主要是法院依據刑法第38條規定「沒收」，及行政機關依據《行政罰法》第36條以下與相關行政法規所為的「沒入」處分。至於學校部分，目前並無任何教育行政法令有所規定，只有教育部所定「輔導管教注意事項」第30點有所規定，各校如認為基於教育的目的，有暫時保管學生物品的必要時，即應事先參照該注意事項，在各校的輔導管教辦法中加以明定。

「輔導管教注意事項」第30點第1項規定：「教師發現學生攜帶或使用下列違禁物品時，應儘速通知學校，由學校立即通知警察機關處理。但情況急迫時，得視情況採取適當或必要之處置。（一）槍砲彈藥刀械管制條例所稱之槍砲、彈藥、刀械。（二）毒品危害防制條例所稱之毒品、麻醉藥品及相關之施用器材。」第2項規定：「教師發現學生攜帶或使用下列違禁物品時，應自行或交由學校予以暫時保管，並視其情節通知監護權人領回。但教師認為下列物品，有依相關法律規定沒收或沒入之必要者，應移送相關權責單位處理：（一）化學製劑或其他危險物品。（二）猥褻或暴力之書刊、圖片、錄影帶、光碟、卡帶或其他物品。（三）菸、酒、檳榔或其他有礙學生健康之物品。（四）其他違禁物品。」

另外，「輔導管教注意事項」第30點第3項、第4項亦分別規定：「教師或學校發現學生攜帶前二項各款以外之物品，足以妨害學習或教學者，得予暫時保管，於無妨害學習或教學之虞時，返還學生或通知監護權人領回。」、「教師或學校為暫時保管時，應負妥善管理之責，不得損壞。但監護權人接到學校通知後，未於通知書所定期限內領回者，學校不負保管責任，並得移由警察機關或其他相關機關處理。」

由此可知，由於違法物品可能有立即危險或影響學生身心健康，且屬於其他法律所規定學生不得持有的物品，因此教師發現學生攜帶或使用違法物品時，如槍砲或毒品時，應速通知學校，由學校立即通知警察機關處理；除此以外的違法物品，則自行或交由學校予以暫時保管，由學校視其情節通知家長領回或移送相關單位處理。至於學生持有非違法物品以外的其他物品，會影響學生專心學習或干擾教學活動進行時，老師或學校也可參照學校所定類似「輔導管教注意事項」第30點第2項的規定，將該物品先加以保管，必要時得通知家長或監護人領回。

由於學生對於自己的物品擁有完整的所有權，在沒有法律明文規定且學校並非治安機關的情況下，學校不能以對財產權限制最強烈的方式，也就是「沒收」、「沒入」來徹底排除學生對該物品的支配權。「輔導管教注意事項」第30點亦規定教師或學校只能暫時保管，而不得自行沒收或沒入，如是屬於得沒收或沒入的違法物品，教師或學校應移送相關權責單位處理。因此，當學生持有的某些物品會影響學生專心學習或干擾教學活動進行，為了讓教學活動能順暢地進行，老師可以將其暫時留置保管，但不可以沒收。

教育觀點

首先，老師須先釐清「沒收」與「暫時保管」的差別，若非情節嚴重違反相關法令，應以暫時保管的做法來取代沒收的強制處分。其次，須對學生說明暫時保管的原因和保管的期限，讓學生明白這是矯正行為的教育手段，而非老師濫用管教權。再者，不論老師保管物品價值高低，都應妥善管理，絕對不可以在事後有毀壞或私下供自己或

他人使用，以免令人詬病。最後，若有必要應知會家長，共同處理。

處理建議

　　對於學生違法物品之處理，可以參照類似「輔導管教注意事項」第30點第2項的管教辦法，先予以暫時保管，再交給相關單位處理。至於非違法物品的處理，這涉及到它是否影響到學生的專心學習或干擾到學習活動的進行，若有這兩種情形，才可以暫時排除學生繼續持有該物品。也就是說老師或學校可以將特定之非違法物品加以保管，且必要的時候可以通知家長或監護人將其領回。

　　因為剝奪或限制人民財產權是極為嚴重的強制處分，而校園確實可能發生學生持有違法物品到校的情況，在現行法令並無明文規定時，各級學校實應善用《教師法》所賦予訂定輔導管教辦法的權限，參照前述教育部所定「輔導管教注意事項」第30點的規定，將學生持有違法物品得沒收或暫時保管的相關問題予以規定，並將該管教辦法置於學生手冊、學校網站或親子聯絡簿上，讓學生與家長有所知悉，如此即可減少這方面的爭議。

延伸思考

　　老師除了依輔導管教辦法將「違法物品」而送交相關單位，其他保管的物品大都是基於「影響學生學習或干擾教學活動」的理由而暫時剝奪學生的支配權。然而，根據上述理由，這個範圍內有許多爭議之處，因為每個人對於「影響學生學習或干擾教學活動」物品的認知不同，例如，學生帶護身符、佛珠可以接受，但基於愛美而戴髮箍、項鍊、耳環、戒指和化妝品等，這些美化、修飾自己的物品，究竟是

否適用此範圍呢？愛美是人的天性，然而學校往往認為學習打扮容易分心，甚至是行為偏差的徵兆？這樣的思維方式是值得探討的。換言之，學校對於干擾學習的標準需明確，且實際執行的拿捏更需要公平、合理，否則學生與老師間就會有永無止境的爭議。

4、老師暫時保管學生之物品遺失了，老師或學校是否需負賠償責任？

A：原則上，學校除了在完全無過失的情形下不必賠償外，只要被保管物品遺失，學校都必須負賠償責任。但學校要再向老師求償，則僅限於老師有故意或重大過失為限。

法律觀點

　　各級學校的輔導管教辦法即便參照「輔導管教注意事項」第30點而訂有暫時保管的相關規定，教師依該辦法先行保管「會影響學生專心學習或干擾教學活動進行」之物品時，如發生保管物品遺失，仍可能牽涉到民法第186條與《國家賠償法》之公務員侵權行為責任。因為該辦法只賦予老師暫時排除學生持有的權利，而未賦予老師剝奪學生所有權的權力，所以如果發生學生所持有之物的所有權被侵害，而可以歸責於老師時，仍屬於不法之侵害，學校必須負損害賠償之責任。

　　而所謂的「可歸責」，基於此種保管是屬於強制保管，並非學生所自願，所以須視老師有無盡到「善良管理人之注意義務」而定（此種義務之注意程度較與處理自己事務同一之注意程度為高），如果老師並不能證明已盡到此種注意義務，即屬於有過失，學校依法仍應負

責。

　　不過，依據《國家賠償法》第2條第2項、第3項之規定，國家（學校）對於老師未盡善良管理人之注意義務所造成保管物品之毀損喪失，固然應該賠償，不過老師若證明自己並無故意或重大過失，學校仍不能對老師再求償。

　　另外，如果學校所定輔導管教辦法中已有「輔導管教注意事項」第30點第4項：「教師或學校為暫時保管時，應負妥善管理之責，不得損壞。但監護權人接到學校通知後，未於通知書所定期限內領回者，學校不負保管責任，並得移由警察機關或其他相關機關處理」的規定，而教師已依該規定通知家長或監護人領回，但學生家長遲未領回而致遺失時，老師仍然可以主張家長必須負擔一定過失比例，此時學校只要賠償部分即可。

教育觀點

　　老師遺失了保管的學生物品，若是個人的疏失而造成，當然要承擔相關責任，若是這種疏失是整個學校組織中的運作有誤而造成，那要檢討的，並非只有老師而是整個學校的體制和運作。例如，放在辦公室、教室的保管物品被偷了，或是意外災害而毀損（如火災、水災等），但這些結果若是學校行政管理的疏失，就應該由學校來負完全的責任。

處理建議

　　屬於一般暫時保管的學生物品，應儘速發還或通知家長領回，尤其是容易融化或腐敗之物品，如未在適當時期予以發還，讓該物品失

其通常效用，將形同剝奪學生之財產權。至於可保存之物品，在保管時最好能將物品密封保存並在外表上記名物品及數量，一方面提醒老師用心保管，另一方面可向學生徵信。若能造冊登記，讓學生領回時簽收，可降低發生賠償或侵占等爭議問題的可能。

對於所謂的違法物品之沒收，一般是要繳交給治安機關，由司法、警察機關依《刑事訴訟法》或《行政罰法》等規定沒收或沒入。除此以外有財產交易價值的物品，即便是菸、酒，也只是規定未滿一定年齡之人不得吸食，而非違法物品，亦即並無法令規定可以沒收或沒入，因此學校或教師應通知學生或家長領回，否則處理不慎會有侵占等嫌疑。

基本上，對於保管物品應妥善保管，但是老師個人應避免單獨的保管，所以我們認為每個學校都應建立一個保管違法物品或一般物品的保管機制。例如設立一個專門的保管室，基於安全考量，應使用鐵門上鎖，設置保全系統並造冊登記，以避免因遺失而發生賠償責任的爭議。

延伸思考

如前所述，學校應建立保管存放的機制，才能降低遺失或毀損的風險，保障學校師生的權益。其次，在執行保管或沒收的過程中，應訂定明確的處理原則和作業程序，任何保管物品若是不發還給學生，那麼就必須有一個公開的處理程序。

屬於要歸還學生的保管品，可以訂定領回的程序和期限，但如果學校通知學生或家長領回，但都遲遲不來領回，其理由或因東西價值過小或其他原因，則學校應可訂一個內規，比如說保管物品多久不領回者，學校將如何處理等的規定（如義賣、作為學校活動的贈品

等），將其視為學生拋棄對其所有物之權利。

不過，這仍然是會有爭議，學生可能說：「為什麼我要拋棄我的權利，我要晚點來領回不可以嗎？」這基本上又牽涉到一個問題，就是說學校可否在合理的情況下予以處置？所謂「合理」，是因為學校保管是要花許多的財力、物力，學校並沒有義務無限期地保管，但恐怕不能是今天保管，明天就處理，因為通知學生領回是要花一點時間，可能需要通知他好幾次才行，所以我們建議學校對於有紀念性的物品不要輕易地處理掉，因為處理後可能難以取回。

至於一般性的物品，若不是價值很高的，學校可以在校規中明定統一在特定節日（如校慶）舉行義賣，但無論如何都應該做一個適度催告的動作。如果認為會有糾紛的話，或者可以用雙掛號的方式來確定家長已收到通知。

5、老師可否搜查學生身體？

A：搜查身體是比搜查學生書包更具侵害性之措施，原則上應該不能實施，只有在極度特殊之情形下，才可以進行。

法律觀點

搜查學生書包是針對財產權所為之侵害手段，而搜查學生的身體則是對於人身自由之侵害，其對於人權的侵害程度更甚於對財產權之

侵害，因此在實施時必須受更多之限制。嚴格來說，現行法律並無任何賦予老師搜查學生身體權力之明文規定，但老師本於教育之目的，在一定之要件下，應該可以被認為阻卻違法，否則即有可能會觸犯刑法第307條：「不依法令搜索他人身體、住宅、建築物、舟、車或航空機者，處二年以下有期徒刑、拘役或三百元以下罰金。」

目前，基於學校教育的特殊性，教育部所定「輔導管教注意事項」第28點即規定：「為維護學生之身體自主權與人格發展權，除法律有明文規定，或有相當理由及證據顯示特定學生涉嫌犯罪或攜帶第三十點第一項及第二項各款所列之違禁物品，或為了避免緊急危害者外，教師及學校不得搜查學生身體及其私人物品（如書包、手提包等）。」因此，如各校所定輔導管教辦法有參照教育部的「輔導管教注意事項」而定有類似規定，則老師基於教育的目的搜查特定學生的身體，並不會被認為違法。

當然，老師必須有明確之跡證顯示學生之身體攜有違禁物品，才能搜查學生之身體。而在實施之際仍然要注意學生之名譽，且應參考《刑事訴訟法》第123條：「搜索婦女之身體，應命婦女行之。但不能由婦女行之者，不在此限」之規定，並須符合比例原則，以侵害最小的方法為之。

教育觀點

老師與學生應共同探討的是：學生為何會攜帶違禁物品？老師與學生必須追究並探討此事件之背後原因。而在教育目的下，更應讓學生學會能妥善解決其所面對之問題。

此外，老師和學生都應對身體自主權建立相當的認知，不應任意

被侵犯或侵犯他人，學習尊重自己及他人身體的自主與自由，養成自律自重的態度。

處理建議

老師應該僅在極為例外之情形下，例如有明確跡證顯示學生身上藏有不當物品（如違法物品、贓物等等），才可以搜查學生之身體。不過因為搜查身體畢竟是對於人身自由的嚴重侵害，我們強烈建議還是儘量曉諭學生自動交出，才是最好的處理方法。如果學生仍然拒不交出，則可以考慮通知家長到校，由家長勸導學生或由家長去搜索，以避免因學生抗拒而與老師發生肢體衝突。

又如真有非由老師動手實施不可之急迫情形發生，在搜查時，也應該有其他人在場（例如老師或行政人員），並且應該由同性別之師長實施。

延伸思考

在遇到價值衝突時，我們常常以利益衡量與價值判斷來做選擇，而生命、身體、自由等人身權利是位於所有利益與價值之最高位階，所以在衡量各種利益、價值之衝突時，必然以人身自由為最優先保護之對象。

因此，值得我們思考的是，在校園中會發生什麼樣的價值衝突與衡量可以允許老師用搜查學生身體（侵害人身權利）的方法解決？由這一個面向切入，我們就會發現，其實大多數校園事件之價值衝突，應該都很少有一定要侵害人身權利才能保護另一利益之情形。因為，在人身自由之上，無非就是生命與身體（健康）權，而除了因顧慮到

危害生命、身體權之情形（例如學生攜帶刀械、毒品等等），可以搜查學生身體外，實在難以想像其他有什麼非搜查學生身體不可之情況會發生。

再者，除了以價值權衡做有無必要性的考量外，要搜查學生身體還必須考慮急迫性。只有在生命、身體有受危害之必要且「急迫」情況下，才可以動用搜查學生身體的措施。換言之，搜查學生身體絕對是萬不得已的最後手段，並且一定要有極為正當的理由，而在校園中幾乎不會有非實施不可的情況發生。因此，老師對於搜查學生身體，一定要慎重為之，一般是只有在極為例外的情形下，才有允許實施的可能。

另外，基於上述的論點，有兩個問題值得思考，第一，學生因考試作弊而在身上藏小抄，老師為查出作弊事實而予以適當懲戒。誠然站在輔導管教的立場上，也是一種教育，但此時顯然還不能使用搜查學生身體的手段，因為藏小抄作弊對於考試公平秩序之影響，應該不如對於學生人身權益之尊重與保護。因此，我們建議還是以曉諭學生自己交出，或通知家長到場的方式解決較佳，以避免發生人身權利侵害之疑慮。

第二，若老師在進行服裝儀容檢查時，對於不合標準的學生即動手亂剪其頭髮或要求理成光頭，或甚至當眾要求學生脫掉不合規定的衣物，這些行為都是不適當的，不僅侵犯學生的身體自主權，漠視其尊嚴，更容易引起爭議。對於學生不適當的行為，老師應善用合適的方式來糾正，如上述的情況，也許可以使用其他方法來懲處，不需要侵犯到學生的身體自由，若真有處理上的急迫性或必要性時，而不得不涉及學生身體時，也應由同性別的教職人員來檢查。原則上最好可以要求學生配合，避免動手碰觸，因為以強制的方式，容易造成人權的侵害。

6、如果家長同意（或要求）學生攜帶行動電話，以便於
聯絡，老師是否可以禁止？

A：學生使用行動電話如果會影響其專心學習或干擾教學活動
進行，老師當然可加以禁止，也可以暫時先加以保管，不
過應當要注意妥善保管，並於干擾狀況一解除儘速發還給
學生。

法律觀點

　　學生攜帶的物品雖不是違法物品，但如果會影響學生專心學習或
干擾教學活動進行，老師或學校可以參照「輔導管教注意事項」第30
點所定之輔導管教辦法，將該物品先暫時予以保管，必要時得通知家
長或監護人領回。因此，當學生攜帶行動電話影響學生專心學習或干
擾教學活動進行時，為了讓教學活動能順暢的進行，老師可以將其暫
時留置保管。不過只要影響學生專心學習或干擾教學活動進行之狀況
一解除，就應該儘速將該物品發還。

　　針對兒童受電磁波之可能影響，教育部曾發文（民國100年9月6日
臺環字第1000153196B號函）建議訂定「校園攜帶行動電話使用規範原
則」，原則如下：「1.校園內師生除於早自習前及放學後之時段，應儘
量避免使用行動電話。2.相關規範對象界定為國民中小學階段，高級中
等學校則建議本權責自主決定是否參照相關規範訂定相關管理辦法。
3.應以減少人體對電磁波之曝露，及避免影響教學和學習成效之前提訂
定相關規範原則。」

教育觀點

　　隨著社會的變遷，校園也必須去因應，並面對新的社會型態和問題，當手機成為現代人的必需品而非奢侈品時，其實就該正視它的存在。有些學校默許學生帶手機（不鼓勵、不反對），卻不處理衍生的問題；有些學校則為了公平和避免滋生問題，完全禁止學生使用，忽略學生的特殊狀況，這兩者都不是很好的做法。學校是個團體生活的地方，負有教育的責任，若老師同意學生使用手機，應注意下列原則：

　　一、以家長的同意為前提，才讓學生使用手機。

　　二、基於尊重他人，重要場合及上課時間應關機。

　　三、訂定可以使用的時間。

　　四、說明違反規定時的處置。

　　五、提醒學生留意使用手機的費用。

　　事實上，沒有賺錢能力又無大量需要緊急聯絡電話的學生，是否有必要攜帶手機到校，本就是仁智之見。學校如不鼓勵學生攜帶手機，應盡可能協調電信公司在校園設立一定數量之公用電話，讓學生在有使用之需要時，不必耗費太多時間在排隊等候打電話上。

　　另外，學校應在提供足夠硬體設備的同時，透過教育方式讓學生省思，過多的物欲需求，是否必然帶來更健康、快樂的生活，還是只是為滿足一時的虛榮需求或為免「跟不上時代潮流」的無謂批評，即攜帶手機到校。其他像是攜帶MP3之類的物品，也應該有同樣的省思。畢竟，現代民主法治社會是建立在個人主義的基礎上，而個人主義強調的是能夠獨立思考，為自己行為負責的人，與其過度耽於「跟不上時代潮流」之譏，莫如多多思考如何的作為，才能為自己帶來更

健康、快樂的生活。

　　至於家長方面，應該體認不能只作個「直昇機家長」，企圖利用手機遙控子女的行蹤，而應該多花點時間陪伴子女，瞭解子女內心真正的需求，畢竟每個人的童年只有一個。

處理建議

　　原則上基於手機的通訊功能，我們認為應當只可以將手機暫時保管並且在下課後就還給學生。若學生仍是持續以此工具做干擾上課秩序的動作，則學校應斟酌是否與學生家長做聯絡，同時告知家長，表明如果學生仍不改善的話，學校可能會在上學時就將學生的手機加以保管，放學才還給學生。

延伸思考

　　手機等聯絡工具是否需由學校加以保管，應視其是否影響或干擾到學生的學習，比如說上課時手機響起，或學生在上課時間看簡訊圖片，這時候學校就應該適時地保管。至於是家長要求或學生自己要帶的，可能不是很重要。

　　另外，建議容易干擾學習的物品，可以多保管幾天，這時候的作用是，達到警惕學生的效果，例如說學生帶音樂裝置在上課時收聽，可以適度多保管兩、三天，是不會造成物品損壞；但是保管多久，要讓學生知道。但若是保管學生上課偷吃的食物，可能就要即時歸還，以免食物腐壞。但是像手機，它是一個聯絡的工具，所以有時候確實有些家長或監護人需要藉它與學生保持聯絡，若學校加以保管的話，為考量到它本身的功能問題，大概可能每一堂課下課或至少到了中午休息、放學時就要還給學生。

　　總之，違法物品是可以沒收的，而一般性的物品或聯絡工具只有何時需加以保管的問題，在保管後就要儘速地發還給學生。

> **7、老師叫某些學生輸入（或登錄）學生成績，是否妥當？**
>
> A:基本上，老師請學生協助輸入（或登錄）學生成績，是不妥當的。

法律觀點

　　《教師法》第32條第1項第3款規定老師的義務當中有：「依有關法令及學校安排之課程，實施教學活動。」可見教學活動的實施是老師的職責，而老師評量學生的學習成果（最常見的就是成績的評定）應屬於教學活動的一種，通常不適合假手學生來做。

　　一般而言，老師評定學生的學習成績屬於公權力的行使，所以，如果老師叫學生輸入（或登錄）成績（特別是對學生權益有重大影響的成績，例如期中考試或升學考試等），萬一學生私自竄改分數，除了學生可能要承擔偽造文書的刑事責任外，老師也會有怠忽職守的行政責任。

　　另外，《教師法》第32條第1項第8款亦規定教師負有：「非依法律規定不得洩漏學生個人或其家庭資料」之義務，此一義務不限於積極之洩漏行為，教師在教學過程中明知可能有洩漏之情況，卻不予以積極防範，亦應包括在內。而學生輸入（或登錄）成績的同時，也會看到其他同學的分數，則無論是有意或無意，都是對別人隱私權的侵

害，也有可能因為資料的外洩而造成傷害，因此教師不宜叫學生輸入學生成績。

教育觀點

　　雖然成績（或考試分數）不代表一切，但卻是每一個學生學習成就的重要指標，也是老師瞭解學生學習效果及改進教學方法的依據。因此，成績的首要意義應是檢視自己的學習狀況與效果，並作為改善的參考，而不是與他人比較或競爭。

　　嚴格來說，成績乃屬於個人隱私，無論公開宣布、公告或排名次，就教育或法律的觀點而言，可能都不是非常妥當的做法（國外有老師用學生自己取的假名或代號來公布成績，倒不失為兩全其美的方法）。老師應不斷提醒學生，以免學生斤斤計較，錯將分數當作目的，造成惡性競爭。

　　原則上，所有的教學評量應由老師親自進行較為妥當，因為在作業的批閱或考卷的訂正，甚至成績的登載過程，老師有機會進一步深入瞭解學生的學習狀況，而不會輕易掉入分數的迷思中。

　　從學習效果而言，學生交換批改試卷並不是不可以，因為藉由相互訂正，可以看到他人的錯誤，同時也可以瞭解自己的不足。但要注意的是，學生交換批改試卷應僅限於平時考試或簡單的教學評量，而且老師應負責最後的覆閱工作，不宜讓學生單獨完成。而為避免橫生枝節，重大的考試仍應由老師親自批改較為妥當。

　　對於學生而言，成績的登載只是種機械性的服勞務，並沒有什麼實質的學習，最多只是減輕老師的負擔而已。因此，我們建議學校應強化各種教學及閱卷設備，以減輕老師在這些庶務性工作上的負擔，同時避免轉嫁這些工作到學生身上。

處理建議

　　老師實施教學活動時，只要有明確的教育目的，是可以將部分工作交給學生來協助或分擔。例如，透過資料的蒐集與整理、事先的討論規劃或環境的布置等，可以讓學生有較深刻的參與感。但是，有一個很重要的認識，就是實施教學活動是老師的責任，不是學生的責任。

　　因此，學生協助或分擔教學活動的前提，應該是有助於學生的學習成長才有價值。如果只是單純、片面地減輕老師負擔，這樣的作為並不妥當，因為老師並不是以保障學生受教權、學習權為出發點來思考。

延伸思考

　　事實上，要特別小心的是，在每天的教學活動中，老師有很多時候是把自己的權（力）責（任）交給學生處理的。例如，導師要求班級幹部在科任老師未到教室前負責維持秩序，固然可以認為是學生自治的一環，但老師應注意學生是否有狐假虎威的情況。因為這些被授權的少數學生，通常和老師有高度密切的關係。當老師需要倚重某些學生協助時，必須要考量到這些學生是否能善盡職責？會不會形成另一種特權？或是超過學生的負擔？

　　另外，如果老師請學生做的事情會引起其他同學反感，事實上對於這個學生的人際關係也會有一些負面的衝擊。例如，容許班級幹部可以直接處罰其他同學，或要求班級幹部打小報告而洩露其他學生的祕密，都應該禁止，因為這本非班級幹部權責內可以處理的事情。

　　教育單位應該要認真地把老師可能要求學生協助的所有活動列

個清單，儘量註明「絕對不可以」和「絕對沒有問題」的項目，這樣比較能避免各個老師在實施教育活動時，因過去有意無意的習慣而影響學生的權益。同時，對於一些較有爭議性的活動，也可藉由這種方式，慢慢釐清。

　　釐清這些項目不僅可以減輕老師的壓力，對學生權益保障甚至人身安全也會有重大的影響。例如，老師將「學生家庭狀況調查表」請學生拿去影印，結果學生私下保留一份，用來勒索同學，這是很嚴重的問題。所以，老師在實施教學活動時，到底有哪些事情可以交代學生去處理，或者要注意哪些細節和流程，都應該要明確且詳細的界定，以避免不必要的糾紛與困擾。

8、如果學生上課經常精神不振，疑似吸毒，學校可否要求驗尿？

A：並非任何人都可以因為他人看起來精神不振就能要求他人驗尿，依據「特定人員尿液採驗辦法」第3條附表，有施用毒品經驗或有事實足認有施用毒品嫌疑者之在學學生，學校才可以依教育部的相關規定進行驗尿。

法律觀點

　　教育部為加強國民教育階段中途輟學學生（以下簡稱中輟生）之通報，輔導中輟生復學，並協助其順利完成國民教育，依據《強迫入學條例》及《兒童及少年性剝削防制條例》第8條第2項定有「國民中

小學中途輟學學生通報及復學輔導辦法」（下稱「中輟學生復學輔導辦法」）。而為防制毒品氾濫，主管機關依據《毒品危害防制條例》定有「特定人員尿液採驗辦法」。

「特定人員尿液採驗辦法」適用在學校教育部分，主要是該辦法第3條第6款所規定之「復學檢驗」，亦即針對輟學學生復學時所實施之尿液檢驗。而教育部為配合防制毒品在校園之氾濫，定有「教育部特定人員尿液採驗實施計畫」，以作為對校園內「特定人員」採驗尿液之依據，並對濫用藥物學生，成立「春暉小組」施以輔導。

「各級學校特定人員尿液篩檢及輔導作業要點」第3點第2款規定各級學校應列管「特定人員」，並可要求其接受採驗尿液。其所規定「特定人員」之各類學生的範圍如下：

一、曾有違反毒品危害防制條例行為之各級學校學生（含自動請求治療者）。

二、各級學校休學、中輟或中途離校後申請復學之學生，有事實足認有施用毒品嫌疑者。

三、有事實足認有施用毒品嫌疑之各級學校學生。

四、前三目以外之未成年學生，各級學校認為有必要實施尿液檢驗，並取得其父母或監護人同意者。

各級學校除應就上述特定人員予以列管外，並應配合各市、縣（市）學生校外生活指導委員會辦理尿液採驗。不過，有時就上述對象的判斷不是很容易，學校應努力去熟悉判別標準，避免對不需要驗尿的人也實施驗尿，造成學生的困擾，變成濫用或誤用這個規定。尤其針對上述第二類的輟學後復學的學生，如果沒有精神或行為異常的特殊狀況，不宜僅因學生曾經輟學即列為應予驗尿的對象。因為要求採

驗尿液是涉及學生個人人權的措施，如果學生沒有出現令人懷疑有吸食毒品的跡象，不應任意將學生列為驗尿的對象，以免無端危害學生人權。

教育觀點

精神不振並不代表就有吸食成癮藥品的問題，學校應去瞭解學生精神不振的原因，例如是否有家庭因素、學習障礙等情況，進而予以協助，才能根本解決問題，而不是把所有疑似吸食成癮者都送去勒戒就了事，老師不應該忘記，畢竟學校最主要也最核心的功能是「教育」！

處理建議

學校對於如何確定接受驗尿對象應有合理的標準，並且審慎地加以判斷。而驗尿的程序應保持隱密，維護學生的隱私，避免對學生造成傷害。

延伸思考

很多學習障礙、偏差行為或疾病初期，多呈現學習效果不佳的癥候，如果用心去觀察，並且加以正視，這可能是挽救孩子的機會。所以老師除了設法提升學生的學習效果外，更應去瞭解學生學習成效不佳的背後原因。教育工作者應把握這個機會，努力把該做的事做好，審慎地判斷，給予必要的協助，避免事態惡化而難以處理。

懲罰的極限

洪鼎堯

由學生、家長與老師組成的「友善校園聯盟」於民國93年4月10日在教育改革四一○運動十週年紀念日，發起反體罰運動，在教育部門外廣場拉起一道長五十公尺的「哭牆」布幕，寫滿民眾親身受到體罰的心聲與對「反體罰」的支持。教育部表達支持友善校園聯盟的訴求，計畫將4月10日訂為「學生日」，並授權法規會研商「學生權益促進法」，將「禁止體罰」條文列入，爭議多時的學生權益與體罰等問題終於朝向「法治化」發展。

輔導或管教學生，導引其適性發展，是教師的義務（《教師法》第32條第1項第4款），也是教師生涯中的「重」頭戲與「痛」頭戲。

「重」的是，學生的學習效果除了涉及教師的本職學能及教學技巧外，顯然與輔導管教有著密切的關係；「痛」的是，無論老師具有多崇高的教育理念與愛心，一旦輔導管教出問題，縱然你有十八般武藝，也只能扼腕嘆氣、徒呼負負，甚至背負「不適任教師」的惡名，永世不得翻身。

因此，無論是從教育心理學、教學原埋或是教育哲學等教育專業理論的角度，或是校園實務中的身教、言教與境教的觀點來看，「輔導與管教」無疑是師生互動關係中最重要的部分，特別是因「管教」而產生的體罰問題，更是校園衝突的關鍵所在。

民國95年12月27日修正公布《教育基本法》，在第8條及第15條修正條文中，除了保障教師專業自主權及學生學習權、受教育權外，更明令禁止體罰，增訂國家應「保障學生之身體自主權及人格發展權，並使學生不受任何體罰，造成身心之侵害」。

　　目前全世界已有五十八個國家立法全面禁止體罰，立法禁止校園體罰有一百零八個，台灣三讀通過校園禁止體罰，是第一百零九個立法的國家。此次修法的具體成果與意義不僅止體罰而已，更是首次彰顯學生身體自主權及人格發展權，代表台灣教育的人權價值，同時明確規範國家責任。

　　雖然號稱「教育憲法」的《教育基本法》已經明令禁止體罰，不過，根據民國96年6月3日公布的一份調查發現，仍有半數以上、推估約一百四十五萬名中小學生在這學期遭受體罰，其中七十五萬人直接挨打；在四百六十三所施測學校中，甚至有二十二校是由校長帶頭體罰！被體罰的中小學生人數從八年前的八成三、前年的六成四，降到今年的五成二（2007.6.4自由時報生活新聞A10），顯示出校園體罰雖然減少，但距離零體罰的理想目標，還有相當長的路要走。

　　本篇主要是從法律與教育的觀點來探討校園中的管教問題。具體而言，就是釐清教師懲罰學生時所必須承擔的法律責任，以避免教師因為「愛之深，責之切」，無意中逾越了法律規定的範疇，甚至侵犯了學生的基本權利而不自知。

　　此外，本篇也試圖從瞭解學生管教問題的狀況與原因著手，進一步釐清師生間的權利義務關係，以建立一套管教（或懲罰）學生的正當法律程序及標準。

　　本篇共列舉十一個問題，大致可區分為以下三個面向，並參考教育部109年10月28日所發布修正的「學校訂定教師輔導與管教學生辦法注意事項」、「學校實施教師輔導與管教學生辦法須知」，來探討老師對學生的輔導管教：

　　一、教師體罰及違法或不當處罰的定義、方式、法律依據與法律
　　　　責任：

雖然，從過去教育主管機關三令五申禁止教師體罰學生，到現在將禁止體罰明定在《教育基本法》上，但是，在校園實務中，因為體罰而產生的紛爭與法律問題仍然層出不窮。本篇除了表明反對體罰的教育立場外，主要是針對具體事件，從法律與教育的角度，來釐清相關的法律責任及其教育意涵。

例如，校園中常見的罰站、罰錢、跑操場、伏地挺身、青蛙跳、半蹲、課後留校輔導等懲罰方式，是合法的管教，還是違法的體罰？其範圍、方式與注意事項為何？可有傷害罪之適用？如果事先獲得家長的同意，可否免責？

二、保障學生的受教權：

教師不僅不應剝奪學生的受教權，更有義務排除外力干擾，積極維護學生受教之權益（《教師法》第32條第1項第2款）。因此，老師懲罰學生時，必須優先考慮是否損及學生的受教權。否則，教師的管教行為就會失去正當性。例如，老師是否有權力不讓學生進教室？

三、司法機關的介入：

學校與警察、司法機關在處理學生問題時的配合與應注意事項，本書另有專章處理。本篇主要係從法律上處罰與教育上輔導管教的性質不同著手，說明學生在校園內的不當或違規行為，有哪些狀況應移送法辦？或是到達何種程度才可移送警察局協助處理？尤其要注意的是，教師對於學生一般違規行為（例如，擾亂上課秩序）與不良行為、虞犯行為及犯罪行為的處理方式，必須有所區隔。換言之，在教育的場域中，法律應何時介入？介入的程度如何？在在都是考驗老師的專業判斷能力與智慧。

誠如刑法學者黃榮堅教授在所著《刑罰的極限》一書的序言中所言：「生存在這個社會裡的人，特別是執政者，對於人類的愛心到哪

裡，刑罰功能的極限就是會到哪裡。」對於教育工作者而言，或許可以改寫為：「生存在校園裡的人，特別是教育工作者，對於學生的愛心到哪裡，懲罰功能的極限就會到哪裡。」

二、老師，不要打我！

1、管教、處罰與體罰有何不同？

A: 管教在《教師法》第32條有明確的定位，「輔導管教注意事項」則有更清楚詳盡的規定，它是屬於老師的職責，且有一定實施的方式；合法妥當的處罰是被允許的，但必須符合正當法律程序；體罰在「輔導管教注意事項」有明確的定義，而《教育基本法》第8條第2項則明文禁止體罰。

法律觀點

　　《教師法》第32條第1項第4款，明文規定輔導或管教學生是教師的義務。何謂「管教」？參考「輔導管教注意事項」第4點第2款，「管教」係對學生須強化或導正之行為，所實施之各種有利或不利之集體或個別處置。教師在為管教措施時，則必須注意是否符合「輔導管教注意事項」第10點以下，平等原則、比例原則……等規定，並且應審酌個別學生的情狀，進而達到輔導管教的目的。

　　「處罰」在「輔導管教注意事項」第4點第3款則有明文規定，可分成「合法妥當」的處罰，以及「違法」或「不當」的處罰。所謂合法妥當的處罰，指教師於教育過程中，為減少學生不當或違規行為，對學生所實施之各種合法妥當的不利處置。違法之處罰包括體罰、誹

謗、公然侮辱、恐嚇及身心虐待等。總而言之，處罰可分成合法適當之處罰以及違法、不當之處罰。違法之處罰，除了「輔導管教注意事項」表一所列的三種類型體罰外，還包括其他如誹謗、公然侮辱、恐嚇及身心虐待等違法處罰。

學校或教師在管教過程中，難免會使用到合法妥當的處罰措施。在處罰學生時，仍應遵守「輔導管教注意事項」第15點所規定的正當法律程序：

一、應視情況適度給予學生陳述意見之機會，以瞭解其行為動機與目的等重要情狀，並適當說明處罰所針對之違規行為、實施處罰之理由及處罰之手段。

二、學生對於處罰措施提出異議，教師認為有理由者，得斟酌情形，調整所執行之處罰措施，必要時，得將學生移請學務處（訓導處）或輔導處（室）處置。

三、教師應依學生或其監護權人之請求，說明處罰過程及理由。

體罰的定義，在以前的法令上並沒有明確的規範。學界雖有論述，但見解分歧。曾有學者定義體罰為直接以受罰者之身體為對象，使受罰者在肉體上感到痛苦、極度疲勞或不適，所實施的一種處罰；另有人主張應限於對受處罰者施以外力，才是體罰；但也有人認為體罰包含精神上的處罰，例如說辱罵很難聽的言語等等。法令上對體罰定義的規範，也直到教育部訂定「學校訂定教師輔導與管教學生辦法注意事項」，才在該注意事項第4點第4款明確規定：「體罰係指教師於教育過程中，基於處罰之目的，親自、責令學生自己或第三者對學生身體施加強制力，或責令學生採取特定身體動作，使學生身體客觀上受到痛苦或身心受到侵害之行為。」

　　昔日對體罰雖然沒有明確的定義，但是教育主管機關自始至終明確嚴禁體罰。政府遷台前的教育部曾於民國34年6月5日訂定「國民學校及中心國民學校管理規則」，其中第7條第5項規定：「國民學校及中心國民學校訓育實施，不得施行體罰」。而台灣省政府教育廳也曾在民國67年11月20日以（67）教四字第89391號函重申禁止國民中小學，及私立小學、私立初中實施體罰。由此可知，教育主管機關是三令五申明文禁止體罰的。

　　所謂「暫時性疼痛」，係因為教育部在明定不准體罰後，曾引起一些爭議，為消弭反彈，教育部嘗試以「暫時性疼痛」代替體罰，因而草擬過「暫時性疼痛」五項原則：一、不得由老師自行為之，實施時需要有其他老師在場；二、不得因學業成績為之；三、必須事先取得家長或監護人同意；四、實施「暫時性疼痛」管教的部位僅限於手心；五、實施前應說明理由，並給予學生或家長陳述意見的機會，實施後也應觀察後效，作成紀錄。

　　由該五項原則可知，所謂「暫時性疼痛」是指限於手心部位之管教懲罰方法，且不得達到傷害之程度。不過後來此五項原則同樣也引起爭議，因此並未通過，故「暫時性疼痛」這一名詞，從未被教育主管機關同意可以實施。

　　違法的處罰除了體罰以外，還包括誹謗、公然侮辱、恐嚇、身心虐待、罰款、非暫時性保管之沒收或沒入學生物品等行為。基本上，一個對學生違法不當的處罰，有可能構成體罰，也有可能會被認為會構成傷害罪（刑法第277條）。而違法不當的處罰如辱罵等等，則有可能成立公然侮辱罪（刑法第309條）。這些樣態並不只是違反《教育基本法》第8條第2項，以及「輔導管教注意事項」第38點：「依教育基本法第8條第2項規定，教師輔導與管教學生，不得有體罰學生之行為。」有些其實可能已經構成犯罪了。因此「輔導管教注意事項」在

第39點規定：「教師輔導與管教學生，得採規勸或糾正之方式，並應避免有誹謗、公然侮辱、恐嚇等構成犯罪之違法處罰行為。」

此外，教師違法處罰學生且構成刑事、民事或行政法律責任時，學校應依照「學校實施教師輔導與管教學生辦法須知」第5點規定，分成學生未受傷、學生受輕傷、學生受重傷等三個等級通報流程處理。

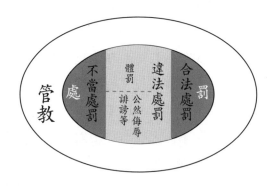

教育觀點

　　體罰其實是傳統威權體制下的遺緒，隨著時代演進，對人權保障的重視，以及醫學研究的發現，認為體罰對個人將造成不良的後果，因此西方先進國家較少見體罰問題，然而在重視義務、重視服從，強調集體主義的東方國家如台灣、南韓和日本仍存在著體罰的事實。有人認為「不打不成器」是教育的金科玉律，可是愛之深，一定要責之切嗎？以暴制暴或許能快速收到效果，但長期對學生身心所造成壓力、陰影，其負面的效應，可能遠超過正面的效果，老師恐怕要謹慎為之。況且體罰若是有效，為何文明國家都明文禁止，原因在體罰對學生人權造成很大的傷害。有老師會認為既然不能體罰，那就不要管教好了。其實這種想法並不正確，因為不能體罰不等於不能管教及處罰，教育現場仍有許多適當的輔導管教措施可以採用。

處理建議

　　基本上老師應該要考量的是，體罰也好、違法處罰也好，都是法律所禁止的行為，所以老師不要去做一些會被認為是體罰或違法處罰的行為，也盡量不要遊走於灰色地帶，因為即使是不構成傷害罪的體罰，還是違反法律規定。其次，我們認為，沒有任何一種學生的不當行為或偏差行為是一定得要用體罰的方式，才能輔導矯正的。因此，我們建議老師應該依據各級學校參照「輔導管教注意事項」所訂定的「教師輔導與管教學生辦法」，並參酌正面管教方法，先瞭解學生行為不當的成因，認識學生及其生活網絡與家庭，以建立正面師生關係；採用接納與友善教室的經營、與親師共同制定教室規則，並提供正向的增強作用，以建立正面與支持的學習環境；進行衝突解決的教育、審慎使用「暫停」的策略等來處理所有輔導管教的問題。有關正面管教方法，可以參考聯合國教科文組織所製作的《正面管教法：接納、友善學習的教室》一書，國內也已有中文譯本。

延伸思考

　　體罰若是過當，在法律上是屬於傷害行為，這種傷害侵犯了身體和人格尊嚴。即使不構成犯罪，但本質上體罰仍然是對一個人的人格尊嚴的傷害。基於這樣的考慮，這些行為應該是要被禁止的。

　　不論是屬於體罰、違法性處罰或者是不當處罰，都會對學生形成一種壓力，也會對老師產生困擾。所以我們希望老師能使用體罰以外的適當管教方法，不要在法條文字規定上鑽牛角尖，甚至因此放棄教育學生的責任，只要能夠多瞭解與充實輔導管教學生的專業知能，自然可以充滿自信地迎接教育現場的挑戰。

2、體罰是否構成傷害罪？

A:比較嚴厲的體罰，如果造成人體之傷害，當然可能構成傷害罪。

法律觀點

《刑法》第277條第1項：「傷害人之身體或健康者，處五年以下以有期徒刑、拘役或五十萬元以下罰金。」這是刑法關於傷害罪之規定。所謂「傷害人之身體或健康」，依目前實務上之見解，即使只是輕微瘀青，也構成傷害罪。因此，如果說體罰學生而造成身體或健康傷害，是會構成傷害罪的。

關於老師管教權之行使，如果是適當而且符合比例原則時，即使有輕微侵害法益而構成犯罪的情形，在過去有可能被認為沒有「不法性」而可以阻卻違法，不構成犯罪。但是自從《教育基本法》第8條第2項明文禁止體罰後，如果老師因體罰而對學生身體造成傷害，恐怕無法再主張阻卻違法，而成立傷害罪。

參考「學校實施教師輔導與管教學生辦法須知」第5點規定，對於教師違法處罰學生且構成刑事、民事或行政法律責任時，分成學生未受傷、學生受輕傷、學生受重傷等三個等級通報流程處理，均須通報主管教育行政機關。除學生未受傷，學校依法告誡或懲處違法處罰學生之教師外，若學生因違法處罰而受輕、重傷，則違法處罰之老師依法應受懲處。

再者，「輔導管教辦法注意事項」第42點亦規定，學校對於有「不當管教」學生行為之教師，應予以適當懲處。其有「違法處罰」

學生之行為者，學校應按情節輕重予以處理。高中（含）以下學校教師若有上述情形，係依「公立高級中等以下學校教師成績考核辦法」第6條，予以申誡、記過、記大過或其他適當之懲處。若「體罰」或「以其他方式違法處罰」學生，情節重大者，應依《教師法》第14條、第15條、第19條及第22條等相關規定處理。

因此，老師對學生施予體罰，視實際情形，可能需承擔行政、刑事或民事上的法律責任。

教育觀點

我們必須面對的嚴肅問題是，不使用體罰就無法教學？抽離這些處罰方式就難以從事教育工作嗎？

學生的問題固然多而龐雜，但過去所謂的「教不嚴、師之惰」所產生的鞭策教育，隨著父母教養態度的改變已大不相同，基於對學生人格的尊重，目前大多數家長已很少用傷害性的方式去對待孩子，那「為人師表者」又豈能背道而行？即便是出於「愛心」，恐怕也不能隨意地傷害學生。所以，不要讓體罰成為一種常態、慣性，而忽略體罰對學生的傷害性。

處理建議

老師對學生處罰之前要讓自己的情緒先緩和下來，並且考量以下原則：

一、處罰時對事不對人。

二、尊重學生之學習權、受教育權、身體自主權及人格發展權。

三、注重個別差異：考量學生人格特質、身心健康、家庭因素、行為動機與平時表現而決定處罰的方式。

四、掌握「正當」、「合理」、「必要」之原則。

五、不得因個人或少數人之錯誤而處罰全班學生。

六、對學生受教育權之合理限制應依相關法令為之，且不應完全剝奪學生之受教育權。

七、不得以對學生財產權之侵害（如罰錢等）作為輔導與管教之手段。

八、處罰的事項應以學校教育之範圍為限，校外生活不宜干涉。

延伸思考

　　雖然老師原本並無對學生造成傷害之故意，但是老師對學生施予一般管教措施，即使其方法不足以造成傷害，也不是就絕對沒有造成傷害結果的危險。因此老師對於一般管教措施可能造成傷害的危險，應該負防止發生的義務，如果怠於防止或疏於注意，導致學生受到傷害的結果，自然應該負起讓學生受到過失傷害的責任。例如，老師要求學生站立反省，學生反映且經教師判斷，或教師發現，學生身體確有不適，則應調整管教方式或停止處罰，若未處理而導致暈倒，老師仍要負責，「輔導管教注意事項」第22點第3項也有明文規定。

　　如果老師依循合法的方式實施管教，但是學生仍然不服管教，以致產生嚴重衝突，甚至有學生攻擊老師的情形，老師是不是也不能對學生反擊？基本上我們認為若是學生攻擊老師，而可能造成老師受傷害時，老師可以依據刑法第23條之規定，實施正當防衛。然而所謂正當防衛，一定是要對於「現在」不法之侵害才能為之，如果是侵害已經完成（例如學生打了老師一拳後就停止攻擊），老師不能說那我也打你一拳，這就是「互毆」而不是「防衛」。換言之，老師就不能再繼續實施防衛行為，而於事後主張正當防衛。再者，防衛的行為也不

可以逾越必要之程度，如果防衛過當，還是不能主張免責。而且「輔導管教注意事項」第23點第1款也規定，學生攻擊老師或他人，或有攻擊之虞時，非立即對學生身體施加強制力不能制止、排除或預防危害者，教師得採取必要之強制措施。

> ### 3、老師叫學生站立反省時，應注意之事項為何？
>
> A：老師叫學生站立反省時，應注意維護學生的受教權益及學生的健康情形。

法律觀點

　　依照《教師法》第32條及參考「輔導管教注意事項」，老師有積極維護學生受教權及輔導、管教學生的義務，如果有學生在課堂上不守上課秩序，老師有加以管教並維護上課教室秩序的責任，但是應注意「輔導管教注意事項」的規定。該注意事項第22點第1項第13款賦予老師得採取要求學生站立反省的一般管教措施，但每次不得超過一堂課，每日累計不得超過兩小時。注意事項之所以採用「站立反省」一詞，其目的在於促使犯錯的學生思過反省，不同於罰站可能含有處罰的性質。

　　不過，參考「輔導管教注意事項」第13點第1項第4款以及第22點第3項之規定，還是應該特別注意「學生個別身體健康的差異」，並落實《教師法》第32條「學生的學習權與受教權之維護」。

教育觀點

　　站立反省是一般老師常使用的管教方法，因爲站立反省對學生的傷害性較小，但也因此老師們常忽略站立反省所衍生的受教權、人格尊嚴、個別差異及健康情況等問題，不可不注意。站立反省的用意應在於停止學生的不當行爲（影響秩序、干擾他人違反規定、學習不專注等），進而藉由這樣的管教措施讓學生靜下來反省。站立反省在於促其反省，所以實施對象是個人，老師除了考量衍生的問題之外，還需體認到，任何的處罰必須配合心理輔導，使教訓輔合一，學生才能眞心認錯，進而接受並服從。否則，使用的次數一多，學生對於處罰彈性疲乏，就失去其作用了。

處理建議

　　我們的第一個建議是學生站立反省的位置，必須能夠看得到、聽得到教室內老師的授課，這樣才不會因爲這項處罰而影響到學生的學習權與受教權。

　　另外，不論站立反省或其他處罰的行爲都應注意：必須是維持秩序所必要。因爲叫學生站立反省的目的，主要是確保教學活動的正常進行。

　　最後，不能影響到學生的身體健康，因爲某些學生可能體質特別屛弱、容易不適，這時就必須注意學生的個別差異。參考「輔導管教注意事項」第22點第3項，教師在爲一般管教措施時，若「學生反映經教師判斷，或教師主動發現，有下列各款情形之一者，應調整管教方式或停止管教：（一）學生身體確有不適。（二）學生確有上廁所或生理日等生理需求。（三）管教措施有違反第一項規定之虞。」

延伸思考

　　老師基於輔導管教的必要，可以參考「輔導管教注意事項」第22點第1項第13款對學生做站立反省的適度管教，但是在執行上除了需注意所提到的外，站立反省的實施「場所」，應考量「合理」範圍，和學生的「人格尊嚴」。

　　某些老師認為在上課時間，把學生叫到學務處（訓導處）站立反省或請相關人員輔導，並未剝奪學生受教權。我們認為，雖然學務處或校園內其他教室以外的地方，應該也算是實施輔導管教的適當場所。不過，在上課期間把學生排除在教室之外，應限於重大、緊急事件，老師無法處理的情況才可以。否則，隔離學生的頻率過高、時間過長，不僅剝奪學生的受教權，反而顯現出老師的管教無能。

　　另外，某些老師喜歡請學生在眾人看得見的地方站立反省，例如：校門口、學務處門口，甚至有時讓學生身上帶著告示牌，如「我是大嘴巴」或讓學生戴口罩、吃奶嘴等，希望藉由「殺雞儆猴」的方式來達成其輔導管教的目標，但是這樣的方法容易產生標籤作用，傷害學生的人格尊嚴，並不適當。因此，老師在要求學生站立反省時仍應謹慎處理，以符合教育的目的。

4、老師可否用半蹲、蛙跳方式來懲罰學生？

A：半蹲、青蛙跳都屬於體罰行為的類型，而且容易有危險性，老師應避免實施此種違法的處罰行為。

法律觀點

關於體罰的定義在法無明文前，曾有法院判決認為教師處罰學生青蛙跳是讓學生宣洩體力。但在「輔導管教注意事項」制定後，明文揭示教師處罰學生半蹲及青蛙跳都屬於體罰的類型（參見注意事項第4點及附表一），應予禁止。懲罰學生半蹲或蛙跳，是於教育過程中基於處罰之目的，責令學生採取特定身體動作，具有傷害學生身體健康的危險性，常使學生身體客觀上受到痛苦或身心受到侵害之行為，屬於體罰之行為。因此，老師應避免實施此種違法的處罰方式。

教育觀點

處罰是輔導管教的手段，而不是目的。輔導管教的核心概念不是處罰，而是督促學生反省、學習或是制止妨礙學習的行為。針對學生的不當行為，老師想要提醒學生善盡學生本分和職責，而以警惕的方式來告誡學生。然而警惕的方式有很多種，如果選擇讓學生不舒服的處罰（如半蹲、蛙跳等方式），是否就能讓學生「痛」定思痛，而「痛」改前非呢？

如果處罰只是淪為讓學生不舒服的體能活動，只是單純因為學生錯誤而處罰學生，那就偏離了處罰的目的。只要思考過處罰的目的性，老師就會參考「輔導管教注意事項」第22點的一般性管教措施，而不是動輒處罰學生。因為正常的輔導管教措施有助於學生的學習，而不當的管教不僅傷害其身體、心理，亦是一種反教育的行為。

處理建議

半蹲、蛙跳與打手心、打臀部等體罰比較，固然不是直接對肢

體施以外力之處罰，但仍屬於責令學生採取特定身體動作之體罰，會對於學生造成一種不舒適的身體狀態，在不舒適的身體狀態下，自然也會影響學生的受教權益，所以應避免半蹲與蛙跳等會引起學生不舒適的處罰。相較之下，在教室內適度的要求學生站立反省是沒有問題的。

延伸思考

　　青蛙跳和半蹲都是容易發生危險的處罰，所以「輔導管教注意事項」在附表一將「責令學生採取特定身體動作」，如交互蹲跳、半蹲、罰跪、蛙跳、兔跳、學鴨子走路、提水桶過肩、單腳支撐地面或其他類似之身體動作等列為體罰之類型。

　　然而，為了讓學生轉換情境或適當宣洩體力，並非不可以實施體能活動之特殊管教措施。參考「輔導管教注意事項」第24點第4項的規定，非基於處罰，而係為了讓學生轉換情境或適當宣洩體力為目的時，學務處（訓導處）或輔導處（室）若認為有必要，且衡量學生身心狀況，在該處人員的指導下，隨時注意學生的身體狀況及安全問題無虞時，是可以進行合理的體能活動，但此處應注意不宜由任課老師直接要求學生，因為任課老師應該儘可能把重心放在班上，丟下班上學生不管，而帶著學生去做體能活動，恐怕不適宜。

5、老師可否在家長同意情形下，體罰違反常規的學生？

A:不管有任何形式的家長同意，學校老師都不可以體罰學生。

法律觀點

　　老師管教權之行使是基於《教師法》第31條之法律授權，而依據《教師法》及《教育基本法》之精神，老師在行使管教權責時，主觀上一定要符合教育之目的，客觀上也要有足夠之教育理由，並且手段與目的之關係必須適當。

　　因此，《教育基本法》第8條第2項既然明文禁止體罰，縱使家長予以同意，老師也不能主張阻卻違法。

　　另外，學理上大都不認為父母可以將民法第1085條所賦予之懲戒權（為權限而非權利）授權老師代為行使。所以即使得到父母的同意，老師體罰學生也不合法。再者，即使父母對於子女行使民法所賦予之懲戒權，但在過當時仍得依《家庭暴力防治法》加以處罰，也就是說，父母懲戒權之行使也有相當限制。縱使採取過去的見解認為父母懲戒權得授權老師行使，在老師行使過當時，顯然也不能主張阻卻違法。

　　換句話說，即使是父母出具同意書，授權老師可以體罰學生，仍然無法免除老師的行政或民事、刑事的法律責任。換言之，家長的同意也不能違反《教育基本法》零體罰的規定。

教育觀點

　　家長同意老師體罰違反常規的學生，這是家長自願、主動的要求？還是老師基於輔導管教的必要而請求家長同意的呢？這個問題可從以下兩方面來討論：

一、家長主動、自願請求處罰違規學生

　　家長若是自願、主動要求老師處罰違規的學生，也許是基於對於

老師的信任或配合，也可能是無法適當管教自己的孩子，希望由老師代為管教。若是因為信任老師，希望透過親師的互動配合來加強輔導管教孩子，親師相互溝通，共同促使孩子成長，這是教育上最樂見其成的事，即使有特殊狀況發生，基於互信、互諒的關係，可能不至於衍生太大的問題。但若是家長無法適當管教自己的孩子，就把責任推給老師，要求老師體罰學生，恐怕並不妥當。

二、老師請求家長同意對於違規學生體罰

當老師請求全班家長同意對於違規學生體罰，縱使大部分家長首肯，僅有少數家長不同意，亦是不能實施體罰。老師因輔導管教方式不同，而請求家長同意，若是一種教育上的溝通，那是一件好事。但若家長的同意成為一種背書，是為老師「不合法」的體罰方式尋找護身符，那這樣的「家長同意」並不會為自己的不當管教帶來法律上的保障或免責。

處理建議

老師應該將自己的輔導管教理念、原則和方式與家長溝通，並取得家長共識與認同再推展實施。例如，老師可以選擇在學校日、親師懇談會和聯絡簿上以口頭或書面和家長溝通，在這過程中，可以表達自己教學的原則，獎賞、懲處的標準和輔導管教的方法，這樣的溝通，可以交流親師間的教育理念和方法，不僅容易獲得家長的認同和支持，更有助於班級的經營。

總之，不管任何形式的家長同意都不能允許老師可以用不當的懲戒方式來處罰學生，所以老師還是應該善加運用各級學校參照「輔導管教注意事項」所訂定的「教師輔導與管教學生辦法」之教育措施來輔導學生。

延伸思考

　　許多家長希望老師能勤管嚴教，所以可能會以口頭或書面的方式切結，期盼老師能對子女從重懲處。但由於受處罰的學生自己才是法益的持有者，他人不得代為承諾拋棄法益保護，且法律上設置法定代理人的本意在於保護子女，增進其法益，故理論上，法定代理人不可代理受處罰的學生放棄法益保護。因此，即使家長同意，但老師萬一體罰學生成傷的話，最多只能在法院論罪的時候減輕刑罰，並不能免除老師的行政、民事或刑事上的法律責任。

6、老師可否對違規學生罰款？

A:不可以。「輔導管教注意事項」第14點第2項第8款，以及第21點第2項已明文禁止

法律觀點

　　罰款是一種剝奪被處罰者財產權之處罰方法，也是一種侵害程度很高的處分。在一般法律規範中，一定要有法律明文准許，才可以用罰款的方式處罰他人。參考「輔導管教注意事項」第14點第2項第8款：「不得以對學生財產權之侵害（如罰錢等）作為輔導與管教之手段。」輔導與管教學生所得採取的方法或措施中，是不允許採用罰款的方式，從而老師不得處分學生繳交罰款。同時「輔導管教注意事項」第21點第2項更明確規定，「校規、班規、班會或其他班級會議所為決議，不得訂定對學生科處『罰款』或其他『侵害財產權』」。

教育觀點

首先，從管教手段與目的之間的關係來思考，罰款究竟和學生的不當行為有何關連？老師的用意也許是想藉由罰錢使學生感受到負擔，讓學生有所警惕，而避免或不再繼續不當的行為。但是這樣的措施是否能匡正學生違規及不當的行為，是有疑問的。

其次，輔導管教中包含金錢，帶有功利色彩，與教育上強調不分貧富貴賤的平等理念相違背。如果某位學生很有錢，不怕處罰，這樣用金錢來衡量個人的行為，就會誤導成有金錢就不在乎接受處罰的錯誤觀念，讓學生誤以為可以為所欲為，反而在學生間造成不公平的環境。換言之，處罰的目的原本是為求匡正學生行為的效果，但是用金錢作處罰的方式卻容易變成像發售「贖罪券」一般，有錢的學生根本不會去反省自己的行為。

處理建議

老師應避免師生間金錢關係的複雜化。縱使處罰的名目不同於罰款或罰錢，但是結果會導致學生損失金錢，或財產權受到侵害的處罰，都應該避免。曾經喧騰一時的「學生犯錯，買咖啡請老師喝」事件、學生犯錯被處罰花錢買食物請同學吃、或違反班規必須捐錢當班費等規定，雖然形式上不是直接對學生處以罰款，但仍屬於侵害學生財產權的管教方法，都是不被允許的。

延伸思考

罰款首先需要考量這個處罰方法的教育意義，其次，在執行技術面上必須面對兩個難題：若處罰的金額過低，例如一元、二元，顯然

會效果不彰。相反地，如果處罰的金額過高，則可能會迫使學生使用不正當方法去取得金錢，反而衍生更多的問題。例如，學生可能因為害怕父母生氣而說謊，或以不正當途徑獲取金錢。基本上，對一個有經濟能力的人，罰款才會有意義。因此對於一個無經濟能力的學生罰款，恐怕負面效應會超過其正面意義。

同樣地，若把罰款的方式改為罰請同學吃東西，衍生的問題會更多。一來只是滿足學生的口腹之慾；二來，極易造成學生間的對立，成績好與成績差，表現佳與表現不佳的學生慢慢會有立場對立的情況，這樣對於班級的經營，反而增加問題。再者，因為有罰請客的壓力，容易導致學生為求免責而作弊。最後，罰請客的內容由誰決定？如何決定？廉價或昂貴？在在都會引發無止境的爭議。

另外，可以把罰款充當班費嗎？老師將收到的罰款不用在班級或學生身上，而挪作他用，這絕對是不被允許的。但是，若用在學生身上，那麼要怎麼給？給誰？如何才能符合「全班受益」的原則呢？同樣是問題重重。

如果罰款這個規定是學生自行決定，而非老師的要求，基本上老師應該在「規定」制訂前協助學生去判斷這樣的處罰是否合理、有意義並能達到特定的效果。換言之，老師需指導學生思考利弊得失，評量「規定」的價值和效益，如果老師的立場是堅決認為罰款或罰請客不可行，更應該直接介入學生的決定，因為老師有權利也有義務去制止學生不合理、不合法的決定。

對學生罰款會產生這麼多的問題及困擾，因此「輔導管教注意事項」第14點第2項第8款，以及第21點第2項明定不能以罰款作為對學生輔導管教的手段。

7、放學後，老師留下學生做個別輔導，應注意之事項為何？

A:老師於放學後留下學生做個別輔導，是屬於超過學校正常上課時間的「活動」，應經監護權人同意，並應盡到老師平時即應盡的注意義務。

法律觀點

　　參考「輔導管教注意事項」第22點第1項第11款，「經監護權人同意後，得留置學生於課後輔導或參加輔導課程。」如果經監護權人同意，將學生留置輔導時，一定要盡到一般老師的注意義務，例如安全維護等，如有必要，也應該請相關單位幫忙。

　　如果學生僅是單純學業成就偏低，並沒有「輔導管教注意事項」第20點所列違法或不當行為時，參考「輔導管教注意事項」第19點第1項規定，在瞭解其學業成就偏低的原因後，將學生留校，此時目的應在於實施補救教學，而非處罰。若是因為學習漫不經心、態度不佳則可視同輔導與管教來處理。此外，如果留校輔導是為了處理課業問題，還要考慮平等原則及其必要性。

教育觀點

　　個別輔導是老師針對班上特殊狀況學生所做的輔導管教措施，它可能是針對學生的不當行為、課業學習障礙或心理的困擾等情況。因為輔導管教的實施有其「黃金期」，除了下課十分鐘、午休和自修時間，為了求得輔導效果，課後輔導是較完整且不受干擾的時段，但是

因為運用時間是在課後，所以需注意下列幾點，以免老師用心良苦但卻反而造成不必要的困擾：

一、瞭解學生的意願；二、知會家長並徵得其同意；三、承擔照顧輔導的責任；四、在學校輔導，盡量避免進行校園外的輔導活動；五、不可違背輔導的目的；六、不要逾越師生關係。

處理建議

放學後，老師留下學生做個別輔導，首先應考量課後輔導是否有其必要性，是否一定要在課後實施。其次，應掌握上述教育觀點所提及的注意事項。另者，在實施的過程中應注意時間安排的妥當性，老師應善盡職責，因為即使再好的輔導，如果安全出了問題，輔導的成效便會大打折扣。最後，任何課後輔導應該符合教育的目的性，不要以輔導之名，圖其他的目的。

延伸思考

課後個別輔導是一種非常態的活動，對學生而言，可能會造成心理壓力。老師實施課後輔導，可區分為懲戒性質與課業助成性質，而前者之強制力較後者為高（「輔導管教注意事項」第22點第1項第11款）。但不論是何種輔導，都需注意時間的問題，應在合理的範圍內，否則容易引發質疑。雖然「輔導管教注意事項」第19點，並未規定實施補救教學之課後輔導需經監護權人之同意，但我們認為仍應取得監護權人的同意較妥。

家長拒絕讓學生留下來課後輔導，若是屬於課業助成性質的輔導，應該沒有強制的必要。站在老師的立場，可以表達其輔導的意願，但是接不接受應屬家長的選擇。

　　若是懲戒性質的輔導，例如說上課吵鬧，老師要求學生課後留下來念書，並在旁督導，類似這樣的懲戒性質的輔導，是教師可採取的一般管教措施。參考「輔導管教注意事項」第22點第1項第11款的規定，除需經監護權人的同意以外，應該注意實施的合理時間範圍。

　　另外，課後輔導或將學生留校進行活動都應該要有學校老師（無論是導師或其他老師）隨同保護照料，如果老師將學生留下輔導，卻沒有盡到注意義務，而發生學生臨時身體不適，或意外事故等等，老師都可能被追究責任。同時對於課後輔導結束後，學生返家的方式，亦應先跟家長聯絡好，以維護學生的安全，而避免不必要的紛爭。

8、老師是否有權力不讓學生進教室？學生進教室上課是否需經老師同意？

A：老師原則上沒有權力不讓學生進教室，進教室學習是學生的受教育權利。

法律觀點

　　依照《教師法》第32條及「輔導管教注意事項」的規定，老師有積極維護學生受教權及輔導管教學生的義務。學生在教室上課為其受教權的範圍，老師無權不讓學生進教室。因此，現行「輔導管教注意事項」第14點第2項第7款明文規定，「對學生受教育權之合理限制應依相關法令為之，且不應完全剝奪學生之受教育權。」即使學生出現妨礙秩序的行為而影響到上課活動的進行，老師仍然沒有權力不讓學生進入教室，老師應該做的是在學生有不當行為發生時，施以有效的

管教措施，並輔導他恢復正常學習。當然，若是其他班級的學生，要進入教室尋仇挑釁或進行干擾的行為，當然應該禁止其進入。

教育觀點

老師是為學生而存在的，沒有學生，老師也會失去舞台，把學生擋在外頭並不代表問題就消失，老師就可以置身於事外。所以我們的建議是：面對學生問題→接受學生問題→解決學生問題→放下學生問題。老師應加強自我輔導管教的知能，在尊重學生人權、人格和尊嚴的前提下，變化輔導管教的策略與方法；另一方面應利用學校及教育單位輔導管教的支援機制，請求協助，免得孤軍奮鬥，事倍功半。

處理建議

老師無權不讓學生進教室上課，對於學生不服管教之行為，老師可以請求相關機制的支援。參考「輔導管教注意事項」第24點第1項規定，教師在採取一般管教措施無效或學生明顯不服管教，情況急迫，明顯妨害現場活動時，得要求學務處或輔導處（室）派員協助，將學生帶離現場。學校在現有人力不足的情況下，則可視學校所在之區域，善用社會資源，例如招募家長志工或退休老師協助，以確保老師在尋求協助時，能獲得應有的支援。必要時，並得尋求校外相關機構協助處理。

老師應避免與學生激烈的衝突或讓學生在外閒晃，免得橫生枝節。學生不能進入教室上課而在外面遊蕩，若因而導致意外事故的發生，老師恐怕至少有行政責任。

　　老師為何會選擇拒絕讓某些學生進入教室上課？是否表示這些學生進入教室後，老師無法和他們正常的互動？這就顯示老師對於學生的挑釁行為無法處理，輔導管教的能力不足，這時候就應該發動學校輔導管教第二線的機制來協助老師與學生。如果學校沒有這樣的機制，則就可能迫使老師在無法繼續施教又極度無助的情況下，選擇禁止學生進入教室上課的激烈措施。當然，若老師僅是單純的主觀好惡或偏見而禁止學生進入教室，絕對是不可以。

　　消極的禁止學生進入教室上課無法解決問題，反而會使問題惡化或複雜化。禁止學生進入教室上課不但不能解決任何問題，更會產生新的問題。首先是妨礙學生的受教權；其次是學生有可能發生意外等等。假如學生說是因為老師叫我不要進教室的，如此一來老師的責任會更為加重。

　　老師不能以「預防性的防禦行為」來妨礙學生的受教權。學生的受教權是指在教育部及學校排定之特定時間、特定地點內，得接受特定老師教導的權利。所以基本上老師不能有預防性的防禦行為，例如說學生前幾天上課都在搗蛋，老師就認為學生今天也會如此，而禁止那位學生進入教室。換言之，老師不能因為某一位學生曾經素行不良，就禁止那名學生進入教室上課。不過雖然老師不能有預防性的禁止行為，但在學生進入教室後，如仍有破壞教室秩序之行為時，老師可以採取一些必要措施，這些措施可能是制止他或要求他在座位上或教室的後面站立反省等等。

9、學生在課堂上擾亂秩序且不聽制止，校方得否以干擾公務員執行公務為由，將學生扭送法辦？

A:學生若只是在課堂上擾亂秩序，不宜以「妨害公務」為由，將學生扭送法辦。

法律觀點

　　司法院大法官會議釋字第382號解釋認為，學校係屬於由法律在特定範圍內授予行使公權力之教育機構，釋字第784號解釋也提到學校基於教育目的或維持學校秩序，對學生所為之教育或管理等公權力措施（例如學習評量、其他管理、獎懲措施等）。因此，學校實施教育之行為，目前認為是執行公務。不過我們認為學生在課堂上擾亂秩序，而由老師依其專業加以管教，這本來就是教育的本質，也是老師的職責；縱使學生如何不聽制止，老師的責任就是以適當方式教育他，因此不會有所謂妨害公務的問題產生。

　　再者，因為妨害公務是一個犯罪行為（刑法第153條），而所謂犯罪，在法律上是要滿足主觀與客觀的構成要件，不是學生一有不服從或反抗的行為，就認為是犯罪。也就是說，不服從管教應該不涉及妨害公務，不能以妨害公務的罪名，而將學生移送法辦。

教育觀點

　　人生有三樂，其中一樂是得天下英才而教之。但若不幸得天下劣徒而教之，不知為人師者會讓頑石點頭或棄之不理？由於儒家的影響，我國的師生關係特殊，如果師生關係決裂到動用公權力的地步，

被移送法辦的學生回到教室後，師生間的關係、信任與尊重是難以回復的，畢竟教學是一種智慧和藝術，應兼顧「說理」與「衡情」，最後才「論法」。因此，老師不應輕易地把學生當作「犯人」、「仇人」看待，同時老師也可以運用訓輔單位等支援機制，免得窮於應付學生問題而失去教學的熱誠。

處理建議

老師應參考各級學校參照「輔導管教注意事項」所訂定的「教師輔導與管教學生辦法」所列之管教措施，依學生之個別差異，以及當時的情境，採取適當的輔導管教方式，解決學生在課堂上擾亂秩序的行為。參考「輔導管教注意事項」第23點規定，學生若有「攻擊教師或他人，毀損公物或他人物品，或有攻擊、毀損行為之虞；自殺、自傷，或有自殺、自傷之虞時；有其他現行危害校園安全或個人生命、身體、自由或財產之行為或事實狀況。」而且非立即對學生身體施加強制力，不能制止、排除或預防危害者，教師可以採取必要之強制措施來處理，而非動輒以犯罪來處理。

延伸思考

學生妨害秩序情節重大的情況下，可能包含傷害、毀損、恐嚇或妨害自由等各種犯罪行為（例如，毆打師長或同學，或者破壞公物等）。但此時應該思考的是，是否只要一有構成犯罪的可能，學校就一定要將學生移送法辦？不過原則上學生妨害秩序的行為尚不會達到妨害公務的程度。

關於學生在校園內有犯罪行為時，校方該如何處理？留待後述另做詳細的討論。（參見四、老師，我有了：問題6、8、9、10、11）

10、若學生受輔導管教沒有效果時，是否可將學生移送警察局？需不需要家長同意？

A:學生接受輔導管教無效果或違規情節重大時，應先通知家長，在最後別無他法而不得已時，才能將學生移送警察局。如果只是單純不接受輔導管教的行為，並沒有移送警察局的必要。

法律觀點

有關學生「違規」之行為，依其違規程度可以區分為：

一、一般違規行為（僅違反校規或不聽從輔導管教之行為）。

二、不良行為（少年不良行為及虞犯預防辦法第3條所指之行為）。

三、虞犯行為（《少年事件處理法》第3條第1項第2款所指之行為）。

四、犯罪行為（觸犯刑罰法律之行為）。

參考「輔導管教注意事項」第26點及第27點規定，學務處（訓導處）認為學生違規情節重大，得採取以下的處置方式：

一、交由其監護權人帶回管教，每次以五日為限：採取此措施前，須進行家訪，或與監護權人面談，以評估其效果。交由監護權人帶回管教期間，學校應與學生保持聯繫，繼續予以適當之輔導；必要時，學校得終止交由監護權人帶回管教之處置；交由監護權人帶回管教結束後，得視需要予以補課。

二、規劃參加高關懷課程：高關懷課程編班以抽離式為原則，依學生問題類型之不同，以彈性分組教學模式規劃安排課程（如學習適

應課程、生活輔導課程、體能或服務性課程、生涯輔導課程等），每週課程以五日為限，每日以七節以下為原則。

三、送請少年輔導單位輔導：各縣市政府均設有少年輔導委員會，在移送警察局或司法機關前，也可以送請該單位輔導，或是依照各縣市政府少年警察隊的留隊輔導辦法，由少年警察隊輔導。

四、移送警察或司法機關：送警察或司法機關處置之特殊管教措施，應該限於學生涉及虞犯行為以上才移送，避免對學生造成標籤化，以符合輔導與管教學生規定之目的。

學校採取上述措施，均應依該校學生獎懲辦法，簽會導師及輔導處（室）提供意見，經學生獎懲委員會討論議決後，始得為之。但情況急迫，應立即移送警察機關處置者，不在此限。

「輔導管教注意事項」第26點第3項亦規定，學校除採取上述處置外，「必要時，應聯繫社政單位協助處理」。

雖然老師在管教無效或違規情節重大時，可以移請學校將學生移送司法機關（原則上應該通知家長），但是這應該是要涉及到虞犯行為以上，且確實管教無效別無他法時，才能採取的手段。一般的違規行為而有管教無效的情形時，應該努力尋求其他有效的管教辦法。

教育觀點

一般常說法律（或司法）是正義的最後一道防線，那老師輔導管教的「最後一道」防線是什麼呢？是移送警察局嗎？還是家長帶回自行管教？

輔導管教效果不彰時，換不同的人處理是否較好？換個人，換個方式，可能會使學生問題有所轉機。我們建議考慮以下的處理方式：

班級導師先予以輔導管教→導師認為效果不彰，則提報為適應能

力欠佳的個案，再由學務處（訓導處）、輔導處（室）的認輔老師個別輔導管教→違規情節嚴重或輔導管教仍然無效，則召開個案輔導會議，邀集輔導組長、認輔老師、導師、所有任課老師及家長開會，一起研商更有效的輔導管教方式→知會家長，由家長自行管教或請求家長送醫就診→少年輔導委員會→警察局。上述輔導管教的過程，參與人員及參與時間，並非侷限某些人或於某特定階段，例如班級導師在學生發生問題行為時，可能立即通知家長或告知其他任課教師，請求協助輔導管教，所以輔導管教的方式應依學生的問題行為類型而定。

　　換言之，除非學生違規情節重大，否則單純的違規行為，不應該讓學生承受到司法上的處罰，因為這並不是司法或治安機關的工作。而且司法上的處罰可能會讓學生留下不良紀錄或在心靈上烙下不可磨滅的印記，就教育目的而言，也恐怕不妥。

處理建議

　　對於時常出現問題行為的學生，老師應先辨識其問題行為背後的目的。問題行為是一種「降低焦慮」的行為表現，大多出自「自我保護」的本能。通常其目的不外乎有四，其一、為獲取注意；其二、為爭取權力；其三、為尋求報復；其四、為自我放棄。當老師經過審慎的研判及瞭解其行為目的後，應「對症下藥」。學生若是為了引起注意，而時常做出問題行為，其策略為增強正向行為，忽視負向行為。為了爭取權力而出現問題行為時，老師則應避免陷入權力爭奪戰，用不是孩子所預期的方式來回應，並待其有正向行為時給予正增強。認為別人在傷害他所以想討回公道，而時常製造問題的學生，應避免向孩子報復，幫助孩子瞭解他用討人厭的方法是在考驗別人是否喜歡他，因為他以為沒人喜歡他。老師應該釋出善意，從解怨著手。如果

問題行為係出於自我放棄的原因，請老師不要放棄孩子，找出他能成功的活動，請同儕幫忙多鼓勵他，給他表演的舞台。總而言之，對問題行為學生有效的輔導管教方法就在該位學生身上，只是管教者如何去發掘問題原因，並善用輔導管教方法而已。當然學生所為之問題行為或偏差行為，若已經涉及到虞犯行為以上之態樣，而且用盡所有輔導管教辦法都無效，除了係罹患疾病，應尋求心理諮商或其他醫療診治外，才考慮移送警察局或司法機關。

延伸思考

「不讓一人落後」是芬蘭基礎教育的執行最高策略，這也是芬蘭教育成功的一個很重要的因素。我們以前常說施教者應該因材施教，或者現在流行的導引學生「適性發展」，都意涵著不要放棄任何一個學生，因此理論上應該是沒有教不好的學生，只是如何做而已。在現今社會裡，由於多元開放，強調個人意識及權利的重視，緊接許多的問題紛沓而來，在校園中學生的問題亦有多元複雜的趨勢，老師應該想辦法教好所有的學生，不要隨意放棄任何一位學生，因為這些學生問題行為背後，都有它的形成原因及需求。老師負責的一個班級學生人數眾多，若再加上學生的問題行為，往往使老師失去耐心，以致產生心有餘而力不足的狀態，但老師至少應該保有一位輔導學者所說的基本態度，那就是「尊重接納」與「適度要求」。尊重就是重視每一個孩子的重要性，不管他的成績、家庭背景。而接納是無條件的接納，也就是不管你怎樣，我都愛你、關心你，即使你犯錯了也一樣。「適度的要求」指的是，以尊重接納的態度去進行要求，亦即捧著學生的自尊進行要求，如果一定要付出代價時，則以最小的代價來要求。具體而言，每個小孩子都需要被喜歡、被接納、被肯定。

11、對於學生犯刑事案件後遭司法處分，學校可不可以
再依校規處分？若未送司法單位，學校應對其處罰
至何種程度較為合理？

A:原則上校規對學生所犯刑事案件的行為如果也有相關的處
分規定，應可依校規另作處分。要注意的是，處罰本身只
是手段不是目的，處罰的目的應是讓學生有所警惕，以改
正其行為。

法律觀點

學生的違反常規的行為，例如毆打師長構成傷害，可能會受到
刑事的制裁，而同時又違反校規的規定（依校規會被處以記過等處
分）。一般而言，學校通常會依校規另對學生處分。

但同學涉及刑事制裁的行為如果是因駕車不慎，撞傷路人，被法
院處以罰金，學校是否需要對學生再作處分？這當然還是要依校規的
規定處理。但通常這類事件與學校進行教學或輔導管教等教育措施並
無直接關連，學校應該避免使用「妨害校譽」等太過空泛的名目來處
分學生。

教育觀點

學校對學生的懲戒措施，應該是基於教育或輔導管教的目的而進
行，這和刑事制裁含有應報（就是把刑罰當成一種報復）的性質完全
不同。所以學校的處罰應該謹守學校教育的目的，使學生違反常規的
行為能得到警惕，幫助學生改過向上，才是最適當的管教處分。至於
是什麼樣的處分，應依具體情況認定。我們認為記過等校規處分，在

輔導管教的功能有限，而且記過處分經常造成貼標籤的作用，使同學對被處分人另眼看待，產生許多負面的作用。因此，重要的還是學校與老師長期的、有耐心的輔導管教，使學生能知所領悟不再犯錯。

處理建議

對於學生應受刑事制裁的行為，學校當然可依校規對其另作處分，但應注意避免過分地擴大適用。平日學校對學生的處分應該謹守學校教育的目的，依個案情況，使學生在受到處罰時能得到警惕、改過向上，並配合適當的輔導管教，而非依賴容易造成標籤化的記過處分等方式。

延伸思考

青少年學生因偷竊而被逮捕，在刑事程序當中可能會被保護管束，而學校通常會再以「行為不檢」，予以記大過處分。值得思考的是，學生一個不當的行為是否在教育環境中應負這麼高的代價或責任？記大過的目的何在？此時記大過是讓學生心生警惕的一種輔導管教措施？還是讓他再付出一次代價，並且在同學間留下不良的印象？

一般來說，「記過」會在學生的校園生活中留下一個污點的標誌，因此可以警惕學生不要再犯錯。但假設他已經被加上一個更強而有力的標貼，例如是《少年事件處理法》的保護處分，或是刑事罰等等，學校又再將另一個標貼（即記過處分）加在學生身上，這樣的校規處分有助於學生進一步改過向上嗎？目前各校的做法可能都是再依校規處分，等於是「一事兩罰」，但這是不是真能在輔導管教上達到教育目的，其實頗值得商榷。此時的校規處分和司法處分比較起來，

已經難以發揮更強的效果，本身只是再告知學生本人及學校師生其行為不當。因此，學校應該審慎衡量情況，避免再為學生貼上標籤，以免阻礙學生回歸學校的正常生活。

學校規範的正當性

高涌誠

　　在傳統的行政法概念上，學校與學生之間的權利義務關係，被認為是營造物利用關係，學校基於其營造物權力，得自行訂定利用規則，也就是學校可以訂定校規，要求學生遵守。而雖然在理論上，營造物利用規則必須符合其設立之目的（就校規而言，就是要符合教育目的），同時也不能逾越法規或習慣法的範圍，但在以往我國實務上，學校運用其營造物權力常常帶有濃厚的人治與威權色彩，「特別權力關係」理論更是被奉為圭臬，並作為壓制管理學生之最佳藉口。所以，我們常常看到，學校往往用一己主觀的標準要求學生的頭髮長度與服裝儀容、隨意指使學生打掃老師個人的辦公室、強制審查學生的刊物、漫無標準地處罰學生，也就是學校常以「威權式管理」的觀念運用權力，而其結果卻往往導致學生缺乏正確的民主法治觀念，甚而在學生長大成人進入社會後，因缺乏民主尊重素養而造成社會諸多脫序現象。

　　其實，在司法院大法官會議作成釋字第382號解釋之後，「特別權力關係」理論已逐漸被揚棄，學校已經不能再用解嚴前的人治與威權方法處理學校規範，而在釋字第684號、第784號解釋之後，更是完全確立學生的基本權與一般人民無異，學校規範不能侵害學生的基本權，如有侵害，學生也可以尋求司法救濟；另外，《教育基本法》之制定，更確立教育之鬆綁與多元化，校園民主之觀念成為主流，學生不再是被教育（管制）的客體，而是學習權之主體。依據《教育基本

法》第2條第1項：「教育之目的以培養人民健全人格、民主素養、法治觀念、人文涵養、強健體魄及思考、判斷與創造能力，並促進其對基本人權之尊重、生態環境之保護及對不同國家、族群、性別、宗教、文化之瞭解與關懷，使其成為具有國家意識與國際視野之現代化國民。」之規定，學校之設立目的就是要培養具有民主人文素養之現代化國民，從而，學校規範當然也必須符合民主法治的精神，才能達成教育基本法之目標。

事實上，所謂民主法治並不只是一種制度，而是一種生活方式與態度，可以落實在校園環境之中。如果學校在訂立學校規範以處理公共事務時，能擴大老師、家長及學生的參與，包容不同的意見，允許充分的討論，則不論是制定過程本身或其結論，對於學生而言，都能學習到思考、判斷、創造能力與民主法治之觀念，而這不就正是最好的機會教育嗎？

另外，學校更應該要揚棄威權心態，在訂定學校規範時，加入學生立場的思考，讓正反意見進行腦力激盪及充分辯論，如此而形成的團體意志，必然會獲得多數人的心悅誠服。因此，教育部109年10月28日臺教學（二）字第1090147628號函令修正的「學校訂定教師輔導與管教學生辦法注意事項」（以下簡稱「輔導管教注意事項」）第2點，就建議學校在訂定「教師輔導與管教學生辦法」時，應有合理比例之學生代表、教師代表、家長代表及行政人員代表參與會議，而學生代表人數於高級中等以上學校，宜占全體會議人數之五分之一以上，於國民中小學，宜占全體會議人數之十分之一以上，且必要時並得舉辦公聽會或說明會。而105年6月1日修正的《高級中等教育法》第51條，要求高級中等學校應訂定學生獎懲規定，且應經校務會議通過後實施；而第25條校務會議，應由校長、各單位主管、全體專任教師或教師代表、職員代表、家長會代表及經選舉產生之學生代表組成，這些

都是民主精神的具體展現。

　　從而，在具體的學校規範制定方面，本書實務篇所建議採取的方法，就是從規範的實質的正當性、形式上的必要性與程序上的合法性三方面來做衡量。

　　首先，在實質的正當性部分，須考慮到規範之訂定一定要符合教育之目的，畢竟設置學校之目的就在於教育，學校訂立學校規範，自然也要從教育目的思考起。例如學校訂立規範要求學生打掃校園，應該是本於生活教育之目的，但超過這個目的以外的其他要求，如打掃老師個人的辦公室，就必須要再斟酌是否有其他的教育目的，否則任意要求學生為其私領域服務，而別無其他更好的教育理由，這樣的規範就缺乏實質的正當性。此外，在衡量規範的實質正當性時，必須同時顧及目的之正當性與手段之正當性，也就是要符合比例原則。例如學校為保護學生的健康以利其學習，因而禁止學生購買不符合健康標準之午餐或便當，這樣的規範應該可以認為是符合教育目的，但是如果手段上是採取全面禁止外食，則似乎有違比例原則，事實上學校應該是要盡量為學生篩選符合健康標準之店家，而非完全禁止學生外訂午餐便當。因此，學校規範之訂立應該要符合教育目的，而在方法之採取上，則要符合比例原則。

　　其次，學校規範之訂立，要考慮形式上的必要性。「罪刑法定主義」是現代法治國家最基本的原則，在學校規範尤其是涉及學生權利之事項，當然亦應如是。因此，學校規範之訂立，除如前所述，基於民主原則應擴大參與之外，更應將規範明文化後公告周知，以符合形式化的要求。例如，學校規範在經由校務會議通過後，應將之印於學生手冊，讓學生人手一冊，使其明白學校規範之內容，進而使學校與學生間之關係能有所憑（如果可能的話，學生手冊上之規範應該是要載明訂定之理由）。此種規範形式化的要求，其實就是法治社會的基

礎。

　　再者，學校規範之訂定應該要滿足程序上之合法性。所謂程序之合法性又可區分為制定之程序合法性，與內容之程序合法性。而前述「輔導管教注意事項」第21點，就明示了一些程序上合法性的要件，例如：校規應經校務會議通過；校規、班規、班會或其他班級會議所為決議，不得訂定對學生科處罰款或其他侵害財產權之規定；班規、班會或其他班級會議所為決議，與法令或校規牴觸者無效等等。此外，「輔導管教注意事項」第五章也規定了「紛爭處理及救濟」，同樣是程序上合法性的具體要求。因此，在制定程序之合法性方面，學校規範當然要經過校務會議之民主程序而訂定，絕不能由校方片面訂定修改，也就是要如前所述，由老師、家長、學生參與後才能訂定；而在內容之程序合法性方面，只要是涉及學生獎懲之權利事項，除符合上述形式化要求外，更要保障學生的申訴權利，也就是要符合正當程序原則，讓遭受處罰的學生有救濟管道，以免學校錯判又救濟無門，反而造成加深學生行為偏差之反效果。

　　其實，學校規範就如同一般社會之法律，所有法治國原則的基本要求，應該都可以適用在學校規範之訂定；只是，學校規範比諸一般法律有更偉大之目的，那就是教育。所以，在揚棄了「特別權力關係」理論，引進了民主法治精神之後，學校規範之訂定與運用，仍然是要以教育目的為優先。老師們如果可以掌握此一原則，再配合融入民主法治的生活方式與態度，則所有學校規範的問題，應該都可以迎刃而解。

三、老師，你管我！

1、學校是否可強制規定學生穿制服？

A:學校應設常設或任務編組之服裝儀容委員會，且以舉辦校內公聽會、說明會、進行全校性問卷調查或其他民主參與方式，廣納學生及家長意見，訂定學生服裝儀容之規定，而不應直接強行規定。且對於違反服裝儀容規定之學生，得視其情節，採取適當且合乎比例原則之輔導或管教措施，並不得加以處罰。

法律觀點

　　學生是否應穿制服，是屬於生活管理的事項，教育部一般是授權給各校自行決定，把這個當作學校教育自主的事務。不過109年8月23日最新修訂的「輔導與管教注意事項」第21點第3項，則是明文除為防止危害學生安全或防止疾病傳染所必要者外，學校不得限制學生髮式，或據以處罰，以維護學生身體自主權及人格發展權，並教導及鼓勵學生學習自主管理。109年8月3日發布的「高級中等學校訂定學生服裝儀容規定之原則」第1點則明文，為維護學生人格發展權及身體自主權，並教導及鼓勵學生學習自主管理，學校應設常設或任務編組之服裝儀容委員會，且以舉辦校內公聽會、說明會、進行全校性問卷調查或其他民主參

與方式，廣納學生及家長意見，訂定學生服裝儀容之規定，經校務會議通過，以創造開明、信任之校園文化。第6點則明文，學校對於違反服裝儀容規定之學生，得視其情節，採取適當且合乎比例原則之輔導或管教措施，並不得加以處罰。前項管教措施，僅限於正向管教措施、口頭糾正、列入日常生活表現紀錄、通知監護人協請處理、書面自省及靜坐反省。因此，學校應該在踐行前述這些程序後，訂定學生服裝儀容之規定，再依規定的方式處理，不應直接強制規定學生的制服，更不可以因為學生為反服裝儀容規定而處罰學生，但可視其情節採取適當且合乎比例原則之輔導或管教措施。

教育觀點

有一派理論是說，學習適當的穿著是一個教育活動，所以主張不應該強制學生穿制服。另一派是說，學生花很多心思在想要如何穿著打扮，使得學生不能專心於學習，所以透過制服的規定，他們就不用天天想這個問題，可以專心處理課業上的問題。

學校管制學生穿制服的目的，其實主要應該不是在於方便管理，而是協助學生專注在課業上。所以，制服也應該可以有變化，可以有選擇。另外一方面，制服有夏季和冬季之分，學校不僅要求學生要穿制服，同時還規定換季的時間。嚴格來說，如果把制服的換季當成一個強制要求的活動，反而忽略了體質上的個別差異，這就會顯出它的不合理之處。

處理建議

學校規定學生穿制服，除了管理方便、團隊精神及形塑認同感外，主要應該是希望學生不要多花太多心思在服飾上，而不是要讓學

學校規範的正當性/三、老師，你管我！　　*81*

生都喪失美感的教育。所以，對於制服的樣式，最好透過全校學生共同決定，因為學生有參與做決定的話，就比較能接受。

　　另外，即便是穿制服，在換季的時候，應該要允許可以同時穿著夏季或冬季的制服，不要太過硬性的規定，因為不同的體質有不同的需求。但學校往往基於管理或秩序的理由，把穿制服無限上綱，甚至跟學生的品格與學習態度相關連，這其實不是穿制服最核心的意涵。

延伸思考

　　制服的問題涉及學校對於學生的管制可以做到什麼樣的程度。以往學校比較重視學生外貌的管理與約束，導致學生不斷地挑戰這項管制，使得管制的本意及精神反而被遺忘或忽略了。所以，過量的管制應該要被揚棄，在教育目的的考量下，最低限度及合理的管制應該要被突顯出來，而不是認為過去可以管制的，現在當然還可以繼續做管制。

2、學校是否可強制規定學生午睡？

A：基本上，學校應該不能強制規定學生午睡。

法律觀點

　　「午休時間」並非表訂的正式課程，在性質上應該是屬於「課間活動時間」，而「課間活動時間」應該是讓學生自由活動的，因此學校可否強制規定所有學生一律要午睡，實不無疑問。換言之，學校要

求學生在特定的時間內睡午覺，恐怕欠缺明確的法律依據。而且若學生睡不著，學校還強制他不能隨意亂動，只能維持趴著的姿勢，這是一種強烈的行為限制，需要更強的法律授權才行，而目前並沒有這樣的法律規範。

　　不過，即使是「課間活動時間」，學校還是可以訂定規範限制不當行為。因此，雖然不能強制學生一定要午睡不得隨意亂動，但還是可以要求他尊重別人午睡的權利，例如規定學生在午休時間必須保持安靜，不得干擾別人等等，只要符合比例原則，學校對學生行為做適當限制，仍非法所不許。

教育觀點

　　學校為了讓學生下午可以有充足的精神上課，要求學生要午睡，當然是立意良善。然而個別學生對於睡眠的需求不同，有一些學生體力充足、精神旺盛，不需要午睡，對於這樣的學生若強制其午睡，反而可能會產生其他的問題。所以不應要求所有人都睡覺，而是要針對有部分人午睡、部分不睡的情況進行處理。

　　至於因中午不睡午覺，而導致下午沒精神上課的學生，老師們可以施以機會教育，讓他們瞭解中午休息的重要，而改變中午不休息的習慣。反之，對於有午休，但是其學習情況仍然不佳的學生，老師應瞭解是否有其他問題，如，身體不適或家庭因素等，並進一步協助他克服困難。

處理建議

　　學校可以要求學生不論是否午休，都不應干擾到要休息的學生。同時對於精力旺盛的學生應安排適宜的學習活動，或提供適當的空

間，以避免干擾到其他選擇午休的學生，例如，開放圖書室讓學生可閱覽書籍。

延伸思考

在教育活動中，爲管理方便有許多要求「一致」的情形，但是較少考慮到個別的需求。學校花很多力氣要求學生一致，在教育的本質與意涵爲何？這是需要認眞思考的。

一味地追求一致會壓抑個別發展的可能性與創造力的培養，如何尊重個別差異，恐怕是教育工作者必須審愼思考、嚴肅面對的課題。

3、學校是否可強制規定學生參與社團活動？

A:基本上，學校可能可以強制要求學生要參加社團活動，但學校不適合要求學生要參加某一個特定的社團活動。

法律觀點

本題的「社團活動」係指學生在課餘時間，自己組織、具有自治性質而能自由加入退出的社團而言，如係國中、國小列爲正式課程的「團體活動」，則不在本題討論之列。

一般而言，學生社團可以讓學生在團體生活中學習發展自我，故參與社團活動是一種學習過程。就教師專業自主的角度判斷，學校如果認爲學生參與社團活動可以達到教育目的，那要求學生一定要參與某個社團，是可以被接受的，但是如果強制一定要參加特定社團，就

有待商榷了。因為每個社團都有其特殊性，既然它是一個社團活動，就是集合對這個社團的活動內容有特定偏好的人來參與，當然也就會有人對這個社團沒有興趣。因此，如果要求所有學生都要參與某一個特定的社團，某種程度來說，似乎就是認為這個社團是教育活動中所不可缺少的，這就牽涉到這個社團活動是否具有普遍性與必要性，而這是學校必須加以充分說明的，如果學校無法提出合理的說明，自然就不能強迫學生參加。因此，如果學生有選擇參與何種社團的自由，那麼學校強制規定學生參與社團活動的要求，是可以被接受的，但不能強制參加特定社團。

至於所謂強制規定學生參與社團活動，從法律的觀點而言，要看強制到什麼程度，同時要看若學生拒絕接受，有什麼樣的效果。就如同大學課程中有必修和必選，必修就是一定要修才能畢業，而必選是你要參加，如果修習不及格也沒有關係，目前各校對於社團參與即使有某種程度的強制，通常也不至於影響到學生的就學權益。但若學校要提高強制力，例如，規定學生如果拒絕參與社團或社團成績不及格就不能畢業等會損及學生就學權利的話，這就要非常地小心。

此外，對於學生參與社團資格的限制，應該盡量寬鬆，原則上，以學生的興趣及意願為主要考量。當然，社團可以依其特性訂定某些篩選的標準，但學校應避免有歧視（例如，性別的限制）或不當聯結（例如，課業成績的要求）等情形發生。

教育觀點

我們認為社團活動具有高度發展自我的功能。在過去的教育環境下，的確是不太重視群育，現在社團雖然成為學校重視的焦點，但若又要強制學生參與，就要考量到這是不是教育本質所不可或缺的。

　　實際上，從發展自我及因材施教的角度而言，教育是愈來愈不強調一致性的要求。因此，學校是不適合要求學生一律參與某一特定的社團活動，而應該是鼓勵學生參與自己感興趣的社團活動，而且學校要提供社團好的發展條件，例如，適合的辦公處所、活動處所、活動經費、請假的彈性與方便、協助補課和補助參加校外比賽的經費等等。

處理建議

　　假如學校認為發展社團是學校教育活動的特色，就應該在招生簡章上清楚說明，以避免產生就學權益的衝突。另一方面，學校應對社團活動做良性、正面的協助，但事實上大部分的學校可能是不聞不問比較多。因此，當大部分的社團活動沒有受到學校的協助及鼓勵，而學校又特別重點去支持少數可能在形式上較有表現或成就的社團活動（例如，儀隊、樂隊等較能提高學校知名度的社團），這其實是會損及學生選擇的自由，就教育的觀點來看，也是沒有尊重個別差異的不公平措施。

延伸思考

　　許多學校對於學生參加社團活動是過猶不及，學校實際上是扶持少數明星型的社團活動，而對於大多數社團活動則是不聞不問。這是以學校本位來思考，而不是以學生本位來思考。所以，學校應該避免將社團活動「工具化」，並協助學生在標準課程之外發展自我的可能性，同時給予充分的活動空間。

4、學校是否可強制審查學生編輯之校內刊物？

A：基本上學校可以強制審查學生編輯之校內刊物。

法律觀點

　　若是學校刊物，發行人應該就是校長。既然發行人是校長，學校理論上當然可以審查，但如何審查才是重點。也就是說，在法律上有權去審查和如何去審查是兩個完全不同的概念。所以學校應該要有一個適當的審稿機制，不是只要校長或老師交辦就可以刊登或刪除，稿件的編輯過程應該要有初審、複審和救濟。初審可交由學生自行去決定，複審則是交由學校某一個單位去審查。原則上應該要尊重學生的決定，若要修改，應該要有一定的程序，而對於被修改或被拒絕的文章應給予申訴的機會，才作成最後決定。

　　學生應瞭解學校之所以要建立刊物審查機制，是因為學校刊物對外代表學校，是要對整個社會負責任的。但是，學校有審查的機制，並不代表可以漫無標準、恣意而行，因為憲法第11條就保障了人民的言論自由，如果要限制，必須有非常堅強的理由。再者，隨著網路活動的興起，文章的傳送已逐漸不用靠紙本，所以若我們對於刊物做過於複雜的審查，只會使學生的聲音流入地下或網路管道，形成更多不負責任的言論或八卦，使得學校的審查變得毫無意義。

教育觀點

　　審查的意義是在把極度不適合或會造成學校極度困擾的內容，做一個適合的處理。而什麼事情會造成學校無比巨大的困擾呢？有時候

可能只是學校杞人憂天、庸人自擾罷了。因此，學校若愈有承擔困擾的勇氣，學生就有愈大的創造空間。所以，真正需要檢討的往往是大人，不是小孩。

另一方面，學校對於校內刊物嚴格的審查，並不能真正控制學生的思想，反而代表許多真正的心聲正到處散布，而學校沒看見罷了。

處理建議

在高中職以下的學校，應該要先有學生層級的審稿機制，再來要有老師層級的複核機制。在複核機制中，要注意的是，不能讓少數人來決定，若有不同的意見時，應該要在委員會當中經由充分的討論，顯然有相當的理由認為不適當，才能拒絕刊登或是要求修改。即使決定不刊登或修改，也應該要尊重編輯群的專業，給予申訴的機會。換個角度來看，即使是新聞局對於限制級出版品的審查，也是盡量在程序做到合法、客觀、公正，透過社會人士所組成的合理機制去做評定。因此，對於充滿創意與成長空間的學生作品，我們不是更應給予尊重與機會嗎？

延伸思考

這個問題其實是牽涉到教育目的、言論自由、正當程序等在法律上核心且重要的基本價值。學校應該要理解到，並不是學校最大，並不是所有的權力都在學校的手上，任何一種限制，某種程度來講，都是對於憲法所保障的基本權利（或憲法沒有明文的個人基本自由與權利）所加諸的限制。因此，這些限制都要有法律的依據（憲法第23條）。因此，學校應該要有充分的說明和合理的程序，否則可能都是一種權力的濫用。

5、學校是否可禁止學生訂閱特定刊物？

A:學校或老師不可基於統獨意識型態或黨派認同差異的理由，禁止學生訂購特定刊物。但是如果認為某刊物所刊登的圖文內容有色情、猥藝之虞，足以妨害學生之身心健康，學校即可依據校務會議的決議，禁止學生以學校出資之經費或班費訂購該刊物。

法律觀點

依照國內實際發生的情況，學校或老師禁止學生在校內訂閱或購買特定刊物的情形，主要情形有二種：第一，是基於統獨意識型態或黨派認同差異的理由；第二，則是特定刊物時常出現清涼惹火的圖片。學校或老師如果基於統獨意識型態或黨派認同差異的理由，禁止學生訂購特定刊物，明顯違反教育中立的原則，同時也侵害憲法所保障的言論、出版及營業自由。為了確保教育中立的原則，《教育基本法》第6條即規定：「教育應本中立原則。學校不得為特定政治團體或宗教信仰從事宣傳，主管教育行政機關及學校亦不得強迫學校行政人員、教師及學生參加任何政治團體或宗教活動。」因此，不論該刊物是由學校經費、班費或學生個人出資所訂購，學校或老師均不應違反教育中立的原則，禁止學生訂購。

至於學校或老師如果因為特定刊物時常出現清涼惹火的圖片，而禁止學生在校內訂購該刊物，依照《兒童及少年福利與權益保障法》第43條的規定，兒童及少年不得觀看、閱覽足以妨害其身心健康之色情、猥藝的出版品、圖畫或其他物品，且父母、監護人或其他實際照

顧兒童及少年的人，並應禁止兒童及少年從事上述行為。因此，學校或老師如發現特定刊物有色情、猥褻等內容時，即應禁止學生觀看或閱覽。

　　不過，除了依據《兒童及少年福利與權益保障法》第44條的規定所做的分級，因為可以簡單而明確地辨識，足以作為是否禁止之參考外，何謂色情、猥褻的圖片或內容，常隨社會發展、風俗變異及個人價值觀念之差異，而有不同之判斷。因此，為避免衍生不必要的爭議，如果是學生個人出資購買該刊物時，學校及老師即不宜干涉其購買，惟仍得禁止其在校園內閱覽。而如果該刊物是由學校經費或班費所出資訂購，學校基於教育的目的，即可依據校務會議的決議，授權行政人員或導師禁止學生訂閱。學生如果不服行政人員或導師的處分，可以循校內申訴救濟途徑，由代表不同意見之委員（行政人員、老師、家長及學生等代表）所組成的學生申訴評議委員會作出最後決定。

教育觀點

　　統獨意識型態或黨派認同的差異，這是屬於個人政治立場的問題，並無絕對的是非對錯，學校或老師不宜、也不應該干涉學生的自由。因為教育的首要目標，既然在於真理的追求與客觀事實的傳授，則類似為特定政黨、主義或宗教信仰而服務的教學內容，皆與真理教育的本質有違。尤其在國民教育階段，學校教育帶有某程度的高權色彩，老師與學生間處於一種上對下的權威關係，學生較無知識也無能力質疑老師的論點。學校或老師如因此禁止學生訂購特定刊物，只能說是自己的政治意識型態使然，尚難稱有何教育的專業性。

　　在學生訂閱色情、猥褻刊物方面，如學生攜帶的是暴力書刊、圖

片或影片，依照「輔導管教注意事項」第30點第2項之規定，教師應自行或交由學校予以暫時保管，並視其情節通知監護權人領回。因此，如學生訂購的刊物是涉及暴力的書刊，固然可以依照「輔導管教注意事項」處理，但許多公開發行的報紙或期刊，基本上並不屬於這種性質的刊物。不過，如果是以班級的名義訂購，或訂購費用是由學校撥給班級使用，學校就比較有權利表示意見。這時為了凝聚各方意見，且讓家長有表達意見的機會，可經由校務會議作成決議，訂定關於處理學生訂購刊物的相關準則，以免陷入是否為色情或猥褻刊物的爭議。而如果是學生在班會上決議用班費去訂閱的話，老師應以勸導的方式代替禁止，以理性溝通的方式說服學生，讓學生瞭解這些刊物可能對他們身心所造成的不良影響，因為這也正是一個很好的品格或生活教育的機會。

處理建議

　　學校應該正視這個問題，而不只是單純地把不良刊物趕出校園。一般而言，學校如果多提供學生正面優良的讀物，以滿足學生的好奇心，自然就能壓縮不良出版品的影響力。因為學生之所以會對這些八卦、腥色羶報導感興趣，一方面固然是好奇心使然，他方面也是由於接觸好出版品的機會不足。學校實應籌募經費，或爭取社會資源的協助，提供學生適當的閱讀做品，也就是正面提供好的出版品，取代一味禁止的防制措施。可行的做法，除了老師在課堂上多介紹好的課外讀物外（如年度十大童書、十大好書），學校應該多方面提供相關的閱讀資訊。此外，學校也應大力充實圖書室的書籍，並多與社區圖書館合作交流。

 延伸思考

　　每份報紙或期刊都有它們的政治立場，在社會領域課程與一般時事的評析上，老師應秉持中立、客觀與寬容的態度，傳授或分析社會不同面向的意見，即便引用某報刊報導而對特定言論、事件有所評論，也應向學生說明有不同意見存在的可能，不得以教師專業自主權為由，達到向學生灌輸特定意識型態的目的。

　　至於刊有清涼惹火圖文內容的合法報紙或期刊，其實是政府允許出版的。既然在法律上是被允許的，除了貫徹分級閱讀制度外，要限制什麼人不能閱讀是不太適當的。由此衍生兩個問題：第一，就是分級制度有無落實。因為既然允許它在市場中存在，唯一能控制它的就是分級制度，因此分級制度有沒有落實是值得我們檢討的。第二，就是是否有一個好的媒體評鑑與監督制度。因為市面上媒體一大堆，如不能做有效的評鑑與監督，只讓學校老師或行政人員選擇，有可能流於意識型態的專斷。因此，應該有更多人參與討論後再做篩選，例如，家長聯盟或家長協會可以表決他們認為對學生最關心的報紙後，建議學校來訂閱。也就是讓更多人參與，並提供好的正面選項，這樣才能盡量達到價值中立、政治中立。

　　此外，從某個角度來看，這些媒體要能在社會上生存，必須在成人世界裡有一定的市場占有率。限制學生訂購的某些出版品，可能在成人世界裡有很多的讀者，如果這些出版品是大人自己喜歡的，大人們似乎就比較沒有立場去限制學生訂閱這些出版品。值得思考的是：是不是成人世界有太多色情、暴力或怪力亂神等報導？如果是這樣的話，要學生與這些色情暴力或怪力亂神完全隔離，是非常困難，也不合理的。

　　我們要強調的是，教育不是專屬於誰的工作，而是整個社會整體

一起成長及發展所必須共同承擔的職責，所以即便是成人，也應該不斷地追求進步。如果能夠這樣思考，才能避免不當出版品的荼毒，而好的作品才能擴大其影響力，這也是一個社會在道德或文化水平向上提升或往下沉淪的很好指標。

6、向學生收取班費，應注意事項為何？

A：我們建議學校的老師盡量不要經手班費，尤其應注意輔導學生做金錢管理，並製作公開透明的帳冊。

法律觀點

　　這裡所稱的「班費」，是指各班級為辦理共同活動之需要，由每個學生繳交而集中保管、支出之費用，例如學生交班費購買班級共同使用之文具、圖書等等。然而，此種在校園實務上常見之「班費」，目前並無任何法令規範，只能視為一種學生（或家長）間的私法行為，而依照一般委任的法律關係辦理。

　　曾有地方自治團體為解決班級經營時所發生的費用收取與支出等問題，特別制訂單行法規以資規範。例如台北市政府訂有「臺北市公私立國民小學及國民中學雜費及代收代辦費收支辦法」與「臺北市公私立高級中等學校收取學生費用辦法」，即規定了「班級自治費」與「班級經營費」，其中將「班級自治費」定義為「供學校週會及班會等自治活動之用，由學校列帳保管運用」，而「班級經營費」則是「供各班環境布置及競賽活動等班級經營之用」，且「經費支用須符

合教育政策法令，且應由班級學生家長會以公正、公開之程序決議並報經學校核定後，始得收費，並應由班級學生家長會切實開立收據」。因此，「班級自治費」與「班級經營費」依該二辦法是列入代收費之項目內，由學校或家長會統一收取辦理，並列在學費單內一併繳交，與校園實務一般所稱之「班費」並不相同。

而監察院後來在99年6月18日提出糾正案，要求行政院、教育部及各縣市政府檢討巧立名目收取代收代辦費之違法情形，教育部於是要求中小學的代收代辦費只能收取五項，分別是「教科書籍費、住宿費、家長會費、團體保險費及午餐費」，故目前也沒有任何法源依據得再收取「班級自治費」與「班級經營費」。

因此在現行規範無法適用於一般「班費」制度之情形下，我們建議各班老師應避免經手「班費」，最好是讓學生或學生家長自己收取、保管與支用班費。而如果真的無法避免時，最重要的就是帳目一定要公開透明，以免有不小心發生觸犯刑法第336條公務侵占罪的風險。換句話說，我們認為班費的問題，應該是屬於學生自治事項，依照一般的私法關係去處理即可，老師不必過度介入，但是應輔導學生妥善處理班費問題。

教育觀點

學校是教育的場所，應審慎處理金錢的關係，避免功利的色彩，但是教育場所也不可能不食人間煙火，因此，基於班級經營與發展，適當地收取班費是合理的。

所謂班費應是班級學習活動所需要的經費，收取班費就如同是成人世界的繳稅。只是學生沒有經濟能力，金錢大部分來自父母，因此班費的收取，首先要先知會家長，並建立徵信的機制。其次，班費

收取的金額要適當，使全班學生都負擔得起，另外，班費的支配和使用要合理得當，以建立學生正確的金錢觀念，讓錢花得有價值、有意義。因此，班費要花在改善班級學習環境及必要性的支出，使全班受益。

處理建議

班費的收取、管理和支配，對於尚未有自治能力的學生（如小學中、低年級），老師涉入和負責部分較多，老師若必須經手金錢時，必須做到透明、清楚、公開，必要時可請家長協助開戶管理。

對於某種程度已經可以自治的學生，老師只需要扮演指導的角色，教育學生學習如何運用及管理金錢，設立專戶處理並記帳，共同討論、參與班費的使用，以避免濫用的情事發生。

但不管哪一個年齡層的孩子，老師都應徵詢家長意見。老師應把一學期可以預見的支出項目，其使用金額概況說明，以作為收取班費金額的參考，然後知會家長，以得到多數家長共識與同意，並可運用家長資源代為管理，避免產生圖利的爭議。

延伸思考

對於貧困清寒的孩子即使因為能力因素，可以免繳班費，老師也應該注意到保障學生的尊嚴，以免學生因無力繳交而受到歧視，造成被矮化的感覺。此外，班費使用不當時，老師應適時介入指導。例如，強制收錢買禮物送給老師，或是通過決議全班每人收取一萬元到國外旅遊等，像這樣的收取金額或方式，老師就必須特別注意。

老師在學校可能經手的金錢，除了班費外，可能還有各種代辦費（校外教學、營養午餐、便當費、學校刊物等）和其他款項（班級

圖書、樂捐、特殊活動）。對於代辦費應由學校相關單位統一的窗口來負責，換言之，老師經手金錢但不保管金錢；對於其他款項，老師在收取上應掌握前述原則，但不能強制收取。

7、班規可以要求學生違規時罰吃奶嘴嗎？班規可否規定繳錢送老師禮物？班費太高時，怎麼辦？

A:班規不應制定怪異與不尊重學生人格之處罰，所以不應該規定罰吃奶嘴。而全班決議繳錢送老師禮物，在合理範圍內，應該是可以允許的。至於班費如有過高的情形，老師應適度介入調整。

法律觀點

關於班規的法律定位，是屬於在教育目的下，允許學生與學生間訂定的自治行為規範，與教管辦法等具有充分的法律效力之規範並不相同，最多只能視為是學生間彼此的約定。因此，班規事實上不能作為輔導管教或處罰之依據。

然而，學生自治而制定班規，是學生學習民主制度及培養民主素養重要之一環。如果認為班規完全沒有拘束力，也不妥當，故應認為學生合意訂定之班規，仍有其拘束力，每個學生都有遵守之義務。再者，學生依其意思表示而達成制定班規之決議，可以認為是法律上的共同行為，而依據《民法》第77條：「限制行為能力人為意思表示及受意思表示，應得法定代理人之允許。但純獲法律上之利益，或依其年齡及身分，日常生活所必需者，不在此限。」之規定，學生雖是限

制行為能力人，但其意思表示仍具法律上之效力（學生就班規所做之意思表示，可以認為已獲得法定代理人之允許，或是依其學生身分為日常生活所必需而合法有效），故其共同制定之班規至少具有法律上與「契約」相當的效力。

　　不過，此一共同規範僅屬於最低位階之規範，當然不能有任何與其他法律或教管辦法牴觸之情形發生，因此，「輔導管教注意事項」第21點第4項特別規定：「班規、班會或其他班級會議所為決議，與法令或校規牴觸者無效。」參照這項規定，班規必須符合一般法律公平正義之要求，不應制定一些怪異或與教育目的、人性尊嚴有違反的規定，否則就會被認為無效。何況，我國民法也明文保護人民的人格權，而《教育基本法》第8條第2項更規定：「學生之學習權、受教育權、身體自主權及人格發展權，國家應予保障，並使學生不受任何體罰，造成身心之侵害。」因此，班規有任何違反人格或人性尊嚴的規定時，都會因為牴觸這些法規而無效。此外，在制定班規時，也應該符合程序的正義，而能夠讓所有學生都有充分發表意見的機會，再依據正當之程序進行決議，不能直接以多數凌駕少數。例如，學生班會不應該在少數特定學生不在場時，直接作出不利於他們之決議。

　　制定罰吃奶嘴顯然是具有怪異與侮辱性質之處罰規定，就算是依據教管辦法，都應該是被禁止的管教方式了，何況是法律效力更低的班規。因此班規自然不宜規定罰吃奶嘴，更何況學生與老師都應該體認：「任何規範」都不宜以嘲弄、甚至侵犯他人人格尊嚴的方式行之。

　　另外，老師與學生間之金錢關係，依法應該只有學費而已。學生繳交學費，而老師則支領薪水，學校或老師絕不能再私下強迫學生交付學費以外財物給老師，否則即違反相關法規，可能構成解聘、停聘、不續聘之事由，更可能觸犯刑法強制罪、恐嚇取財罪等罪責。不

過，法律不外人情，如果學生們主動贈送適當禮物對老師或學校表示感激與敬意，亦非法所不許。因此，班級透過充分討論與民主程序，決議每個學生繳交適當的金錢購買合適禮物贈送老師，在合理範圍內，應該是可以允許的，但為避免「瓜田李下」之譏，老師應該盡量讓學生瞭解，饋贈是不必要的。

　　至於班費之收取與金額多寡，法律也沒有一定的規範，應該也是學生學習民主與自治規範的一環。因此，在合理範圍內，是可以允許的。但是，如果班費金額訂得太高，超過某些學生的能力，或逾越合理必要之範圍，應該可以認為該額度之訂定未達到全班同學意思之一致，而不具備規範之效力，當然也就不能拘束每一個學生了。

教育觀點

　　團體意志之形成，是團體生活與民主精神學習的重要歷程，所以不論是班規之制定或班會之決議，都是學生參與團體而自己訂定規範管理自己的寶貴經驗，也是學生培養民主素養的起步。因此，老師不能袖手旁觀，認為學生的自治討論與自己無關，而應該視其為一項重要的教育活動，在事前應該與學生充分討論民主概念，並解釋其程序以及何者適合或不適合列入班規。此外，可進一步說明合理性之概念，以培養學生「說理」的能力。

　　總之，協助學生妥適的制定班規或作成團體決議，是一項重要而具高難度的民主教育活動，老師應該把握機會讓學生瞭解民主之真諦。

　　至於學生贈送禮物給老師時，老師應該要向學生表達有教無類之教育理念，婉拒學生的禮物。而就老師自己而言，更不應該在意禮物之價值高低，同時藉此對學生做機會教育，袪除社會之紅包文化、送

禮文化，讓學生明白敬業的精神，以及不應該收取額外報酬之意義。

　　另外，在收取班費或學生饋贈禮物時，或許會顯現學生家庭之貧富差距，老師應該注意讓學生瞭解平等之意義，亦即不論其家庭之狀況，在學校是一律平等的，尤其應注意避免學生受到影響而有不平衡之心理。

　　班規是一個班級經營和運作的必要規範。班規的訂定有時是老師自行擬定，有時透過班級學生的多數決方式而產生。不過班規的訂定最好由學生參與及討論，畢竟學生才是班級的主體，「班規」是為他們設立的，老師則應站在指導及協助的立場，鼓勵學生充分表達意見，不要只為了趕快得到結論而草率表決，濫用多數決的精神，造成多數暴力，同時必須要讓學生明瞭多數決有其限制，並非可以定奪一切。如此才能訂定出合理、合宜的規定，學生也才會心悅誠服接受班規且進而遵守班規。

處理建議

　　老師應該在班規制定前，就讓學生瞭解規範的適當性，而不是放任學生任意訂定班規，然後事後再加以否決。所以，老師事前應該做適當地介入。尤其在班費之繳交方面，老師更應該積極介入數額之訂定部分，絕對要避免學生任意訂定不當之數額標準，而當然這要先給予大家充分溝通討論之機會。在學生瞭解規範之界線後，就應該讓學生以民主方式決定，並尊重他們依據民主程序所作成的決議，這才是正確的民主學習歷程。

　　另外，在學生作成送禮物給老師之決定前，老師應適度在班會表達關於老師收受禮物之理念，也就是要求學生不需作成送禮之決議，或是表示僅收受具紀念價值之禮物，與學生做充分溝通討論，以免學

生作成不當之決議後，雙方都尷尬。

　　又如果有學生真的繳交不起班費，老師應私下予以幫助，並可透過聯合其他老師設立共同基金之方式代交，避免在全班學生面前明示免除其繳納之義務，以免損及學生之自尊。

延伸思考

　　我們應該常常思考，什麼樣的規範或行為是可以幫助他人改過遷善的？違反人性尊嚴、羞辱性的處罰，應該是絕無可能改善一個人的行為的，只有尊重人性的規範才會讓人發自內心去遵守。

　　老師們應捫心自問，是否可以心如止水，一律平等地對待每一個贈送不同價值禮物的學生？如果自認無法做到，那是不是應該在事前就絕對拒絕收受禮物？另外，紅包文化固然是現在社會普遍存在的現象，但我們應該期待下一代可以袪除此一陋習，因為我們實在不能合理解釋：老師做自己分內的事，為何還需要接受額外的饋贈？

　　在班費收取方面，應該進一步思考哪些費用是真正為班級運作或使用時所必需？如果某些費用是學校本來就該負擔，或是已包含在學費之內，那有必要收取於班費內嗎？所以老師應該認真審視這個問題，盡量減少收取或使用班費之必要性，或是降低班費的數額。而對於真的繳交不起班費的學生，究竟應該如何適當處理，才可以解決現實問題又不影響學生心理，更是老師應該重視與研究的課題。

8、學校是否可禁止學生從校外叫便當？

A:不適合全面禁止。當學校不能提供營養午餐時，學生就會有向外採購餐點或到校外用餐的需求。原則上，用餐飲食是個人的事，教育單位不宜加以干涉。老師既然不能管學生晚上回家吃什麼東西，同樣也不太適宜管學生在學校吃什麼東西。但在學校，基於教育目的及安全衛生考量，不是完全不能管，尤其年齡層愈低，愈需要協助與管理。

法律觀點

　　在法律上，學校可以做的是最低限度的管理，考量的是安全衛生。這種基於安全衛生要求的管理措施會限制學生權益，所以也要具有合理性，例如，依照教育局公布的規定或是由校內安全衛生人員對於校外店家的巡視檢查等。

　　當學生有外食的需求，而學校同意學生在校外固定的合格店家用餐時，其他細節學校應該是不需過問。如果學校是禁止學生外出，僅接受餐飲業者的外送服務，學校應該要有一個安全衛生的管理機制，例如，由親師組成委員會，直接選定合格店家，或從主管機關所認定的合格廠商中擇定合適者，供學生選擇訂購。至於訂購的方式，是透過合作社代訂或自行訂購，在不違背校園安全秩序下，可以由學生及家長自行決定。未被評定為合格之餐飲業者，學校應該禁止其餐飲進入校內，否則無法維護學生的身體健康，而且如果便當上面沒有註明販售店家的相關資料，一旦發生有礙健康的意外時，便會無從追究責任。

　　學校縱使辦理中央餐廚式之營養午餐，除了提醒同學注意均衡營養之外，仍沒有什麼強制力可以禁止學生訂購外食，但可以基於安全衛生的教育上理由在校園規範中明定，經校務會議通過後，作為學校適度限制的執行依據。

教育觀點

　　學生的飲食其實是衛生教育重要的一環，所以學校老師應該要認真地透過瞭解學生吃什麼東西、如何挑選吃的東西等方面，進一步協助學生做選擇及判斷。因此，學校可以採用半推薦的方式，讓廠商來學校擺攤位，介紹自己有什麼特色的飲食。就教育觀點來看，應該要學生學習如何慎思明辨去選擇一個安全衛生的飲食，所以學校可以更積極地邀請這些廠家到學校來辦展覽，讓學生去投票及提供意見給這些廠家，廠家也可以做回應，回應之後，學校可以把回應最好的廠家公布出來，或者學校可以讓評選優等的廠家優先在校內販售。事實上，可以把學生吃東西這件事情變成一個很有趣的教育活動，學校不要把很多大人的想法變成是一個刻板的規定，應該把想法或規定背後的精神變成一種有趣的教育活動，這對學生就有潛移默化的功用，會讓學生慢慢懂得去選擇營養衛生的好產品，這其實是一個重要的教育機能。

處理建議

　　如果學校沒有辦營養午餐，可以透過學生來共同參與評比，例如，色香味、蔬菜水果、營養平衡及熱量的因素等。其實這是一個健康教育活動，同時也可能是一個環保教育的實施，例如，使用的餐具、資源回收分類等等。也就是學校可以試著把用餐這件事情變成是

健康教育、食品衛生教育、環境衛生教育或愛護地球教育等具有多元教育目的的活動，這絕對遠比學校強制規定或禁止來得有趣多了。

延伸思考

事實上不只「食」的問題，也包括體育活動，事實上飲食和體育活動會決定學生的健康。在學校中良好的飲食習慣和良好的運動習慣，其實對國民強健的體魄有重要的價值和意義，我們應該要在這個方面多投入一些心力。學校對於學生飲食和體能的要求應該要適度合理的轉化而且植入為教育活動一個重要的目標，這其實是值得教育工作者和家長跟孩子去思考的。

9、老師可否要求學生打掃教師辦公室？

A:辦公室屬於公共領域，老師要求學生協助打掃及整理環境，原則上屬於處理「公共事務」，並沒有不妥之處。

法律觀點

由於校園中師生地位的不對等，學生較難拒絕老師的「要求」，因此，無論是屬於生活教育性質的工作分配，或是具有輔導管教的懲罰措施，老師「要求」學生做事時，必須明確區分是屬於「公共事務（公務）」或「私人事務（私事）」的範疇。換句話說，老師要求學生處理公務或代辦私事，兩者的法律效果與責任是不同的。

就處理公務而言，如果具有教育意義，學生也可以因此有所學

習與成長，是可以適度地由學生負責；但是，老師職務上應履行之義務，例如，批改作業或學習成績評量等事項，雖屬於公務，仍不應請學生代勞（相關討論詳見本書其他部分）。

要求學生代辦私事，原則上應屬於不適當的行為（濫權），老師需負相當的行政責任。因為老師可能因此獲得不當的利益（例如，節省時間及勞務），如果是上課時間，更會侵犯到學生的受教權。

教師辦公室或休息室等公共空間的整潔等事項，原則上可以認為屬於具有教育目的的「公共事務」，學校或老師應該可以安排學生負責打掃；但是，要求學生清潔辦公室裡主要供老師使用的冰箱、整理老師辦公桌抽屜或桌面，甚至幫忙老師購物、洗車或到銀行辦事等性質上屬於「私人事務」範疇的事項，除非是基於師生情誼，學生自願協助，否則老師應該盡量避免。

教育觀點

老師要求學生打掃辦公室，究竟是生活教育還是處罰，這兩者在意義上是不太一樣的。如果認為是學生的團體生活教育，那麼應該是大家都有責任，必須公平地負擔這項工作，因為所有人都應受教育，而應平等對待。所以，打掃其實是一種學習，而不是一種負擔；但若把它定位為學生做錯事或行為失當的懲罰，就會只要求特定的人（需接受輔導或管教的學生）去打掃。這時要注意的是懲罰是否公平、妥當的問題。我們認為應該盡量以生活教育為主，避免把「打掃辦公室」變成一種懲罰的方式。

學生的活動當中，應該包含生活教育，而生活教育當中其實是包含了清潔打掃，因為一個人應該要養成愛整潔、維護環境整潔的習慣，而愛護整潔除了不製造髒亂，也包含髒亂以後的打掃。此外，從

打掃當中也可以學習做事的方法，甚至從打掃本身可以讓學生更懂得愛護環境或維護環境的清潔。另一方面，教師辦公室應該要保持一定程度的可清理性，如果老師自己本身把辦公室弄得很髒亂，打掃學生可能會覺得不受尊重。所以，一旦要求學生來打掃老師所使用的辦公室等環境時，應該特別注意在身教上留給學生一個好的榜樣。

處理建議

要求學生打掃辦公室，不論是當作生活教育措施或是輔導管教措施，都要注意安全，因為打掃工作有時候是具有危險性，例如，單獨留下來到很晚或者要打掃比較高的地方，就必須特別考量安全上的問題。

如果把打掃學校環境（或美其名為「愛校服務」）作為輔導管教上的策略，老師不僅要注意可能造成學生被標籤化的後果，更必須在事前及事後詳細說明為何要以「打掃服務」來作為懲罰方式，使學生能心悅誠服地接受管教，並且將工作做好。否則學生動輒將「打掃服務」不當連結到「懲罰」，那就喪失所要達到生活教育的目的了。

延伸思考

所有學生在從事打掃或服務性的活動，其實都是一個生活教育，若老師及家長能認真看待這件事，其實不失為一個矯正智育掛帥、升學主義至上的教育手段。因此，老師應該讓學生瞭解，培養良好的生活習慣、注重個人與環境的清潔衛生，是很有價值的工作，而且會對人的一生產生重大的影響。

10、學校可不可以限制學生的髮式？

A:學校對於學生髮式的限制，乃是學校對學生基本人權的限制，若沒有積極而合理的法律上理由，即不應為之。

法律觀點

有關頭髮的「管理」，以往各學校很少將之具體訂在「校規」內，例如「頭髮長逾耳下一公分，記申誡乙次」；通常是以「服裝儀容」代之，即各級學校多半在校規中將「不遵守服裝儀容規定」列為懲處的對象。至於何謂「服裝儀容規定」則由學校另外決定。而此具體決定的過程，程序上既缺乏徵詢學生或家長意見的程序，在實體內涵上究竟為何學校需要介入學生的髮式，也欠缺充分的理由。

事實上，髮式的決定，一般認為涉及到學生的「自由權」，也就是憲法上的第11條的「表現自由」，也有認為屬於「平等權」，即學生與大人有相同的權利。如果要加以限制，應該要有充分的理由，且通過憲法第23條「防止妨礙他人自由」、「避免緊急危難」、「維持社會秩序」、「增進公共利益」的檢驗，可惜各級學校長期以來限制學生髮式，卻從沒有把理由說清楚。在美國，最高法院雖沒有判例，但下級法院一般傾向支持學生有髮式的自由，例如（1）密蘇里州某案例中，學校主張留長頭髮有游泳池的衛生問題、工廠也有安全問題，而且長短頭髮學生間易發生衝突，但聯邦上訴法院雖表示外表自由不是絕對，不能侵犯他人權利，惟學校主張的證據並不充分，只是反應上一輩的人不喜歡長髮，此外法院也不支持「避免衝突」的說法，因為容忍個別差異是民主的根基，因此判學生勝訴。（2）在威斯康

辛州的某案例中，法院認為，學校沒有證據證明A.學生留長髮表現較差、B.會使其他同學分心、C.長髮學生課外活動缺乏效率，因此不應侵害學生的個人自由，而且法院也不認同學校主張的「代理父母」的說法，因為在學校中固然可以代表父母行使某些職責，但此一權責本屬父母，若父母同意學生留長髮，則將造成與學校不一致的結果，因此判學校敗訴。（3）在某案中，學校主張留長髮會在實驗室造成危險，運動後變得不衛生，但法院亦不支持，認為衛生問題可以戴帽子來克服，而且女生也留長髮為何無衛生問題，顯然違背男女的平等保護，同樣判學校敗訴。（4）在德州的某案例中，法院認為若一個學生上課梳理頭髮，當然可以事先禁止或事後懲處，但不需要禁止其留長髮。（5）在北卡羅萊納州的某案例中，法院認為學校應採取容忍的態度來代替嘲笑或鎮壓，就能將留長髮的干擾排除。至於支持學校得對學生髮式有權加以限制的見解，一般都是基於學生安全與健康的考量，不過也有部分見解認為學校應對維持學校秩序負責，不宜由法院取代，因此駁回學生主張（請參考秦夢群著《美國教育法與判例》，第267頁以下），國外對髮式問題的深入討論，很值得國內借鏡。

教育部特別在「輔導管教注意事項」第21點第3項規定：「除為防止危害學生安全或防止疾病傳染所必要者外，學校不得限制學生髮式，或據以處罰，以維護學生身體自主權及人格發展權，並教導及鼓勵學生學習自主管理。」可謂在反髮禁的問題上，確立了法律基礎。此外，這也讓學校瞭解到學生身體自主權及人格發展權的保障，與學生自主管理的適度引導，才是「管理」學生髮式時，最重要的法律觀點。

教育觀點

　　學生的髮式，長期以來一直是輔導管教的重要議題，過去在戒嚴時期，學生幾乎是被當作軍人看待，整齊劃一是理所當然，理個小平頭或是清湯掛麵更是四、五年級生共同的回憶，也少有反省。然而隨著社會觀點的開放，學生甚至家長對髮禁也一再挑戰與質疑，雖然學校的尺度較以往已經放寬，但爭議仍時有所聞，教育部過去一再聲稱沒有髮禁，而迴避教育現場有髮禁的事實，惟94年8月教育部終於正式要求各校不得有髮禁，並明訂在注意事項第21點中。

　　有關髮禁，從教育的角度，應思考為何要管到學生的髮式？所謂管不到腦內，管到腦上的批評，其實還是質疑為何要管？「整齊」如果是一種價值，那麼顯然是不允許個別差異，也就影響了「發展自我」的可能性。又所謂「清潔」、「衛生」，其實也與長短無關。另外有也認為讓學生不必花心思在髮式上，可以專心念書，這也沒有什麼說服力，因為學生愛「搞怪」，有髮禁時一樣「搞怪」。因此教育工作者實在應該認真思考過往髮禁究竟有什麼「價值」，拋開「以前也都是這樣」、「已經放寬很多了」、「沒有不好看」的想法，如果沒有更正面的價值，何不拋開自己的習慣，學習欣賞學生打扮自己，畢竟「美」也是教育的重要議題，這樣校園內或可減少許多不必要的衝突。試著接納學生後，相信老師們還是有很多事要做吧。

處理建議

　　有關髮禁，既然經過教育部已經規定「解禁」，各級學校自應就現有校內規範予以檢討修正，並落實在校園中，而達到教育部「不檢查，不懲處」的要求。但髮禁的執行有其社會背景，事實上有部分家長可能也認為學校應該管學生的頭髮，就此部分，學校也應秉持教育專業，讓家長瞭解。

此外，解除髮禁未必是全然不管，如果學生頭髮已經到達「不清潔」、「不衛生」的程度，學校也應該有所處理。

又本於教育之觀點，學校也可以召集學生參與，選出若干髮式供學生參考採擇，協助學生學習建立自我的「審美觀」。

延伸思考

不僅是髮式，其實服裝，甚至書包等等，是否要全校統一，都是可以檢討的，問題同樣還是「管」的理由在哪裡？「管」或「不管」在教育上究竟有何意義？如果老師們不能靜下心來想想，恐怕就會陷溺在一座又一座的城堡被攻陷的恐慌之中，教育的本質所要求的「因材施教」、「發展自我」恐怕離我們還是很遠。

校園中的性、謊言與暴力攻擊

黃旭田

　　在校園輔導管教活動中，有許多特殊狀況，這些狀況不像罰站、檢查書包等經常出現，也不像社團輔導或刊物審查是帶有教育作用。特殊狀況不出現則已，一出現必然令老師頭痛，正因為如此，我們更應該從教育與法律的角度，想想老師該怎麼做？

　　校園中，最令老師不知所措的特殊狀況是有關「性」的問題，這其中包含自願性的「性行為」及非自願性的「性騷擾」與「性侵害」，更有因為「性」而產生的懷孕結果。非自願性的「性侵害」、「性騷擾」涉及嚴重的犯罪行為，但即使是自願性性行為，由於當事人年齡緣故，仍可能涉及犯罪而學生不自知；至於懷孕，可能是「相愛」，也可能是「相害」的結果。

　　面對涉及「性」的種種狀況，老師應先瞭解相關的法律或相關規定，對於犯罪行為固不宜輕縱，但是就被害人的保護，老師們往往欠缺經驗，此時有必要多借重社工人員的專業協助。

　　另一方面，如果不涉及「加害－被害」的犯罪結構，老師們對早熟的學生們，如何給他（她）們正確、妥適的觀念，而不淪於說教，也同樣是高難度的問題。

　　至於「懷孕」的處理，所牽涉的問題更廣，除胎兒的人權外，宗教的立場也需要考量。此外，懷孕者、另一方、孩子、懷孕者的家

庭，種種立場都需要考量。傳統上，怕學校丟臉而叫學生休學的做法，大概是最不應該考慮的部分。相反地，學校對於懷孕的學生應積極維護其受教權，並提供必要之協助（《性別平等教育法》第14-1條及教育部公布的「學生懷孕受教權維護及輔導協助要點」務必注意）。學校如果違反此規定還會被處以新台幣一萬元以上十萬元以下的罰鍰（《性別平等教育法》第36條第3項）。

教室掌控，是老師另一項挑戰。許多老師不願意得罪學生，因此點名不確實甚至不點名；另一些老師甚至默許學生不來上課，以避免干擾其他同學。但是一旦學生蹺課、曠課發生問題，老師又該如何是好？針對老師的「責任」，本書也加以檢討。

竊盜與考試舞弊，都是「取其不當取」，前者有明顯的被害人，但是竊盜的人卻往往抓不到；後者表面上看不到被害人，反而常常抓到共犯，但兩者破壞「公平」，斷送「榮譽感」則沒有不同。

校園內的竊盜案件大部分財產價值不高，但是如果不妥慎處理，會嚴重影響學生在學校的求學，而且被偷了卻找不回來，常常會讓學生用「以牙還牙」的方法「再偷回來」，結果就讓學生「因惡小而為之」而逐漸喪失羞恥心，這樣的發展對學生的一生將有深遠的不良影響，所以學校一定要把防竊當作一件大事來看待。

另一方面，考試舞弊雖沒有直接被害人，但卻會使學生有投機取巧的心態，老師們要如何處理，才能導正學生的行為，也值得深思。

校園中另一類特殊狀況，大多具有攻擊性，包括打人的肢體傷害行為（傷害罪）、破壞公物的器物毀損行為（毀損罪）、辱罵或誹謗言辭表現（公然侮辱罪及誹謗罪）等等，這些行為在校園中發生，與在校園外發生一樣，都可能構成「犯罪行為」，而對於所謂「犯罪行為」，老師們應該有以下的認識：

　　一、任何「犯罪行為」有一定的訴追程序，而且依照《少年事件處理法》第27條，除非是重傷害罪（斷人手、腳等），否則上述各罪名（應該是大部分的犯罪行為）均由少年法院（庭）處理，因此並不是一「犯罪」就一定「判刑」、「坐牢」。因為依《少年事件處理法》，對於少年犯罪主要是施以「訓誡」、「保護管束」、「安置於機構內輔導」、「施以感化教育」（《少年事件處理法》第42條），而且也不是一經適用刑事程序就得「判刑」、「坐牢」，在正式刑事訴訟程序中，還有「緩起訴」（視犯罪情節認以暫不起訴為適當）、「緩刑」（視犯罪情節以暫不執行為適當），即使已判決確定，六個月以下有期徒刑尚可「易科罰金」，也不必「坐牢」。所以，所謂「犯罪」，除非青少年犯罪之情節重大，否則並不是都有機會受到「重刑」。這樣的理解，又有兩個意義：（1）不要以為對於學生犯罪，將其「移送法辦」，就會受到多大的處罰，學生一定就會害怕。（2）如果學生犯罪，移送法辦倒可能受到適當的感化教育，未必「留下污點」，因為《少年事件處理法》有塗銷紀錄的規定（《少年事件處理法》第83-1條）。

　　二、另一方面，犯罪未必會受到「重罰」，並不表示沒有辦法加以法律制裁，因為在「民事」上，學生仍然要負損害賠償責任，家長（法定代理人）往往也要負連帶民事責任，這是老師們應該要知道，學生與家長們更應該知道的，所以不僅是在學校內應要求學生及家長負責，如果無法順利處理，告到法院，結果也不會不同。

　　最後，本書在此部分談到「不適任教師」，這不盡然是輔導管教問題，但是不適任教師通常不能妥善處理輔導管教問題，甚至製造輔導管教問題，所以本書亦將之列為一個問題加以介紹，將來也許另外再詳細地探討相關問題。

　　以上所述，當然不是教室內特殊狀況的全部，不過希望能讓老師們作爲思索與處理的參考。

四、老師，我有了！

1、發現學生有性行為而未告知家長，老師有無法律責任？

A:基本上未告知家長，老師並無民、刑事責任，但須確認是否有善盡輔導管教之責。

法律觀點

學生過早發生性行為，一般認為對其身心發展並無益處，但老師知其情事是否應告知家長，應依客觀情形予以衡量。例如，學生之家長平時對學生之管教即極為嚴厲；或是甚至學生與家長（或家人）之間有「亂倫」的情形發生，若老師告知家長，恐將一發不可收拾，對學生極可能會產生不利之後果，則老師即可衡量情況，暫時保密不將此事告知家長。老師基於親師互信關係，對於學生發生的狀況應盡量讓家長瞭解，但法律並無相關的強制規定。此外，若有性侵害的問題，則需通報到性侵害防治中心，由社工來跟家長進行聯繫。

現行《性別平等教育法》第14-1條明文規定「學校應積極維護懷孕學生之受教權，並提供必要之協助」，教育部並據此在94年7月28日公布「學生懷孕事件輔導與處理要點」，其後修正為「學生懷孕受教權維護及輔導協助要點（最後一次修正為104年8月5日），依該要點，並未強制學校需立刻告知家長，且要點的10、復規定「……並謹守專業

倫理，尊重懷孕或育有子女學生之隱私權」。換言之，教育當局要求老師要做「專業」處理，而所謂「專業」當然是以懷孕學生之利益為考量。

因此，老師可視學生與家長之情況，自行考量是否先與家長聯繫，不會因未告知學生有上開情事而涉及民、刑事責任。惟老師雖不當然有告知家長學生有發生性行為之義務，但仍須針對此事善盡輔導管教學生之責任。蓋依據《教師法》第32條規定，老師除應遵守法令履行聘約外，並負有輔導或管教學生，導引其適性發展，並培養其健全人格之義務。且老師亦須嚴守職分，本於良知，發揚師道及專業精神。若老師違反上述規定，其聘任學校應交教師評審委員會評議，由學校依有關法令規定處理（《教師法》第34條）。

教育觀點

當學生有不當的性行為時，老師應當盡全力幫助學生學會面對人生的挑戰及挫折，且學習對自己的行為負責。在輔導管教的過程中，應瞭解當事人的想法和態度，再針對其狀況，請求輔導單位的支援和協助。若是老師已善盡管教之責，在教育上沒有明確重大疏失或可議之處，家長就不應過度苛求，強要老師負責。畢竟家長才是孩子最重要的生活導師，應關愛孩子，敏銳察覺孩子的變化，適時地給予教育及引導。雖然老師對學生應有無限的耐心及愛心，但並不表示老師必須去承擔父母疏於照顧的責任。

處理建議

老師若聽聞未滿18歲學生發生性行為，應查證是否屬實。若屬實，應會同學校依前述要點所組成之「工作小組」之相關人員對學生

予以輔導及協助。學生的性行為若是在校園內發生，因為其行為有妨害風化之嫌，校方應立即做適當的處置，在維護當事人隱私的原則下，調查事件的原委，再告知家長共同處理。學校除了消極的處罰，以遏止不良風氣外，更應檢討事件背後的產生原因和背景。同時宣導正確的性別平等教育，注意校園的安全，加強巡視隱密的治安死角及容易出事的地點。

學生的性行為若是在校外發生（包括援助交際），應做查證的工作。若確定之後，盡量獲得當事人的同意，再告知家長，若未獲得當事人的同意而告知父母，當事人恐怕擔心事發之後難以面對，可能會以激烈的方式來傷害自己，造成一發不可收拾的局面。因此，老師應運用輔導的技巧，審慎適當地處理。

總之，對於學生不當的性行為，事前預防比事後補救來得重要，所以平日學校應多宣導正確的性別平等教育相關知識和觀念。同時多舉辦活動，以紓解學生的壓力。

延伸思考

很多人認為學校裡什麼都教，但是卻不上「愛情」這門課。老師不會教學生談情說愛；家長不知道，也不敢對孩子談「性」說愛。因此，孩子就在氾濫的資訊流中，獲得似是而非的性觀念和性知識。

面對青少年日益增加的婚前性行為，老師已經無法以傳統、僵化的貞操觀念來教導學生，應該以「尋找真愛」來引導學生珍惜自己的初體驗，認真思考性行為發生之後所需承擔的責任。例如，性行為會產生不可預知的後果，如懷孕、性病、愛滋病等。同時性行為發生愈早，罹患子宮頸癌的機率愈高。男女之間一旦發生性行為，彼此的關係與感情容易生變，這些都是老師平日應教導學生去考量的問題。

2、發現學生懷孕，老師應如何處理？

A：學校應積極維護懷孕學生之受教權，並提供必要之協助。若有涉及性侵害問題，則須通報當地直轄市、縣（市）主管機關性侵害防治中心做進一步處理。

法律觀點

對於懷孕的學生，學校要做的，不是消極的遮掩事實，甚至處罰學生，而應該積極維護懷孕學生的受教權，並提供必要之協助（《性別平等教育法》第14-1條），否則學校可能會被處以新台幣一萬元以上十萬元以下的罰鍰（同法第36條第3項）。

首先，老師必須先查明懷孕的學生年齡是否已滿16歲，因為在法律上，只要其年齡未滿16歲，不論該學生與他人發生性行為是否出於自願，都被視為是性侵害犯罪。此時學校方面不僅應告知家長，依據《性侵害犯罪防治法》第8條之規定，也應該立即通報當地直轄市、縣（市）主管機關性侵害防治中心。而如果該性侵害案件是發生於校園內，學校也必須依照「校園性侵害性騷擾或性霸凌防治準則」第16條的規定，分別向社政主管機關及學校主管機關通報。如果懷孕學生的年齡已滿16歲但未滿18歲，就要再探究學生發生性行為的原因為何，若是與其發生性行為的對象已滿18歲而涉及援交或性交易，那也觸犯了《兒童及少年性剝削防制條例》第31條第2項的「與16歲以上未滿18歲為性交易罪」，依據該條例第7條規定，也必須通報主管機關。至於已年滿16歲的學生，自願與他人發生性行為而又不涉及性交易的懷孕，固然不涉及犯罪，但老師還是應該加以關心輔導。

例如，老師必須顧慮學生懷孕之後是否選擇墮胎的問題。因為學

生於在校期間懷孕，可能受到同儕間之異樣眼光，或面臨學校、社會觀念之壓力而選擇墮胎，拒絕新生命的誕生。然而該墮胎行為涉及刑法上之墮胎罪，可能會有刑事責任。因為除了符合《優生保健法》第9條之規定，基於避免遺傳疾病、優生保健或被強制性交等理由，可以合法的進行人工流產之外，刑法第二十四章規定有墮胎罪，甚至公然介紹墮胎方法或行為，刑法第292條也有處罰的規定。所以老師應該對於學生善加輔導，使其順利解決問題又不至於觸犯法網。

　　教育部已在94年7月28日發布，其後並修正為「學生懷孕受教權維護及輔導協助要點」，各級學校在面對學生懷孕時應依照上述要點對懷孕學生妥為協助與輔導，才能落實《性別平等教育法》第14-1條的規定，並保障學生的受教權。

教育觀點

　　懷孕生子，延續生命本是人生一大喜悅，但是對於未成年、身心尚未成熟的孩子，未婚懷孕對其而言則是成長中的意外，對於驚慌、恐懼的孩子，父母師長的責難、處罰恐怕於事無補，只會增加孩子的負擔，換言之，以斥責的態度來處理，易使孩子更為退縮，更加逃避問題，擴大問題的嚴重性。因此，處理問題的首要，是引導學生適當地處理其所面臨的問題，讓家長與孩子以理性、冷靜的態度來面對這個難題。因此教師應給予孩子友善溫暖的回應與強而有力的支持，協助其解決問題。

　　其次，由於孩子身心尚未成熟，無法自主自立，基於保護學生，協助其身心正常發展，老師原則上有告知家長的責任，因此需有技巧地說服當事人，盡量取得當事人同意的前提下告知其父母共商對策。至於校方則應以主動積極的態度，提供教育、輔導及整合資源來協助

學生面對懷孕事件，並由性別平等教育委員會負責有關學生懷孕、曾懷孕（墮胎、流產或出養）與育有子女之學生相關事件之處理。

再者，學校應重視學生的受教權，不得以學生懷孕或育有子女為由，作出不當之處分，或以明示或暗示之方式，要求學生休學、轉學、退學或請長假，學校應整合相關資源，提供懷孕或育有子女之學生輔導、轉介、安置、保健、就業、家庭支持、經濟安全、法律協助及多元適性教育。學校應主動依學籍及成績考查或評量等相關規定，採取彈性措施，協助懷孕或育有子女學生完成學業。畢竟學生在懷孕期間轉學或接受適性教育，將會面臨學籍、課程、成績考核等在不同學制之間如何轉換的問題，因此學校應提供懷孕或育有子女學生無障礙學習環境。又倘使學生選擇墮胎，則學校應注意學生事前、事後的心理建設和身體康復以及追蹤輔導。

其實對於這類事件的發生，事前的預防與教育遠勝於事後的處理。所以學校應實施性別平等教育暨性教育課程或活動，教導學生正確之兩性交往方式，尊重他人身體自主權，培養學生建立健康安全之性態度與性行為，學習避免非預期懷孕之知能，增進教師辨識學生行為之能力，並提升其性別平等意識與輔導知能。強化學校預防及處理性侵害事件之能力與措施，建立人權校園，積極維護學生受教與安全之權利。

總之，學校預防及處理學生懷孕事件，應秉持多元、包容之精神，積極維護學生基本人權，保障學生受教權。不應另眼看待認為學生破壞校譽而強制要求當事人休學或轉學。學校處理過程中應嚴守專業倫理，尊重隱私，採取必要之保密措施。同時應統整社會資源與經費，以維護懷孕或育有子女學生之權益，提供最大協助，以符合教育的本質。

處理建議

一個新生命的可能誕生，原本是一件喜悅的事，但在學習階段中發生，卻未必如此，因此我們建議：

一、有技巧地說服當事人，盡量在取得當事人同意的前提下告知
　　父母，商討對策。

二、分析墮胎與否的利弊得失，若選擇墮胎應注意安全及合法。

三、當事人墮胎之後，需進行心理輔導，並對其行為採取保密措
　　施，以保障當事人。

四、必要時，轉介相關社福機構（例如，勵馨基金會等）協助輔
　　導或安置。

五、平時校園中應多加強性別平等等相關知識和觀念的教育。

其次，依照「學生懷孕受教權維護及輔導協助要點」，各級學校應注意在面臨學生懷孕時要立即成立「工作小組」，提供全方位的協助與輔導，除了在學籍及成績考查等方面儘可能協助學生順利畢業外，尤其不可以因學生懷孕或育有子女而為任何不當處分，甚至明示或暗示的方法要求學生休學、轉學、退學或請長假，否則學生可以提出申訴。

當然，為使校園師生或家長接納懷孕學生或育有子女之學生，學校平日即應實施親職教育，並且在必要時整建校園環境以使懷孕學生或育有子女學生能有無障礙學習空間。

延伸思考

社會的發展使得青少年對於性行為較過去開放、大膽許多，也造成初次性行為年齡逐漸降低的社會現象。所以，與其苛責學生偷嚐禁

果，動輒以道德、校規來規訓，不如平日協助學生建立健康的兩性交往與互動的態度，讓學生能夠以眞誠、尊重的方式來學習相愛，而非以激情的方式來滿足一時的需求。同時老師應教導學生正確的性觀念和性知識，不要避諱有關性行爲時的預防與安全措施（例如，避孕方法），最重要的是對於自我行爲所產生的後果，應勇於承擔和負責。

另外，墮胎對許多宗教而言是難以接受的行爲，在美國支持或反對墮胎之爭議，甚至需要由其聯邦最高法院來裁決。胎兒的生命與婦女身體之自主權之衝突應如何調解，或國家能否立法來處罰墮胎之行爲，皆成爲備受爭議之問題。

3、知道或懷疑學生受家人虐待或性侵害而未通報，老師有無法律責任？

A:老師於知悉或懷疑學生受家人虐待或性侵害時，應於二十四小時內向主管機關通報，如不爲通報，將受到行政上的罰鍰處分。

法律觀點

爲促進兒童及少年身心健全發展、保障其權益、增進其福利，我國特別訂有《兒童及少年福利法》，民國100年11月更修正全文，並更名爲《兒童及少年福利與權益保障法》，此外，並於《性侵害犯罪防治法》、《家庭暴力防治法》及《兒童及少年性剝削防制條例》等法律中另設有特別規定。所謂兒童，係指未滿12歲之人；所謂少年，指12歲以上未滿18歲之人。這些法律當中，《兒童及少年性交易防制條

例》就有關兒童及少年性剝削防制事項係屬特別法，優先其他法適用（《兒童及少年性剝削防制條例》第26條）。

任何人對兒童及少年不得為身心虐待或強迫兒童及少年為猥褻行為或性交等行為（《兒童及少年福利與權益保障法》第49條），故當醫事人員、社會工作人員、教育人員、保育人員、移民管理人員、移民業務機構從業人員、戶政人員、村里幹事、警察、司法人員、觀光業從業人員及其他執行兒童福利業務人員等等，知悉兒童或少年從事性交易或有從事之虞、或知有犯《兒童及少年性剝削防制條例》第四章之犯罪嫌疑人，應即向當地直轄市、縣市主管機關或第5條所定之機關或人員報告（《兒童及少年性剝削防制條例》第7條）。如兒童及少年有上開規定情形以外受虐待或性侵害之情形，教育人員於知悉時，依法亦負有立即向主管機關通報的義務（《兒童及少年福利與權益保障法》第53條、《家庭暴力防治法》第50條、《性侵害犯罪防治法》第8條）。相關通報規定也多要求要在「二十四小時內」為之。

為了貫徹上述通報義務的執行，上述法律就怠為通報之行為均設有罰則規定，主管機關得對負有通報義務之人卻怠於通報的人，處以新台幣六千元以上三萬元或六萬元以下罰鍰（《兒童及少年性剝削防制條例》第46條、《兒童及少年福利與權益保障法》第100條、《家庭暴力防治法》第62條第1項）。

上述法律雖然是規定對於教育人員「知悉」兒童及少年有受虐待或性侵害之情形時，課予通報義務。但是如果只是懷疑，尚不確定時，基於促進兒童及少年身心健全發展、保障其權益之立法意旨，亦應認為老師有向主管機關通報之義務，以避免傷害擴大或持續。

此外，民國93年6月23日公布的《性別平等教育法》對於校園性騷擾及性侵害訂有專章做更詳細的規定，而相關的防治準則及施行細則也規定了學校的通報義務。此外在「高級中等以下學校教師成績考核

辦法第6條第1項第2款第6目」更明文規定教師「執行職務知有校園性侵害事件，未依規定通報」，應「記大過」！

教育觀點

　　當學生受到家人的虐待或性侵害時，學生不見得會主動尋求救助，此時就需要其他人特別是老師的介入。就此，有賴於老師平日對學生的細心觀察，倘學生出現異於平常的舉動時，例如，一反常態變得靜默、害怕人群等行為，老師應詳加調查，如確實有受危害之情形，即應依法通報。

　　法律所以課予教育人員這樣的責任，是因為依《國民教育法》第2條規定，15歲以下之國民均應受國民教育，則除了父母以外，老師實際上是最有可能、最有機會去觀察、照顧、關心孩子們的人。為順利實施教育活動，貫徹養成德、智、體、群、美五育均衡發展之健全國民的宗旨，老師當然必須對其受教學生的身心狀態加以觀察與瞭解，並且於學生發生異常現象時，迅速通報，以尋求完整的協助。如果老師完全沒察覺施教的對象正處於焦慮、恐懼及害怕狀態，那麼教育任務是根本無法達成的。因此，要求教育工作者承擔起這樣的工作，實是責無旁貸，而非立法者無端加諸的責任。

處理建議

　　教育人員在法令的執行上要做到什麼樣的程度呢？至少在行政上，學校應該要有一個通報的系統，由訓輔的單位擔任對外接觸的窗口，因為我們無法要求個別的老師充分熟悉如何對外通報。依據相關法律，所謂的當地主管機關是直轄市及（縣）市政府，因此，在縣（市）這級為縣（市）政府，在直轄市為直轄市政府。事實上，因為

未通報而受到處罰的機會很小，因為別人並不會知道某一個老師你是否知道一些事而未通報。但從當前的社會情況來看，事實上這些醫療、社工、心理人員、教育人員和警察的通報是非常重要的，如果這些專業人員不負起通報之責，那麼，這些人的專業能力可以說是不及格的，同時，對於受侵害的學生也無異是雪上加霜，甚至誤認為整個社會都拋棄他（她）們。

然而，水能載舟也能覆舟，通報機制固然有其作用，但當通報發生錯誤時，也往往會對家庭造成傷害。教育人員只是個通報者，並非執法者，應盡量以客觀、冷靜的態度，不預設立場、忠實地描述，而非基於臆測，偏頗地理解事實。

其次，為了保護通報人，學校依法對於通報者的身分資料應予保密，故通報的程序中應避免相關人員的資料外洩，以免教育人員因為身分曝光而遭受不必要的困擾（《兒童及少年福利與權益保障法》第53條第5項、《家庭暴力防治法》第50條第2項、《性侵害犯罪防治法》第8條第2項）。

延伸思考

老師除了在學生發生受虐或性侵害時，應依法通報外，平時更要教導學生如何自我保護，以避免被害；或者在有可能被害的情境出現時，應該做如何的處置。也就是說，老師應盡力在事前協助學生避免落入一個被害的困境中；或者在可能被害的情境當中可以迅速脫困。

老師應透過事前教育的思辨過程，使學生體會到「被害」並不是件可恥的事，應該勇於尋求救助，發揮通報機制的功效，這樣才可以幫助更多的孩子，以避免不幸的事件發生。

事實上，為回應社會各界重視教師的通報責任，民國101年1月4日修正的《教師法》第14條第1項第8款已將「知悉服務學校發生疑似校

園性侵害事件，未依性別平等教育法規定通報，致再度發生校園性侵害事件」，增列爲教師解聘、停聘或不續聘之事由。108年最新修訂公布的《教師法》第14條第1項第8款也仍然列爲應解聘及終身不得聘任爲教師之事由，所以教師應體察社會託付老師保護學生的責任，絕不可怠於爲必要的通報。

4、學生蹺課離校後，若在校外發生事故，學校之責任爲何？

A:學校應該對學生的出缺席負責，一發現有無故缺席的情況即應依正常程序通報，如果沒有處理，學校相關人員可能負有行政責任。不過，學校原則上不必對學生在校外的行爲負責。

法律觀點

　　學生的個人行爲應當自己負責，不管是正常下課，或是蹺課到外頭去，其所發生的任何事端，學生必須自己負責，學校並不當然要對學生發生的所有事件負責。

　　舉例來說，學生若在校外打傷人或殺人時，必須與學生負民事連帶責任者應爲父母（民法第187條），而非學校；而如果有刑事責任，也是學生自己負責，家長或老師不會有刑事責任。又例如學生在上課的時間，蹺課離校發生車禍而受傷，家長不能要求學校要對學生受傷負損害賠償責任。因爲即使學校疏於管理，導致學生有機會蹺課離校，車禍發生和學校疏於管理也沒有必然的因果關係。

　　學校的主要責任是對學生違規離開校園的這件事，做最明快的處理。例如，老師應當在發現學生無故不進教室或無故離去時就向學校通報。老師如果未通報，即可能須負行政責任。而當事故發生時，學校雖無民、刑事責任，仍應適時協助學生或家長處理後續事宜，以保障學生權益。

　　關於學生未經請假而缺席的情況，原本規定在修正前之「國民中小學中途輟學學生通報及復學輔導辦法」第2條，即「國民小學及國民中學發現學生有未經請假、不明原因未到校上課達三日以上者，或轉學生未向轉入學校報到者，列為中輟生，應立即填具通報單通報直轄市、縣（市）政府，並報請鄉（鎮、市、區）強迫入學委員會執行強迫入學事宜」。其規定的目的在於掌控中輟學生，以適時執行強迫入學事宜，民國100年11月30日修正之《強迫入學條例》第8-1條更已將上述內容增訂入法。

教育觀點

　　學生蹺課、不喜歡上學，家庭與學校都必須檢討，不應一味地指責學生。尤其老師可以藉此省視自己的教學能力與方式是否有改進的空間？班級經營及與學生的互動應否改善？是否充分掌握學生在學校的行蹤？學生蹺課時，有否通報學校處理？

　　換言之，老師應把握每一次處理學生特殊狀況之機會，透過完善的處理方式，藉此建立師生間的信賴關係。

處理建議

　　學生於應上課時間而不在課堂上，老師應該立刻通知學校人員

處理，找尋學生去處並設法找到學生。當學校找不到學生時，應當通知學校附近的警察機關，或者通報其家長。而當發現有意外事故發生時，學校應適時協助學生或家長處理後續事宜，以保障學生權益。

延伸思考

假設學生因為蹺課出去游泳而溺斃，如果在第一時間，學校就發現學生不見了，即有可能在其淹死之前救回來；但假設學生已經死亡，學校卻都還不知道學生不在課堂上，甚至學校方面的出缺席資料沒有學生缺席的紀錄，此時因學校對學生的出缺席無法確實掌握，相關人員必須負行政責任。但學校並不至於對學生死亡負有民事、刑事責任。因為相關人員即使即時發現學生缺席，也並不當然可以避免學生發生不幸的事件。學校無法確實掌握學生的出缺席，與學生的事故並沒有相當的因果關係。

當然也有例外情形，例如說某一學生因母親過世，過於想念母親，因此每一次蹺課都會跑到媽媽的墓前，而學校老師也都能預料到他會到那裡，這在實例上發生過多起後，結果學校老師覺得可以不必理會。某次學生卻在公墓一帶受到不良少年的凌辱，這時家長可能會主張老師明知他每次都會跑到那裡去，為何不通知家長將其帶回。這樣的主張是有可能會成立，則學校此時的責任就不僅是行政責任，也可能會因為疏於對學生安全的必要注意而有民事上的責任。

5、學生曠課超過三天，老師未通報，是否需負行政責任？

A：老師若未依法通報中輟生，有可能要負一定之行政責任。

法律觀點

依據教育部106年修訂之「國民小學與國民中學未入學或中途輟學學生通報及復學輔導辦法」第2條之規定，未請假、請假未獲准或原因不明未到校上課連續達三日以上為中途輟學學生，學校有通報義務（第3條），學校的中輟生通報並應接受直轄市、縣（市）政府的督導考評（第10條）。可見學校是否確實通報也被列入考評。前述第2條相關規定在《強迫入學條例》於民國100年11月30日修正時，已將之列為增訂之第8-1條，因此學校對中輟生的通報義務，不僅是「教育當局」行政上的要求，更是法律明訂的「法定義務」。所以，學生曠課超過三天而老師未通報，應該也是會被學校列入考績考評。換言之，也就是要負一定之行政責任。不過，如果老師未通報的原因，是本於教育良知為學生著想而暫時不為通報，似乎不應該因此而影響其考績，老師若因此而被處分，可以依法申訴或提起行政救濟。

教育觀點

依目前實務上對於中輟生輔導之操作現況，學生只要被通報為中輟生，很容易被貼上難以輔導管教之標籤，因此有部分老師也因為這樣的考慮，不願意通報學生為中輟生。然而，理論上中輟生之通報與輔導的相關規定，應該是要協助老師對學生做最好的輔導，而不是用來考評、處罰未依法通報的老師。我們認為老師應該依據教育專業與良知，在有充分理由確信：暫時不做通報對於學生是較好的處置時，慨然承擔行政責任，以更適當的輔導方法取代通報，才是真正符合教育本旨。

處理建議

　　原則上，老師應該要遵守《強迫入學條例》及「國民小學與國民中學未入學或中途輟學學生通報及復學輔導辦法」之規定依法通報。但如果情況特殊，在有特別充分之理由確信暫不通報較為適當時，應該與學校或其他老師討論，讓相關人員知道未通報是基於特殊考量，而不是因偷懶或忘記。萬一老師遭學校誤解而受到不公平的處分時，也可以有申訴之理由與證據。

延伸思考

　　法律應該是要盡可能適用於所有的個案，但實務上在操作時，卻常常被僵化扭曲而產生不合理的結果。遇到這種情況時，重點不是去苛責那些不配合的人，而是應該重新審視並修改不合理的規定，賦予法律更大的彈性，或例外允許特殊情況存在，如此才能使法律有更高的合理性，更容易讓人接受。

　　一直以來關於中輟生的通報辦法並沒有彈性，除身心有障礙之學生外，未能容許特殊或例外的情況，對於老師也產生極大壓力，但是如果老師明知其不合理而陽奉陰違，又如何教育學生遵守規範呢？因此，從中輟通報辦法的不合理，可以讓老師與學生都好好思考，我們的規範或校規是否具備合理性，而能以理服人？如果大家有共識，認為現存的規範是不合理的，是不是應該凝聚力量，積極推動修改相關法規？因為只有大家樂於遵守，才能達到規範的目的。

　　前述提到的《強迫入學條例》之修正，除了增訂第8-1條外，在第9條第2項也增訂了「……有特殊原因經鄉（鎮、市、區）強迫入學委員會核准者」得免予限期入學、復學，開啟了「彈性」的可能性，但實際運作依強迫入學條例施行細則來看，主要是針對身心障礙學生，除

此之外能否有更大的彈性，仍有待一起努力。

　　另一方面，除了通報以外，通報後以多元輔導方式提供適性教育課程，才是通報的目的，現行「國民小學與國民中學未入學或中途輟學學生通報及復學輔導辦法」包括第6條、第9條均有詳細的規範，通報之後輔導繼之，才是對學生最好的照顧。

6、對於校園內層出不窮的竊盜案件，學校應如何處理？

A：學校應將竊盜案件視為重要問題處理，盡力教導學生相互尊重，營造安全學習環境，並避免影響學生學習情緒。

法律觀點

　　《刑法》第320條第1項：「意圖為自己或第三人不法之所有，而竊取他人之動產者，為竊盜罪，處五年以下有期徒刑、拘役或五十萬元以下罰金。」這是法律對於財產權保障最具體之規定。而在民事責任方面，竊盜也是民法上的侵權行為，需負損害賠償責任。因此，竊盜不只是違反校規，更是不尊重他人權利，同時侵害財產權的違法行為，如同搶奪罪、強盜罪一般，所造成的傷害結果是一樣的。學校應教育學生尊重他人財產權的法律概念，而相互尊重才是社會得以生存的基礎。

教育觀點

　　如何給予學生正確的法律觀念，使得校園內的竊盜行為不易發

生，這是教育工作者所應認真思考的，千萬不要以為偷東西只是件小事而忽略它所代表的教育意涵。學生個人物品應有適當保存空間，學生如有特別貴重的東西，學校應有保管的機制或設備，例如可以上鎖的置物櫃。竊盜案件之所以頻仍，通常是因為校園環境太單純，使大家容易失去警戒心。因此，除了教導學生不要偷竊外，如何營造一個安全的校園環境，也是學校應努力的課題。

再者，學校除了加強法律觀念的宣導，教育學生尊重每一個人的財產權外，老師也應該教導學生盡量不要攜帶貴重物品或高額金錢到學校。如果發現學生攜帶貴重物品或金錢到學校時，除了協助學生妥善保管外，更應該積極瞭解其背後原因，藉此機會進行愛物惜物的生活教育。

處理建議

學校應加強宣導學生個人財物保管及珍惜的觀念，並提醒學生不要攜帶貴重物品或高額金錢到學校來。此外，更應盡力做好安全防護措施，例如設置可以上鎖的置物櫃，請愛心家長在上課期間巡守校園等等，以建立學生相互尊重的觀念，同時營造安全學習環境。

實施值日生留守教室，雖可防止財物失竊，但會影響留守學生的受教權，建議可數班同時進行體育課，輪流指派一名學生在各教室間巡察即可。此外，所有學生離開教室要上鎖，玻璃若有破損，應立即維修，以增加行竊的困難度，達到嚇阻的效果。

延伸思考

學校應將竊盜案件視為重要問題處理，不要認為校園內失竊的物品往往價值不高，而輕忽不加重視，因為失竊可能會影響學生的學

習情緒。一個缺乏人身安全乃至財產安全的學習環境，會降低學生的學習效果。社會上逐漸對於人格權、名譽權等權利的重視固然令人欣慰，但如果對於看得到的權利（例如財產權）反而予以忽視，總認為失竊之財物只要不貴重就不予追究，這樣觀念恐怕有問題，因為這同樣是缺乏對他人權利的尊重。

　　我們的教育一向欠缺教導學生財產權的概念，而大班教學的環境又不鼓勵學生發展自我，所以校園內容易有層出不窮的竊盜事件發生。事實上，「擁有」（財產）本身也是一種自我的發展，如何學習「擁有」乃至「珍惜」擁有，也是學習發展自我的功課，惟有清楚意識到自己的擁有與他人的擁有同等重要，我們的校園中才不會有如此多的竊盜案件。所以，除了加強肅竊的措施，還應反省學校中自我發展和相互尊重的觀念是否有所不足，這才是教育的重點。

7、學生考試舞弊被老師查獲，是否應要求舞弊學生於「悔過書」上簽名？若學生拒簽時，應如何處理？

A：「悔過書」若已經詳細記載學生考試舞弊的經過情形，當然可以要求學生簽名以示負責。應注意的是，學生並無簽名的義務，簽名也與是否真有考試舞弊無必然的關連。因此，老師無權強迫學生簽名。另一方面，無論學生是否簽名，也不影響老師有責任確認事實。

法律觀點

　　參考「輔導管教注意事項」第15點規定「學校或教師處罰學生，

應視情況適度給予學生陳述意見之機會……」即在提醒老師應儘可能給予學生陳述意見的機會，避免讓老師單方面認定學生有犯錯。但如果學生已經寫下「悔過書」（相當於「自白書」）承認作弊，卻又拒絕簽名，又該如何？就這一點而論，即使刑法上的自白本身也不能當作唯一的證據，所以，若學生拒絕於「悔過書」上簽名，也不會影響他作弊的事實；反之，倘若學生並無舞弊情事，也不會因為他簽了名，就認為他有作弊。因此，學生若願意簽名當然並無不可，不過，基本上縱使學生不簽名，也不會使得老師之處罰程序或學校之獎懲程序不能發動。

教育觀點

其實，老師一再地要求學生簽名，可能暴露出一個心理上的弱點，就是當老師指控學生舞弊時，自己似乎毫無信心，很害怕學生否認，學生一否認時，就不知道要相信誰？所以無論如何要叫他簽名。其實，學生若有舞弊情事，老師原本就應該將舞弊之情形詳細記錄並清楚載明事件的始末。如果學生否認舞弊，那麼大家要面對的問題是：到底是要相信老師或是相信學生？若大家不相信老師說的話，表示這位老師的公信力不足，那他自己可能也要檢討了。

考試舞弊有許多不同的態樣，有的是夾帶小抄，這是有物證的，老師應該要蒐集物證；若是沒有物證的，比如說是偷看前後左右同學的答案，像這類情形要證明學生作弊且使他承認較為困難。因此，當老師發現學生左顧右盼時，可以考慮站在他的面前，使他沒有辦法舞弊，這樣，整個事件就可以落幕，因為已經達到嚇阻的效果了。倘若老師想要進一步糾正他的錯誤行為，因為沒有物證的關係，學生可能會矢口否認舞弊。因此，學校若沒有把握讓學生坦承不諱時，那就必

須慎重考慮是否要再大費周章地懲處學生。

　　老師應該要使學生瞭解，太重視或太不重視考試的結果，都是不健康的心理狀態。學生面對考試時會緊張是難免的，但是，沒有必要患得患失。因為考試的本質與目的是評量，是作為檢討改進學習方式的參考。因此，以虛偽造假的方法所得到的成績，並無法證明自己真正的實力，或是獲得什麼長遠的利益。「考試舞弊」這種為達目的不擇手段的行為，反而會為自己的人格留下難以磨滅的污點。另一方面，學生所以「患得患失」，往往是因為家長或老師過度看重分數，才會造成學生太大的壓力，若是如此，看待學生作弊時，大人似乎也有檢討的空間。

處理建議

　　學生犯錯而要求學生簽名，其性質類似刑法上的「自白」。自白本來就不能當作唯一的證據，而且學生可能也會說是被老師強迫而承認的。所以，事實上簽名應該不是絕對必要的動作，學生沒有簽或拒簽，老師一樣要做事實的陳述。因此，老師應該盡可能地蒐集人證與物證，以避免無謂的糾紛。

　　參考《刑事訴訟法》中，自白只有在非出於強暴、脅迫、利誘、詐欺、疲勞訊問、違法羈押或其他不正之方法，並與實相符者，才能當作證據；且自白不得作為認定犯罪之唯一證據。所以老師或學校不應過度強調「悔過書」的取得，尤其不可以用不正當的手段取得學生的悔過書，而應加強其他證據的調查。此外，刑事實務上受訊問人拒絕在筆錄上簽名，不得強迫其簽名，惟如受訊問人確有如筆錄所載之供述，且其供述出於任意性並與事實相符，即使受詢問人拒絕簽名，只要在筆錄上註明，該筆錄仍有證據能力。

延伸思考

　　教學的基本模式是：教學目標→教學前評估→教學活動→評量，而評量的結果必須不斷地回饋到前面三種教學歷程，以作為檢討改進的參考，由此可見評量的重要性。所謂的評量，是指運用科學方法與技術，蒐集有關學生學習行為及其成就的正確資料，再根據教學目標，就學生學習表現的情形，予以分析、研究和評斷的一系列工作。因此，在整個教學歷程中，評量是承接轉合，為非常重要的關鍵部分。

　　在多元智慧的思考模式下，發掘學生的專長與潛能，使其達到自我實現的目標，是所有教育活動中最重要的目的。因此，傳統的紙筆測驗往往已經被多元評量的方式所取代；而「用分數論英雄」的偏見，更應該被徹底打破。如果老師與家長率先打破分數的迷思，學生對於考試就能建立較正確的觀念，相信考試舞弊的情形自然就會大大地減少。

　　關於考試舞弊，老師或學校通常希望學生趕快承認，因此有時會應允學生諸如「只要寫下悔過書，就沒事了」，但事後的發展卻又給予學生某種形式的懲處，學生會感覺像「誘騙」，這會變得失信於學生，往往造成另一波衝突，也傷害到師生間的信賴關係。因此要學生寫悔過書可否附條件？大人們如果做不到就不應該亂開支票，否則一面要求學生不可舞弊，一面失信於學生，恐怕不妥。

8、學生若於校內傷人，學校應注意事項為何？

A：學校在教學及輔導管教上應常提醒學生不得有傷害他人的行為。而當傷害已經發生時，應該盡快處理，將傷害降到最低的程度，否則學校或老師可能要負法律責任。

法律觀點

加害人（學生）對被害人的傷害行為，是加害人個人之行為，須與其負連帶責任者，應是其法定代理人，學校原則上不會有法律責任。民法第187條即規定，無行為能力人（例如未滿7歲之人）或限制行為能力人（例如7歲至20歲之人）不法侵害他人權利時，如果行為人在行為時有識別能力，必須和他的法定代理人連帶負損害賠償責任。如果行為人在行為時沒有識別能力，則由其法定代理人負損害賠償責任。

此外，傷害他人身體或健康的行為構成刑法第277條的傷害罪，學校應斟酌案情，考慮是否依《少年事件處理法》的規定，將學生移送法院。

實務上曾經出現過一個案例（參見本書附錄：判決摘要五），某小學一年級學生傷害另一名學生，當時正值課後活動時間，擔任課後活動的班輔導老師進到教室後，發現學生受傷，並沒有盡快送學生就醫或通知家長，結果導致被害的學生眼部受傷嚴重，視力受損。後來學校和老師被追究侵權行為的法律責任。在上述案例中，就學生傷人這一點，學校和老師並無法律責任，但如果意外發生時，老師恰好在現場，應該有保護同學避免受到傷害的責任或是避免損害擴大（傷勢惡化）的責任，此外，如果事後校方疏於後續的處理，就要負法律責任。因此學校可能要跟管區派出所和分局刑事組，或附近的醫療單位密切聯絡，在傷害發生時應該要將傷者盡速送醫，以減少損害的擴大。

學校在教學及輔導管教上應當提醒學生要相互尊重，避免做出傷害他人的行為。另一點應注意的是，當傷害已經發生時，應該盡快處理，將傷害降到最低的程度，否則學校或老師可能要負法律責任。這

是因為學校及老師在學校對學生負有保護及照顧的義務，如果沒有盡到相關的義務，當然必須追究其責任。

萬一發生的傷害事件較嚴重，可能涉及刑事責任與懲處，如果對事件的加害人是誰並不清楚，則學校除送醫處理外，應注意保持現場狀況，盡快由警察進行搜證等處理。

教育觀點

在校園內發生傷害或暴力事件，對相關學生的心理而言，都會產生不小的衝擊。因此，老師除了立即進行適當的處理程序，盡可能降低事件所造成的傷害，並釐清當事人間的法律責任外，對於目睹或耳聞該事件的學生，老師應適時地給予機會教育（例如，事件原因的探討、解決衝突的方式等）並安撫其情緒，且應告誡學生不可嘲笑或用有色眼光對待相關的同學。同時，老師應向學生詳細說明事件可能造成的傷害與責任，以防止類似的事件發生。

此外，老師平日就應該讓同學們瞭解情緒的宣洩並不丟臉，憤怒也不必然是不理性的象徵。朋友之間難免會有「衝突」發生。衝突有時會導致無理性的敵對與仇恨，甚至情緒失控、暴力相向。而「憤怒」是與人發生衝突時，最典型的情緒反應。如何適度地面對情緒、處理情緒，也是很重要的課題。

一旦發生衝突時，要積極面對問題，不要壓抑自己的感覺，或為了害怕爭執而不敢表達自己的意見，也不可輕率地犧牲自己的立場或放棄自己的原則。相對地，也不能粗暴地阻止對方發表意見，或強迫他人退讓。

總之，老師應教導學生避免使用暴力的方式解決問題，因為暴力如雙刃劍，傷人又傷己，而且可能會造成不可挽回的傷害與懊惱。

暴力的行為經常是因為無法適當地控制情緒，因而造成憤怒的不當宣洩。老師應該輔導學生瞭解情緒與憤怒是正常的反應，然而適當且合宜的處理，才是成熟的人格表現。

處理建議

學校或老師平時就應該在教學及輔導管教上提醒學生要避免有傷害他人的行為，以盡到輔導管教的責任。而當傷害可能發生時，應設法避免傷害的發生；如果傷害已經發生時，應該盡快處理，將傷害降到最低的程度，否則學校會或老師可能要負相關的法律責任。

延伸思考

如果學生受傷，或發生意外是在下課時間，老師可能負什麼責任？又如果是掃除時間，同時間全校老師正在開會，學生因打掃而發生意外，老師應負什麼責任？又如果是上課時間，學生不在課堂上，在校內打傷別班的同學，老師應負什麼責任？這些問題的解答，都要看老師是否已盡到輔導管教的責任？老師是否有疏失？如果老師的疏失和傷害的發生或擴大有直接的關係，就可能要負擔法律上的損害賠償責任，例如老師明知學生發生意外，仍然自己忙自己的，沒有盡快處理。另一方面，如果輔導管教有疏失，但與傷害事件沒有直接的關係等，老師雖然不至於要負賠償責任，但可能要負行政上的責任。例如發現學生不在課堂上，沒有通報校方，結果學生在此同時打傷別班同學，老師可能有掌握學生人數不實的責任。

9、學生破壞學校公物可否要求學生賠償？

A：學校可要求學生賠償，但求償數額要合理。

法律觀點

　　因為可以歸責於學生的原因，學校的財產受到損壞，學生當然要賠償。學校基於所有權人或管理權人的身分，可以向學生請求賠償（民法第184條）。而學生的法定代理人也必須負連帶賠償責任（民法第187條）。現行「輔導管教辦法注意事項」第31點也明文規定「學生毀損公物應負賠償責任時，由學校通知監護權人辦理」。但賠償應該如何進行？在法律上，賠償是以回復原狀為優先（民法第213條），但有些物品毀壞後就無法回復為原來的狀態，此時即應以賠償相當之價值的方式來進行。

　　不過，所謂相當之價值是非常抽象的，有些東西可能買的時候很貴，但折舊率很高，甚至早已破損不堪使用了，只是東西剛好不巧在學生使用時毀壞在其手上，如果學校要學生依其全新購置的價格要求賠償，應當是不合理的。因此學校要向學生請求損害賠償時，應當要考量物品的折舊、物品現今的價值等等因素，並漸漸建立起一套標準。這套標準應也可適用於校外人士破壞學校公物的情形。此外，學生破壞公物的行為如屬故意、或縱非故意但情形嚴重時，應可列為違反校規的行為而加以懲處，讓學生有所警惕。

　　學校對於管理或保管的財產應編訂財產目錄，對於物品的價值及使用年限都要清楚地記載，這樣在求償時才能合理地評估賠償價額。有時在破壞公物的案例中，是因為求償不合理才引起軒然大波。學校是

有理由求償，但求償的數額應當合理，否則會引起學生或家長的反彈。

教育觀點

　　老師應加強學生日常生活教育，教導學生愛惜公物，不要有任意破壞公物的行為發生。有關學生的日常生活教育，老師可以從兩方面著手：首先，不應浪費自己的物品，要養成惜福愛物、珍惜資源的習慣；其次是，不是自己的物品或公物更不應隨意浪費，也就是說，不得任意破壞他人之物，否則不僅是「浪費資源」而已，還必須承擔損害賠償的責任。此外，如果學生損害的物品價值較低，也可用勞動服務的方式替代，換句話說，不是每一件事都要用賠償金錢的方式來處理。

處理建議

　　學校要求學生對被破壞的公物予以賠償時，應該同時通知家長。先要求回復公物的原狀，如果無法回復，才以金錢賠償。學校對賠償的方式與價額，應該有一套統一的標準，以便公平地解決同類的問題。在學生蓄意破壞公物等特別嚴重的情況，應該考慮以校規加以處分。

延伸思考

　　不只學生可能破壞公物，學校其他人員，甚至校外人士，都可能破壞公物。學校為了有效地管理學校財產，應該對校產遭破壞的事件訂定一致的處理標準，如此也可以公平地處理所有的賠償問題。不過在眾多的損害事件中，蓄意或惡意的破壞行為，和行為人過失的毀損行為，賠償的責任應該不同，處理上也應該有不同的方式。

10、學生辱罵老師，甚至毆打老師，是否構成公然侮辱罪或傷害罪？老師可否對學生及其家長提出告訴或要求損害賠償？

A: 如果符合公然侮辱罪、傷害罪的構成要件，老師當然可以依相關法令的規定，保障自己的權利。若學生是未滿20歲的未成年人，老師還可以要求學生家長與學生連帶負擔侵權行為損害賠償責任。

法律觀點

　　人身自由、言論自由是人民受憲法所保障的基本人權，但權利之行使並非毫無節制，尚須兼顧他人之權益及社會公益，因此在兼顧對個人身體、名譽、隱私及公共利益之保護，刑法就傷害他人身體之行為，依其傷害程度，分別於設有傷害罪（刑法第277條）、重傷害罪（刑法第278條）加以制裁。另外，並設有公然侮辱罪（刑法第309條）、誹謗罪（刑法第310條），對言論自由予以合理之限制。學生對於老師的暴力或辱罵行為，已侵害老師個人之身體、名譽、隱私等基本權利，如符合刑法上之傷害罪、公然侮辱罪或誹謗罪之要件，自有可能構成上述罪名，並不會因為被害者具有老師身分而可免責。

　　所謂的「公然侮辱罪」，是指在不特定人或多數人得以共見共聞的狀況下，以侵害他人名譽或使人難堪為目的，故意以粗鄙的言語舉動嘲弄或辱罵，或為其他輕蔑他人人格之行為（刑法第309條）。「誹謗罪」，是指意圖散布於大眾，公然或私下以言詞、文字或圖畫，揭發或傳述某種具體的事實，因而足以使他人的名譽有受到毀損的危險（刑法第310條、第311條）。「傷害罪」，是指故意傷害他人的身體或健

康的行為（刑法第277條）。至於「重傷害罪」，則是指毀敗他人的視能、聽能、嗅能、四肢機能、生殖機能或其他重大不治或難治之傷害。

　　刑事犯罪，可分為公訴案件及自訴案件，前者係由檢察官向法院提起訴訟，後者則係由被害人委請律師向法院提起訴訟。在公訴案件中又可分為告訴乃論罪及非告訴乃論罪二類，所謂「告訴乃論」之罪，係指可以由被害人決定是否提起告訴的犯罪，如果被害人決定不提起告訴，檢察官就該犯罪也就不能提起公訴。屬於告訴乃論者，通常是指侵害較輕微或較無損公共利益的犯罪行為，例如：一般的身體傷害（刑法第277條）或公然侮辱、誹謗等妨害名譽罪；至於重傷害罪則為非告訴乃論，不論被害人是否提起告訴，檢察官均可以依法起訴。告訴乃論罪有告訴期間之限制，得為告訴之人應自知悉犯人之時起六個月內提出告訴，超過之後便不得再提出告訴。

　　另外，學生毆打或辱罵老師，除應負刑事責任外，還須依民法第184條負民事上之侵權行為責任，如學生尚未成年，則該學生之家長依民法第187條法定代理人責任之規定，必須與學生連帶負擔侵權行為的損害賠償責任。

教育觀點

　　老師也是人，當然享有基本人權。縱然在現代民主多元的社會中，傳統師生間「一日為師，終身為父」的上下不平等關係，已被平等的「亦師亦友」所取代，但是老師仍應保有做人的基本尊嚴，這是無庸置疑的。因此，當師生發生衝突時，不能只是一味地要老師檢討。尤其一旦發生老師告學生的事件，社會大眾或輿論總是在老師的身分上大作文章，往往不分青紅皂白地指責老師，甚至造成強辭奪理、是非不分的不公平現象。其實，老師不需有「被學生打罵是應

該（或正常）」的悲情，更不可以有「老師不可以告人」的錯誤觀念，因為維護自己的權利與尊嚴不僅是天經地義，更是老師對於學生在「身教」上的具體展現。

不過，就教育的目的而言，「老師告學生」仍要慎重為之，以免破壞師生間好不容易建立的信賴關係。尤其有些學生的言行舉止，在老師眼中也許是不莊重，卻不一定是惡意，有時只是頑皮搗蛋，或是青少年次文化或流行語的展現。老師如果能一笑置之，且給予適度的機會教育，以建立學生守法、尊重的責任感，一定有助於師生關係的改善。

處理建議

學生毆打老師成傷，老師是否提出告訴，可以視下列幾種情況來衡量定奪：

一、學生惡習難改，一再觸犯，考量到行為對師長身心傷害甚大，寬恕反而可能變成縱容，可能就有提出告訴之必要。

二、學生犯下的行為不嚴重，但有再犯的可能性，為了給予他一個教訓，可視其具體行為表現來決定是否提出告訴。

三、學生犯錯後的態度相當重要，當事人是否真心悔過認錯，願意為自己的行為承擔責任；另者，學生犯錯後的表現是否足以反應當事人已心平氣和的省思，並且真誠地悔改並彌補自己的過失。

以上這些狀況都可以作為老師是否提出告訴的參考標準。假如老師考慮到提出告訴會使學生產生標記的負面影響，因此不選擇行使告訴權，但是仍得請求民事賠償，就醫療部分或精神上的傷害，請求

一定的賠償，這種民事請求應基於生活所必需，在索賠的過程中需衡量學生及家長的經濟情況，以避免鉅額的賠償衍生其他問題。畢竟在法律上，老師絕對有權向侵害權利的人請求損害賠償，但從「親師關係」的角度來看，老師的請求金額與項目一定要有根據且合理，以免讓人有「獅子大開口」或「得理不饒人」的感覺。

延伸思考

　　「衝突」正是教育的開始與機會，也是老師專業能力的重大考驗。對於學生的傷害，老師應尋求一個最能達到教育目的方式來處理，也就是教育與法律之間的平衡點。如果老師對學生動不動就搬出法條，以訴訟相脅，美其名為「保障權利」，實際上反而可能是沒有盡到老師應輔導管教學生的職責。

　　有人說：「學生最大的權利就是犯錯」，學生因為會犯錯，所以必須接受教育。因此，老師對於學生的錯誤行為總是採取較為寬容的態度，願意再給學生一次機會。但是，寬容不是縱容，學生對於所犯的錯誤，應該真心地認錯悔改、避免再犯，否則就必須承受更嚴厲的處分，這也是刑事訴訟制度上，對於某些犯罪採用「告訴乃論」的重要意義。

11、學生在BBS站或網路上發表不當、不實的言論誹謗學校或老師時，有無法律責任？

A:基本上，在虛擬世界或現實世界中，發表不當言論去誹謗或侮辱他人的法律責任是相同的，應該都有刑法誹謗罪或公然侮辱罪的適用。

法律觀點

誹謗罪之「散布」，或公然侮辱罪之「公然」，均是指不特定人或多數人得以共見共聞之狀態。學生在公共網站或網路之布告欄上公布或張貼不當或不實且有害於學校或老師名譽的言論，足以使不特定人或多數人閱覽、討論，自然會觸犯刑法妨害名譽罪責，並不會因為網際網路為虛擬世界，而受到不同的評價。且因為在公共網站或網路之布告欄上公布或張貼文章，已屬散布文字的行為，故如其文字涉及誹謗，可能會構成《刑法》第310條第2項的加重誹謗罪。又因為網路流通無遠弗屆的特性，任何不當、不實言論對被害人名譽造成的損害，往往會較在現實世界更為鉅大，遠超出行為人想像，故法院在量刑上可能因此而予以加重處斷。

另外，不論是以真實姓名於網路上發表言論，或以假名、匿名發表，只要被追蹤得到，仍然必須負擔刑責，不應心存僥倖。

除了發表誹謗言論的行為人外，轉寄或轉貼該誹謗言論的人，亦有可能會成為妨害名譽罪的共同正犯或幫助犯，而須負擔刑事責任。只不過，其惡害相較之下可能較為輕微且若有表現出悔意，通常在法庭上立即與被害人和解，而有機會經被害人撤回告訴，而不再追究。

教育觀點

學生罵老師似乎是司空見慣的事，尤其網路具有隱匿性的特質，經常成為學生一吐苦水的天地或是重要的宣洩管道，學生的「真心話」（不管是好話或是壞話）往往容易在網路論壇或BBS站上表達出來，老師要如何處理需要智慧與耐心。

其實，從好的一面來看，這正是瞭解學生感受及使學生瞭解學校運作的好機會，校方應該以正面健康的態度來處理。如果學校對於

網路上的言論相應不理，或是一味地以壓制、處罰方式對待，反而會令學生灰心失望，甚至造成對學校的不認同。因此，網路上的言論與意見，學校應該積極瞭解，如果確有其事，只是學生的言論或表達方式不適當的話，若該論壇是由學校負責管理的，學校除了依權責刪除該言論外，並應加以回應或說明，必要時更應進一步調查其原因及真相，以使學生學會說理，並培養提出建言的勇氣及改善現狀的信心。

不過，若只是學生一時忘我，而有太過「激情」的演出時，老師也應適時糾正其錯誤的行為，這不只是保障自己的權利，也是良好的法治教育機會。

處理建議

學校對於網路或BBS站的言論應多加以注意，若發現學生有較激烈或抱怨的言論，應交由學生事務或輔導單位詳加調查。如果證明為惡意辱罵的不實言論，除了可依校規辦理外，並應要求學生上網公開道歉或更正。此外，必須讓學生瞭解其相關的民、刑事法律責任，如果學生拒絕改過，或是持續在網路上發表誹謗或侮辱的言論，必要時可將其移送少年法庭或要求家長負擔連帶損害賠償責任。

延伸思考

校園網路管理機制的目的不是要控制思想或言論，而是要提供一個公平、說理的公共論壇，並避免不適當的言論造成同學、老師、學校，甚至社會大眾的傷害。因此，學校應鼓勵學生具名發表意見以示負責；而校園網路應做到最小限度的管制措施、最大限度的溝通能力，以及最快速度的查證、回應與處理。

此外，學生之所以喜歡在網路上宣洩情緒，其背後的原因之一是

因為他們在現實社會裡感覺到不能暢所欲言，常常因為發言而被老師責罵。因為在成人世界裡，有許多人習慣於不尊重別人的發言，甚至是斥責別人的發言；反觀在網路世界發表言論，並沒有人會來管理或斥責，容易表達自己內心的想法。因此，要讓學生充分地表達意見，除了在網路上外，在現實社會中、在校園學習環境裡，老師與同學都應真心的、隨時隨地的聽別人講話，讓學生得以充分表達自己的想法，這才是教育工作者、家長以及每一個人所應該做的。

12、碰到不適任教師，學生可以怎麼辦？

A：學生應該要採取一些必要的方式，最後藉由《教師法》規定，讓學校將不適任教師予以解聘、停聘或不續聘。

法律觀點

　　原本要使不適任教師離任，要透過《教師法》第14條第1項第9款（原來是第8款）：「教學不力或不能勝任工作，有具體事實或違反聘約情節重大者」。這個條款之下，要經過教評會三分之二出席，過半數同意解聘、停聘或不續聘。所以碰到不適任教師，對任何人而言，都要循這個程序去處理，因為要循這個程序去處理，所以當學生遇到不適任教師時，應該要跟家長保持密切地聯繫，讓家長知道自己碰到學習上的困擾。家長瞭解之後，就要透過親師交流的機制，向學校反應。這個機制完成之後，接下來就要由學校內部的機制去運作。

　　在108年6月《教師法》新修正後，則規定在第16條；另外為協

助學校處理這類事件，主管機關成立了「教師專業審查會」，受理學校申請或主管機關提交審議的案件，以協助調查是否屬實。原本依第16條由教評會決議通過解聘或不續聘要經教評會委員三分之二以上出席、三分之二以上決議，但如果專審會調查屬實，則只需要教評會委員二分之一以上出席、二分之一以上審議通過（第16條、第17條）。新修法目的是希望能夠更有效地處理校園中的不適任教師。

此外依現行教育部頒布之「處理高級中等以下學校不適任教師應行注意事項」係將不適任教之處理分為「察覺期」、「評議期」，就是要先查證、確認是否確有不適任情事，如果認定有之必要者並先予輔導，再做進一步處理。

就法律上來看，《教師法》對於教師的離職當作一件教育人員自主的工作，所以交由學校教評會來處理。而教評會的委員大部分是同事，往往基於人情，常常不願意發動，或發動之後也沒有結果。法律上基於教育專業自主的尊重，認為老師適不適任應由老師自己做判斷，把這個權責交由老師自己所組成的教評會，這是過去教育法上的制度設計。這個制度設計，假如長期觀察，發現大部分的學校老師不習慣去「影響」同事的工作權時，就要認真思考現行法制這樣做是否適當。因為過往法制往往會使得其他任何人即使有充分的證據，證明這個老師不適任，都沒有辦法讓這個老師離開校園，一定要學校教評會自己做決定。而學校教評會可能基於某些壓力或困惑，沒有辦法作成決定，會使學生的權益持續受到很大的影響。所以當這個法律的設計並沒有達到預期的效果時，我們或許可以考慮改由其他機制來淘汰不適任教師，例如《教師法》近年來的修訂，就教師有曾犯《性侵害犯罪防治法》之罪遭判刑確定、經學校性平會認定性侵害行為屬實，及對疑似校園性侵害事件未通報致再度發生等情事時，即已不再需經教評會審議程序即可由學校報請主管教育行政機關核准予以解聘，就

反應出對於學生安全的保護其重要性更高於對教師工作權的程序保
障，而前述提到專審會的出現，也正是要在教師自主的前提下，協助
學校處理不適任教師的考量。

教育觀點

　　所有教育活動的實施都應有一個淘汰不適任教師的機制，因為不
適任教師其實是無法負擔教育的功能與責任。老師是否適任有好幾種
因素：一種是沒有經驗的老師，所以在初任老師階段，學校應該要有
輔導機制來協助；第二種是老師因為個人或家庭的因素，情緒會有起
落，當個人情緒起落比較嚴重時，透過停聘而暫時的休息，並不是一
個丟臉的事情，相較於繼續待在教育工作崗位上，對別人造成傷害，
停聘制度有其正面的功能；第三種比較麻煩的是老師本身的個性和行
為舉止表現出不理想的狀態，在過去因為老師是屬於派任制，就像是
公務員一樣的保障，丟掉這個工作是很可惜，而現在因為就業不易，
丟掉老師工作更可惜。然而，不可否認的是，從過去到現在對於學生
權益的重視是愈來愈高，而且現在有志從事或有資格從事教育工作的
人愈來愈多，在這種情形之下，對於老師的要求自然愈來愈高，這是
一個客觀的事實。社會上既然對老師的要求提高，而淘汰的機制又建
立在老師的手上，因此如果老師在專業自主上無法呈現出自律的能
力，可能就無法得到別人認同。

處理建議

　　各個學校應該要認真考慮不適任教師的判定及反應機制，同時建
立對於不適任教師的輔導機制，因為有些老師可能只是一時性的不適
任，還是有機會改善。另一方面，學校要強調一個舉發的機制，因為

如果一直不能把問題浮上檯面，就是學生受害。何況，舉發並不代表立刻淘汰，只要有輔導的機制，就能讓稍有失足的老師回復成為一個正常的老師。就好像一個人身體不好要請病假，是一樣的道理。這樣一來，當問題浮上檯面之後，也使得受這位老師施教的學生有機會受到比較多的協助，大家都可以得到必要的照顧。最糟糕的就是說，諱疾忌醫，大家都不處理，等到一處理，就是很嚴重的情況，這樣學生已經受到傷害，而這位老師也會覺得好像沒有得到幫助。

延伸思考

除了不適任教師的問題外，其實也有校內其他行政人員不適任的問題。以校長來說，是任期制，理論上，到期也可以不續聘，而學校有一些工友或職員也可能不適任。所以不管是老師或校長或其他校內的任何人，只要其行為表現是對學生有不好的影響時，都應該要有一個淘汰的機制。另外，事實上也有可能有些家長也不適任，所以我們要注意到親師之間的互動以及親職教育，這也都對學生有重大的影響。學校教育在某種程度上是社會教育的一環，對於家長的再教育更值得去做，因為老師可以換掉，但家長卻不能換。我們應該要更深刻去反省，國家將來的希望在這些學童身上，所以教育權的本質是學生。當我們成人世界在探討時，應該要擺脫面子或一時的榮辱，要認真地去考慮到，對於一個孩子做好教育工作，對於社會的正面意義就非常高；相反地，如果一個孩子受到不好的教育，將來社會要花很大成本來承擔或改善，有時甚至造成無法彌補的缺憾。

參考教育部所訂「輔導管教注意事項」第37點明定「學生須輔導與管教之行為係因監護權人之作為或不作為所致，經與其溝通無效時，學校應函報主管教育行政機關、社政或警政等相關單位協助處理」，就是反映出整個社會不僅對老師有期待，對家長也同樣有期

待，畢竟孩子的發展就是大家共同的未來！

13、學生發生疑似霸凌事件，學校及老師應如何處理？

A：學校及老師發現學生有偏差行為，發生疑似霸凌事件時，應審慎評估並積極處理，尤其應注意若屬依法應通報者應儘速於時限內依法通報。

法律觀點

鑑於校園霸凌事件趨多，以及陸續發生了幾件新聞矚目的校園霸凌事件，100年11月9日新修正的《教育基本法》第8條增訂了國家應保障學生不受霸凌行為侵害之規定，並授權中央主管教育行政機關（教育部）訂定霸凌行為防制機制等相關事項的準則，以保障學生的身體自主權、人格發展權及學習權，確保教育核心價值。

教育部早期訂有「各級學校防制校園霸凌執行計畫」（100年9月16日臺軍（二）字第1000151541號函修正，含「校園霸凌事件處理流程圖」），作為學校及老師處理校園霸凌事件的依據，其後更在101年7月26日發布「校園霸凌防制準則」作為各級學校防制霸凌及處理霸凌事件的依據。

依照現行校園霸凌事件防制準則，老師發現學生有偏差行為，應經過老師初評是否為疑似罷凌事件，然後由防制校園霸凌因應小組進一步評估確認（該小組由校長召集，成員含導師、學務人員、輔導人員、家長代表等，並視需要邀請專業輔導人員、性平委員或少年隊人

員等）。若經評估確認若屬霸凌事件，則要啓動霸凌防制輔導機制，針對加害、受害及旁觀學生進行輔導。若霸凌情形嚴重，轉介專業心理諮商人員協助輔導，務求長期追蹤觀察，導正學生偏差行為；若已有傷害結果產生，屬情節嚴重個案，並應通報警政單位協處及提供法律諮詢，處理程序詳參「校園霸凌事件處理流程圖」。而且必須注意的是，如果兒童或少年之學生，被霸凌至身心虐待之程度，校長及老師知悉而無正當理由，未依規定至遲於二十四小時內通報者，除可依《兒童及少年福利與權益保障法》第53條規定處以罰鍰，另校長及老師分別依公立高級中等以下學校校長成績考核辦法與公立高級中等以下學校教師成績考核辦法，也可能受到相當的行政懲處。

霸凌，是兒童人格不成熟與教育的問題。從心理上誤解、偏見與歧視，演變成關係上對立、緊張與排擠，進而言語上羞辱、威脅與騷擾，甚至到行為上的強制與肢體傷害。在對策上，應以校園預防性的教育手段及早介入，來避免傷害的擴大和引進司法的處遇。簡單講，預防應勝於治療。在友善校園的營造上，學校、教師、家長，應組成學習與改善的團隊，一起面對校園的霸凌問題，有清楚的共同目標、責任分工、執行步驟，從透過課程與教學、班級經營、輔導管教等面向，擬定具體的對策，切實地實施，並定期地檢討改進策略。

處理建議

首先，在課程與教學的部分，教師或學校若覺察到學生，針對包

括體型、身高、種族、性別、性傾向、性氣質、社經背景、成績、身心障礙等等有認知的偏見或歧視，即應實施人權教育、性別平等教育等，使其理解認知的盲點，並能平等地相互尊重與對待。以校園最常見的口頭霸凌為例，學生往往認為其僅是在開玩笑，而未能理解同樣的話語，亦可能傷害到別人，且其對別人的誤解或偏見，是不公平的對待。

再者，在班級經營或輔導管教上，學校或教師若發現有學生之間發生紛爭或有人際關係上的對立與緊張，應適時地介入化解，以避免進一步的衝突。校園裡常見的同學被猜疑是密報者、情感上爭風吃醋、借東西不還、口頭的衝突、成績的競爭、行為上的誤會等等，都可能造成學生間的對立與緊張。當然也可能是個人的生活習慣不佳、人際互動的能力差、人緣不好等所造成，老師應針對各種衝突與緊張等不同的成因，施以不同的輔導與管教，幫助同學學習友善關係的建立與人際互動的技巧，及養成和平理性、公正公平的化解紛爭之技巧。

延伸思考

「霸凌」這個用語是來自英文「bully」的直譯，在國外文獻的討論上，校園霸凌定義上除了是指學生遭受其他學生的欺負、故意傷害的行為外，其中一個重要的點是這個行為是持續的，也就是被霸凌的學生總是一再地遭受欺負，卻沒辦法保護自己。霸凌會嚴重傷害兒童心理，妨礙其人格、身心發展。學校及老師在遇到校園內疑似霸凌事件，固然必須提高警覺來觀察、評估，但也必須注意到不要將所有的偏差行為都放大為「霸凌事件」。校園內學生間相處本就會有爭執，

這也是學生在成長過程中必須學習的人際課題，如果把偶發的爭執、打架事件未經詳細評估就擴大為「霸凌事件」，啟動霸凌防制機制，甚至送交校外單位，例如：司法機關等來解決，不但失去教育應該培養學生健全人格的目的，且對學生產生標籤作用，對學生之身心傷害甚至更大。

校園霸凌事件處理流程圖

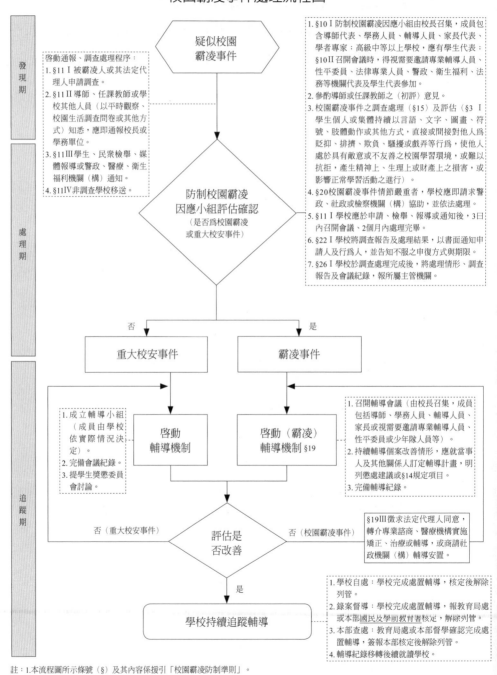

註：1.本流程圖所示條號（§）及其內容係援引「校園霸凌防制準則」。
　　2.實際處理流程請依各縣市教育局處公布為準。

學校與警察、司法機關的協調互動

張澤平

前言

　　學校的老師除對學生進行日常的教學活動外，也負有輔導或管教學生的義務（《教師法》第32條第1項第4款）。當學生違反常規的行為，涉及刑事不法，例如偷竊、傷害的行為時，學校的老師或行政人員應該如何面對警察或司法機關，將是首要面對的問題。

學校可能採取的方式

　　我們可以設想出學校可能採取的態度。一是對難以管教，屢次發生嚴重違法行為的學生移送給警察機關。如此處理的基本想法，是認為既然學校的管教無效，運用警察或司法機關來處理涉及不法行為的學生，應該能獲得不同的效果，學校也可卸下一個輔導管教的重擔。另一個可能的態度是，學校認為校園內的事儘可能在學校之內處理，警察或司法機關的處理結果，極可能造成學生另一層的傷害，學生的不法情事如果被外界知悉，也會對學生、家長、校方造成不必要的困擾。兩種態度各有其考慮的重點，但顯然不足以提供人們明確的方向。

法律展現的態度

　　《教師法》第32條第1項第4款規定的教師義務為「輔導或管教學

生，導引其適性發展，並培養其健全人格」。因此法律課以教師輔導或管教學生的義務的基本目的是「導引其適性發展，並培養其健全人格」。

教育部在民國109年10月28日發布修訂「學校訂定教師輔導與管教學生辦法注意事項」，其第10點規定，「教師輔導與管教學生之目的，包括：（一）增進學生良好行為及習慣，減少學生不良行為及習慣，以促進學生身心發展及身體自主，激發個人潛能，培養健全人格並導引適性發展。（二）培養學生自尊尊人、自治自律之處世態度。（三）維護校園安全，避免學生受到霸凌及其他危害。（四）維護教學秩序，確保班級教學及學校教育活動之正常進行」。明確指出教師輔導與管教學生之目的。

《教師法》及「學校訂定教師輔導與管教學生辦法注意事項」（以下簡稱「輔導管教注意事項」）所規定之輔導管教相關目的，強調在健全人格、處世態度、生活習慣及教育活動等方面的良好發展。在處理嚴重違反常規的學生時，這些教育目的更應該被強調，否則，人們常常容易因為傳統的「報應」觀念，認為犯下嚴重錯誤的學生，就應該受到嚴重的處罰，而未能思考處罰的程序及內容將對學生的成長帶來如何的影響。

規範少年保護事件及少年刑事案件處理程序的《少年事件處理法》，在第1條的立法目的則開宗明義地規定：「為保障少年健全之自我成長，調整其成長環境，並矯治其性格，特制定本法。」有學者將這裡的「保障少年健全之自我成長」稱為「健全之自我成長權」。因為處在少年階段的學生，人格發展尚未成熟，思慮不周，甚至不熟悉法律規範的意義，法律並不會期待他像一般成年人一樣，必須對自己的行為負完全的法律責任。反倒是少年周遭的成年人，諸如父母與師

長，必須擔負起監督、輔導與管教的責任，即是當有刑事不法的行為出現，也應該以保障少年「健全之自我成長權」的態度來解決問題。

學校與警察、司法機關間處理的共同原則

綜合各項法律的內涵，學校與警察、司法機關間處理少年不良行為、虞犯行為甚至犯罪行為的共同原則，應當以保障少年健全的自我成長權為目的。

有學者將我國規範青少年不良行為及犯罪的法制比擬為「同心圓式的制度」。也就是說，整套制度以少年為核心，在核心外的第一圈設置了親權人與教育人，因為他們對少年最熟悉、最理解，應當最能勝任輔導管教的任務；當第一圈無法勝任時，第二圈的警察與司法機關登場；最後，最外一圈是一般社會之存在，國家機關有義務過濾與整合相關資源，協助少年人格的成長。（李茂生（1995），〈我國少年犯罪與少年司法〉，《律師通訊》第184期，第31頁）學校與警察、司法機關理當體認自己在同心圓中的位置，善盡自己的職責。

結語

前面所提及有關少年的「健全之自我成長權」，所要保障的不僅是「健全成長」，更基本的是其「健全的自我成長」。少年雖然缺乏自主性，需要周遭成年人的呵護，但如要終極地輔導少年健全成長，並不能剝奪少年發展自我的機會與能力，畢竟那是對個人尊重、培養健全人格最核心的部分。

在前面提及的「同心圓式的制度」，第一層親師的輔導與管教，是少年健全成長最重要與最難以替代的過程，親師也負有他人無法取

代的責任；居於第二或第三層的司法或行政機制，則只能在非常的情
況下介入少年的成長過程，所以制度上設有多重的回流機制，以能夠
回到第一層的親師管教，視爲少年成長的最佳利益。

　　從以上的理念或制度之下，少年的不良行爲到犯罪行爲，製造問
題的少年本身，當不能被視同成人犯罪那樣只被看待成犯罪事件的加
害人，也應當被看待成欠缺健全人格成長環境的被害人。少年之所以
犯錯，不宜先假設少年自身必須對其所犯的錯誤負絕對的責任，而應
先努力營造其健全成長的良好環境。因此對問題少年的處遇，盡量以
保護替代處罰，才能達到法律制度所立下的良善目的。

五、老師，條子來了！

> **1、發現學生有違法行為，例如偷竊、吸毒、傷害等行為，學校是否可以直接移送少年法院（或警察單位）處理？如果未移送處理，學校有關人員有無法律責任？**
>
> A:發現學生有違法行為，校方應考量具體個案、輔導管教成效後，決定是否移送少年法院處理。如果應該移送而未移送，學校有關人員可能有行政責任。

法律觀點

　　法律上是規定校方「得」移送。《少年事件處理法》規定：第一，不論任何人知道有《少年事件處理法》第3條第1款的情事（即觸犯刑罰法律的行為），得向法院報告（《少年事件處理法》第17條，該法中所指的少年是12歲至未滿18歲之人）。第二，對少年有監督權的人，少年的肄業學校或者少年的保護機構，發現少年有同法同條第2款之情形，亦即虞犯之行為，例如出入少年不當進入的場所，與有犯罪習性的人交往、經常逃學、參加不良幫派、經常攜帶刀械違法物品或者預備犯罪等等，學校是「得」向少年法院請求處理。所以學校不是「應」移送，學校相關人員不會一天沒有處理，就要負行政責任，但是在必要的時候應該移送。

　　問題是，學校應該在什麼時間將學生移送少年法院處理？如果違法的情形嚴重，例如觸犯殺人罪、強盜罪等，學校的告誡或懲處已經很難對學生產生作用，此時即可考慮將學生移送少年法院。又如果違法的情形雖不算嚴重，例如偷竊文具、打人致他人受傷等行為，但是經師長一再告誡或懲處後仍未見改善，也可以考慮將學生移送少年法院處理。

　　關於學校有關人員的責任，可舉一個例子說明。假設甲學生打了同學乙，學校有關人員沒有將甲移送法辦，嗣後，甲又打了另一個同學丙，丙的家長能不能因為學校沒有將甲移送法辦，就主張學校必須對丙受傷的事件負責？在上述例子中，這兩件事情並沒有必然的關係，學校有關人員無需對丙受傷負責。不過學校相關人員如果未適當處理甲學生的問題，應該將學生移送少年法院處理而未移送，應該負有行政上的責任。但學校人員應不至於觸犯刑法的瀆職罪。因為是否移送，其判斷權在於學校，縱有判斷不當，那是「過失」，而以老師「過失」而認定「瀆職」是很難想像的。

　　依據《兒童及少年福利與權益保障法》第53條規定，教育人員、教保服務人員在輔導與管教學生過程中，如果知悉學生有條文所規定的異常情形，應立即向直轄市、縣（市）主管機關通報，至遲不得超過二十四小時。又依據《兒童及少年福利與權益保障法》第100條規定，違反第53條第1項規定而無正當理由者，處新台幣六千元以上六萬元以下罰鍰。可見法律有意促使義務人更正視此種通報義務。

　　另依「輔導管教注意事項」第24點及第26點規定，學生有違反法律等行為，學校老師應當施以適當的輔導管教。當輔導管教顯無效果、情況急迫或情節重大時，學校於必要時應請求校外相關機構協助處理，解釋上這裡的相關機構包含兒少福利機構、少年輔導單位，警政單位及司法單位，所謂司法單位的協助除了觀護人以外，當然也包

含移送少年法院處理。附帶一提，前述的通報義務和是否移送，是兩種不同的程序。學校可能判斷無需移送，但若符合《兒童及少年福利與權益保障法》第53條的規定，學校及教師仍有通報的義務。

教育觀點

　　由於移送是合乎法律程序的，所以學校如果不分學生違法的情節輕重，一律將學生移送少年法院，學校相關人員的確可以免掉各種法律責任。但是，如此做法卻可能讓學生的未來更加坎坷，而得不到積極的意義。因為在移送程序中，少年身邊的人或同學會為少年貼上標籤，對少年產生一種刻板的負面印象，這對學生的心理健康有可能造成不利的影響。雖然在法律規定上，少年事件處理程序是一種輔助性且具強制性的教育程序，而不是屬於刑罰程序，但是少年本身的認知以及社會的認知是有「標籤」的作用，所以我們不贊成事不分大小輕重，就一概以少年事件處理法的程序加以處理。

處理建議

　　我們建議當學生可能觸犯刑法罪章，而情節比較輕微時（例如拿走同學一枝鉛筆，揮打同學一拳），若做適當的告誡跟懲處之後，沒有再犯，那這事情就可結束了。但若事實上顯示我們給學生的告誡或懲處無法使學生不再犯時，亦即學校既有的輔導管教辦法不能發揮功用的時候，學校就要考慮依《少年事件處理法》第18條第1項的規定移送由少年法院來處理。

延伸思考

當學生事實上涉及犯罪行為，且已經相當嚴重時，如果學校還姑息他，隱瞞事實不予以移送，則是不對的做法。這可能使學生誤認他的行為是不受法律約束，且可能因為這種誤認而使他又持續地犯罪。

學校如果自行處理學生的違法行為，並未向少年法院報告該事件，學校就應該承擔處理此事件的成敗責任。假如學校沒有能力承擔，或認為處理無效時，除非依「輔導管教注意事項」第26點有其他協助機制，否則就要考慮把這責任交給或移給少年法院做進一步的處置。學校如果不把責任移出去，將來可能會被指責無力處理，而又不能預為防範，或者縱容學生的違法行為等等。

學校在處理此類事件的標準，應該是學校如果不將學生移送少年法院處理，學校既有的輔導管教措施是否能夠發揮功能？如果能夠發揮功能，則為了避免所謂的「標籤」作用，可以考慮暫時不將涉嫌犯罪的學生移送法辦；但如果學生經過判斷既有的輔導管教不能發揮功能時，學校就應該考慮將學生移送少年法院。如果學校沒有移送，則相關人員可能會有行政上的責任。例如，可能違反《教師法》第17條的義務而受到懲處。

2、學生帶「違法物品」到校應如何處理？老師是否有權沒收、銷毀或交給警察單位？

A:學生攜帶違法物品，學校應視違法物品的性質，由學校暫時保管並視情形通知監護人領回或返還學生，或通知警察機關處理。

法律觀點

刑法第38條第1項規定：「左列之物沒收之：一、違禁物。二、供犯罪所用或供犯罪預備之物。三、因犯罪所得之物。」此處所指之「違禁物」是指一般人依據法令不能任意持有之物，例如毒品、槍砲等等。至於校園內一般所謂之「違法物品」，基於教育之目的而不適於由學生持有，範圍當然較刑法規定之「違禁物」為廣，依《兒童及少年福利與權益保障法》第43條規定，吸菸、飲酒、嚼檳榔、施用毒品、觀看血腥色情影片，均為兒童及少年所被禁止的行為，任何人均不得提供該等物品給兒童及少年。

本來所謂「沒收」，在法律上的定義是剝奪原所有人之所有權，不准其再擁有該物品，是屬於極為嚴重的強制處分，而依據刑法第38條之規定，沒收必須由法院宣告。

參考教育部訂定「輔導管教辦法注意事項」，第30點規定有教師對於學生違法物品處理之準則。其內容為：「教師發現學生攜帶或使用下列違法物品時，應儘速通知學校，由學校立即通知警察機關處理。但情況急迫時，得視情況採取適當或必要之處置。

（一）槍砲彈藥刀械管制條例所稱之槍砲、彈藥、刀械。

（二）毒品危害防制條例所稱之毒品、麻醉藥品及相關之施用器材。

教師發現學生攜帶或使用下列違禁物品時，應自行或交由學校予以暫時保管，並視其情節通知監護權人領回。但教師認為下列物品，有依相關法律規定沒收或沒入之必要者，應移送相關權責單位處理：

（一）化學製劑或其他危險物品。

（二）猥褻或暴力之書刊、圖片、影片或其他物品。

（三）菸、酒、檳榔或其他有礙學生健康之物品。

（四）其他違禁物品。

教師或學校發現學生攜帶前二項各款以外之物品，足以妨害學習或教學者，得予暫時保管，於無妨害學習或教學之虞時，返還學生或通知監護權人領回。

教師或學校為暫時保管時，應負妥善管理之責，不得損壞。但監護權人接到學校通知後，未於通知書所定期限內領回者，學校不負保管責任，並得移由警察機關或其他相關機關處理。」

上述內容中，第1項是違法程度最高的物品，一定要通知警察機關處理，第2項則屬違法程度稍低的物品，學校如認為依法應沒入或沒收時，應通知有關機關處理，否則可視情節通知監護權人領回。至於第3項所指前二項以外的物品，例如漫畫、電動玩具等，學校無權沒收，只能暫時予以保管。各校校務會議可參考上述內容訂定處理違法（禁）物品的程序。

教育觀點

學生帶違法物品到學校，可能有兩種情況，一種是不知自己所帶之物為違法物品，另一種可能是明知故犯。對於前者學校應盡量宣導善盡教育責任，並且在校規中明白加以規定，後者則需瞭解其違法的動機。例如，其原因是有計畫地違法，或是炫耀，引起注意，甚至受到別人的威脅，惟有明白學生行為背後的動機才能對症下藥，真正解決問題；其次，需讓學生瞭解攜帶或持有違法物品所需承擔的法律責任。最後，根據其情狀，適時給予學生學習的機會，以教育的方式為優先，再施以法律的處置。

處理建議

　　若學生所持有的是違法物品或違禁物品，例如說槍械彈藥、毒品、猥褻的書刊圖片或酒類等，這些持有行為可能構成不良行為、虞犯行為甚至是犯罪行為。像這樣的情形則學校可能要斟酌情形是否要移送治安機關。因為這樣的行為在校園外可能是犯罪行為或違法行為，學校可能在頭一、二次中僅對學生加以訓誡，以避免使學生因此就被移送法辦，但如果學生仍不聽從勸告或改正的話，那學校就應當有移送法辦的動作，否則將來若發生問題時，學校可能有知情不報的行政責任。

延伸思考

　　違法物品是可以沒收，且不用發還給學生，這一點是沒有問題的。但有些東西不涉及移送法辦，例如說菸酒之類的，依照《兒童及少年福利與權益保障法》的規定，學生是不能吸食的，但是並不會因為其吸菸、喝酒就是犯罪行為，所以這部分學校是可以先收取，但不移送法辦，而只是涉及校規的處分。我們認為關於不屬於刑法違禁物範圍的違法物品部分，學校應該跟家長聯絡，不必選擇第一時間就跟治安機關來聯繫，但是我們要提醒學生，學校其實是有責任跟治安機關保持密切的聯絡，所以這些分寸的拿捏就牽涉到法律與教育之間的交錯了。

> **3、警方到學校表示，學生在校外涉及違法行為，欲將學生帶到警局製作筆錄，學校該如何處理？**
>
> A:請警察出示合法文件，學校老師應表示願陪同學生前往，並盡快通知學生家長協助。

法律觀點

　　基本上警方要將學生從學校帶離時有兩點要注意。第一，即警方人員應該出示合法的文件，例如說通知書或傳票，如果是傳票，學生就有義務前往，如果是通知書，學生則沒有義務前往。所以學校應該讓學生瞭解他有權利選擇不前往，不能讓警方以恐嚇或不正當之方式強制學生前往（參考《刑事訴訟法》第71條、第71條之1）。

　　第二，一旦學生前往時，依照《少年事件處理法》第34條的規定，學校老師有權陪同少年前往法院，到庭接受調查。依相同的法理及精神，學校老師應當向警方表示願陪同少年前往警察局，由於法律並沒有明確規定老師是否有權在場，因此學校老師應當特別向警方提出要求。此外，學校老師即使陪同學生在警察局，也不一定能夠確實協助學生，因此應該盡快通知學生家長處理或由家長聘請律師到場協助，這樣才能對學生提供適當的保護與協助。

教育觀點

　　警方到學校帶走學生的情形一發生，無論該學生是否違法，都極有可能被同學以異樣的眼光看待，甚至被學校老師或學生「標籤化」。因此，老師應藉此機會向同學說明刑事訴訟上的「無罪推定」

的概念與人權保障的精神，並鼓勵大家應勇於接納受到懲戒或處罰後改過的學生。最重要的是，學校應站在保護（不是包庇）學生的立場，主動關心犯錯學生，並隨時提供必要的協助與輔導。不過，要特別注意的是，輔導學生不是協助警方辦案，學校仍應盡到保密的義務，不可任意將輔導所得的資料提供給警方作為辦案的證據。

處理建議

當警察出示合法文件，學校相關人員應先到教室請學生到辦公室，並避免以廣播的方式，也不要讓警察到教室找學生，以免引起無謂的爭議及傷害。此外，老師應表示願陪同學生前往，並盡快通知學生家長協助。

延伸思考

曾經發生有警察到學校要帶學生到警局，學校的校警找到學生後，便拿警用手銬將學生銬起來。學校對學生負有教學與輔導的責任，當遇有警方前來要帶學生到警局，學校應該站在協助學生面對此事件的立場來處理事情，校警理當也應採取相同的態度。而且，依《警察職權行使法》第20條規定，警察只有在特定的情況下才能使用警用手銬，例如攻擊警察、抗拒管束或自殺自傷等情況，一般來說，對學生應該沒有使用警用手銬的必要。如果真正遇到應當使用警用手銬的情況，也應是由來學校查訪的警察依職權行使，不應由校警實施。

4、學生觸犯刑事案件，警察或調查局等單位要向學校查詢學生資料，學校應否提供？

A：學校沒有提供的義務，但宜斟酌情形提供相關資料影本。

法律觀點

學生的資料不能隨便公開或洩漏。《教師法》第32條第1項第8款、「輔導管教注意事項」第17點均規定，教師因為輔導與管教所取得的學生或家庭資料，非依法律規定，不得公開或洩密。因此學生的資料是不能隨便公開或洩漏的。警察或調查局等機關希望取得的資料，應視其狀況來決定是否提供。

一般來說，警察或調查局等機關所要求提供的資料，學校是沒有義務提供的。依照《警察職權行使法》第16條規定，警察在行使職權的目的範圍內，必要時，得依其他機關的請求，傳遞和個人有關的資料給其他機關。而其他機關亦「得」依警察之請求，傳遞其保存和個人有關的資料。所謂「得」，就是可以裁量判斷是否同意，所以，其他機關並沒有一定要提供資料給警察機關的義務。

但如果是法院要求提供時，學校應有義務配合。因為警察或調查局等機關沒有搜索權，但法官則有搜索權（《刑事訴訟法》第128條），法官認為有必要的時候，可以依法律程序進行搜索來強制取得；同時警察機關僅能通知相關證人到場說明，不能強制證人到案，強制到案需要檢察官或法官發傳票才能進行（《刑事訴訟法》第71條、第71條之1）。所以當警察或調查局等機關要求提供相關資料時，學校可以斟酌是否提供。此外，《少年事件處理法》第25條規定，

「少年法院因執行職務，得請警察機關、自治團體、學校、醫院或其他機關、團體為必要之協助」。依照這一條文，法院固可主張學校有配合協助之義務而提供相關資料，學校如視情況不配合時，法院仍須經必要之法律程序才能搜索。條文所謂「有必要之協助」，並沒有當然的強制力。

我們並不是說原則上不提供給警察或調查局等單位，而是可以斟酌。如果學校不配合警察單位的要求，可能也會引起相當大的反彈。斟酌是否提供，應該視資料的性質為何，舉例來說，學生涉及在校外某一個時點的犯罪行為，當學生主張當時他人在學校內，則就這犯罪行為是否成立的相關資料，應該僅限於他當天在學校的出勤資料。基於事實釐清的必要，我們認為學校應該提供。但假設警察機關認為這位學生涉嫌犯罪，要瞭解過去這位學生是否素行不良，或認為其父母親可能也涉嫌，而要求提供其父母親的基本資料，這時候牽扯到的資料就非常多，有些並不是構成相關犯罪的資料。學校此時就要考慮，與犯罪行為無關，且資料範圍不確定的部分，可以不必提供給警察機關，否則，可能有侵害學生的秘密或其隱私的問題。所以學校若要配合，應當視警察機關是要索取什麼樣的資料，若對案情事實釐清有幫助的話，則應當提供，但若是和案情無關的學生完整個人資料，可能就需要仔細斟酌了。

教育觀點

學校所保管的學生資料，涉及的是學生隱私權的問題。學校作為學生資料保管人，不僅負有妥善保存學生資料的責任，更必須避免學生的資料外洩，尤其不可提供給任何「不相干」的人或單位，例如，治安機關（非權責範圍內或偵辦案件相關事項）、補習班、媒體等。

另一方面，學校也可藉此重新審視應保管的學生資料之種類與項目，例如，如果地址、電話的目的在聯絡家長、瞭解學生家庭環境及健康狀況等方面，可否只填寫通訊地（或居住地），而不必一律保有戶籍地的資料，以免學生因資料外洩而權益受損。

處理建議

學校應該去瞭解警察局或調查局等單位所要求的資料是什麼，這些資料和學生涉案的行為有什麼關係。學校提供的資料應該是和涉案行為相關的資料，如果警方要求的資料太過廣泛，與案情無關，即必須多加考慮、仔細斟酌。

延伸思考

學校為何會留有學生的資料？學校應只需保留輔導管教所需之最低限度的資料，當其他機關要求提供學生的資料時，學校如果不問任何原因即予以提供，是否會違背當初保有資料的本意？學校保有學生資料是基於教學及輔導管教的必要。當有其他單位要求學校揭露學生的資料，學校應該立即意識到這是否會對學生造成不利的影響。這才是學校應該考慮的。

5、警方請學校配合對學生抽驗尿液是否有毒品反應，學校應如何處理？

A:學校應再確認被警方要求驗尿的學生是否屬於「特定人員尿液採驗辦法」所規定的特定學生，而由學校主動進行相關程序，警方應只是站在輔助的角色。

法律觀點

重點是：須符合前述特定情況及特定人士的界定才可以，警方不能不限對象要求學校全面做驗尿處理。而警方進入校園應與學校配合，不是以指揮校方的姿態進行，畢竟校園秩序的維護是學校的責任。

依據行政院於民國107年8月24日修正公布之「特定人員尿液採驗辦法」第3條第1款附表，其中關於教育部管轄之特定人員係指「（一）曾有違反毒品危害防制條例行為之各級學校學生（含自動請求治療者）。（二）各級學校休學、中輟或中途離校後申請復學之學生，有事實足認有施用毒品嫌疑者。（三）有事實足認為有施用毒品嫌疑之各級學校學生。（四）前三款以外之未成年學生，各級學校認為有必要實施尿液檢驗，並取得其法定代理人同意者。（五）各級學校編制內校車駕駛人員。」因此只有前四款的學生屬於得予以驗尿的學生，警方才能配合學校依「特定人員尿液採驗辦法」所規定的程序進行驗尿。

教育觀點

老師對於治安系統應有一套配合機制。學校對於學生有輔導管教

的完全責任，因此警方進入校園，應是協助的角色。此外，當一個學生的偏差行為已經危害社會，學校不能自外於社會，學校必須承認警方適度的介入是有助於學校秩序的維持，這不損及校譽，因為危及社會秩序是一個嚴重的問題。學校應直接面對問題、解決問題。最後，警方維持治安是以成年人為對象，而學校中的學生幾乎都是適用《少年事件處理法》，而《少年事件處理法》的措施主要以輔導管教為目的，只有重大的違法行為才回歸一般刑事犯罪訴追程序，因此警方也應避免動不動就把學生當成罪犯來處置。

處理建議

第一，學校和警方應有一套密切配合的方式，經常相互溝通，相互配合；第二，在做驗尿或其他處置時，應避免其他學生側目，低調進行，以保護學生。

延伸思考

警察機關在一般人的觀念中，是比較強勢的單位，但學校面臨警察機關的要求時，並不當然要完全配合。學校應站在維持學校秩序及保護學生權益的立場，發現警方要求的事項和學校立場有所牴觸時，應相互協商溝通各種問題的處理方式。學校在遇到警方不當的要求時，應本於教育及法治之精神，予以拒絕，如處理上感到困難也可以向上級主管機關（如教育局）請求協助。

6、學校或老師如何配合檢警單位處理黑幫入侵校園的問題？

A:學校中的老師、輔導人員應與警方共同彙整資料，針對具體案例擬定長期計畫，加強執行輔導管教措施，並與學生家長及警察機關保持密切聯繫，以徹底杜絕黑幫勢力進入校園。

法律觀點

　　學校或老師應適度協助檢警單位處理黑幫或霸凌事件入侵校園。所謂黑幫，是指犯罪組織（依《組織犯罪防制條例》第2條規定，犯罪組織是指三人以上，有內部管理結構，以犯罪為宗旨或以其成員從事犯罪活動，具有集團性、常習性及脅迫性或暴力性之組織）或有此傾向者，例如有前科者。而入侵校園是指他們進入校園吸收新血，或指他們將魚肉百姓的行為侵入到校園內，例如恐嚇同學或搶奪校內財產。如果不當行為的行為人是校外人士，而學生單純是受害人，學校當然要配合檢警阻止學生受害。如果是黑幫組織利用校內學生發展組織，學校應輔導這些學生，幫助他們瞭解其行為對他們的未來將造成難以彌補的傷害。

　　學校平時就應教導學生加入黑幫並非英雄作為。學校與檢警也要相互配合，但學校方面應注意低調處理，以保護學生。檢警單位若掌握充分證據，要約談或逮捕學生，學校應從保護學生的立場從旁協助。若學校接到治安機關的要求配合約談相關人員，應可盡量配合，但若是要求學校提供輔導管教的資料，則非有法律依據，學校不得輕

易洩露。

　　面對黑幫入侵校園的問題時，學校應主動與警察機關聯繫，打斷黑幫勢力在學校發展的勢力。此時學校相關的老師、輔導人員除應謹慎面對外，校方亦應與警察機關共同蒐集資料，展開長期的追蹤，以破壞黑幫勢力在校園內發展的機會。學校如果不審慎應對，將可能讓學校成為黑幫勢力滋長的溫床。

　　學生如果經常和有犯罪習性的人交往，即屬於少年不良行為或虞犯（《少年不良行為及虞犯預防辦法》第3條、第4條），學校、社會團體、各目的事業主管機關（構）得知少年有不良行為或虞犯等情事，必要時應通知警察機關協助處理（同法第5條第2項）。各級學校為預防在學少年不良行為及虞犯之發生，應加強執行輔導管教措施，推廣生活教育活動，並與學生家長及警察機關保持密切聯繫（同法第16條第1項）。

　　「輔導管教注意事項」第10點有關教師輔導與管教學生之目的第3項規定，「維護校園安全，避免學生受到霸凌及其他危害」。霸凌事件固然不一定是黑幫人士所造成，但黑幫入侵校園即常出現有霸凌危害事件，學校與教師應將此等事件的防範視為輔導管教工作中重要的目的之一。

教育觀點

　　黑幫入侵校園，發展組織，將嚴重傷害單純校園環境，校方應視為「危機」加以處理。學校平時需做好學生生涯輔導和輔導管教，建立「歹路不可行」的觀念。若確有事實，應當機立斷，尋求各種相關機關的協助，否則一旦迅速蔓延，將危害多數學生的受教權。若缺乏一個安全的受教環境，學校將完全喪失教育的機能。

處理建議

學校與治安機關的互動應具有高度協調性，需有事先規劃和狀況模擬的演練，使二者力量可相輔相成。

延伸思考

整個社會和校園的距離逐漸消失，學校無法自外於社會，因此不能讓學校獨力負擔整個社會的問題，所以整個社會應以有效的方式介入校園，協助學校，保護最弱勢的學童。但是如何去協助誤入歧途的學生，是另一項課題。

7、學生在校外的違法行為被移送少年法庭（院），學校應注意事項為何？

A：一方面配合協助少年法庭（院）處理，另一方面應提供學生適切的輔導。

法律觀點

學校此時是該事件的利害關係人，基於這樣的地位，治安機關通常會通知學校。學校於此時得採取必要的協助，主要包括下列幾項：

一、少年法院因執行職務，可請學校給予必要的協助。（《少年事件處理法》第25條）

二、少年法院於裁定少年交付觀察時，可以交付給學校，請學校加以

照顧。（《少年事件處理法》第44條）

三、少年法院調查與審理期間，可以允許教師在場旁聽。（《少年事件處理法》第34條）

　　關於少年法庭審理的流程，請參考《少年事件處理法》及所附之流程表。

教育觀點

　　依「輔導管教注意事項」第20點第1項，學校對於學生違反法律的行為仍應施以適當輔導或管教，學校並不因為把學生移送法院而即免除輔導管教學生的責任。在少年法院處理程序中，法律並沒有特別規定學校的責任，學校在這方面應當是負擔教育上的任務，與少年法庭相互配合。同時學校應提供學生適切的輔導措施，以協助學生矯正偏差行為，畢竟學校應著重的還是教育功能。

處理建議

　　當學校被告知學生被移送少年法庭時，應先確認學生家長是否已經知悉，如果家長還不知道就應先通知家長。如果學生涉案的事件引起新聞媒體注意，校方應由相關的訓育輔導人員、導師，彙整學生的資料，統一對媒體的說明。此時應注意學生的個人隱私，不要洩漏學生個人資訊。而未來對學生的輔導工作，也應由導師、授課老師、學務及輔導人員共同協調輔導的具體做法，矯正學生的偏差行為。

延伸思考

　　新聞媒體為了創造新聞話題，可能對學生涉案的案件多方挖掘

題材，學校本於保護或輔導學生的立場，面對新聞記者時，要說些什麼？學校的說明會對學生造成什麼負面影響呢？基本上，關於案情的內容不宜多做說明或推測，畢竟案情的部分應由司法機關來處理。至於學生平日的表現，如果告訴外界該學生平常表現很好，沒有特殊的徵兆，可能會被認為學校疏於注意，輔導管教有疏失，但若說平日表現不良如何如何，又可能洩漏學生隱私，不可不慎。

另外，如果提到學生個別特殊的背景，例如父親酗酒或單親家庭等，不僅無端地揭露學生的隱私，也容易令人對身處這些家庭的學生產生負面的刻板印象。所以校方原則上對外界不適合做太多的說明。另外，電視媒體為了取得新聞相關畫面，可能希望拍攝校園的相關場景。這時應該引導媒體拍攝校園或無人的教室，不要讓其他同學在電視上曝光，以維護其他同學的權益，甚至引起出現在鏡頭前同學家長的擔心。

類似這種學生涉及不法行為的事件，也考驗著學校的危機管理能力。基本上，學校在避免事件損害學校聲譽等不良後果擴大的同時，應本著保護學生權益的立場，充分考量涉案學生及同學的心理狀況等，審慎處理。

8、少年事件處理法中，為何有責付、收容等制度之設計？

A:在青少年涉及的司法案件審理期間，為保護青少年，所以有「責付」與「收容」等制度的設計。

法律觀點

由於《少年事件處理法》是針對12歲以上未滿18歲的青少年而制訂的特別法，所以此法有許多有別於一般成年人所適用的處置，例如，訓誡及假日生活輔導、保護管束、感化教育等。而在漫長的司法審理期間，為保護或幫助涉嫌的青少年，而有「責付」與「收容」的制度設計；責付通常是官方機構外的處遇，是交給特定人或特定團體，而收容則是機構內的處遇。

「責付」係指交由他人協助，因此責付通常會是交由青少年的父母親或機關團體。「責」就是課予你一個責任，「付」就是把某人交給你，希望你能夠照顧他、保護他。若沒有任何個人或機關團體可以責付時，或他本身就不適合責付時，就可能可以命收容，所謂收容是收容在少年觀護所。

與收容制度相類似的有《刑事訴訟法》上的「羈押」。所謂的羈押，其實是一個犯罪行為已經很重大或者是他有逃亡之虞或串供之虞所做之較為強大的處遇。另外，還有一種「預防性羈押」，例如說某甲有竊盜前科，有習慣性的竊盜行為，雖然這些罪責可能不是很重，且某甲沒有共犯，也沒有湮滅罪證的可能，但是只要某甲一放出去可能又會再犯。因此，為了避免某甲出去之後再犯，這時候也可以加以羈押，這就叫預防性的羈押。

教育觀點

一般而言，《刑法》的功能有保護法益、壓制與預防犯罪、保障人權、矯治行為人，以及給予行為人贖罪的機會等。也就是說，刑法已經從過去「報復刑」的觀念轉而變成以「教育刑」為核心，亦即刑

法不只是制裁，而且還要從事再社會化的工作，以教化犯罪行為人，使其能夠改過遷善、重返社會，不再犯罪。

青少年正處於血氣方剛、年少氣盛時期，所需要的是更多的認同與關懷；縱使其觸犯法令，更應該循循善誘，而不是只有一味地用灌輸或責罵的管教方式。所以在等待司法判決的階段，使其交由父母或相關團體「照顧」，對於誤入歧途的青少年較容易幫助其重返社會。

照顧非行少年是一件不容易的事，學校與老師仍應對於此類青少年給予較多的關懷與提供協助。由於司法單位往往有「國家公權力給予懲罰」的立場，所以對於過早進出法院的青少年而言，負面影響恐怕還是多於正面。因此，能夠給予青少年多一些協助的，主要還是在教育單位。

延伸思考

老師除須瞭解責付制度和收容制度的異同外，更應理解到少年法院面對青少年的不同犯罪行為，須經審慎判斷後，才得以選擇適當的方式處置青少年的行為。老師、父母及社工人員應於青少年被責付或收容後，應觀察其行為是否有因此得到矯治及改善的效果。如果發現青少年的行為並未得到以上所述之效果時，父母、老師、社工人員應重新思考及檢討此二種制度之設計、運作是否有不周全或不妥當之處，進一步作為將來修法時的參考。

理念篇

一、憲法的原理原則與教師的輔導管教

林佳範

前言

　　本文將藉問題的討論，幫助老師們理解「憲法原理與教師管教」，希望藉本文所提出的《憲法》原理與原則與老師們交換法治教育的教學經驗。體罰等學生管教的議題，常為社會所議論，然而議論的面向多僅從教育面向切入，探討體罰的教育意涵，或從法律的觀點探討其違反《刑法》與《民法》上的責任問題，鮮少有人從憲法原理來討論教師管教。作為老師的您，或許於教學上提及憲法的原理，惟於體罰的問題上不知是否曾與憲法的原理相關聯來思考？探討學生權利，或許曾經是難以想像，甚或是離經叛道的，惟對台灣民主法治的發展，這或許是不可逆轉的課題。本文希望老師們能理解您所認知的憲法的原理，不只是「紙上談兵」，更期許老師們能成為學生權利保障的第一線人員，能將憲法的原理帶進校園中。

問題一　**學生是否有基本人權**？

　　首先，跟大家分享四個基本的問題，或許以前沒有思考過，不過我們今天可以一起來想一下。第一個問題：學生有沒有基本人權？這個問題其實蠻值得思考的，因為講基本人權，只要是人都有基本人權。那學生是人，當然有基本人權！可是實務上我們的學生一直到民國84年6月23日以後，才在法律上被承認可以主張憲法上的基本人權。為什麼？主要是因為大法官會議作成釋字第382號解釋，打破了我們向來在法律上認為學生跟其他的人民是不太一樣的思維。像是民國41年

判字第6號行政法院的判例，認為學校跟官署不一樣，學生跟學校的關係亦與人民與官署的關係有別，所以說學校的師長對違反校規學生予以轉學處分，如有不當情形，亦只能向該管機關請求糾正，不能夠按訴願的程序提起訴願。

　　然而，《憲法》第16條不是清楚規定保障人民有請願、訴訟、訴願的權利嗎？這個法院的判例，竟然認為學生是沒有辦法主張這項權利的，因為學生跟一般人民不一樣。其實這就是我們法律上所講的「特別權力關係」。請注意，這個ㄌㄧˋ，不是利益的「利」，而是力量的「力」。什麼叫「權力關係」？簡單講就是一種支配關係。學生進到學校就是要學習，根據以前特別權力關係的理論，學生跟一般人民是不一樣的，進到校園裡面就受到師長的指導，為了達到這個教育的目標，學生比一般的人民要受到較高的拘束與支配。特別權力關係不只學生，其實老師、公務員，還有軍人，在特別權力關係的理論下，並沒有被認為是一般的人民。在特別權力關係之下，這些人並不受到憲法上人權基本的保障，換言之，當要管你時，不必一定要用法律授權的方式，且當你有什麼樣的不滿時，你也不可以向法院請求救濟。有關學生身分的部分，是在民國84年6月23日之大法官會議解釋釋字第382號裡面，首次把特別權力關係打破，其特別提到有關像退學這樣嚴重影響到學生受教權的權益，這樣的一種學校的處分，應該也是屬於人民憲法上受教育權利的重大影響。而且這並不限於國民教育，這個案子本身是一個大專生提起的，所以甚至後來連二一退學提到行政法院，若沒有這號解釋，也不可能有到行政法院提出救濟的機會。且後來民國100年1月17日的釋字第684號更進一步擴張大學生的權利救濟範圍，並不侷限於受教權受侵害且不必達退學或類此處分，即可提起行政救濟，但此號解釋在解釋文上以「大學」為限制，而排斥高中

以下之學生，李震山大法官認爲如此係「爲德不卒」。終於，民國108年釋字第784號，即擴張學生權利救濟之範圍，「各級學校學生認其權利因學校之教育或管理等公權力措施而遭受侵害時，即使非屬退學或類此之處分，亦得按相關措施之性質，依法提起相應之行政爭訟程序以爲救濟」。

輔導管教也是公權力之行使

校園裡面對於憲法的認識還不是非常深刻，很多人還是期待傳統的尊師重道，依照倫理來運作，老師也很難想像，他的所謂的輔導管教，也算是國家行使公權力的一環。我想很少老師會把自己的權力當作是國家公權力的行使，換句話說，這樣的觀念是很欠缺的。所以，在此特別把這個觀念提出來讓大家瞭解，接著，說明輔導管教怎麼樣做才合法，怎麼樣做才適當。基本上這都是源自於我們憲法上如何規範我們國家的公權力機關去行使公權力，才符合憲法所規定的尊重人權的措施，這些法理基本上都是相通的。

學生的法律地位

學生作爲一個法律所保障的主體，換句話說，他在法律上的人格地位是單獨的、獨立的。爲什麼要特別談這個問題呢？特別是從父母親的角度來講，我們以前其實有「一日爲師，終生爲父」這樣的觀念。老師在學校教導學生，就好像是父母親暫時把監護權移轉給老師，對學生進行輔導與管教，老師只是父母親親權的延伸，很少去思考我跟國家公權力有什麼關係。在我們早期的文化裡，並不認爲小孩是一個獨立的個體，所以我在此特別提出這個概念，這就叫作「權利能力」。「權利能力」這個概念就是每一個人可以享受權利、負擔義

務的地位和資格，它是始於出生，終於死亡（《民法》第6條）。換句話說，每一個人，而且不分男女老幼，只要是出生終於死亡，他在法律上的地位是受到保護和保障，這也符合我們的《憲法》第7條所規定，我們的人民，無分男女老幼，在法律上的地位是一律平等的。縱使是學生在校園裡面，他在法律人格上的地位一樣是平等的，應該也是受到憲法的保護和保障。

大家都知道，未成年人的特徵是心智比較不成熟，所以我們法律上為了要保護他，特別用一個稱作「行為能力」的概念，「行為能力」的概念很簡單，就是法律要不要認為這個人講的話算不算數，他講的話算數，我們就認為他有行為能力。「行為能力」的概念與前揭「權利能力」之觀念不同，其在法律上的意思表示需受到法定代理人之同意，是為了保護未成年人所設，此非意味著其在基本人權上的保護與成年人有所不同。

學生其實在校園裡面還是有基本人權的，當然我們一般在說人民的基本人權都有可能在校園裡面去主張。不過，可能有人會問，學生有言論自由，那上課怎麼辦？上課我不讓他發言，算不算侵犯到他的言論自由權？大家可能會有這樣子的疑問？如果學生到處亂主張，在升旗典禮的時候拿布條抗議，學生的言論自由是不是可以無條件、沒有範圍的都不受限制，這個我們留待後面再慢慢跟大家說明。

學生在校園裡的基本人權

我們每一個人都有的基本人權，原則上學生應該都有。所以老師「沒收」學生的手機，可以嗎？老師是法官嗎？老師可以「沒收」學生的東西嗎？學生是有財產權的，而且這是他的、還是他父母親的？我們剛才提到，限制「行為能力」人，原則上有很多重要重大財產上

利益的處分都要經過其父母親的同意，所以我們要尊重學生是有財產權的。而學生的隱私權，最明顯的例子就是搜書包、搜抽屜，到底哪裡可以搜？書包是學生個人的東西，抽屜有學生個人的東西，我們每一個人都會想擁有隱私，那學生到校園裡面來，爲了他好，他帶一些危險物品，我可不可以去搜？憲法上保障了很多基本的人權，例如說人身自由，不可以隨便把人關在廁所裡面。憲法是怎麼樣重視人身自由，警察都不可以抓，警察都不可以搜，檢察官也不可以搜，老師可以搜嗎？我們必須問自己下一個問題，來尋求答案。

(問題二) 對基本人權可否「限制」？
（人權保障的憲法原理與原則）

「講權利」是「只要我喜歡有什麼不可以嗎」？

人權的保障是有一些相互調和的原理原則，不是像大家想的「我講人權，就沒有秩序」，而是另外一種秩序。我們首先要打破的觀念是，因爲很多人認爲我們談學生人權，那是不是要學生造反？或是說很多學生自己也這樣認爲我現在是有權利的，那我就是「只要我喜歡，有什麼不可以」。第一個或許要先檢討的概念是，講權利是「只要我喜歡，有什麼不可以」嗎？先前提到基本法律上保障我們每一個人的權利，如果權利是「只要我喜歡，有什麼不可以」的話，試問那是什麼樣的一個社會？每一個人若是都主張「只要我喜歡，有什麼不可以」，大概拳頭最大的那個人才可以主張「只要我喜歡，有什麼不可以」，難道法律是要保護這些人嗎？憲法是要保護這些人嗎？我認爲這是不可能的。

「講權利」是主張「平等的相互尊重」

權利的最根本的觀念，就是我們每一個人平等的受到法律的保護和保障，讓我們每一個人的自由都能夠得到最大的自由。換句話說，講權利其實最根本的觀念應該是平等的相互尊重，並不是說你的身分是什麼而對你有不同的尊重，而是指法律上最少要保障到我們每一個人得到一個平等的相互尊重。

我們的傳統裡比較習慣的是依不同的身分給予不同的尊重，像是你是老師有老師尊重，你是校長有校長尊重，你是學生給你學生尊重。換言之，我們並非要拉低人與人相互之間自然而生的尊崇景仰，但至少在法律的地位上我們現在建立的這套體制要達到的目標，與其背後的精神就是平等相互尊重。所以，「講權利」的法治教育，絕對不是允許學生只要他想怎樣就怎樣，「講權利」的法治教育更重要的是要學生相互尊重，學生要學會設身處地地為大家想，因為權利所保護的利益不是所謂的「特權」，權利所保護的利益應該是法律所保護的「正當」的利益，這個正當性裡很重要的還包括「普遍性」，就是所有人在這樣的一個地位裡面，我們都認為是很重要應該加以保護和保障這樣的利益，才是法律所要保護的正當利益。

法治教育其根本就是在「講理」

所以，「講權利」的法治教育其根本就是在「講理」。但是這個「理」，很重要，要符合我們現在講的人權保障的基本人權價值觀，要能夠說服他人這樣的一個利益不是特權，這不是只有你才享有的一個特權，為什麼這個利益能夠受到保護和保障，我認為最基本的法治教育就是讓學生來說理，更重要的是我們要有機會讓他說理，我們整個校園的情境在這個部分應該要再更加強，我們在無形中缺少讓學生

學習說理的機會。

人性尊嚴絕對保障與基本人權的相互調整

　　人權的保護和保障，有時在具體個案裡會有一些利益衝突的問題，不過我們這邊要提出的一個概念是，對基本人權「限制」的概念本身其實是有問題的。《憲法》第23條會讓人有這樣的一個誤解，因為憲法各條列舉的自由權利除為了防止妨礙他人自由，避免緊急危難，維持社會秩序或增進公共利益所必要者外，……不得以法律限制之。反過來說，這個意思是，為了這些就可以用法律限制之。但如此的解釋，剛好和人性尊嚴受到絕對保障相違背，以為只要以公共利益之名，即可來「限制」基本人權，所以很多憲法學者認為人權應該是需要去「調整」的，而不是被「限制」。在人的社會，人跟人相處，一定有它的範圍；換句話說，一定要有限制才會有自由，這個才是真理，而不是說沒有限制才叫自由，但人性尊嚴之尊重，是受到絕對的保障，因為把每個人均當成主體而非客體，這是不會限制任何的自由。因為我們在人的社會，人和人相互之間一定會有利益的衝突，可是為了達到我們最大的利益，我們至少可以把那個範圍找出來。換言之，我們在解讀《憲法》第23條，要有完整的解讀，應該說人權的核心價值，即人性尊嚴是受到絕對的保障，但基於公共利益之需要，可以在合乎法治國的原則下，限制受憲法保障之自由與權利，惟仍不得侵犯人性尊嚴。

人權相互調整的例子：釋字第445號解釋

　　有人認為《集會遊行法》裡的規定是限制人民憲法保障集會遊行的自由，結果大法官怎麼說？其實集會遊行跟言論、講學、出版一樣

都是所謂的「表現自由」（freedom of expression），我們內心有想法都可以藉由這些方式表達出來。這裡面特別提出一個觀念，集會遊行是一種很重要的憲法要保障的自由，釋字第445號甚至特別提出是「實施民主政治最重要的基本人權。」不過，「其中有關時間、地點、方式等未涉及集會遊行的目的或內容之事項，為維持社會秩序及增進公共利益所必要，屬立法自由行政範圍，與表現自由之訴求不致有所侵害，與憲法保障人權自由的規定尚無牴觸。」這就是在表現一種「利益調和」的概念，不是任何的規定都是限制我們的意見表達自由，只是我們要瞭解意見表達自由跟其他社會的利益其實是可以相調和的。然而，若因為其所表達之內容與目的而限制之，即侵犯表意者之人性尊嚴，會被視為違憲。

人權相互調整的例子：受教權與罷教權

我想老師比較關心的就是老師的權益——「罷教權」，持反對立場者最大的理由就是：學生「受教權」怎麼辦？很多人反對老師有「罷教權」，因為會侵犯到學生「受教權」，甚至有人說，學生的「受教權」應該優於老師的工作權。我想這兩個都是憲法要保障很重要的權利，我們不要馬上就把它視為「零和」的關係，只能擇一捨一。在制度設計上可以設計一個教師工作相關的法律，老師要罷教可以，但你要補課，甚至加倍地補課。我的意思是，我們是可以用一些制度設計讓這些利益調和，甚至讓罷教成為一個最後手段，如果沒有經過前面的協商或是教師會或是家長會共同協商過，是不可以隨便罷教的，不然就是一個違法的罷教。所以說制度設計上是可以把這種利益衝突降到最低，得到最大的自由。

人權相互調解的例子：釋字第509號

　　同樣地在校園裡面，學生的言論自由，學生可以拿著麥克風上課的時候在校園裡面到處亂講，是不是他的言論自由？我想在美國也不會允許的。不過學生是可以表達他的意見，因為內容上學生的意見跟老師不合，就把學生當掉，特別是政治上的意見、宗教上的意見，最為敏感；如果是因為這個理由把學生當掉，那老師就是侵犯學生的言論自由。言論自由最基本的精神就是，不是要保護跟我意見相同的人的自由，言論自由是要保護跟我意見不同的人的自由。法國的伏爾泰說過一句話：「我雖然不同意你的意見，不過我要誓死保障你發言的機會。」這就是言論自由的眞諦。相同地，在釋字第509號有關於誹謗罪的解釋，這樣的規定算不算侵犯我們個人的言論自由？當然誹謗罪是保護我們個人的名譽，所以大法官認為為了兼顧個人名譽隱私與公共保護，法律上非不得對言論自由依其傳播方式為合理限制。

人權保障的憲政原理

　　人權的保障，一直到近代才形成一套憲政的原理與原則，進而成為一個個人的人權受侵害時，能夠眞正地尋求有效救濟的制度。換言之，人權的保障，不只是一個理想或口號，當我們每一個人的人權受侵害時，在一個國家內你可以有法律的正式保障。人權的保障制度如何建立，成為一有效的救濟制度，需靠下列的憲政原理與原則。

權力的分立與制衡

　　近代的憲政體制，強調憲法是我們共同生活的基本規範，其在於保障我們每個人在相互共同生活當中能得到最大的自由與平等。所以，憲法強調人權的保障是其核心的價值，國家公權力之存在目的係

在於保障人權，而其權力之來源係來自於憲法的授權，這即是所謂的「憲政主義」（Constitutionalism）。當然，進一步地為達如此之目的，政府之體制避免權力之集中造成權力之濫用，以法律為核心的規範秩序之形成，將規範的制訂（立法機關）、執行（行政機關）、裁決（司法機關）的權力區分與制衡的原理，亦建立起憲法高於法律、法律高於命令之法律階層體系的關係（《憲法》第170條、第171條、第172條）。以人權保障的體制建立而言，前揭之法律階層體系，使直接管理人民的行政權力，受制於具有民意基礎的立法機關，而立法機關避免其多數暴力之情況發生，使其受制於司法機關之違憲審查（《憲法》第171條第2項），而司法機關的職權很大，有終局裁決的效力，故在其行使上，使其處於被動的地位，在被請求時始得發動其職權，而避免其濫用；從權利救濟之角度而言，當人民的權利受行政機關之侵害，即得請求司法機關來審查行政機關的權力行使，是否有法律的授權與其行使的方式是否正當（《行政訴訟法》第1條），且進一步當質疑立法機關之立法有違憲之虞，得聲請大法官會議解釋（《大法官職權行使法》第5條）或提起憲法訴訟（《憲法訴訟法》第59條，於民國111年1月4日生效將取代《大法官職權行使法》）。

人權保障的憲政原則

在建立好人權保障的救濟制度後，在司法救濟的時候，法官可以依下列幾個憲政原則，來檢視政府或公權力的行為，是否符合憲政的原理與原則：

一、**法律保留原則**：行政權僅能制訂行政命令，而所謂法律，僅能由具有民意基礎的國會或立法機關來制訂，且法律是高於行政命令；為確保人權之受到保障，若要限制或調整人民的基本權利，必須

由具民意基礎的立法機關，以立法的方式來進行，並不允許行政機關自行訂定行政命令來拘束人民的基本權利，故法律保留原則又稱爲「國會保留原則」。現在有關學校教師的輔導管教權力的規範，主要的法律授權在於《教師法》第17條，且根據第2項之規定，由各校之校務會議來訂定自己學校的教師輔導與管教學生辦法。因此，教育部所訂定之「學校訂定教師輔導與管教學生辦法注意事項」，其並非是規範或授權學校教師輔導與管教學生的直接法源，而係主管機關鑑於學校在法律職能上之不足，而提供之法律與教育上專業的指導。教師的輔導與管教行爲，必須遵守《教師法》與各校所訂定之教師輔導與管教學生辦法。

二、法律明確性原則：根據大法官釋字第491號解釋，「法律以抽象概念表示者，其意義須非難以理解，且為一般受規範者所得預見，並可經由司法審查加以確認，方符法律明確性原則」。所以，在校園的輔導與管教，學校的規定，應盡量達到明確性的要求（《行政程序法》第5條）。

三、比例原則：又稱合理性原則，可從所要達到之目的、方式及所造成之損害綜合加以判斷，這個原則可使用在立法層次及行政層次。首先在立法層次是規定在《憲法》第23條「所必要者外，不得以法律限制之」，就是要求立法機關立法時不可以隨便侵犯人民的基本人權；行政機關在行使公權力時，也須依照《行政程序法》第7條規定，而採行之方法需有助於目的之達成，在有多種同樣能達成目的之方法時，應選擇對人民權益損害最少者，且採取之方法所造成之損害，不得與欲達成目的之利益顯失均衡（參考「學校訂定教師輔導與管教學生辦法注意事項」（以下簡稱「輔導管教注意事項」）第12點）。在輔導與管教上，老師所選擇的方式，特別應注意其所欲達成

的目的與方法或對學生所造成的權益損失，是不是很不合理。例如，上課遲到五分鐘即在教室門口罰站一節課，學生因遲到即剝奪其上課之權益，老師需思考是否有處罰過當的問題。

　　四、正當法律程序原則：這觀念源自於程序正義的觀念，即需建立一公平的程序，來蒐集資訊與作出決定。在校園裡，對於學生的懲處亦有程度不同之分，愈是影響學生權益之重大事項，當然會要求更完備之程序。以老師的輔導與管教行為而言，最基本的一定要給受處分的學生說明的機會與表示管教之理由（舊教管辦法第9條）（參考「輔導管教注意事項」第15點），但若涉及到退學等重大之處分，則更需有出席獎懲委員會說明之機會，甚至獎懲之決定，需要書面並附具理由等（舊教管辦法第24條）（參考「輔導管教注意事項」第26點第2項）。

問題三　教師管教權是誰授與的？

　　首先，我們從教師的輔導與管教權的授權基礎來探討，既然我們已經肯認其為一種公權力之行使，且其運用在受憲法保障其基本人權的學生身上，如前所揭對於人權的限制，根據憲法第23條之規定，必須有法律之依據。

學校或教師的輔導與管教權基礎

　　學校或教師的輔導與管教權，是誰授予的，在學說上有爭議？父母親的懲戒權在《民法》第1085條中有規定：「父母得於必要範圍內懲戒其子女」。有一派學說認為父母親寫一份委託書請老師嚴加管教，是委託他人行使監護權（民法第1092條）。而另一派學說則認為，第一，老師雖為準父母但畢竟不是父母，輔導及管教是屬於父母

親專有之權利；第二，縱使承認父母親基於親權得於必要範圍內懲戒
其子女，父母親也不可以把孩子當作是自己的財產，這種給父母親的
親權，是為了保護子女，因此如果父母親濫用親權則可以停止其權利
（《民法》第1090條）；第三，現在的教育皆為國家提供及聘請老師
來教，故教育權為國家之權力，並不是古代的私塾，所以與父母懲戒
權無關。而且，在《教育基本法》第2條規定，教育的目的是培養人民
的健全人格，其更明訂「為實現前項教育目的，國家、教育機構、教
師、父母應負協助之責」，故現在的各級正式教育帶有強烈的公共事
務性格，在國民教育權的觀念下，更規劃許多前揭角色來共同參與教
育事務之機制。

私立學校或老師的授權基礎？

除《教育基本法》以外，在《教師法》第32條中更明訂，教師
有輔導與管教學生的義務，這是教師的職權以及職責之明確法律授權
依據。然而，私立學校老師是否為公務員？大法官會議解釋釋字382
號理由書中明白表示：「公立學校係各級政府依法令設置實施教育之
機構，具有機關之地位，而私立學校係依私立學校法經主管教育行政
機關許可設立並製發印信授權使用，在實施教育之範圍內，有錄取學
生、確定學籍、獎懲學生、核發畢業或學位證書等權限，係屬由法律
在特定範圍內授與行使公權力之教育機構，於處理上述事項時亦具有
與機關相當之地位」。因此，私立學校老師在行使教育相關之事務
時，被視為是在代行一種公權力，故被視為是公務員，在輔導管教方
面也需符合相關之規定。在民國92年1月15日所公布的《教師法》中，
更修訂原由中央教育主管機關來訂定輔導與管教辦法，改由各校校務
會議來訂定之，故法律更明確地授權各校的校務會議來訂定，具一般

性與抽象性的規則，以便學校或老師在行使其輔導與管教權的進一步規範之基礎與依據。

問題四 如何判斷教師輔導與管教違法與不當？

在第四部分，我們可以更具體地討論學校或老師的輔導與管教行為之行使所需注意的事項，並以法院的具體案例為例。審查老師或學校的輔導與管教行為，首先檢視其合法性的問題，再來討論其行使上的妥當性問題；前者，可先檢驗其法律上的權限範圍與相關之規定（《行政訴訟法》第4條第2項、《行政程序法》第10條），而後者則依正當法律程序原則（《行政程序法》第4條）（參考「輔導管教注意事項」第15點）、比例原則（《行政程序法》第7條）（參考「輔導管教注意事項」第12點）、平等性原則（《行政程序法》第6條）（參考「輔導管教注意事項」第11點）等，審視其妥當性。

學校或老師有何權限？

在校園裡老師最頭痛的問題，莫過於學生的偏差行為，而針對這些偏差行為的輔導與管教，更是學校與老師的職責與職權。然而，學校或老師在處理學生的偏差行為上，有些做法或措施，往往不知如何拿捏其分寸，而有發生強迫全體學生按納指紋或有些超過其職權所得行使者。在過去，教育部有訂定「教師輔導與管教學生辦法」，作為學校或老師在輔導與管教學生上的規範依據，但現在改由各校校務會議自行訂定，學校或老師更應注意，必須遵守前揭的憲政原理與原則。然而，最基本的莫過於先檢討學校或教師到底在法律上有何權限。以學生的錢不見為例，學校或教師應如何來處理？是不是一定要不計成本地運用各種方式把錢找出來，且處罰偷錢的學生，才是做到

對學生的輔導與管教或所謂的法治教育？換言之，基於所謂「輔導與管教」，學校或老師可否像司法或警察機關，開始進行搜索或扣押學生的身體與物品，甚至拘禁學生或在大庭廣眾下嚴懲之，以收殺雞儆猴之效？我想老師需思考自己的權限範圍有多大，以下簡單地找尋學校或老師的法律上可能的權限範圍。

輔導與管教權限或犯罪追訴權限？

　　很明顯地，根據《憲法》第8條第1項之規定：「人民身體之自由應予保障。除現行犯之逮捕由法律另定外，非經司法或警察機關依法定程序，不得逮捕拘禁。非由法院依法定程序，不得審問處罰。非依法定程序之逮捕、拘禁、審問、處罰，得拒絕之。」老師並非司法警察機關，因此老師並無追訴或懲罰犯罪之權限，縱使是你的學生發生犯罪之嫌疑，亦需請求司法與警察機關來進行犯罪之訴追。然而，我們需特別留意，此並非意味著學校或老師動不動就請警察到學校來，學生的偏差行為若未達違背刑法之程度，當然不必動用外在的國家強制力，來維持校內的秩序，輕微的偏差行為本是學校或教師的輔導與管教的職責與職權，甚至在《少年事件處理法》第18條第2項中，亦規定在有少年有保障其健全自我成長的事由時，得先請求少年所在地之少年輔導委員會先行處理，而非直接由少年法院處理，蓋學校仍是保護少年成長的較好的環境，若一旦由司法或警察機關之介入，很容易給少年貼上標籤，反而是學校或教師應發揮其輔導與管教上的專業，使其在較好的環境來成長，少年輔導委員會評估需要少年法院介入才能保障少年之健全成長者，才會請求少年法院處理（《少年事件處理法》第18條第6項）。

秩序管理的權限？

　　學校是國家爲進行教育活動所提供之設施與人員，讓人民來使用的一種營造物，法律上強調的是一種利用關係。爲了達到教育目的，自然得設立規則，例如校規讓使用的人民（學生）遵守該規則，進而達到教育之目的。對於營造物本身即具有管理之權限，只是管理之方式及權限大小之問題。故對於學生在學校或教室的秩序管理，自然有其權限。（參考「輔導管教注意事項」第28點提到搜查學生物品之限制，與第29點校園安全檢查之限制，更在第30點建議有關各種不同性質違法物品的處置程序等）然而，隨著校園民主化的需求，許多相關的法令亦強調學校許多規則之制訂應容許教師或學生得有民主參與之機會。依109年8月3日發布的「高級中等學校訂定學生服裝儀容規定之原則」第1點則明文，爲維護學生人格發展權及身體自主權，並教導及鼓勵學生學習自主管理，學校應設常設或任務編組之服裝儀容委員會，且以舉辦校內公聽會、說明會、進行全校性問卷調查或其他民主參與方式，廣納學生及家長意見，訂定學生服裝儀容之規定，經校務會議通過，以創造開明、信任之校園文化。

學童身心安全維護的權限？

　　根據《兒童及少年福利與權益保障法》，兒童或少年不得有危害其身心的許多活動，例如抽菸、喝酒、嚼檳榔、出入有害其身心之場所、閱讀有害其身心之出版品等等，父母或實際監督學童之人，負有監督照顧之職責，若違背者本身亦會受到法律的制裁（第43條、第91條）。所以，學校當然對於學生的身心安全有維護的責任，很多學校設施不完善造成學生受傷時學校要負起責任，而學生受傷時老師不處置，依民法第185條共同侵權行爲也需負連帶賠償責任。有些緊急情況，在《行政執行法》第36條到第40條中有規定，爲了防止急迫的危

險，對人對物都可以做一些必要的處置，其中對人的處置因爲會牽涉到人身自由，因此《行政執行法》中規定對人的處置是要侷限在某些危急情況下才可行的（參考「輔導管教注意事項」第23點教師之強制措施）。在學校爲了維護學童之身心安全，在緊急的狀況下，自可依《行政執行法》中相關的即時強制等規定處置。

不當的輔導與管教？

在探討完前揭有關權限的問題以後，教師或學校在進行輔導與管教，當然要遵守前面已經揭示的憲政原則，如正當法律程序或比例原則等，並不是有了法律的授權依據以後，學校或老師即得爲所欲爲，濫用行政的裁量權，亦被視爲是違法的行政行爲（《行政訴訟法》第4條第2項）。特別是，前面提到過的法律明確性原則、正當法律程序原則、比例原則等皆有其適用，在此不再贅述，以下僅就尚未提及的公平性原則做介紹，最後提供兩個案例，一個刑事有罪的判決，另一個民事不必負擔民事損害賠償的判決，供大家參考。

歧視性的輔導與管教

歧視性的輔導與管教，違背了所謂「公平性」的原則（《憲法》第7條）。需注意的是，所謂的「公平」「並非指絕對、機械之形式上平等，而係保障人民在法律上地位之實質平等，立法機關基於憲法之價值體系及立法目的，自得斟酌規範事物性質之差異而爲合理之區別對待」（釋字第485號）。所以，並不是所謂的「差別待遇」即是「歧視」，而是在進行差別待遇的時候，是否具有「正當理由」（《行政程序法》第6條）。教師輔導與管教學生，不得因學生之性別、能力或成績、宗教、種族、黨派、地域、家庭背景、身心障礙或犯罪紀錄等，而爲歧視待遇（舊教管辦法第11條）（參考「輔導管教注意事

項」第11點）。許多老師不自覺地在進行歧視性的輔導與管教，蓋我們對於許多的「偏見」都視為理所當然，所以認為是「正當理由」，例如有人會認為女生較文靜而男生較好動，自然地在處罰的方式上女生罰抄寫而男生罰跑操場，而忽略了我們進行差別待遇的理由，是不是一種「偏見」，而為何不給予相同的處罰方式。所以老師或學校在進行差別待遇時，應特別留意其所持的理由，檢視其正當性，避免流於偏見而不自知。

民事責任

　　91年北簡字第12937號判決，案例中，國小學生因遲到被叫到訓導處訓話，家人認為學校侵犯學生之自由權、身體健康權、受教權、緘默權而提起民事訴訟。該案之判決認為訓導主任對於學生違反校規行為本來就有施予輔導跟管教之權責，且在訓導處訓話，並非不當的管教方式，符合舊教管辦法之相關規定，故認為不必負擔任何的損害賠償責任。本案例是一則適法的輔導與管教方式，但值得一提的是，若是不法的輔導與管教方式，則有可能被請求民事的損害賠償責任，教師在進行輔導與管教時，不得不知其不當的輔導與管教方式，亦有可能有民事的賠償責任。

二、老師輔導管教的法律基礎

黃旭田

老師們在從事教學的過程中，所遇到的問題，其中有許多涉及「輔導管教」問題，特別是其間所牽涉的法律上權利義務關係。所以如果老師對輔導管教感到困擾，工作要做得好也很難。

(一)輔導管教的基本概念

1.是手段不是目的──你為什麼輔導管教？

輔導管教的工作，老師們天天在做，但常常犯了為其所以，不知其所以然的毛病。舉個例子來說，當老師叫學生站起來的那一刻，必須思考清楚這樣做的目的、理由到底在哪裡？在這裡有一個重要的概念必須釐清，那就是，輔導管教只是一種手段，其背後還潛藏著一個終極目的。對下半身癱瘓的身心障礙者而言，讓他站起來是醫師實施醫療行為的目的；但對四肢健全的學生言，叫他站起來的目的絕不是單純要學生站起來而已，應該是希望藉由這種方式糾正學生某些偏差的行為。因此，叫學生站起來僅僅是被選擇用來達成目的的手段，促使學生反省，並進而改正偏差或錯誤的行為才真正是目的所在。換言之，老師必須清楚地掌握輔導管教的手段性及實施輔導管教的目的何在，千萬不可本末倒置，為輔導管教而輔導管教，所以現行「學校訂定教師輔導與管教學生辦法注意事項」（以下簡稱「輔導管教注意事項」）第22點第1項第13款不使用「罰站」而改用「站立反省」，也是突顯「目的」的重要性。

　　所以，請老師們在輔導管教甚至處罰學生前先想清楚，甚至應該把輔導管教學生當作一門功課，將輔導管教學生的理由編寫成像教案一樣，避免輔導管教出現過當的情形。有些時候，老師處罰學生是因為老師不高興，那老師究竟為什麼不高興？學生考試考壞了？考試考壞，這是一個有趣的概念，考試一定要考好嗎？考試考壞是什麼地方犯錯了？這次考六十分是什麼原因？也許是這個學生理解力比一般同學差，上次考三十分，這次考六十分，有進步，其實是值得獎勵的；另一種是父母為生計經常不在家，孩子一放學就必須幫忙處理家務，根本沒時間讀書，在這種情形下，處罰的目的難道是要孩子不要再幫忙家務，只管讀書就好了？還是有孩子雖然很聰明但不夠認真以致考不好？其實對絕頂聰明的孩子而言，要求他乖乖在座位上聽課是一件很痛苦的事，老師的常態管教方式主要是針對大部分不是絕頂聰明、不是很調皮、大致上照老師意思做的孩子所設計的，其餘絕頂聰明或家庭有特殊狀況甚至智力稍弱的孩子是不適用普通管教方式的。上面的幾個例子清楚地表達一個觀念，不能僅僅因為孩子考試考不好就施以處罰，要探究考不好的原因，不要讓處罰成為欠缺目的的例行活動，現行「輔導管教注意事項」第19點針對「低學業成就學生之處理」明文規定「不得採取處罰措施」，就是這個意思。

　　其實，一個人考六十分到底犯了什麼錯？有的家長告訴老師，家裡經濟環境好，不愁吃穿，所以孩子成績不好不打緊，只要平平安安、不打架、不鬧事就好，但是老師千萬不能打我的孩子，因為他很害羞，如果被打，自尊心受損就會自殺。家長的這種說詞有什麼大錯？孩子不上進可不可以在倫理道德上予以非難，甚至認為構成法律規範的違反？恐怕都有問題。因此，家長的管教態度未必就是錯的。老師如果一定要求孩子考一百分，反而可能是老師的看法有問題。

　　因此，如果老師在實施輔導管教時不能精準地抓住最終的目的，就常常變成只因爲學生與自己的期待不符而加以輔導管教。問題是，學生原本就不可能都長得像老師心目中理想的樣子。最常出現的後遺症就是，師生關係處於極度緊張的狀態，學生不喜歡老師，家長也不感激老師爲了管教學生所付出的心力，而且毫無成效可言。舉個例子，學校老師們過去常常針對學生頭髮的長度等加以各種要求，但，這只會讓學生備受困擾，因爲重視外表是人的天性，老師如果缺乏同理心，只是一再要求同學把頭髮剪短；再者，有些學生發現別人在注意他時，會故意作怪藉以吸引更多的目光，老師若無法瞭解學生的這種心態，當然會對學生作怪的舉止反感。此外，有學校限制女同學制服下的內衣顏色，這些都是典型的管心管不到就管看得到的舊思維。事實上，這種外在制式的管制手段，用來訓練百貨公司的電梯小姐或許成效卓越，但對學生來說，卻未必是一種妥當的輔導管教方式。總而言之，老師在進行輔導管教時，必須認清目的何在，切莫糊里糊塗地一頭栽入，卻不知爲何而戰！

　　有關輔導管教學生之目的，請參考現行「輔導管教注意事項」第10點。

2.能達到目的才是好手段──你輔導管教有效嗎？

　　輔導管教除了上面所說的必須認清目的外，在手段的選擇上又是另一門功課。再舉叫學生站起來作例子。孩子因爲上課打瞌睡被叫站起來，目的很明確，就是希望藉此給孩子一個教訓，希望他上課專心聽講，別再打瞌睡。若單純就目的做觀察，正當而合理；但若從手段的有效性做評估，只恐怕這個輔導管教措施是無法通過檢驗的。試想爲制止學生打瞌睡，老師叫孩子站起來，這種做法，一來，學生原

本在座位上趴著睡，安全無虞，半夢半醒間被叫起來，邊打瞌睡邊站著一不小心摔成鼻青臉腫；二來，孩子的瞌睡蟲是沒有辦法藉由站起來驅走的，下節課睡意依舊濃厚，上課效率持續低落一整天。其實，為糾正學生上課打瞌睡的毛病，老師還有其他選項可供選擇。老師可以讓同學到教室後面把桌子併一併小憩半小時，那麼孩子在接下來的一整天，都會因為有這半小時的休息而恢復精神。因此，老師在選擇輔導管教的方式時，應考量手段的有效性，否則，目的即便正當、明確，也是徒勞無功。此外，探究偏差行為的背後緣由，往往能提供教師在選擇管教手段時適切、必要的資訊。一個孩子上課想睡覺，可能是因為父母感情不睦，每晚吵得不可開交。某天老師到家裡做家庭訪問，父母為顧及顏面，不敢在老師面前吵，於是孩子得了一夜好夢。相反地，如果老師不願深究其中的原因，選擇處罰孩子，不去家庭訪問，當晚家長可能就會因爭執太過激烈做出殺人放火的不理智舉動而禍及全家。切莫認為這些都是危言聳聽，人世間的事是無可預料的，老師的一念可能會救了一個家庭，所以老師能做的，其實是具有無限可能性的。不要固執地只相信親眼所見的一切，必須追根究柢隱藏在表象背後的原因，而這也是輔導管教這一門學問的重要功課之一。

　　有關輔導管教學生應注意「有效與否」，一般可算是「比例原則」的一部分，有關「比例原則」，請參考現行「輔導管教注意事項」第12點。

3.一波未平一波又起──你的輔導管教帶給你麻煩嗎？

　　對一個老師而言，輔導管教的工作，是作為一個老師應盡的基本責任，也是在履行聘約的契約上義務。不當、錯誤、沒有目的，甚至缺乏成效的輔導管教，非但不能解決問題，反而徒增可能侵害學生權

益的法律上紛爭。舉個例子做說明或許會比較清楚。老師因為考試成績不好罰學生抄課文五十遍，在教育的層面上，我們必須瞭解的是，這種處罰的意義何在？同樣的課文重複抄寫，或許可以強迫學生在罰寫的過程中進行記憶，但反覆的次數太多，容易引起不耐、厭惡的負面情緒，自然無法達到預期的學習目的；甚至，孩子年紀小，手腕因過度使用而受傷，構成過當體罰，製造刑事上傷害、民事上侵權的法律責任問題。因此，老師要注意的是，不要因不適當的輔導管教為自己製造額外的麻煩。

現行「輔導管教注意事項」第42點第1項即明文「教師有不當管教或違法處罰學生之行為者，學校應按情節輕重，依學校教師成績考核辦法或相關規定，予以適當之懲處」就是本此而來。

4.怎麼做才公平——你的輔導管教公平嗎？

另一個老師在實施輔導管教時必須注意的是公平性的問題。其實人對人的第一印象，百分之九十九在初次見面時就定型，喜歡就喜歡，不喜歡就不喜歡，很難改變。站在人性的觀點，老師下意識對於那些上課比較認真、聽話、長得比較可愛的學生寬容一點，其實是無可厚非的；但若自教育的層面上做要求，老師就犯了不公平的錯誤。試問如果功課好就可以比較不乖，那是不是有錢就可以犯法？但要絕對公平，也很難，不過至少，輔導管教的發動必須有一定的基準可資遵循，例如，老師因學生成績不好而施以處罰，那麼對所有成績不好的，無論高矮、胖瘦、美醜必須一律處罰；如果是因為品行不好而處罰，那麼應該所有品行不好的施以一樣的管教；其次，輔導管教的實施也必須依循一套比較一致的規則，也就是說標準要一致。就好比台北市政府環保局針對隨地丟垃圾的罰則定有一套裁罰基準：情節輕微的罰一千二百元，一般情節則處罰三千元，而若是罰規情節重大，則

處罰六千元。因此，在對同學實施輔導管教時，依現行「輔導管教注意事項」第13點，即規定應審酌個別學生之以下情況：

1.行為之動機與目的。

2.行為之手段與行為時所受之外在環境影響。

3.行為違反義務之程度與所生之危險或損害。

4.學生之人格特質、身心健康狀況、生活狀況與家庭狀況。

5.學生之品性、智識程度與平時表現。

6.行為後之態度。

此外，在處罰學生時，除非是具急迫性、為維護秩序、防止妨礙其他學生學習者外，建議在未對學生偏差行為做相當程度的瞭解前，應盡量避免做立即性的處置，這樣也才有機會充分瞭解學生個別的狀況，進而做出較妥適的處理。

5.猜猜我說什麼——你的輔導管教明確嗎？

輔導管教的「明確」性，也是件重要的事。例如，老師要求不聽話的孩子跑操場，至於要跑幾圈、跑多久老師都沒指示，年紀小的孩子不明究理，一直跑、一直跑，沒注意體力負荷不了昏倒了。這時候，老師對於輔導管教的不明確難辭其咎。同理，「罰站」，是站哪裡？站多久？都要講清楚。所謂輔導管教的明確性必須自管教原因、管教方式與管教程度同時做要求。建議學校針對學生的不適當行為能在尺度上建立一個標準，讓班級間的輔導管教措施能夠盡趨一致，雖然老師們的班級經營策略不盡相同，但太緊或太鬆都容易失控成為不適當輔導管教，甚至使老師變成不適任教師。因此，由學校建立一套準則是必要的。

6.小心你侵權——你的輔導管教合法嗎？

　　接續前面的論述，輔導管教有時會因手段選擇不恰當、程度控制不夠準確，造成孩子身體或精神上的傷害。即便這是老師從事教育工作中的一部分，但並不因此成為絕對合法的理由。因此，老師在進行輔導管教時，必須精準地把持住法律的界線，不要使得原本合法正當的輔導管教淪不當管教，甚至變成「違法」的行為。一旦變成違法的處罰或輔導管教行為，老師恐怕就得面對相關的刑事、行政或民事責任了。

(二)輔導管教工作的法律觀念

　　以下介紹輔導管教工作的法律規範問題。首先，法律是最低的道德規範，那就意味著法律的規範與道德的規範是相一致的，因此，老師不可藉口教師不是公務員，不受法律的拘束，因為既然人民有維持道德的倫理上義務，在遵行法律規範的同時，某程度上亦同時踐履了倫理的最低要求；其次，老師在從事輔導管教的工作時，某程度是執行國家賦予的公權力，理當遵守和公務員相同的法律規範。

　　建議老師在從事輔導管教的工作時，參考《行政程序法》之規定，這不單純是教育上的建議，而且是遵守法律上規範的建議，換言之，雖然不能說教育活動的實施直接適用《行政程序法》，但如果與《行政程序法》規定的精神出入太大，則就可能有違法之虞。以下將就輔導管教所必須考量的《行政程序法》之規定做一簡略介紹。

1.合目的性原則（《行政程序法》第7條第1項）

　　《行政程序法》第7條第1項規定，行政行為採取之方法要有助於目的之達成。也就是說，輔導管教除了要有明確的目的外，所採取

的手段亦應當是對於目的之達成有助益的，而這就是所謂的有效性原則。

2.最小侵害原則（《教師法》第17條、《行政程序法》第7條第2項）

《行政程序法》第7條第2項規定，行政行為有多種方法可以達成目的時，應選擇損害最小的方法為之。是以，若老師選擇的手段雖有助於目的之達成，合乎有效性原則，但若造成相當程度的副作用，那是典型的行政作為不適當，違反行政程序法之規定。

3.比例原則（《行政程序法》第7條第3項）

《行政程序法》第7條第3項規定，採取之方法所造成之損害不得與欲達成目的之利益顯失均衡，學理上一般稱之為「比例原則」。換個方式來說，假設老師罰學生交互蹲跳的目的在糾正孩子上課打瞌睡的毛病，但也因此害得孩子心臟病發，住院好幾天，那麼所造成的損害不僅僅是孩子無價的健康，還耗費醫療住院費用、家長精神上的折磨、勞力時間費用的支出等等，相互比對之下，即便老師輔導管教的目的十分正當，但與所付出的有形、無形代價無法達到平衡，明顯地與比例原則相衝突。

4.平等原則（《行政程序法》第6條）

「行政行為，非有正當理由，不得為差別待遇」，《行政程序法》第6條訂有明文。其立法意旨，不在絕對禁止差別待遇，而是要求老師在實施差別待遇時必須有正當理由。或許老師們會主張因材施教，差別待遇在所難免，但這並不意味著，對於聰明的孩子，老師多教一點，笨的小孩，少教一點，因為這不是有正當理由作支撐的差別

待遇，而是對學生不當的歧視。

5.明確性原則（《行政程序法》第5條）

「行政行為之內容應明確」，《行政程序法》第5條訂有明文。關於這個輔導管教上應遵循的大原則，本文前段已做過相當的論述，在此即不再重複。

6.合法性原則（《行政程序法》第4條）

《行政程序法》第4條規定：「行政行為應受法律及一般法律原則之拘束」。承前所述，法律是道德最低標準的踐履，足見法律在某程度上是與道德一致的，那麼既然人人在倫理上有維護道德秩序的責任，老師即不得以不是公務員而拒絕受到相關法令的規範。也就是說，是否應遵守法律規範、應遵守如何的法律規範，雖然有時是以當事人的身分為準據，但這不是必然的標準，行為的屬性也會影響法令規範的遵守。何況，輔導管教，就教育權的角度，是在執行國家賦予的公權力，自然要受相關法律的拘束。

上述各項原則，非但在《行政程序法》中有所規定，在教育部修正之「輔導管教注意事項」時，也已經大量加以參酌、採納，包括合目的性原則（第12點第1款）、最小侵害原則（第12點第2款）、比例原則（第12點第3款）、平等原則（第11點）、合法性原則（第39點、第40點、第41點），老師們一定要特別注意！

（三）你不可不知道：學生的法律上權利

老師若要使輔導管教行為合法妥當，還應該就學生的法律上權益有基本的認識。

1.健康權

　　中小學義務教育具有強制性，對孩子來說，坐在教室裡接受適當良好的教育，既是義務，也是權利。所謂適當良好的教育，包含輔導管教這一環，底線是不能讓孩子的身心受到傷害。以健康權爲例，家長把健健康康的孩子送到學校接受教育，老師的職責至少不要讓孩子的健康遭受損害。也就是說，輔導管教的實施必須以維持孩子既有的健康狀態爲前提。例如學生妨礙他人學習，影響的既然只是這節課的進行，老師要求學生站起來最多應以同一節課爲限，不能因某學生第一節課講話，就叫該生整天站著，這不僅違反比例原則，更要考量孩子在體力上能否負荷，如果孩子因爲撐不下去跌倒摔傷，甚至被地上的尖銳物刺傷了，老師就得負起法律上的責任。而且如果以防止妨礙他人學習爲理由，下課時就不宜繼續處罰。因此建議老師們，在叫學生站起來時，除了要注意時間的拿捏外，還必須注意站立地點的四周有無危險物品存在，以避免學生受到意外的傷害。在做任何輔導管教措施或對學生施加處罰前，必須再三考量學生的健康因素，根據學生的體能狀況，選擇適切的方式，如此一來，不但能照顧到學生的健康，也能達到輔導管教的目的。此外，還有一點必須提醒老師們的是，任何處罰的實施，絕對不能讓學生一個人處於獨處狀態，以便發生緊急事故時能立即急救處理。總而言之，老師有權透過處罰的方式達到輔導管教的目的，但絕不能因此犧牲學生的健康權。

　　以現行「輔導管教注意事項」爲例，其第22點第1項第13款及第3項即規定「要求站立反省，但每次不得超過一堂課，每日累計不得超過兩小時」、「學生反映經教師判斷，或教師主動發現，有下列各款情形之一者，應調整管教方式或停止管教：（一）學生身體確有不適。（二）學生確有上廁所或生理日等生理需求。（三）管教措施有違反第一項規定之虞」，即是將學生健康列爲最重要考量的規定。

2.自由權

　　老師在進行輔導管教時難免對學生的行為舉動做出限制，但這種拘束是有一定界限的。例如，老師有時候因為學生太過好動，不得已把孩子關在小房間裡，讓孩子獨自沉澱一下浮躁的情緒。但曾發生老師把學生鎖在教務處一整天，放學時忘了把學生放出來的烏龍事件。在刑法的層次上，因為老師欠缺故意，可能不會構成妨礙自由罪；但在民法的體系下，老師的疏失明顯構成民事上侵權行為，而應負起損害賠償責任。

3.人格權，至少包含有自尊、隱私、姓名、肖像

　　學校教育應培養孩子有健全獨立的人格，但在老師施教的過程中有時會忽略對孩子人格的尊重，反而做了極度不良的示範。在這裡有兩個概念必須先澄清。學生犯錯時，老師訓示學生「行為」不當，是輔導管教的實施，但老師罵「學生」，則是不可以的。老師罵學生不僅傷害了學生的自尊，也因為學生已在心中產生負面的情緒，反而難以期待學生會檢討被罵的理由；再者，如果罵得不堪入耳，家長一旦為孩子提起訴訟，老師還可能因侵害人格權被法院判決賠償。相反地，老師若遭學生辱罵，同樣可以對學生提起訴訟。常見的案例是，學生罵老師。站在學校的立場，為維護校譽，往往勸諭老師手下留情，原諒學生，盡量息事寧人。法律是定分止爭的最後手段，如果能藉由其他機制，例如和解來化解爭執，那當然是最好的方式，但這並不代表老師必須犧牲藉由訴訟的方式來保障權益的機會。

　　此外，人是具有自主性的，不希望被他人隨時隨地監視。故而，除非有正當理由，老師無權任意刺探學生的隱私。

　　姓名權也是屬於人格權的一種。學生間喜歡互稱對方的綽號本是司空見慣的事，或許這代表同學間的一種親暱關係，但老師必須注意

的是，有些綽號聽起來可能在文義上相當不雅，或是學生不喜歡別人這麼叫他，這時候老師有責任出面制止，教育孩子如何稱呼別人也是一種相互尊重的表現，老師自然有權要求孩子停止繼續使用不雅的綽號，當然，老師自己也不可以用不雅的綽號稱呼學生。

肖像也是一種人格權。老師、孩子或任何人都不可對別人的肖像挪揄、嘲弄、玩弄或損毀，這些都是侵害人格權的表現。如果程度嚴重，而且一再為之，也許做的人覺得只是好玩，但對於孩子絕對是構成傷害，行為人就得負起侵害人格權（肖像權）的侵權責任。

4.受教權

絕對不可以因為輔導管教的實施而剝奪孩子的受教權。以站立反省為例，站立反省的地點，一定要以學生聽得到老師講課、眼睛看得到黑板為原則，超過這個範圍就應認定為不適當的輔導管教。其他的輔導管教也絕對不可以在無正當理由（單純「輔導管教」不是正當理由）的情形下進行，也絕對不可以施以「不可以來上課」的對待，甚至孩子舉手發言也故意拒絕給孩子機會的處理都是不可以的，因為這些都可能構成對孩子受教權的侵害。

現行「輔導管教注意事項」第14點第2項第7款明訂「對學生受教育權之合理限制應依相關法令為之，且不應完全剝奪學生之受教育權」可供參照。

5.平等權

一般輔導管教的實施，往往有因人而異的可能性，但這種因材施教必須架構在正當的理由上，否則將因老師的恣意構成平等原則的違反。就此一原則，本文之前已做過相當的陳述，於此不再重複。

6.財產權

　　法律上所謂的沒收，是完全、永久地剝奪一個人對財產的使用，甚至支配的權利。在校園裡，除違禁物外，老師沒有任何權利沒收學生的任何一項私有財產。如果有一個學生把父親名貴的勞力士錶帶到學校把玩以致上課不專心，老師能做的是替孩子暫時保管那隻手錶，既然是暫時保管，就必須在適當的時機交還給適當的對象，否則有構成刑法上侵占罪之嫌。因此建議學校設個保險櫃，老師可以將替學生暫時保管的物品寄放在保險櫃集中保管，再通知家長來領取。這是個既可以管制學生行為，又可妥善保管學生財物兩全其美的好方法。

　　現行「輔導管教注意事項」分別在第14點第2項第8款、第21點第2項規定不得侵害學生財產權，另在第30點第3項、第4項規定學校或老師得「暫時保管」學生物品之情形及「暫時保管」時之應注意事項，均在提醒老師們應尊重學生的財產權。

(四)其他

　　最後有三點必須醒老師的是，第一，凡事要留下證據。曾有一教師被指控沒有對學生實施安全教育，而被認為對孩子受傷結果構成刑法上傷害罪之過失。就以這個例子來說，老師可以在教室醒目處高掛「安全至上」、「避免危險」等標語，也可以利用聯絡簿向家長做宣導，要求家長配合告誡孩子在校園裡要注意安全，不要打鬧，或在有可疑的情況下檢查孩子的書包，避免攜帶尖銳物品到學校造成意外等等。第二，老師在課堂上傳道授業時應當謹守教學上的分際，政治、宗教中立不是道德上的信念，而是《教育基本法》所要求，因此建議老師避免在課堂上推銷自己的政治、宗教立場，更要避免因政治、宗教不中立所造成的歧視，但這並不代表討論上不能討論政治或宗教上

的話題，只是如果要討論，老師應注意避免讓討論變成一面倒，否則就失去討論的意義。第三，老師必須時時清楚掌控學生的行蹤。許多老師關心上課時間學生離開學校（教室）在校外發生意外，老師有無責任。就此，老師上課至少應該能夠「掌控學生」，所以如果有不假缺課，一定要通報，老師才算善盡責任，否則至少有無法督導學生上課、掌握學生動態的行政疏失。至於意外結果並非老師所能預期的，那就不是老師的責任。但是道義上若及早發現找不到學生而去搜尋，或許可以避免意外（例如自殺）發生，則老師恐怕也難免在道義上歉疚終生。總之，老師應積極關心學生所遭遇的障礙，適時地提供幫助，這樣的輔導管教才是有實益而成功的。

三、教育改革潮流下的校園民主、法治與人權保障

林孟皇

　　台灣民主轉型後，推動過許多的教育變革。經過多年的推動，教育改革的成效與功過，也到了需要重新檢討與反省的時刻。在這波關於教育改革成效的討論中，許多人將當前教育界所發生的種種問題，歸咎於當年李遠哲先生所領導的行政院教改會，筆者覺得不盡公平。因為國家政策的推動，原則上都有其一貫性與延續性，尤其教育政策是百年樹人的工作，更不太可能一夕間翻轉。事實上，任何國家法令的制定或修訂，相較於過去，都可視為一種「改革」措施。因此，我們很難將哪一階段開始推動的教育政策，認為是「教育改革」，其他時候推動的，則不是教育改革。在這種情況下，將所有「教育改革」的成敗，完全歸咎於李遠哲或行政院教改會，是說不通的。

　　不過，不管各位是否贊成這樣的看法，是否認同當前的教育改革政策，行政院教改會所強調的「校園民主、法治與人權保障」理念，想必是必須繼續推動的政策，因為這不僅是深耕台灣民主法治文化的必經之路，更是與國際社會強調人權保障潮流接軌的主要途徑。因此，本文今天的主題，即以「教育改革潮流下的校園民主、法治與人權保障」作為題目，至於具體內容，則從憲法理念談校園人權與輔導管教的相關問題，這也是目前的學校教育中，尤其是國民中小學所迫切需要的。

憲法是一種社會規範

　　由於多數師範體系出身的教師，在師資養成階段並未接觸法律課程，因此談到憲法，大家可能直覺這只跟政治人物有關，與校園的教育問題扯不上關係。而如果各位有著法治的念頭，曾經試著閱讀憲法條文，會發現憲法似乎也與校園民主法治的問題無關。因為憲法只規定人民有言論、秘密通訊、信仰宗教等自由的抽象概念，但關於什麼是言論、秘密通訊、宗教信仰自由的具體內涵，與其他人的自由間如何加以平衡，以及如受有損害時應如何解決等實際問題，均是隻字未提，以致大家會有「憲法這麼抽象，如何適用到學校教育」的疑慮。

　　其實，憲法的基本理念是很簡單的，因為有人存在的社會就有規範，而憲法只不過是社會規範的一種。除非你像魯賓遜一樣，一個人獨自生活在荒島上，不然二個以上的人生活在一起時，彼此在觀念、日常作息及行為模式上可能都不相同。因為不相同，就容易產生紛爭及衝突。為了定分止爭，於是有社會規範的產生。倫理道德、風俗習慣及宗教信仰，都可說是社會規範的一種，而以憲法為主的法律規範，也是社會規範的一種。法律規範跟其他社會規範最大的不同，主要是有政府的強大公權力作為後盾，可以對違法的人加以制裁，因此看起來較有拘束力，基本上則仍是社會規範的一種。

　　以憲法為主的法律規範既然是社會規範的一種，主要目的在定分止爭，自然是因應人類社會生活而產生。大家熟讀中國歷史，如果沒有詳細比較東、西方社會，會以為世襲的帝王專制統治，只是中國社會的特色。事實上，民主法治理念相當先進的法國，到了17世紀的路易十四國王時代，都還有「朕即國家」這種專制王權的想法，可見即便是在18世紀末引領歐洲民主法治思潮蓬勃發展的法國，在這之前還是一個專制統治的社會。既然是專制統治的社會，也就沒有憲法意識的產生。

憲法是人民權利的保障書

　　憲法意識的產生，可追溯自英國在13世紀制定的《大憲章》，它最早的目的是為了限制王權。其後，在大思想家洛克、孟德斯鳩、盧梭等人的鼓吹，配合現代民主國家的建立，憲法逐漸成為全民總意志的實現，成為人民權利的保障書。現代立憲主義的民主法治社會，對於憲法的基本理念，是認為國家只是一種工具，本身並不是目的。人民所以願意放棄一部分的自由共同組成國家，是認為國家因此可以保障個人的絕大部分自由。因此，當國家不能實現人權保障的基本目的時，它本身將遭到唾棄，人民即有權推翻這樣的政府。過去我們常聽到「不要問國家為你做了什麼，而要問你為國家做了什麼」的說法，其實是不符合現代民主法治理念的。

　　目前，我國憲法第7條至第21條具體列舉了人民的權利義務事項，其中包括人身、言論、講學、秘密通訊……等等自由。不過，這並非意味人民所享有的基本權利，以這幾條所列舉的為限，因為我國憲法第22條還有人權保障的概括規定。司法院大法官透過釋憲解釋，認為受憲法第22條所保障的基本權利，目前即包括婚姻自由、性行為自由、姓名權、隱私權等，而隨著社會環境的變遷，相信有愈來愈多的權利將受到重視。這些憲法所保障的基本權利中，除了必須具備一定資格（如一定年齡）始能享有的公民權（如參政權）外，原則上都是生而為人所應享有的，不管你的身分是學生、教師或家長，都受到憲法的保障。

　　雖然憲法條文都是非常簡潔、抽象，但由其中所導出的許多基本原則，例如依法行政原則、正當法律程序、比例原則及平等原則等，不僅是教師瞭解自身權益時所必須思考的方向，更應該是從事學校教育時（尤其是輔導管教措施），所必須遵守的基本原則。尤其關於限

制學生人權的作為，更必須符合憲法第23條的規定。當然，由於學校教育的特殊性，如何具體決定可否限制學生的人權，可能跟其他的行政事務又不相同。教師如果對於憲法人權保障的理念未有正確的認知，可能在從事學校教育時，時常不當侵害學生或家長的權利而不自知。因此，如何確保自己對於憲法的認識與理解，恐怕是各位教師需再努力的地方。

民主法治是一種生活方式

今天我國上至總統、下至村里長，都已經是民選產生，人民已號稱是政府的「頭家」，按理我國應該已經是民主法治社會。但我們看看當前社會脫序的現象，看看多年前高雄市議會四十餘位議員有三十幾位因賄選被起訴，看看國會時常爆發的肢體衝突，大家可以發現我們離民主法治社會還有一段長遠的路要走。問題的根源，就在於人民的民主法治素養，就在於人民憲法意識的建立，而這正是教育可以著墨的地方。

民主法治應該是一種生活方式，而不只是政治上運作的原則。憲法所規範的民主、法治、人權尊重等理念，不應該只適用在政治議題上，它應該是我們社會所共同確立的原則，是每個人應該具有的憲法意識，也是每個人行為的共同準繩。而所謂民主的生活方式，就是遇到公共事務的時候，大家要積極參與，不要規避；如果有意見要盡量的提出，不要沉默；經過大家以平等的地位，互相討論而得不到一致結論時，則以表決方法取決於多數；決定以後，大家一致服從。這樣才能集思廣益，集中意志與力量，發揮民主的功能。今天我們的社會是否具備這樣的精神，大家可以從自己所處的家庭、學校或團體（如教師會）中去體會，看看是否具備這樣的民主、法治機制及精神。

教育鬆綁下的校園人權理念

　　談完憲法基本理念及憲法意識後，接著跟各位說明校園人權的問題。過去我國在實施戒嚴的威權體制中，人民許多憲法所保障的基本權利，均受到大幅的限制，最鮮明的事例即是集會、遊行自由的管制；相同地，學校行政也呈現相當鮮明的威權色彩，「特別權力關係」理念的勃興，校園管理主義的盛行，即是最好的說明。這時教育的目的在培養服從權威領導的「順民」，學生被當作教育的「客體」，「教育」成爲國家的「權力」，學生反而有受教育的「義務」。而教師、家長在學校教育上的權利，也同樣受到很大的限制。

　　直到政治解嚴、社會解放後，強調教育上的「鬆綁」，主張解除校園中不要的管制，包括課程、教材、師資等，這時教育主體的權利保障問題，才受到應有重視。其中較具有劃時代意義的，是司法院釋字第382號解釋承認學生受到退學或類似的處分行爲，於用盡校內申訴途徑未獲救濟時，即得依法提起訴願、訴訟，釋字第684號解釋更將其救濟的權利進一步放寬。其後，《教育基本法》的制定通過，強調人民是教育權的主體，尊重教師的專業自主權、保障學生的學習權及維護家長的教育權，更使得校園人權保障的理念獲得進一步的確認。而「十二年國民基本教育課程綱要」（108課綱）將「道德實踐與公民意識」列爲九大核心素養之一，而人權教育爲其主要教育內容，更意味人權保障成爲當前教育改革的基本理念之一。

　　關於校園人權保障的問題，學校中基本上可分學生、家長、教師，以及以校長爲首的行政人員等四類人物，彼此在學校教育上扮演不同的角色。除上述憲法保障每個人所享有的基本權利外，在學校教育上，學生的主要權利是學習權或受教權；家長的主要權利是參與決定權；教師則享有包括專業自主權在內的其他權利。至於校長或行政人員，在學校教育上所享有的「行政裁量權」，是一種權力（power）

或權限，顯然與學生、家長或教師所享有的權利（right）性質不同，在討論學校教育上不同角色所享有的權利或權限時，不可以混淆其中的概念。以下簡單介紹學生、家長及教師所享有的權利性質及內涵。

學生學習權的保障

在學生所享有的權利方面，主要包括身體健康權、自由權、人格權、學習權、平等權、申訴及訴訟權。教師在對學生實施輔導管教措施時，難免侵害或限制了學生的權利。例如教師對學生施以體罰時，基本上侵害了學生的身體健康權；教師叫學生罰站，則是限制了學生的行動自由。不過，並不是說教師侵害或限制學生的自由，即是違法的行為，而是教師輔導管教時必須有正當的理由，且管教手段不得逾越必要的限度，這部分下文將做進一步的說明。

家長教育權的落實

關於家長教育權方面，有部分教師以家長不適任或欠缺教育專業為由，主張應拒絕家長教育權的行使，其實這是很錯誤的觀念。因為從歷史發展的軌跡來看，不論是東方或西方社會，教育最早都是私人的事務（如我國的私塾）。其後，隨著民族國家的興起，為了富國強兵，必須有一群素質優良的國民，國家才開始介入教育，國民教育就是在這種環境中開始發展的。這時國民接受國民教育被認為是一種義務，而非權利。歷經二次世界大戰後，各國開始體認到過度強調受教育是義務，將提供獨裁者灌輸民族意識，以強化其窮兵黷武的機會，加上戰後社會權理念的勃興，受教育開始被認為是人民的權利，而非義務。目前除了我國、中國大陸、越南、利比亞等國家還將受國民教育認為是人民的權利與義務外，世界的民主法治先進國家，都認為受教育是人民的權利。

　　既然受國民教育是人民的權利，則與子女間最具有親密血緣關係的家長（父母或監護人），自然成為子女最佳利益的代言人，可以在子女接受學校教育時，要求參與、協商的權利，以確保學校教育的內容及方式，能符合子女的最佳利益。至於家長是否善盡為人父母或監護人的職責，這是地方政府社會局的權限。大家如果關心時事，應該可以常看到因為家長未善盡職責，而由社會局強制介入，將子女從父母身邊帶走安置的新聞報導。由此可見，教師不得以家長不適任或欠缺教育專業為由，拒絕家長教育權的行使，除非家長確有濫用權利的情況。

　　依照學界的看法，家長在學校教育上，應享有協商權、參與權、隱私權、自行教育權、資訊取得權及學校選擇權等權利。至於家長選擇老師的權利，能否為當前的社會所接受，恐怕仍有疑問。目前，我國許多學校的法定組織中，法律已賦予家長參與決定的權利，例如校務會議、教評會、學生申訴評議委員會、校長遴選委員會中均有家長代表。此外，許多施行許久但無法律明文的參與模式，其實可以依據2003年修訂通過的《教師法》之授權，由個別學校在訂定「教師輔導與管教學生辦法」中加以明定，例如家長日的舉行、親師聯絡單（或家庭聯絡簿）的採用，以及學校資訊的取得等，從而確保家長參與、協商學校教育的權利。

教師專業自主權的維護

　　關於教師的權利方面，主要包括考績權、俸給及相關福利權、進修權、工作保障權、退休權、集會結社權、專業自主權、申訴及訴訟權等。目前爭議較多的，則是教師是否享有罷教的權利。其實，目前教師的各項權利，相較於過去，已獲得相當程度的保障，比較值得討

論的，應該是在教師的專業自主權方面，因為這是教師在學校教育上的核心事項。所謂的專業自主權，指的是教師擁有決定或實施具體教育內容的權能，其中的「自主性」，應該包括「自主」與「自律」雙重意義。「自主性」就個別教師而言，指的是老師依其專業知能從事教學活動時，能自由作決定，不受他人的干擾或控制，其範圍包括教材內容、教學方法、授課方式、成績評定、品行考核等等。

至於教師的「自律性」方面，則是本文較為關心的。本文特別強調教師的「自律性」，因為學校教育活動應基於教育學的專業知識出發，並非外行的立法者所能置喙，立法者應給予教育專家充分的授權，以尊重教育的自主規律性，法律所能規定的，亦僅止於方針性、原則性的指示而已。除非教師的教學顯然有濫用或不當的情況，不然受理爭訟事件的機關或法院，應尊重教師在教育上的專業自主權。基於這種要求，應確保教師專門研究與判斷的自主性，以期教師能發揮其專業知識。也就是說，針對學校教育上的事務，應尊重教師及教師會的專業判斷與自律規範，而不宜任由外力指揮與干預。

正因為尊重教師的專業自主權，所以法律將許多學校章則授權各校自行決定（如導師輪替辦法、教師輔導與管教學生辦法），而目前許多學校的法定組織，其成員也都是由教師占多數（如教評會、教師申評會），以便教師能從教育專業的角度決定教師的選聘事宜，並避免教師遭到學校行政的打壓（教師專業自主權如遭到不法侵害時，透過申評會即可確保教師的權利）。不過，今天社會各界要求國家應尊重教師的專業自主性，減少國家介入管制的可能，其目的是基於學校教育的特性與目的，而非授予教師恣意的、不受限制的教學自由，教師必須透過自重與自律，表彰出教育的專業性，才能獲得來自全民的尊重與信賴。

校園人治色彩的揚棄

　　教育主體在學校教育上雖然享有上述的權利，不過我國當前的校園實務，卻全然不是這樣的理想境界。前面已經說明，民主法治是一種生活方式，學校教育作為人們社會生活的一環，自然應該落實這樣的理念。可惜的是，校園充斥的「人治」色彩，正是校園人權不彰的主要溫床。過去我們常聽到學校換新校長，就換新制服、新廠商的便當；而現在，新校長基於安全的理由，停止學校每年慣例舉辦的畢業旅行、校外教學等事例，卻也屢有所聞。新校長的理由，是他有自己的辦學理念，他享有學校行政的裁量權。問題是：學校教育難道沒有眾人皆認同，覺得應該實施的教育內容？校長可以因為安全的理由，拒絕辦理深具教育意義的校外教學？可以因為一己之私見，否決多數學生、家長或教師所認同的畢業旅行？

　　這些事例顯示當前的學校教育，仍充滿「人治」色彩，可以因為一、二人的好惡，改變學校實施多年的慣例。解決之道，就是學校教育的民主與法治化，也就是將攸關教學活動協助與監督的教育行政事項，在一個以教師、家長為參與主體的校務會議中，經由公開討論、表決的程序，成為一個個實際可行的具體辦法。這時，不論何人擔任校長或教師，就必須遵守校務會議所議決通過的辦法辦理，即便新校長確有一套新的教育理念，也必須提案取得多數校務會議代表的認同，議決通過後據以執行。

學校本位管理理念的實踐

　　前面已經提及，由於學校教育活動應基於教育學的專業知識出發，立法所能規定的，應僅止於方針性、原則性的指示而已。因此，理想的學校組織，應該是「學校自治」的經營型態，也就是教育學上

所稱的「學校本位管理」組織法制，讓學校享有立法、人事、組織、財政及執行等教育事項的自主權限。各位可以理解這突顯出教育專業自主權的重要意義嗎？從行政層級來看，國民中小學是縣市政府教育局的下轄機關，縣市政府之上有教育部，再來才是行政院。一般而言，立法院制定法律授權行政機關訂定施行細則，都是授權中央主管機關，中央主管機關訂定該細則後，報請行政院院會通過後才可以施行。但92年新修正通過的《教師法》，卻越過教育部、縣市政府、教育局等三個行政層級，直接授權各校訂定教師輔導與管教學生辦法、導師輪替辦法，可見立法委員是多麼尊重教師的專業自主權；其後，教育部雖訂定「學校訂定教室輔導與管教學生辦法注意事項」，其目的也僅在協助各校定輔導管教辦法而不是取代各校或教師的權限。

在相關教育法規陸續修訂通過後，現在學校已享有部分立法、人事及執行的自主權限，舉凡教評會、教師會的成立發展、家長對於校務的參與，以及校務會議的運作，取代了過往以校長為首，由行政單位主導學校運作與決策的傳統。其中，校務會議是整個學校民主、法治化的最重要組織，如果妥善運作，不僅有助於校務的健全發展與教育品質的提升，更有益於民主法治教育環境的營造。因為民主法治教育本身就是一種生活教育，也是一種道德教育，必須將法律的裁判規範融合成為生活及道德規範，以便學生遵循。因此，學校必須提供一個民主法治的教育環境，以達到「境教」的教育作用。只有在這種耳濡目染的教育環境中，學生才能將民主法治理念融入日常生活中。

其實，校務會議的法治化，不僅是落實「學校本位管理」組織法制的重要里程碑，更是保障教育主體權利的具體展現。除了保障教師專業的自主權外，家長參與校務的權利，更得到法律的承認。作為子女最佳利益代言人的家長，其參與校務的權利獲得確保，意味學生的

學習權將更受到重視。目前法律規定應經校務會議議決的事項，包括教科書選用辦法、導師輪替辦法、教師輔導與管教學生辦法、教評會委員總額及選舉方式等，其他像是教師職務分派辦法、教師授課時數辦法等，均為攸關校務推展的重要章則，亦應送請校務會議通過後施行。此外，家長代表有權參與校務會議，則個別家長所組成的班級家長會，更有權要求參與、協商教師的教材教法、成績評量、輔導管教等事項的決定。

班會、班規的召開與訂定

　　另外，團體意志的形成，是團體生活與民主法治精神學習的重要歷程。班級作為學生在學校生活的主要團體，不論是班規的制定或班會的決議，都是學生參與團體，並自行訂定規範管理自己的寶貴經驗，也是學生民主法治素養學習的起步。因此，應讓學生有制定與執行班級性公約的學習機會，讓學生透過參與、討論的方式，訂定合理、合宜的規定，如此學生才能心悅誠服的接受班規，並進而遵守。而班級幹部、模範生的產生，也應由全班同學選舉產生。

　　目前，許多學校提供的教育環境中，並不符合這樣的教育理念，例如許多關係學生權利義務的校規，並未提供書面資料俾學生遵行，其制定過程也沒有家長會成員的參與。校規的執行則常有因人而異的情況，時嚴時寬，讓有些學生因而心存僥倖，並養成投機取巧的惡習。另外，許多班規的制定、班級幹部及模範生的選舉，也不是由全體學生議決後通過，而是由教師指定。至於校園法治教育的推動，則將重心放在犯罪防制的宣導上，強調以刑罰的威嚇形成學生的守法意識，而非提供互動溝通的「參與學習」過程，及在校園管理與「身教」上相一致的潛在課程，培養學生對於人權尊重等憲法意識的建

立。類似這樣的作為，都不符合民主法治的理念。

　　關於落實學校民主法治環境的具體做法，本文建議關係學生、家長及教師權益的重大事項，應該經過校務會議的討論及決議，前述教育部所訂定輔導管教學生辦法注意事項即有民主參與程序的規定，而關係學生權益的校規、編班、註冊、轉學、輔導管教、申訴、成績評定、疫苗注射等各種辦法，宜編訂成學生手冊，以便學生人手一冊。如此，一則可以讓學生明瞭自己的權利義務，再則讓為人父母者瞭解子女在學校活動的情形。具體可行的做法，本文建議各校將上述關係學生權益的相關辦法，刊載於每學期所印發的親師聯絡簿上，如此即可不必大費周章，且又節省經費。另外，班級性公約的制定與執行，要讓學生有學習的機會；班級幹部、模範生應由全班同學選舉產生。

教師輔導與管教的正當法律程序

　　在介紹教師輔導與管教的基本理念前，必須先說明的是，本文所以先討論校園的民主法治化問題，主要是認為建立校園的民主與法治機制，才是學校教育的根本。任何教師輔導與管教學生的措施，都必須在這個基礎上推動，才能實際達到功效。除了前面所說的「境教」作用外，教師只有生活在專業自主權能獲得充分尊重，有意見能提出充分討論的民主法治校園中，才能以尊重、寬容的態度處理學生的輔導與管教問題，並樂於接受家長參與、決定教育事務的要求；同時，更能以積極參與的態度，與同仁切磋、商討教育上的種種難題，並將包括下面所提到的輔導與管教的基本理念，經由校務會議公開討論、表決等程序，落實成為一個個具體可行的辦法。

　　關於教師輔導與管教學生的基本理念，如同前面所說的，當然應該尊重個別教師的專業自主權，法律無從、也無法規範，法律所能要

求的，是教師在實施之際，必須遵守從憲法所導出的正當法律程序、比例原則、平等原則等基本理念。目前國內關於行政作為所應遵守的程序，主要規定在《行政程序法》中。依照該法第3條第3項第6款的規定，學校教育原則上不適用該法所規定的程序。不過，這樣的立法方式，引起學界極大的批評，認為與司法實務見解（如司法院釋字第382號解釋）的發展趨勢，有背道而馳的疑慮。因此，通說認為在不違背學校教育的目的下，原則上應依學校教育的內容，分別適用《行政程序法》所規定的原則及程序。以下是本文認為教師輔導與管教學生時，所應具備的基本理念。

輔導管教需基於教育目的

　　首先，教師輔導與管教學生時，主要必須是基於教育的目的，而非其他考慮因素（如為政治服務）。而為了讓學生瞭解，並發揮教育上的作用，教師在實施時，當然必須說明推展的理由。不過，由於學校教育（尤其是國民教育）強調的是「全人格」的教育，幾乎所有教育上的作為，都具有教育上的意義。因此，判斷是否基於教育上目的，可以從是否基於純正的教育動機、教育上成效是否為主要的教育內容加以決定。

　　相信有許多人像筆者一樣，在還是學生時，必須於縣級運動會舉看板、排字幕，在國家節日慶典時裝扮遊行。大家認為這有沒有教育上意義呢？當然有！不過，排字幕時做一遍又一遍重複的動作，會比較讓人認為是被當作教育上的「客體」，而不會覺得受到尊重。因為沒有人告訴我們它所具有的教育意義，或是我們可以藉此學到什麼，反倒感覺只是「政治上的看板」，提供長官「軍容壯盛」的假象。相反地，2003年的全國運動會在台北縣舉辦，照例還是有動員學生排字

幕的儀式，但縣政府教育局事先與縣教師會協商舉辦的方式，推動各項的展覽活動，並規劃各校學生參訪的時間，同時設計學習單讓學生在參觀表演後填寫，就讓人覺得比較具有教育上的意義。

輔導管教方式應慎重選擇

其次，在教育手段的選擇上，必須選擇不至於嚴格侵害學生人格尊嚴的方式。「管教」包括非權力性（如建議、勸導、糾正）與權力性的措施，非權力性的管教行為比較不會產生紛爭；權力性的管教行為（懲戒），即容易產生問題。懲戒基本上包括兩大類：其一是「法律上懲戒」，指的是警告、記過、留校察看等作有文字紀錄的懲戒，通常須依照一定程序為之，非個別教師所得自主決定。另一則是「事實上懲戒」，事實上懲戒又區分為積極性的攻擊行為（如打手心、打屁股）與間接透過指令要求學生為一定行為或不作為（如罰站、罰抄課文、罰掃廁所等）的措施。積極性的攻擊行為是最常發生爭議的「體罰」行為，屬於刑法禁止的傷害行為，教師應該不再為之；間接透過指令的懲戒方式，教師基於專業上判斷，得自主為之，但不得逾越必要的程度。

輔導管教應給予申辯機會

再者，教師在從事管教行為時，應事先給予學生為其行為提出解釋的機會，也就是賦予表示意見或申辯的機會，以便讓學生知道自己做錯的地方，並避免教師因為不清楚事情緣由，而做出錯誤的判斷。學生在提出申辯後，教師應該告知正確的觀念或做法，使學生心悅誠服的接受管教，如此才能避免學生心懷怒意，並達到真正的教育效果。

輔導管教行為應遵守比例原則

接著，管教行為必須遵守比例原則，不得逾越必要的限度。所謂的比例原則，指的是採行的管教行為必須有助於目的的達成（適當性原則），且在所有能夠達成教育目的的手段中，必須選擇對學生權益侵害最小的方式（必要性原則），同時該教育手段對於學生權益的侵害程度，必須與所要達成的目的之間，處於一種合理且適當的關係，不可造成學生過度的負擔（狹義比例原則）。例如僅僅因為學生遲到，就罰學生在校門口蹲跳，即屬違反比例原則。其他如確實有必要，而對學生採行站立反省、體能活動、打掃環境等管教行為時，也必須適當為之，不得有時間過長、超過學生體能負荷的情況。

輔導管教不得差別待遇

最後，則是平等原則的遵守，學生因為做錯事而被處罰，或許都能接受，但如果受到差別待遇，則通常顯得憤恨不平，所以教師必須特別在意。必須說明的是，平等原則並非強調形式上的平等，而是禁止沒有理由的差別待遇。因此，教師如果有足夠的教育上理由，當然可以差別待遇。例如班規規定妨害上課秩序的學生要站立反省五分鐘，但如果有學生因為身體不適，相信教師跟同學說明後，全班學生應該可以接受該名學生得到差別的待遇。針對遵守平等原則這問題，本文建議各位教師在協助訂定輔導與管教學生辦法或班規時，應針對違規處罰的情況，設定一處分的基準（標準）。基準設定後，在遇到必須施以管教的情況時，原則上應做相同的處理，除非有特殊的情況。

法律只是最低度的行為標準

　　筆者在審查九年一貫課程社會領域教科書時，幾次看到教科書上出現「法律是社會正義的最後一道防線」這句話。這種說法是否正確呢？其實，正確的說法應該是「司法是社會正義的最後一道防線」。因為從立憲主義與權力分立的角度來看，人權保障主要依靠行政、立法兩權，只有當這兩權均無法伸張正義時，最後才訴諸司法審判，讓客觀中立、依法獨立審判的法官，在沒有任何干擾的情況下，依據嚴謹的訴訟程序及證據法則，秉持憲法意旨作出最妥適的裁判。不過，司法既然是社會正義的最後一道防線，即不可能是唯一且最有效的救濟途徑。相較之下，因為法律的強大制裁力，許多法律所規範的只是最低度的行為標準，而不是人類行為的唯一準繩，人們仍然必須遵從許多倫理道德（如專業團體的自律規範）、風俗習慣的約束，自然不可能成為社會正義的最後一道防線。

　　筆者所以特別澄清「法律不是社會正義的最後一道防線」這理念，在說明人們應該遵守的社會規範，不是只有法律一種，且許多事情的是非對錯，也不一定要等待法院的判決說了才算數，各領域仍可依據法律的授權，在不違背程序正義的要求下，秉持立憲主義國家人權保障的意旨，依據專業自主權限作出決定。例如，學校教育基本上是屬於行政權的一環，學校教育如能有效運作，即可充分實現學生的學習權與受教權，只有當學生學習權無法獲得保障時，才需訴請法院請求救濟。而如前所述，教師擁有決定或實施具體教育內容的權能，且教師這種專業自主權同時應受立法及司法的尊重，因此教師在從事教學活動時，即不能以不違反最低行為規範的法律自滿。教師仍須時時進修，並透過與同仁間的意見交流、激盪，擬具出一套套具體可行的教學策略、教育方法，方能「因材施教」，達成百年樹人的神聖工

作。

　　作為曾是國小教師的一員，筆者深知教育理論落實在實際教學上所可能面臨的困境。因此，本文從立憲主義民主法治社會保障人權的意旨，說明教師輔導與管教所應具備的基本理念，目的是希望讓大家具有基本的民主、法治意識，以便日後比較能夠把握法治的精神，處理相關的教育議題。至於具體可行的教育方案，仍有待各位教師綜合教學輔導原理、社會脈動、學生個別差異、家長教育需求、個人教學經驗及國家教育政策，經由一次又一次的的親師互動，揮灑出最精彩的教學演出。

四、權威、隱私、責任與正義

張澤平

現代的法律文化中，重視人權、隱私，強調社會正義，這與我國固有社會文化強調集體榮譽、謙抑、隱忍及倫常關係等價值有相當大的差異，因此每天所發生的校園輔導管教活動，如果從現代法律倫理的觀點來思索，許多習而不察的做法與想法，都值得進一步反省。我們將會發現許多問題都起因於固有文化未能與現代法律文化妥善調適而產生。

本文將從美國公民教育中心的民主基礎系列教材所提出的Authority（權威）、Privacy（隱私）、Responsibility（責任）、Justice（正義）等主題討論輔導管教的實例。以程序的正義來說，程序的正義是在探討要作一項決定前，或蒐集資訊的程序中，應該採取怎樣的程序才算合理的問題。用於學校中所發生的情況可能是，某一體育老師聽班長的話即決定體育課打躲避球，而不顧其他同學的需求，這是否符合程序正義呢？以下將舉出與各個主題相關的校園輔導管教問題加以討論。

(一)權威（或「權柄」，Authority）

如果說實力（power）是一種控制某種事物的能力，權威（authority）則是一種結合合理正當權源的一種實力。政府機關、法律，都是一種權威。學校的校長及校規，班級中的導師，也是一種權威。各種團體如果沒有權威的運作，團體中將毫無秩序。然而，權威的運作也必

須受到社會的檢視，才能在合理的基礎上發揮其功能。我國傳統傾向對權威盲目敬畏，不習慣對權威者提出理性的質疑，權威者本身亦不易在適當的範圍內自我節制。例如在「尊師重道」的觀念下，師長是應被尊敬的對象，相對地，老師也較不能被質疑，學生甚至可能被認為不得對師長的處分有異議，如此容易造成對師長盲目地服從。以下舉出與校園環境相關的權威觀念。

1.教師是教室裡的權威

在尊師重道的傳統裏，教師當然被認定是權威的角色，但是不是有範圍呢？

教師應在「教學」及對學生之「輔導」的範圍內，依法令及學校規則享有專業自主（《教師法》第31條第1項第6款），但如果過度強調尊師重道，可能會忽略老師的職權範圍。

參考教育部公布的「學校訂定教師輔導與管教學生辦法注意事項」（以下簡稱「輔導管教注意事項」）第10點規定，教師輔導與管教學生之目的，包括：

1. 增進學生良好行為及習慣，減少學生不良行為及習慣，以促進學生身心發展及身體自主，激發個人潛能，培養健全人格並導引適性發展。
2. 培養學生自尊尊人、自治自律之處世態度。
3. 維護校園安全，避免學生受到霸凌及其他危害。
4. 維護教學秩序，確保班級教學及學校教育活動之正常進行。

其中第1、2、3點即有關學生的「輔導」，第4點則有關於「教學」活動。教師在行使教師的權威時，必須時時注意是基於輔導或教學活動正常進行的目的，如果只是看不慣學生的言行，或甚至只是為

發洩自己的情緒，便處罰學生，就可能偏離輔導管教的目的。而管教行為的實施，也必須注意下列的原則（參考「輔導管教注意事項」第11點、第12點，及《行政程序法》第5條至第7條）：

1.管教行為內容必須明確，不宜太抽象籠統。（明確性原則）

2.管教行為非有正當理由，不得為差別待遇。（平等原則）

3.採取的方法應有助於目的的達成，不是為了發洩怒氣。（合目的性）

4.有多種同樣能達成目的的措施時，應選擇對學生權益損害較少者。（損害最少）

5.採取之措施所造成之損害，不得與欲達成目的之利益顯失均衡。（比例原則）

這些抽象的原則是每位教師進行輔導管教時最應牢記的，每位教師應在每件輔導管教的案例中，一再體會這些原則的涵意。

以下藉由幾個校園的實例討論上述的權威的觀念：

某高中校長因某學期高三學生留級人數過多，要求老師更改學生分數，以使留級人數減少，維護學校聲譽。

校長的行為明顯地濫用身為校長的權威，且涉及偽造文書罪嫌。而教育的目的如果是使學生能充分地學習，留級的制度應是一種不得不然的方式，校長如果在意學校留級人數影響學校聲譽，或甚至影響個人的仕途，那便是扭曲教育的目的。

教務主任巡堂時，發現學生上課打瞌睡，未知會上課的老師，就在教室門口，即要求學生站立反省。

教室的教學活動應由教師主導，學校相關主管應站在監督協助的角色使教學活動順利進行。教務主任未知會上課的老師，就在教室的門口，要求學生站立反省，有越俎代庖的嫌疑。但教師似乎也不宜當

場質疑教務主任，此時教師應可在學生精神回復後，請學生坐下，專心上課。事後教師並宜與教務主任溝通，避免類似情況再度發生。

2.權威機構的決定

　　權威機構的決定都有好的與壞的影響。所有權威者或教師採取某種管教措施當然有特定的原因，也都可能為了要達到特定的目的。但身為權威者應當認識，所有的決定或措施可能同時產生正面及負面的影響，才能避免作決定只顧到某方面的考慮，而忽略其他可能的負面影響。例如，對學生罰站，一方面使學生有所警惕，但一方面也可能使學生受到心靈上或自尊上的傷害。又例如，班級決定訂做制服，一方面讓同班同學凝聚向心力，但也會多出花費，增加家長的負擔。

3.建立權威

　　在學生自治的範圍內，決議規則，學生選舉代表，也都是在建立權威的運作。

　　在民主社會中，人民所遵守的法律是由人民選出的代表所制定或決議通過的，法律既經自己選出的代表議決通過，本質上，法律即是自己同意的社會規範，自己當然要遵守。學生在學校中也應該學習到如此的生活態度，這主要體現在班級規範的制定。學生制定規則時，教師應該輔導學生注意所制定的規則要公平、清楚、且可以遵守，但要注意不要對個人的重要權利和自由有所限制。而選擇代表應該強調適才適任。以下藉由幾個校園的實例討論相關的觀念。

(1) 某高中在班會決議，違反班規的同學應該在上課時罰吃奶嘴。

　　此決議結果未考慮學生的自尊與個人自由，對個人的權利有重大的限制，並不妥當。依我國憲法第23條的規範，對個人權利與自由有

重大限制時，應由法律制訂其規範。學生之間透過簡單的決議如果就能對同學的尊嚴或自由做重大限制，可能引發多數暴力的問題，團體中的多數人可能運用此方式排擠少數人，是非常負面的民主示範。

(2)同學選擇上學期第一名的同學當班長。

班長的職責應是代表同學，與教師或學校進行日常事務的聯繫，或協助導師管理班級事務。從國小到高中，不同年級的班級班長應該都有其應擔任的事務，教師應該讓同學瞭解。所以，選班長時應該注意適才適任的原則來選舉，未來學生踏入社會，也應當是以此原則來參與選舉。學業成績第一名不代表各方面的能力都具備，教師應在平時就讓學生瞭解這樣的觀念。學校中偶有舉辦全校的優良學生或自治市長的票選活動，最後可能流於全校最受歡迎人物選拔賽，這更無法訓練學生熟悉選舉適才適任人選的民主選舉活動。

4.家長的職責及權利

現今學生家長愈來愈積極參與學校事務，教師的教學活動常要配合家長的要求。但家長並非教室裡或教學活動中的權威者。法律雖規定，在國民教育階段內，家長負有輔導子女之責任；並得為其子女之最佳福祉，依法律選擇受教育之方式、內容及參與學校教育事務之權利（《教育基本法》第8條）。但教師仍應瞭解，自己是所有教學活動的權威計畫者及執行者，教學活動宜與家長妥善溝通後，完成對學生最佳的決策。

(二)隱私（Privacy）

自己是個人生活在世界上的主角，個人應有決定是否獨處或免於受他人打擾的自由（let me alone）。尊重個人隱私的社會，容易誘發

個人獨立自主的思考，免於受到集體的不合理的影響。然而過度強調個人隱私，個人無法被他人察覺的行為也可能成為危害公共利益的行為。我國文化特質強調和諧，不認為每個人都有不容他人干擾或侵犯的部分。以下舉幾項與輔導管教相關的重點：

1.個人需要獨處，也有不透露個人資訊或行為予他人的自由

　　不同的人對隱私需要的程度也許並不相同，但在群體生活的班級中，如此的需要不應無端地被犧牲。例如，老師規定全班的郊遊活動全體同學都要參加，如果老師過度地強制沒有意願參加的同學參加，可能侵犯同學個人的隱私，也不見得讓這同學快樂地參與郊遊活動。

　　當然，過度地保有隱私的缺點也必須讓學生瞭解。例如每個人如果都各行其事，不願和朋友分享自己的隱私，就很難和別人建立較親密的關係。

2.學校不得任意洩漏學生資料

　　《教師法》第17條第1項第8款，「非依法律規定不得洩漏學生個人或其家庭資料。」如果說警察局向學校要求提供某學生資料，其實學校不一定要提供。學校應該去瞭解警察局為什麼需要資料，要提供的話也應該只提供和警局索取資料目的相關的資料，而不是一切配合警局的要求。

3.個人的隱私或自由，必須在充分的公共理由下，例如學生安全、公共秩序的考慮下才能加以侵犯

　　以下藉由幾個例子說明：

(1)某學生表示錢包掉了，可能被同學偷走，老師是否可以開始搜同學的書包，調查錢包是否被同學偷走？

　　搜學生書包極為不妥，會無端侵犯學生的隱私。如果有合理懷疑或證人證詞時，才可以搜某學生的書包。不過老師可以先透過各種方式調查，例如根據對學生的瞭解妥當詢問，請周遭的同學協助尋找，搜學生書包並不是最先要考慮的方法。

(2)教官發現男同學在學校不依規定穿著制服，在走廊當場要求換上制服。

　　教官當然有權指正同學違規的事項，但方法要適當。教官可以要求學生到較隱密的地方換上制服，如果在眾人面前要求學生換裝，對學生的自由及尊嚴影響較大，十分不妥。

(3)某女子高中的制服是白色襯衫，學生若穿著深色內衣會透出內衣顏色，學校便對學生宣導不要穿深色內衣。

　　新聞報導曾訪問該學校學生，有些學生認為穿深色內衣確實不雅觀，有些學生則認為穿什麼顏色的內衣是自己的事，根本不在乎別人的看法。這個例子中，學校為了整體的形象而要求學生不要穿深色內衣，但這種介入學生個人生活的做法究竟達到如何的教育目的？似乎值得商榷。

(三)責任（Responsibility）

　　責任是應去完成或不應去做一件事的本分或義務。責任可能來自權威者的分配、法律的規定、公民的身分等等。當每個人善盡自己的責任時，他人才可以預期未來的進展，社會將會更穩固而有效率地發展，由此並能體現公共意識。在我國文化多著重個人對自己的責任，例如學生應該努力用功、孝順父母等，較少從公共領域討論責任，例如公民應有參與民主社會各種團體的責任、自己如果沒有做好自己的工作將會對團體、社會造成不良的影響等，公民的責任因此易受忽

略。以下再分兩點討論校園輔導管教的議題。

1.責任的認知

　　老師有義務輔導或管教學生，導引其適性發展，並培養其健全人格（《教師法》第17條第1項第4款）。在這抽象的文句中，教師為達成「導引其適性發展，並培養其健全人格」，所需肩負的責任可能包含教學活動安全的維護、日常的課業教導、生活輔導、不良行為的導正等等。部分教師可能在獨善其身的觀念下，對日常所應負的責任沒有充分的認識，反而更關心發生事故或弊案後自己所應負的責任。然而，事前的責任應該比事後的責任更受到重視，才是對責任較為正確的態度。

2.事件發生誰應該負責？

　　以下舉幾件學生發生意外的事例討論教師應負的責任。

(1)學生蹺課在校外發生意外，例如淹水溺斃或被人砍傷，學校應負何種責任？

　　學生發生意外，通常並不是教師或學校所造成，教師或學校並不會負擔任何民、刑事責任。但學生蹺課，教師或學校應該立刻反應，設法瞭解學生的動向。所以相關任課教師應該隨時掌握學生的出缺席，並適時通報學校。如果學生發生意外，但教師或學校仍不知道學生不在學校，就可能要負行政疏失的責任。

(2)某國中學生在四樓教室窗戶外的護欄邊擦窗戶，但因護欄年久失修，學校沒有定期維護，該學生即因護欄鬆脫，從四樓墜落身亡。

　　四樓教室的窗戶外護欄因學校沒有定期維護而鬆脫，這事關校長平日的督導責任、總務主任維護校產的責任、導師的照護責任。法院

的案例即認為類似的案例中，校長、總務主任、導師都要對學生家長負損害賠償責任。

(3)國小課後活動輔導時間，老師較晚進教室，而在老師進教室前發生學生遭同學刺傷眼睛，老師進教室後並沒有將受傷的學生立刻送醫，導致學生因遲延送醫而眼睛失明。

　　由於老師沒能第一時間送學生就醫，導致損害擴大，法院在類似的案例中，即曾判決老師應負損害賠償責任。

（四）正義（Justice）

　　正義可分三部分主題，一是分配的正義（distributive justice），二是匡正的正義（corrective justice），三是程序的正義（procedural justice）。當團體中有某些利益（例如工作機會）或負擔（例如稅收）需要分配時，就涉及分配正義的問題。當發生某人做錯事（例如廢弛職務）或某人受到損害（例如個人受到傷害）時，為使結果得到公平的處置，就涉及匡正正義的問題。當人們要蒐集資訊或作成一項決定時，所採取的步驟程序是否妥當，即涉及程序正義的問題。正義並不是我國社會傳統的重要觀念，正義通常用在對抗惡勢力，和日常生活的關聯不大，使得我國社會更須透過更多管道加強正義觀念的宣導。

1.分配的正義

　　分配的正義強調事物分配的公平性。但考慮公平性時，並不是表面上齊頭式的平等即可，而必須顧及每個人的差異性。例如，班費固然應該每個人都要繳交，但如果規定的班費過高，造成部分家庭難以負擔，則班費的額度就有重新考慮的餘地。又例如班上有肢體殘障或其他身心障礙的同學，某些課外活動就要特別考慮他們的情況，不宜

和其他同學做相同的處理。總之，要達到實質的公平正義，應該對相同的事物相同地處理，不同的事物則可不同地處理，而進行差別待遇時要有正當的理由才可以。

2.匡正的正義

匡正的正義主要涉及錯誤的糾正，及損害的彌補。如果疏於處理，將會使犯錯的人再次犯錯的可能性增加，也會使造成的損害無法彌補，甚至繼續擴大。以學生破壞公物為例，學校原則上應要求學生賠償，不過破壞公物的學生可能是起因於故意，也可能因過失而造成損害，學校要學生提出損害賠償時，應該分別不同的情況處理。又如犯法的學生是否一定要送法院？如果我們面對學生犯法，是以使學生改過向善為處理問題的基本目標，一旦學生留在學校能夠達到這樣的目的，應該沒有立即將學生移送法辦的必要；當然，如果學生的犯行嚴重，非移送法院很難讓學生有所警惕並矯正行為，就必須將學生移送法院。

3.程序的正義

程序的正義著重於人們蒐集資訊或作決定時，所採取的步驟程序是否合理妥當。在程序進行中應該注意相關當事人發言陳述，參與程序的機會，才能盡可能保障相關當事人的利益。

以對學生處罰或記過處分的程序為例，學校如何認定學生有違規的行為？是否讓學生自己有說明的機會？最後決定的過程是否經過一定程序的討論或辯論？這些程序是否確實踐行，都會影響最後決定的正確性，以及當事人是否心服。教師或學校應當對相關事項的處理程序，作成一套固定的處理方式，確保處罰學生的程序符合程序的正

義。

　　再以決定學校制服的程序為例，學校制服的決定涉及制服的樣式是否適合學校學生、價格是否合理等問題，學校決定的過程可能必須依法對外招標，經比較各廠商的品質價格後，才能完成一項符合程序正義的決定。

(五)結語

　　本文提到的權威、隱私、責任、正義等觀念，在許多場合可能會同時有關聯。例如，要對學生記過時要顧及程序的正義，而程序進行中，可能要對被指違規的同學的行為暫先保密，以免讓該同學提早被貼上不良的貼籤，這又涉及隱私的保護。又例如權威者（諸如校長、老師等）的行為若要在權威者的職權範圍內適當行使權威，則須符合正義的各種要求（即分配的正義、匡正的正義、程序的正義）。

　　本文提到的各種實例，如果依照我國固有文化強調尊師重道、重視集體榮譽、鼓勵個人的謙抑隱忍，恐怕許多結論都會與本文所提及的大不相同。然而，我國社會政治生活型態與西方社會愈來愈相近，接受西方文化所帶來的現代法律思想也已有數十年的歷史，要談人權、民主、法治，除了從制度面著手落實外，老師們將本文所提及的權威、隱私、責任、正義等觀念落實到日常的輔導管教中，或許是建構人權教育環境最好的方法。

五、綁手綁腳？

—— 淺論教師輔導與管教行為之規範與教育部所訂定之 「學校訂定教師輔導與管教學生辦法注意事項」

林佳範

前言：綁手綁腳？

綁手綁腳！這是最常聽到，針對教育部所訂定之「學校訂定教師輔導與管教學生辦法注意事項」（以下簡稱「輔導管教注意事項」）的批評。然而，「輔導管教注意事項」是在「管」教師的輔導與管教行為嗎？這樣的反應，是教師在追求專業的自主嗎？誰可以來訂定，針對老師輔導與管教的規範？老師的專業自主，能表現在訂定專業自治的規範嗎？

這些問題，反應出我國教師對於法律規範的不瞭解，也浮現法律介入教育領域的限制。其實教育部的「輔導管教注意事項」並無法「管」老師的輔導與管教行為，學校校務會議訂定的「教師輔導與管教學生辦法」（以下簡稱「教管辦法」），才是對教師輔導與管教學生之行為有真正的法律拘束力。另一方面，95年12月《教育基本法》修訂，增加「學生之學習權、受教育權、身體自主權及人格發展權，國家應予保障，並使學生不受任何體罰，造成身心之侵害」（第8條第2項），係首次在法律上明文介入教師輔導與管教之方式。這樣的立法規定，明白挑戰我國實務界仍常見的「體罰」管教方式。有趣的是同樣的立法院，卻在《教師法》[1]第32條中明訂由學校的校務會議自行訂

---

[1] 108年6月5日全文修訂將原文改至第32條。

定各校的「教管辦法」，即授權教師們「自行」來規範教師的輔導與管教行為。學校自行訂定的「教管辦法」，自然不得違背《教育基本法》的規定，惟如何來訂定各校的「教管辦法」，才不會違背《教育基本法》的規定，可能超出多數學校教師的能力範圍。

其實各校早已有其「教管辦法」，而教育部也早在民國92年5月即發函有關學校訂定教師輔導與管教學生辦法4點的注意事項，然而，校園輔導與管教的爭議，並未因而有所歇止。此次修訂的「輔導管教注意事項」，更從94年的8點，擴增到48點且有2個附表。很明顯地，前揭「綁手綁腳！」的批評不是沒有道理，內容增多表示更詳盡的規定，但不要忘記教師仍要自行於校務會議中訂定「教管辦法」，才有真正的法律拘束力。

本文即從「輔導管教注意事項」的制訂目的、法律性質、重要內容等面向，來幫助教師於參與校務會議時，能訂定其學校的「教管辦法」。杜威說最好的教育，就是「做中學」，教師參與校務會議訂定「教管辦法」，是最好的民主公民教育，更是其專業自主的體現。然而，校園的自治，並非是「治外法權」，其仍必須遵守人權、民主、法治等，憲政基本理念與原則。

「輔導管教注意事項」的制訂目的

在民國92年1月25日以前，《教師法》第17條第2項原先是授權教育部來制定「教管辦法」，因而教育部從86年7月16日公布至92年10月16日廢止，是存有所謂「部頒」的版本，然而，為落實校本位的管理與自治，改由各校的校務會議來訂定各校的版本。因此，教育部在92年5月30日發布台訓（一）字第0920074060號函，在其說明部分的第1點闡明發函依據，而在第2點要求各級教育行政機關督導其所屬各級學校必須依照法律來制定「教管辦法」，最後在第3點提到訂定教師輔導

與管教學生辦法，應該注意之事項共4點。換言之，在一開始教育部所發的函，其目的主要是通知各級學校必須符合教師法修訂之意旨，由校務會議來訂定「教管辦法」，而所謂的「輔導管教注意事項」，也是附帶在第3點中提及，係基於主管機關之合法性監督的立場，要求學校在行使其自治之權限（即訂定「教管辦法」），仍必須符合法治國家的基本原則。

在民國94年7月24日，我國首次由中學生發起的街頭運動，到教育部訴求解除「髮禁」。教育部部長杜正勝，回應學生的訴求，因而在94年9月6日再次發函修訂過之「輔導管教注意事項」共8點。此次的修訂與公布，已正式提出「學校訂定教師輔導與管教學生辦法注意事項」的名稱與規定的形式，不若之前的注意事項，係附屬於函件之說明項下，且由原先之4點，擴增為8點。

在民國95年12月27日總統明令公布，《教育基本法》第8條及第15條修正條文，納入「並使學生不受任何體罰，造成身心之侵害」等文字，明確保障學生之身體自主權與人格發展權。立法院於通過這些條文之修正同時並通過附帶決議如下：「為建立校園完整的輔導管教機制，以免因『禁止體罰』立法通過後基層教師因管教學生動輒得咎、無所適從，對學生輔導改採消極態度；同時避免校園中霸凌、恐嚇、勒索、偷竊……等偏差行為因無法約束而危害學生及他人，致使『教育基本法第8條、第15條修正案』通過後，多數學生未蒙其利反受其害，教育部應與全國教師會於六個月內研擬完成『教師輔導與管教學生辦法注意事項』，俾使基層教師對於輔導管教有一明確可循之處理原則，同時避免本案通過對於學校教育所產生之負面影響。」因此，在民國96年6月22日公布「輔導管教注意事項」，而在其第1點有關規範目的部分，即提到「教育部為協助學校依教師法第17條（後來移至

第32條）規定，訂定教師輔導與管教學生辦法，並落實教育基本法規定，積極維護學生之學習權、受教育權、身體自主權及人格發展權，且維護校園安全與教學秩序，特訂定本注意事項。」

　　此次公布的「輔導管教注意事項」，共計5章48點並有2個附表。很明顯地在內容上有大幅的擴增，但就其制定之目的而言，其仍不脫前揭主管機關的合法性監督權限，提供其所屬機關在行使其自治的權限，更明確的教育與法律專業的指導，而能符合法治國家相關原則。然而，若學校不遵守此注意事項，在法律上的效力為何？本文將於下一章中繼續探討。

「輔導管教注意事項」的法律性質

　　從前一章有關「輔導管教注意事項」的制訂目的中，我們可以瞭解這一次之修訂，主要係因應《教育基本法》之修正，特別是明訂「學生的身體自主權與人格發展權」國家應予保障，更進一步地指出「使學生不受任何體罰，造成身心之侵害」。這樣的法律規範，很明顯地直接挑戰校園體罰的輔導管教作為。然而，輔導與管教學生，本即學校教育的核心項目，其更與品德教育、法治教育等有直接的關聯，換言之，如何導正學生的偏差行為，涉及教育的專業。另一方面，輔導與管教學生，往往會限制學生的自由與利益，如前揭《教育基本法》之修正，要求國家必須保障學生的身體自主權與人格發展權。因此，教師輔導與管教行為之規範，必須要從教育與法律兩方面著手。

　　《教育基本法》，又稱教育憲法，係教育領域中的基本規範，因此，所有的教育法規（不管是教育部、教育局，或學校校務會議所訂定者）或教育行為（包括輔導與管教行為，或學科教學行為），自不得違反之。現行的《教師法》第17條第2項，係將原先授權教育部，改

由各校的校務會議來訂定「教管辦法」。因此，教育部並無權來訂定
「教管辦法」，惟此是否意味著教育部即無權來干涉學校校務會議之
自治行為（包括學校校務會議訂定辦法或學校的輔導與管教行為）？

　　以地方自治為例，地方自治所訂之自治法規，是不得與憲法、法
律、法律授權之法規，或上級地方自治團體自治條例相牴觸，牴觸者
無效（《地方制度法》第30條第1項），而所辦之自治事項亦不得違背
憲法、法律、法律授權之法規，違背者中央主管機關得報請行政院，
予以撤銷變更、廢止或停止其執行（《地方制度法》第75條）。換言
之，自治事項仍不得違憲與違法，中央主管機關，仍有合法監督之權
限，如大法官會議第553號解釋中提到：「本件既屬地方自治事項又
涉及不確定法律概念，上級監督機關為適法性監督之際，固應尊重該
地方自治團體所為合法性之判斷，但如其判斷有恣意濫用及其他違法
情事，上級監督機關尚非不得依法撤銷或變更。」所以，教育部雖無
權制定「教管辦法」，而對於各校校務會議之自治行為（包括訂定辦
法），仍得進行適法性之監督，而督促各校之校務會議必須遵守憲法
與法律。

　　然而，教育部已無《教師法》授權來訂定「教管辦法」，其如
何進行前揭適法性監督？有謂「輔導管教注意事項」性質上，係屬於
行政命令中之「行政規則」，蓋其符合《行政程序法》第159條第1項
規定：「係指上級機關對下級機關，或長官對屬官，依其權限或職權
為規範機關內部秩序及運作，所為非直接對外發生法規範效力之一
般、抽象之規定。」然而，學校訂定之「教管辦法」違背教育部所訂
之「輔導管教注意事項」，若被認定為無效，其並非是因為教育部所
制訂之「輔導管教注意事項」本身的法律拘束力，會高於法律授權校
務會議所制訂之「教管辦法」，而是因為其違背在「輔導管教注意事

項」中所提示的重要憲法或法律原則。因此，「輔導管教注意事項」
本身並非是行政規則，沒有行政規則會高於法規命令，若如此則違背
法令的位階效力。「輔導管教注意事項」本身的拘束力，並未高於學
校訂定之「教管辦法」；更何況《教師法》的變更，即在於將教育部
之權限移轉給各校之校務會議；其僅是「提醒」學校被法律授權來訂
定之「教管辦法」，仍不得違背更上位階之憲法與法律。

　　因此，「輔導管教注意事項」性質上應該不是「行政規則」，而
是一種不具法規強制力之「行政指導」（《行政程序法》第165條），
其僅在於「輔導、協助、勸告、建議」學校的校務會議，其自行所訂
定之「教管辦法」，仍必須符合憲法與法律之規定。學校若制定違反
「輔導管教注意事項」之內容，其會無效是因為違背「輔導管教注意
事項」所提醒必須遵守的憲法與法律等上位之規範，而非因為「輔導
管教注意事項」本身的拘束力，蓋如前所述其並不具法律強制力。

　　最後，各校的層級、家長的參與程度、規模大小、行政或社區
的資源等皆不同，如何讓其輔導與管教之權責能清楚，而達成有效的
分工，必須由各校自行去考量。「輔導管教注意事項」是補充學校與
教師在法律或教育專業上的資訊與知識，提供較好與合法的輔導管教
方式與原則，特別在法律上提供較明確的輔導與管教的合法分際。然
而，其並無法取代各校校務會議所被賦予之職責，即由各校自行制定
符合學校自己需要的「教管辦法」。「輔導管教注意事項」本身並無
法「管」到教師的輔導與管教行為，各校校務會議所訂定之「教管辦
法」，才是老師與學校行使其輔導與管教職權與職責之主要法律規範
來源。學校若要取得某種輔導與管教之職權，或規劃某種行政的職責
分工，若沒有訂在「教管辦法」中，則不會產生法律的拘束力，因而
老師或學校的輔導與管教行為，也會欠缺法律之正當性基礎。

「輔導管教注意事項」的重要內容

　　從前面的說明，我們可以知道，訂定「輔導管教注意事項」的目的不是在「管」老師，而是幫助老師「自己管自己」。這一次的修訂「輔導管教注意事項」，為幫助老師與學校能有更清楚的分際，內容上已大幅的擴增，並分成5個章節，限於篇幅僅能在此簡單地將各章之重要內容提出說明。

第一章　總則

第一章共有9點的內容：

一、規範目的

二、學校訂定之程序

三、學校訂定之目的與原則

四、定義

五、大學學生輔導與管教規定之訂定

六、專科學校學生輔導與管教規定之訂定

七、高級中等以下學校輔導與管教規定之訂定

八、對特殊教育學生輔導與管教規定之訂定

九、教師以外輔導管教人員之準用規定

　　首先，提醒注意「管教」並非等同於「處罰」，當然更不是「體罰」。現在因為《教育基本法》明文禁止體罰，反而讓許多的老師採取消極的「不管教」態度，惟輔導與管教是老師的義務，《教師法》第32條中有明文的規定，老師必須先區別這些觀念的異同。禁止「體罰」學生，並非表示不得「處罰」學生，惟「管教」學生並不限於一定要「處罰」學生（「輔導管教注意事項」第4點）。換言之，管教學

生並不限於「消極」的處罰，仍有許多「積極正向」的管教方式；從教育的角度而言，處罰應該是最後的手段。因此，「教管辦法」的訂定，必須「依據教育之專業知能與素養，透過正當、合理且符合教育目的之方式，達到積極正向協助、教育、輔導學生之目的」（「輔導管教注意事項」第3點）；輔導與管教的方式，應著重在正向的管教方式，在「輔導管教注意事項」第22點中，即將教師的一般管教措施列為第1點，甚至在附表二中明列正向管教之措施與例式。

再者，除體罰係《教育基本法》明文禁止外，處罰雖然是被允許的管教方式，但其仍不得違法。體罰，係指「指教師於教育過程中，基於處罰之目的，親自、責令學生自己或第三者對學生身體施加強制力，或責令學生採取特定身體動作，使學生身體客觀上受到痛苦或身心受到侵害之行為（參照附表一）」。體育老師上課，要求學生做出特定之動作，並非是基於處罰之目的而為之，其並非是體罰，惟仍注意到需避免學生的身體受到傷害，教導學生如何避免運動傷害，更是九年一貫課程[2]「健康與體育」課程的重要內涵。雖非體罰，處罰仍須法律所允許的範圍內，如「誹謗、公然侮辱、恐嚇及身心虐待、罰款、非暫時保管之沒收或沒入學生物品等等」（「輔導管教注意事項」附表一），即為法律所不允許者。

此外，若要使學校「教管辦法」能有正當性與可行性，除參考「輔導管教注意事項」以外，更必須踐行民主參與之原則（「輔導管教注意事項」第2點），讓相關之人員（甚至包括家長與學生）參與以取得規範之共識，方能使日後學校的輔導與管教學生之體制，能有效地運作。例如，有關家長的帶回管教制度，若未讓家長在「教管辦

---

[2] 108年改實行「十二年國教課綱」於「健康與體育領域綱要」也有相同的強調。

法」的制定過程中有效的參與，會攸關其日後在執行上的拘束力，當然不同層級的校園，隨著年齡的不同，家長參與的方式或程度皆會有所不同，學校可以透過問卷、公聽會、座談會等等的方式，以確保與其相關之權責事項，能有充分的參與。老師更需注意，「教管辦法」的內容，教師更是直接的受規範者，特別在對學生的侵犯性的管教措施，若未在「教管辦法」內明確地授權，其最好即不要實施，以免被質疑其正當性的基礎。

　　最後，教師的輔導與管教的行為，本身即涉及教師的專業，正向管教的措施或班級經營等，學校本即可融入校內既有的研習機制，來進行經驗的傳承。就「教管辦法」的制定而言，更直接與教師本身的職責有關，教師若逾越合法與合理的輔導與管教權限，則可能被視為侵犯學生的權利；相反地，教師在合法與合理的範圍內行使輔導與管教之權限，縱使如此會限制到學生的自由，亦不會被認為侵犯學生的權利。教師參與制定「教管辦法」的過程，來釐清教師輔導與管教學生的合理權限分際，其過程即會促進其對於民主、法治、人權等的認識，本身更是現代民主法治教育之公民實踐。學校對於「教管辦法」的修訂，不要僅視其為行政工作的完成，將其視為教師專業發展的過程，更是日後學校輔導與管教制度有效運作的基礎。

第二章　輔導與管教之目的及原則

第二章共有8點的內容：

十、輔導與管教學生之目的

十一、平等原則

十二、比例原則

十三、輔導與管教學生應審酌情狀

十四、輔導與管教學生之基本考量

十五、處罰之正當法律程序

十六、對學生與監護權人之資訊公開及溝通

十七、個人或家庭資料之保護

　　許多的老師尚未理解到，其輔導與管教的行為，被視為是一種公權力的行使，而必須如其他的行政行為，要遵守憲政國家的基本原理與原則。《行政程序法》係有關行政行為之基本規範，雖然在第3條中排除「學校或其他教育機構為達成教育目的之內部程序」之適用該法所訂定之「程序」，然而，此並非排除學校或教師的輔導與管教行為，能不遵守法治國家的基本原則。學校或教師的輔導與管教行為，係為達成教育之目的與一般的行政行為當然會有所不同，因此無法遵照一般行政程序的規定。法治國家的基本原則如平等（「輔導管教注意事項」第11點）、比例（「輔導管教注意事項」第12點）、正當程序（「輔導管教注意事項」第15點）、資訊公開（「輔導管教注意事項」第16點）、個人資料保護（「輔導管教注意事項」第17點）等，在校園輔導與管教的事項上，自然會針對其目的（「輔導管教注意事項」第10點），而形成其應審酌（「輔導管教注意事項」第13點）與考量（「輔導管教注意事項」第14點）的具體面向，此等為相關原則在輔導與管教上的具體應用。

　　平等不是「你有我也要有」的形式平等，而差別的對待並非即「不平等」；相反地，合理的差別對待才是真正的平等（「輔導管教注意事項」第11點）。例如說有同學腳受傷（「輔導管教注意事項」第14點（2）），因此不適合以「站立反省」的方式來處罰，而改以「靜坐反省」的方式，其他相同違規的同學，即不得主張老師的輔導管教上有不平等的對待。而「因個人或少數人之錯誤而處罰全班學生」（「輔導管教注意事項」第14點（6）），則會被認為違反平等

與責任的原則，蓋沒有做錯的同學也被處罰。作為教育之機構，學校的處罰會與其他有所不同，除遵守基本的公平合理外（「輔導管教注意事項」第13點），更需促進教育目的之達成，如「啟發學生自我察覺、自我省思及自制能力」（「輔導管教注意事項」第14點（3））、「對學生所表現之良好行為與逐漸減少之不良行為，應多予讚賞、鼓勵及表揚」（「輔導管教注意事項」第14點（4））、「應教導學生，未受鼓勵或受到批評指責時之正向思考及因應方法，以培養學生承受挫折之能力及堅毅性格」（「輔導管教注意事項」第14點（5））。

　　學生和你我一樣，都是法律所保障的主體，因此，在進行輔導與管教之行為必須注意不得任意侵犯其權利。然而，對學生之自由或利益的限制，並不必然即被視為侵犯學生的權利，而是合理、合法、合憲的輔導與管教職權的行使。因此，在輔導與管教時，需「尊重學生之學習權、受教育權、身體自主權及人格發展權」（「輔導管教注意事項」第14點（1）），而「對學生受教育權之合理限制應依相關法令為之，且不應完全剝奪學生之受教育權」，蓋學校的最重要目的即在於教育學生。除回應《教育基本法》所提到的學生權利外，常被忽視的是，學生雖多為未成年人，惟其財產權仍受法律之保護，所以，在沒有相關法律之授權下「不得以對學生財產權之侵害（如罰錢等）作為輔導與管教之手段。但要求學生依法賠償對公物或他人物品之損害者，不在此限」（「輔導管教注意事項」第14點（8））。相同地，「校規、班規、班會或其他班級會議所為決議，不得訂定對學生科處罰款或其他侵害財產權之規定」（「輔導管教注意事項」第21點第2項）。

　　學校或教師的處罰，在實體上除必須注意法律的授權、行使的合理性外，為避免錯誤的處罰，必須留意處罰在程序上或過程的正當性問題。因此，「學校或教師處罰學生，應視情況適度給予學生陳述意

見之機會，以了解其行為動機與目的等重要情狀，並適當說明所針對之須導正行為、實施處罰之理由及措施」（「輔導管教注意事項」第15點（1））。甚者，「教師應依學生或其監護權人之請求，說明處罰過程及理由。」（「輔導管教注意事項」第15點（3））。當然，「學生對於教師之處罰措施提出異議，教師認為有理由者，得斟酌情形，調整所執行之處罰措施，必要時，得將學生移請學生事務處（以下簡稱學務處）或輔導處（室）處置」（「輔導管教注意事項」第15點（2））。若學生的異議，老師認為沒有理由者，則為不服管教的問題，教師得尋求學務處（訓導處）或輔導處（室）的協助外（「輔導管教注意事項」第24點），則需告知「學生對於教師或學校有關其個人之輔導與管教措施，認為違法或不當致損害其權益者，學生或其監護人、法定代理人，得依相關規定向學校提出申訴」（「輔導管教注意事項」第44點）。再者，若涉及學生獎懲委員會層級之處罰，「學生獎懲委員會應注意保障當事人學生與其監護權人發言之權利，並充分討論及記載先前已實施各項管教措施之教育效果」（「輔導管教注意事項」第26點（2））。限於篇幅有關搜查或檢查學生有關之正當程序，於後續相關之部分再說明。

第三章　輔導與管教之方式

第三章之內容共21點：

十八、對學生之輔導

十八之一、學校對教師之協助

十九、低學業成就學生之處理

二十、應輔導與管教之違法或不當行為

二一、訂定校規、班規之限制

二二、教師之一般管教措施

二三、教師之強制措施

二四、學務處（訓導處）及輔導處（室）之特殊管教措施

二五、監護權人及家長會之協助輔導管教措施

二六、學生獎懲委員會之特殊管教措施

二七、高關懷課程之實施

二八、搜查學生身體及私人物品之限制

二九、校園安全檢查之限制

三十、違法物品之處理

三一、學生對公物之賠償

三二、身心障礙或精神疾病學生之轉介措施

三三、學生之追蹤輔導及長期輔導

三四、高風險家庭學生之處理

三五、法令規定之通報義務

三六、教師或學校之通報方式

三七、學校通報相關單位處理監護權人問題

　　本章的內容最多，大致分成幾部分：第一，輔導方式與專業資源介入：教育的主要內涵在於輔導，從一般的生活、學業輔導到身心障礙與精神疾病的專業協助；第二，輔導管教體系的建立：輔導管教上，區分教師、家長、學校處室、獎懲委員會等不同層級與方式的分工；第三，侵犯性管教措施的限制：針對較具侵犯性的輔導與管教措施，如搜查、檢查、物品的留置等，提出具體的合法性的限制。

第一，輔導方式與專業資源介入

　　《教師法》明訂教師有「輔導」與「管教」之義務，因此，「教

管辦法」必須處理「輔導」部分之規範，而不得僅有「管教」之部分。對於學生行為的輔導與管教，本是全校所有老師與行政的職責，更需要家長的配合與校外資源的介入。輔導係指輔助與引導學生，本即是教育的主要內涵，惟基於促進學生的不同發展，有些時候需要更專業的協助。因此，「教師應以通訊、面談或家訪等方式，對學生實施生活輔導，必要時做成記錄；遇有學生身心狀況特殊，需要專業協助時，教師應主動要求輔導單位或其他相關單位協助」（「輔導管教注意事項」第18點）。所以，「教師實施輔導與管教時，發現學生有身心障礙或精神疾病者，應將輔導與管教紀錄，連同書面申請書送學校輔導處（室），斟酌情形安排學生接受心理諮商，或依法定程序接受特殊教育或治療」（「輔導管教注意事項」第32點）。作為教育之機構，對於學生不能僅有單純的處罰，為達成教育之效果，必須給予學生進一步的輔導。「教師、學務處（訓導處）及輔導處（室）對因重大違規事件受處罰之學生，應追蹤輔導，必要時應會同校內外相關單位共同輔導」（「輔導管教注意事項」第33點（1）），且「學生須接受長期輔導時，學校得要求監護權人配合，並協請社政、輔導或醫療機構處理」（「輔導管教注意事項」第33點（2））。

　　甚至，學校或老師必須注意，在輔導學生時若發現有嚴重的情況，有法令規定必須通報者，如高風險家庭、兒少身心健康之保護、色情暴力、家庭暴力、性侵害犯罪、校園性騷擾（「輔導管教注意事項」第34點、第35點）。

　　需特別注意的是，面對學生學業成就低落，不應以處罰來代替輔導，蓋學習並無法被強迫，處罰僅會使學生厭惡或害怕學習。因此，「學生學業成就偏低，而無第二十點各款所列行為者，教師除予以成績考核外，應瞭解其學業成就偏低之原因（如是否因學習能力不

佳、動機與興趣較低、學習方法無效、情緒管理或時間管理不佳、不良生活習慣或精神疾病干擾所致），並針對成因採取有效之輔導與管教方式（如各種鼓勵、口頭說理、口頭勸戒、通知監護權人或補救教學等）。但不得採取處罰措施」（「輔導管教注意事項」第19點（1））。

第二，輔導管教體系的建立

面對學生危害或違規破壞秩序之偏差行為（「輔導管教注意事項」第20點），學校或老師即有職責來輔導管教學生。然而，面對學生的偏差行為，絕非僅是單一老師的職責，要有效的處理學生的偏差行為而達成教育之效果，需要老師、家長、行政等共同地建立一套分工機制。

因此，在教師之一般性管教措施（「輔導管教注意事項」第22點）無效或學生明顯的不服管教，而情況急迫明顯妨害現場活動時，需由學務處（訓導處）及輔導處（室）來介入處置（「輔導管教注意事項」第24點），甚至，可以請家長或監護人到場協助（「輔導管教注意事項」第25點（1）），而經多次處理無效，而影響班級其他學生之基本權益者，學校得視情況需要，委請班級（學校）家長代表召開班親會，邀請其監護權人出席，討論有效之輔導管教與改進措施（「輔導管教注意事項」第25點（2））。若違規情況重大，則召開學生獎懲委員會，來討論是否適用「交由其監護權人帶回管教、規劃參加高關懷課程、送請少年輔導單位輔導，或移送警察或司法機關等處置」（「輔導管教注意事項」第26點（1））。此分工體系之建立，涉及實際校內外之資源運用，特別是家長帶回管教（「輔導管教注意事項」第26點（4））、高關懷課程之開設（「輔導管教注意事項」第

27點）等，為確保制度之可行與正當性，聯繫相關人員參與「教管辦法」之修訂，並參考現實條件訂定之。

此外，校規與班規往往是輔導與管教學生之依據，因此「輔導管教注意事項」在第21點中更明訂校規與班規的限制。校規係指會對學校成員產生拘束力的規範，而班規係指會對班級成員產生拘束力之規範，其相同於「教管辦法」本身，係屬於校園的自治規範，惟「教管辦法」更是基於《教師法》之授權而訂定，而有法令位階的拘束力，雖然僅及於該校之範圍。這些自治規範，當然由其成員參與而制定，可是在內容上並不允許違背法律或侵犯人權，因此，有關罰款（「輔導管教注意事項」第21點（2））、髮式（「輔導管教注意事項」第21點（3）、服儀（「輔導管教注意事項」第21點（4））部分明訂其限制。

第三，侵犯性管教措施的限制

國家公權力之行使，若可能限制人民受憲法保障之權利，則必須有法律之授權使得為之，一般稱之為「法律保留」原則（憲法第23條），愈大的限制會要求愈高度的授權基礎。釋字第443號理由書中，大法官提出法律保留要求的標準：「至何種事項應以法律直接規範或得委由命令予以規定，與所謂規範密度有關，應視規範對象、內容或法益本身及其所受限制之輕重而容許合理之差異：諸如剝奪人民生命或限制人民身體自由者，必須遵守罪刑法定主義，以制定法律之方式為之；涉及人民其他自由權利之限制者，亦應由法律加以規定，如以法律授權主管機關發布命令為補充規定時，其授權應符合具體明確之原則；若僅屬與執行法律之細節性、技術性次要事項，則得由主管機關發布命令為必要之規範，雖因而對人民產生不便或輕微影響，尚非

憲法所不許。又關於給付行政措施，其受法律規範之密度，自較限制
人民權益者寬鬆，倘涉及公共利益之重大事項者，應有法律或法律授
權之命令為依據之必要，乃屬當然。」

　　《教師法》第32條提到教師有「輔導與管教學生引導其適性發
展」的義務，且在第2項授權各校校務會議來訂定「教管辦法」。有
關侵犯性的管教措施，如搜查、檢查等措施，經學校的校務會議所
通過，係屬法律授權之法規命令，惟其是否已滿足法律保留原則之要
求，容有疑義。一般進行犯罪偵查的強制處分，除已在《刑事訴訟
法》中明訂外，更有嚴格正當程序的規定，如須事先申請搜索票等，
均有明確的法律授權基礎與程序上限制。然而，校園內基於的安全
維護、秩序維持、輔導管教等理由，而進行侵犯性的處置如搜查（
「輔導管教注意事項」第28點）、檢查（「輔導管教注意事項」第29
點）、留置物品（「輔導管教注意事項」第30點）等，當然不比犯罪
偵查的強制處分嚴重，而根據前揭解釋文「應視規範對象、內容或法
益本身及其所受限制之輕重而容許合理之差異」。先不論其授權基礎
是否足夠，相反地，學校的「教管辦法」若未將此等侵犯性的措施規
定於其「教管辦法」，其權力行使之基礎會遭必然會受到質難，是無
庸置疑的。因此，學校在訂定這些侵犯性的輔導管教措施，必須有明
文與嚴格的限制。換言之，學校並非均不得行使這些措施，而必須小
心謹慎地避免侵犯學生的權利。最後，在緊急的情況，緊急避難的行
為（刑法第24條），本來即可阻卻違法，甚者在一般的行政行為（
《行政執行法》第四章）或警察職權行使（《警察職權行使法》第19
條）時，亦有所謂「及時強制」，相似地教師在緊急的狀況，非以強
制的方式否則無法避免危難時，亦得行使強制的措施（「輔導管教注
意事項」第23點）。

第四章　法律責任

第四章共5點：

三八、禁止體罰

三九、禁止刑事違法行為

四十、禁止行政違法行為

四一、禁止民事違法行為

四二、不當管教之處置及違法處罰之懲處

　　《教育基本法》已明文禁止體罰（「輔導管教注意事項」第38點），因此體罰是絕對不被允許的輔導與管教行為，除此之外輔導與管教行為不得違反其他的法規，違背者，視其情況可能會有刑事上（「輔導管教注意事項」第39點）、行政上（「輔導管教注意事項」第40點）、民事上（「輔導管教注意事項」第41點）的責任。此外，教師必須注意，其輔導與管教行為，學校應按情節輕重，依學校教師成績考核辦法或相關規定，予以適當之懲處（「輔導管教注意事項」第42點（1）），教師違反《教育基本法》第8條第2項規定，以體罰或其他方式違法處罰學生，造成其身心侵害者，學校應按情節輕重，依《教師法》、學校教師成績考核辦法或相關規定處理（「輔導管教注意事項」第42點（2））。

　　在過去的法院審理體罰或不當管教相關的案例中，由於教育行政機關對於何者是體罰、不當管教等行為態樣並無較明確的規範，僅能根據法律所明訂之要件，在個別的案例中去認定教師的責任，現在除《教育基本法》中明文禁止體罰外，教育部在其所公布之「輔導管教注意事項」中，首次明確地詳列體罰與不當管教的行為態樣，此將成為法院在處理教師管教案件的重要參考。換言之，教師在法律上爭執何者構成「體罰」或「不當管教」的空間，已較過去更為狹窄。

第五章　紛爭處理及救濟

第五章共6點：

四三、應提供學生申訴途徑

四四、申訴之提起

四五、申訴案件之處理

四六、申訴評議之執行

四七、學校之協助處理紛爭

四八、學校提供所需之設施及用品

　　《教育基本法》第15條，有關學生與教師權利救濟的部分，95年12月27日所公布的修正條文，也配合第8條第2項之修正，將學生「身體自主權」、「人格發展權」的文字納入。因此，「學校應依教育基本法第十五條及相關法令規定，提供學生對教師之輔導與管教措施提出申訴之救濟途徑，以保障學生之學習權、受教育權、身體自主權及人格發展權，增進校園和諧」（「輔導管教注意事項」第43點）。其實各級學校根據其他法令之規定，早已有學生的申訴救濟之規定，惟過去因為《教育基本法》原先之條文僅提及「學習權」與「受教權」，恐未含蓋因為教師輔導管教而侵害學生的身體自主權與人格發展權部分，因此提醒學校將其補充之。輔導與管教學生所引起之紛爭（「輔導管教注意事項」第47點）或所必要之設施與用品（「輔導管教注意事項」第48點），學校均應予以協助或提供，自屬當然。

結語

　　民國88年中《教育基本法》的訂定，其實象徵著教育改革在法制上重要的里程碑，其所明訂之「人民是教育權之主體」（第2條第

2項），奠定我國教育朝向教育民主化的基本方向，相對於過去絕對優勢的國家或學校行政體系，校園的弱勢成員學生、教師、家長等，也被賦予較多參與校務決定之權力。然而，民國95年底的《教育基本法》修正，或許會讓許多第一線老師有更深刻的感受，蓋其用學生的權利挑戰教師的輔導與管教權力。其禁止體罰，並非是否定教師的輔導與管教的權力，立法院的附帶決議，要求教育部與全國教師會，提出「輔導管教注意事項」，係為了促進教師輔導與管教權力之行使，更進一步地法治化，甚至專業化。因此，「輔導管教注意事項」並非是用來「綁」老師的手腳，其也無權來「綁」老師的手腳，基於第一波校園民主化的理念，現僅能由老師們透過校務會議，來規範自己的輔導與管教行為。

　　校園的民主化，必須搭配法治化，甚至專業化。學校的自治規範，當然不得違背憲法相關之原理與原則，輔導與管教更不得違背教育原理。禁止體罰，並非表示不得處罰，而輔導與管教更不必然要用處罰的方式。處罰是最後的手段，最不教育的手段，更不用說體罰了。「輔導管教注意事項」僅是一種行政的指導，提供給老師或學校在教育上與法治上觀念的釐清。教育上，輔導與管教應朝向更教育性的措施，即正向的輔導管教方式，並建立整體的輔導與管教體系與策略。法治上，輔導與管教權之行使，必須尊重學生的權利，並必須符合法治國家的基本理念，如平等保障、法律保留、比例原則、正當程序等原則。最後，學校在進行「教管辦法」的修訂，不能當成是由上而下的行政作業完成，而是由下而上的校園民主規範形成，和教師專業成長的過程，才能確保未來學校輔導與管教體制的有效進行。

六、老師你也可以這樣做！
── 淺論對霸凌的認識與對策

林佳範

(一)這是霸凌嗎？

　　「……甚至在分組時也會有人完完全全地不想跟我同一組，只因為我是混血兒。也有人認為菲律賓人都是一些骯髒的人，有著體臭，可是我跟每一個人一樣，每天洗澡時都有洗乾淨啊……。」[3]

　　三重「城市之窗」文學獎，有一名國際婚姻家庭的第二代，以真情流露的「我是混血兒」散文，獲得這項文學比賽的國中組佳作，可是從文章的內容，我們有覺察到他被霸凌嗎？或許有人認為，這只是人際關係不佳，要像八德國中的例子，被集體暴力威脅，才算是霸凌？

　　霸凌，係指長期性的欺負。在家庭、校園、甚至職場，這種長期性的人際關係，最容易發生。其彰顯的是人際間的衝突，從刻意冷落、口頭或行動羞辱等敵意行為，至較嚴重的財物破壞、身體傷害等結果。其原因更是多元，可能是個人身體的體臭、長相、說話方式、誤解、偏見、歧視、嫉妒、財物糾紛等等。且制度性造成的不對等關係，更容易助長霸凌的形成，如長官對部屬、學長姐對學弟妹、老師對學生等等；當然，亦可能僅是族群上、語言上、性別上、身體上、階級上、社經上、知識上等等社會結構上優勢，而形成對弱勢的欺凌。

---

[3] 「『我是混血兒』散文 『我每天洗澡，為何他們還嫌髒？』」，2006.11.08 中國時報記者張力可／北縣報導。

　　學生是否被霸凌，不是等到嚴重的肢體或財物被侵害才算，在初期的口頭上或關係上的敵意行為，老師若能察覺且介入處理，可避免日後衝突的擴大。因此，應該採取「預防重於治療」的策略，即早以教育手段來介入，以避免日後警察或司法的強制措施，才是在協助不管是霸凌或被霸凌的學生。

(二)霸凌的影響？

　　「『你是番仔生的！』彰化縣一名國二學生，因為同學這句話造成心理障礙，功課一落千丈，兩年來不肯喊一聲『媽』，傷心的父母請彰化縣警局少年隊開導，直到昨天陳姓學生仍不開口。」[4]

　　這名彰化國二學生，僅因同學的一句話，不僅影響其個人的成績，更波及其親子關係。有敵對或不公平的班級氣氛，當然也會影響教學與學習，老師必需正視霸凌的影響，並不僅是個別的被害學生而已，更會擴及全班。甚者，講這句話的學生，或許完全不知道自己的話語，會有如此的殺傷力，我們可以不擔心嗎？種族的歧視，其實就是從這種族群偏見開始，從歷史的經驗，甚至可以讓數百萬人喪命，且這樣的悲劇仍在發生中。在兒童時代會霸凌同學的人，若無法被學校導正，難道不會在職場上霸凌其同事嗎？

　　根據密西根大學心理學家E. Eron進行三十五年縱貫性研究發現，8歲時有霸凌行為者，往後的一生中都常會有霸凌行為，而且很多校園小霸王長大後會經常與法院、物質濫用、戒癮、人格違常所需之心理

---

[4]　「原民血統遭取笑，國二生兩年不肯喊聲媽」，2004/03/15聯合報記者游振昇／彰化縣報導。

衛生相關服務等脫不了關係。[5]

　　霸凌是一種長期性的欺負，不僅對被霸凌者的個人，侵害其人格或財產，更會影響其學習或工作的表現；對加害人而言，其行為之偏差，若未經導正，更可能繼續危害他人與社會。我們不要輕忽或姑息霸凌的問題，其影響絕非僅限於被害人，更可能擴及班級和學校，甚至對社會整體的未來都有不良的影響。

（三）霸凌的處置？

　　「就讀國中時，我常被同學毆打，向老師報告後，有天課堂上一名老師突然衝進教室，罵我：『你常被欺負，全都是你自己的錯，別人為什麼不會有問題！』接著在全班同學面前打我屁股。事後我向學校反映，但校方表示：『一切都是為了平息眾怒，這樣他們就不會打你了！』但同學卻因此認為，就算再怎樣打我也不會受罰，於是開始計畫在畢業旅行時痛毆我一頓，還大肆宣揚，我緊張地告訴老師，但沒人相信。畢業旅行第一個晚上，一群人突然衝進我房間，對我拳打腳踢，還用照相機拍下過程，我忍無可忍向警方報案，把欺負我的同學統統送辦，但我在學校依然沒有朋友，直到畢業。」（2009年03月31日蘋果日報讀者投書）

　　前面的投書，不是很清楚作者和其同學間之紛爭為何，但很明顯的是有長期性的人際衝突與肢體霸凌。最令人不解的是老師的處置，反而將被霸凌者，再狠狠地打一次，理由竟然是「一切都是為了平息

5　轉引自「校園霸凌六大類，國中生最殘暴」，2009-04-16 11:59:33 NOWnews，記者陳志東／台北報導。

眾怒，這樣他們就不會打你了！」很奇怪的邏輯，老師竟認為加入霸凌的行列[6]，可以「平息眾怒」，但事實是正好相反，更助長了後來霸凌者的氣焰，最後很不幸地，僅能由警察與司法介入來解決。

　　這位老師的處置，不僅沒有幫助被霸凌者，以體罰的方式來對被霸凌者，更助長校園的暴力，且突顯其似是而非的管教理念。人際的紛爭，往往不是單方面的問題，或許該被霸凌者，亦有需檢討之處，但終究暴力不應是老師，所應認同的解決方式。有人認為在成長的過程，難免都會被欺負或人際關係之衝突，學童必需學會面對殘酷的社會現實，甚至主張大人不必介入處理。然而，面對社會儒弱強食的現實面向，並不表示必需接受社會的不正義，學校教育之可貴，即在於能避免下一代，再犯過去社會所犯的錯誤。

　　欺負的行為，絕對是不對，不管其理由為何。在民主法治社會，雖不能強迫你去喜歡某個人，但縱使你不同意某個人，也不允許你可以侵害他或她。學生被欺負，或許其本身亦有過錯，老師應該協助其改過，而不是允許其他同學對他或她的欺負。對欺負他人的同學，更應使其明瞭欺負行為本身的不正確。不當的處置，僅會加劇問題的嚴重性，更突顯出教育的失能或不盡責。

(四)霸凌的預防與治療？

　　「葉永鋕雖已過世六年，但母親葉陳君汝昨想起兒子在學校遭受的不當對待，仍禁不住悲慟哭號：『是誰讓他在學校連廁所都不敢上？』案發後，教育部派專人南下調查，發現葉因為行為像女生較溫

---

[6] 109年6月30日新生效的《教師法》修訂，霸凌學生最重可「被解聘且終身不得擔任教師」，換言之，教師霸凌學生的處罰和體罰一樣嚴重，且被認為不是適合擔任教師工作。

柔，遭受嚴重的性別歧視與暴力，有同學趁他上廁所時修理他，甚至強迫他脫褲子『檢查小雞雞』。」[7]

　　像葉永鋕如此的悲劇，可不可以預防？他是遭受到性霸凌，而不敢在上課時間上廁所。同學可能一開始，僅是口頭上嘲諷他「娘娘腔」，或人際關係上排擠他。然而，老師僅是允許他上課時間去上廁所，有無真正地解決他的問題？有無辦法解決同學對他的排擠？老師是否已察覺班上的同學在認知上的偏差？其實，霸凌問題的解決，若到「校安通報」的地步，那是最不幸的結果，表示侵害已經發生，更突顯學校教育與輔導都未能發揮功用。我們可以如何來預防與治療霸凌的問題？

　　首先，我們是否能覺察，同學已被霸凌？就被害人而言，是否有消沉、畏縮或其他的異常表現？有時被霸凌者會被威脅不得聲張，而未必會主動尋求教師的介入。就加害人而言，是否有展現對被害人的敵對行為？有時可能僅是口頭上的諷刺或關係上的排擠，老師若覺得氣氛不對，即應警覺而著手瞭解與進行處置。

　　再者，我們是否能掌握霸凌發生的原因？原因的掌握，才可能有正確的應對策略。其實人際的衝突，可能的原因多元與複雜，有可能是被害人本身的生活習慣不佳、喜歡打小報告、欠錢不還、搶人朋友、太高傲、情緒易失控等等；亦有可能是加害人的問題，爭風吃醋、嫉妒他人的成績、美貌、或對特定族群有偏見或歧視、欠缺人際舉止分寸的認識、欠缺責任意識、甚至有校外幫派介入之因素等等。

　　最後，根據原因的分析，透過課程與教學，來處理學生可能的認知上的不足或偏差，例如在葉永鋕案所顯現性別歧視，即應施以人權

----

[7]　蘋果日報，2006/9/14。

或性別平等教育來矯正觀念上的偏差；透過班級經營，來處理學生可能的人際關係上的衝突解決，例如調整座位、介入調解、設計活動改善關係等等；透過輔導與管教，來處理個人的偏差行為與習慣，例如針對被害人，如調整生活或衛生習慣或改變說話之方式與語氣、協助其控制自己的情緒；或針對加害人，如處罰其對他人的侵害行為、要求其賠償對他人的損害等等。

（五）解決霸凌問題的分工與合作？

　　霸凌本即屬於輔導與管教工作的一環。就像其他的輔導與管教的學生問題，有些時候，並非個別的導師或任課老師，單獨即可處理的狀況，例如，若涉及其他班級或學校的學生、甚者涉及槍械、刀械、毒品、幫派等，則需要學校行政，或甚至校外警察與司法機關之介入。然而，若老師沒有覺察、學校沒有處置、警察漠視，那將演變成失序或甚至失控的班級或校園，如前所揭其影響絕非僅止於少數的被害人而已。

　　面對霸凌的問題，個別校園相關人員，如老師、行政、家長，當然需負第一線的責任，而其他社會資源，如社工、心理、警察、司法等資源，亦應提供協助給第一線的學校人員。其實不管是個別學校的「教師輔導與管教學生辦法」、《少年事件處理法》等，甚至教育部先前推動的「教、訓、輔三合一」政策等，即已形成面對學生的輔導與管教問題之校內外的處理體制，可是徒法並不足以自行，體制仍仰賴「人」來運作，換言之，這些人若無法形成一個「團隊」，則不僅相互推諉，更可能相互掣肘，當然無法有效解決霸凌的問題。

　　團隊的組成，不是口號，而需有共同的目標、清楚的分工、順暢的協調機制等，來一起面對學生問題的挑戰。以共同目標為例，團隊

的成員可曾有面對面的溝通機會；以清楚的分工為例，老師要後送學生，而行政處室卻嫌老師不自己處理，動不動即將學生送來；以順暢協調機制為例，如學務處沒有人手，請輔導室協助人力，卻遭到拒絕等。這些都需要實際的領導人，展現其領導力與組織協調能力，來讓團隊運作起來。

　　強欺弱，或許是人性黑暗的一面，但我們不正是期待教育，能讓我們的下一代，逐步走向人性光明的一面嗎？就像希臘神話中的薛西弗司特，明知巨石仍會滾落到山腳下，但仍必須周而復始地從山腳下將它推上來；老師面對學生的行為問題，好不容易這一屆的學生帶上去了，新一屆的學生仍會有輔導管教上的問題，似乎永不停止。霸凌的問題，也是似乎無止盡，但若我們不去處理它，任由其自由落下，傷害絕對會更大；拉學生一把，不管是被霸凌者或霸凌者，這是教育工作者，永遠的宿命。

七、如何看待釋字第684號解釋

黃旭田

(一)校園學生權利保障之回顧——釋字第684號解釋之前

　　無論是文化傳統上所強調的「尊師重道」，或是引用歐陸行政法學的「特別權力關係」理論，長期以來，學生的權利保障在校園並不受重視，同樣在特別權力關係理論下的公務員權利保障亦然。不過進入70年代以後，首先在公務員領域藉由大法官會議解釋逐漸突破。民國（下同）73年5月釋字第187號首先揭櫫為請領退休金而請求發給年資證明被拒時得提起行政救濟。接著釋字第201號在75年1月明白宣示「請領退休金爭議」得提起行政訴訟。解嚴後，釋字第243號解釋在78年7月首先宣告「受免職處分得提起行政救濟」。81年6月釋字第298號解釋更闡明對於「足以改變公務員身分或對公務員有重大影響之懲戒處分」，得表示不服，相關法律應配合修改。依同一法理，就學生權利保障，民國84年6月的釋字第382號解釋宣告「退學或類此處分，足以改變學生身分並損及其受教育機會」屬得提起訴願及行政訴訟之行政處分。並說明除公立學校係依法令設置之機構，有機關之地位外，法律在特定範圍內（包括錄取學生、確定學籍、獎懲學生、核發畢業證書等），授予私立學校行使公權力之機關地位。但也說明受理救濟之機關或法院「對於其中涉及學生之品性考核、學業評量或懲處方式之選擇，應尊重教師及學校本於專業及對事實真象之熟知所為之決定，僅於其判斷或裁量違法或不當時，（始）得予撤銷或變更」。釋字第382號在近十餘年來，對學生權利保障產生了無比的影響，其後92

年7月釋字第563號一方面允許大學在合理及必要範圍內享有自主權，但也在理由書中指明「有關退學事由及相關內容之規定自應合理妥適，其訂定及執行並應踐履正當程序」，並提示大學應遵守大學法所要求之學生出席校務會議及獎懲相關會議；並應保障及輔導學生成立自治團體、及建立學生申訴制度等。

在釋字第382號及釋字第563號兩號解釋後，在教育法制上，一方面使學生（主要是大學生）藉由參與校務會議，而能參與規則的制定；另一方面涉及獎懲之高度自治事項，亦要求學生參與。此外並藉由學生自治團體，使學生學習自治，最後在學生權益受影響時則先在校內建立申訴制度，最後在學生受退學或類此處分致受教育權遭侵害時，於用盡校內申訴程序後，許其尋求訴願及行政訴訟的救濟。不過，釋字第382號固然使學生能尋求司法救濟，但只限於影響學生身分之重大措施，而且通常這些措施往往是因為學生的成績未達標準或行為有重大不當，即使尋求行政救濟，除程序上有重大違誤或瑕疵外，一般訴願機關及行政法院多數情形仍會尊重學校之判斷。

（二）釋字第684號解釋概說

100年1月，釋字第684號解釋公布，宣示大學對學生所為行政處分或其他公權力措施，如侵害學生的受教育權或其他基本權利，即使非屬退學或類此之處分，權利受侵害的學生也可以提起行政爭訟。釋字第684號公布後，有人認為這是大法官們在建國百年對學生權利保障的最大禮物，但也有大學師長認為莫名其妙，造成學校綁手綁腳。究竟我們要如何看待釋字第684號解釋，本文以下即做簡略的說明。

1.大學對學生權利保障，除「受教權」外，尚包含「基本權利」

　　釋字第684號解釋最值得注意的是，大法官認為「惟大學為實現研究學術及培育人才之教育目的或維持學校秩序，對學生所為行政處分或其他公權力措施，如侵害學生受教權利或其他基本權利，即使非屬退學或類此處分，本於……」，這當中除了受教育權利所涉及的身分變更外，就「其他基本權利」受侵害，大法官也認為大學生可提起行政爭訟，即「無特別限制之必要」，這裡應說明的是：

(1)大學可以限制學生的受教育權利或其他基本權利，但應限於「實現學術研究及培育人才之教育目的」，抑或是為「維持學校秩序」，而不可任意限制學生權利。

(2)這裡所限制（或不得任意侵害）的權利不限於「受教育的權利」，尚包含其他的「基本權利」，而所謂「基本權利」，學說實務上有不同的看法，但至少在憲法上明文揭櫫的權利（第7條至第18條）應被認為是基本權利；換言之，大法官提醒大學，大學生（大多）已是成年人，其人權與一般人無異，這樣一來，差不多可以說對於學生的「特別權力關係理論」已被宣告送進歷史。

(3)正因為如此，大法官才會進一步說「本於憲法上有權利即有救濟之意旨，仍應許權利受侵害之學生提起行政爭訟，『無特別限制之必要』！」

2.大學生可以提起救濟，不代表大學生可以贏得救濟

　　如果觀察長期以來有關教育領域的訴願案件與行政訴訟案件，學生最後獲得有利結果的案件並不多，學校師長甚至學長家不必擔心「天下大亂」，更不用自己嚇自己。反而是應該去理解大法官的見解，適度調整學校有關學生權益的一些既往做法，並使之明確化；以

使師生有所遵循。

3.釋字第684號解釋僅論及「大學」，並未及大學以外各級學校，但高級中等以下學校也應預為因應

　　釋字第684號解釋只論及大學，有人認為是刻意跳過（忽略），大學以下各級學校似乎不在這號解釋的射程範圍，不過也引起許多批評。因為「權利」應受保障的憲法基本價值並無不同，因此建議高級中等以下各級學校也可以參考大學的做法採取必要的因應措施，至於如何檢討與因應說明如後。

4.學校應從「立法」、「行政」、「救濟」三方面著手，檢討校內學生（其實是包括全體師生）權利保障是否充分

(1)學校是教育的場所，每天都與學生發生密切的關係，所作的決定數量龐大，也往往影響學生的權益。因此學校應從「充實、明確、妥適為校內立法」的角度，將學校內舉凡學務、教務、總務等等與學生權利有影響之各項規定在一定期程之內做一個「總體檢」。而學校規定既多且雜，校內師長與同仁往往又習以為常，未必會發現既有規定的問題，建議尋找校外法律或教育領域專家及在校學生與畢業校友加入檢視。儘可能使學校的「規定」具體、明確、合理以減少爭議。這項功課不只是針對「校」的層級，在「院」、「系（所）」層級也是一樣。此外，系所甚至老師個人常會有較學校「規定」更嚴格（寬鬆）的做法，如果沒有明確授權允許，也很容易引發爭議，也應一併檢討。事實上，透過法規的檢討並且加以公布的過程，不僅是讓學生有所遵循，也是提醒老師在學術專業自由保障外，某些做法也同樣也要遵守校院系所的規定。

(2)教育現場常有另外一種現象，往往規定是一套，但長久以來有另一套做法，這種輕忽「規定」的習慣在日後學生提出爭訟時，學校一定會被質疑。因此法規的定期檢視是非常重要的，不用的就「廢止」或至少加以「修正」！至於學校行政作業上的「慣例」雖應予以尊重，但「慣例」往往欠缺「明確性」，而且依循「慣例」而不遵守規定，反而會被批評「不守法」或「便宜行事」，所以比較好的做法，應該將「慣例」入法，也就是將「慣例」的做法納入成為規定。因此，在「法規」檢討時不僅要確認「有」無法規，更要檢討是否「有在用（執行）」法規，因為「有在用（執行）」，才會認真考慮好不好「用（執行）」，也才會認真檢視法規或規則的合理性。

(3)一旦學校的「規則」明確後，學校「行政」即有遵守的義務，惟「規則」再怎麼訂也不可能不斷因個案而量身訂作，甚至變得鉅細靡遺。此時為避免不公平（平等原則）或不合理（比例原則），且方便第一線師長執行，也可以考慮訂出類似「裁量基準」的規定，若是個別老師的「評分」，其實就是評分標準，標準愈清楚就愈不會產生爭議。同時如果評分標準清楚且在事前（選課前或第一天上課時）公布，而仍然有學生挑戰時又能加以調整，這等於是把潛在爭議預為化解，師長們不妨一試。

(4)當然，校園的進步，不僅有賴師長訂立明確而合理的規則，及老師對成績評定公平合理，學生也應該學習「講理」。所謂「講理」就是有意見要反映、要提出，而不是冷漠忽視。在校園裡重視學校的「規定」，出社會就會重視立法委員的「立法」品質，這是現代公民的重要素養！另一方面如果對規則事前沒有意見，事後又講不清楚「規則」那裡不合理，卻只是不斷尋求救濟，其實是會被認為

「不講理」的！

(5)教育部在釋字第684號解釋之後於100年6月8日發布「大學及專科學校學生申訴案處理原則」，對於學生申訴案之處理有相當完整的指導，學校應把「申訴制度」當作學校有無妥適保障學生權利、有無不慎侵害學生權益的檢討機制。千萬不要存有「怕麻煩」、「沒有申訴案件最好」的心態，事實上每一個申訴案件都是對學校行政措施的再一次檢核，學生申訴有理由，結果表面上看起來是學校犯錯或沒有做好，其實正是學校進步的大好機會！

5.有關學生權益保障的案件類型與發展

(1)傳統上影響學生身分之處分是可以提起救濟的，但釋字第684號之後除法律保障的受教育權外，依自治規章等使學生享有之權利，申請獎助學金、申請學位、論文考試、申請雙修等等如果因學校的處分（准駁）受到影響，可能都會被認為是影響學生權利，而可尋求救濟。所以學校在「教務」（往往影響學生學習權益）措施上「規定」要明確且合理，這部分的檢討與檢核非常重要。

(2)目前較有爭議的是「單科成績」不及格是否屬「行政處分」而得尋求救濟？學界與實務界見解未有一致，尚待行政法院作出更明確的見解。但無論如何，學校都應提醒老師評分標準要合理與清楚，並事前使學生知悉，而老師也應該在評分時謹慎下筆，畢竟每一個學生對每一科目的學習成效（分數）是會跟著學生一輩子的！

(3)至於單次考試成績，例如「期中考成績」、「期末考成績」等，一般都不認為得請求爭訟救濟。

(4)有關大學得否對於學生偏差行為加以懲處，學者不乏持否定意見者，認為此根本不屬大學任務（學術自由）下之自治範疇。但國內

目前的做法由來已久，也得到大法官的支持與《大學法》的明文授權。有關學生對於學校改變身分的懲處，依釋字第382號解釋原本即可請求救濟，至於不影響學生身分之懲處，例如申誡、記過目前實務與學界的看法相當分歧，學校可能會感到困擾，日後也是要有賴行政法院作出更具體的見解。但學校至少應該在獎懲規則的制定與修改（立法論）上力求明確、並在獎懲會議代表的合法組成、獎懲會議審議程序的細緻化（學生可以陳述意見、接受詢問）等各方面盡可能提升懲處作業程序及結果的可靠性。

(5)學校就校園管理、圖書館管理、資訊系統管理、體育館管理、宿舍管理等等各方面往往對於學生有許多要求，有些要求完全不會有爭議，例如「規勸保持安靜」、「進入泳池應著泳衣」等，有些也不太會有爭議，如「一次可以借××（本）書」，但如果涉及個別「停權」的措施，例如「因逾期還書，全面禁止借書三個月」，或無正當理由禁止借用特定場館、甚至「沒收（保證金）」等等，就可能會被認為影響學習權、財產權等，學生應可尋求司法救濟。這類管理規定往往來自於不同單位，各單位均應瞭解學校並非不能管理，但管理的「必要性」與「合理性」與執法的「公平性」日後都會被檢視，學校應該趁著釋字第684號解釋的公布，全面檢視校園內相關的管理規定，才能妥為因應日後的挑戰。

(6)如前述貳、一、所述，學生的基本權與一般人同樣受保障，得尋求司法救濟。因此像學生組織社團（集會結社權）、張貼海報（言論自由）等，依釋字第684號解釋，自然有接受司法審查的可能，一般認為這是學務（學生社團）、總務（校園環境）的管理措施，但如果介入實質審查已有侵害人民基本權的問題；學校　方面應盡量使管理規則明確，且使程序清楚；另一方面若學校的行政作為已達到

實質介入審查，在行政作為的目的上應要緊守「教育目的或秩序維持」為限的要求，且更加謹慎小心，以減少日後學校的做法無法得到司法機關的支持。

(三)結語

釋字第684號解釋的公布，讓許多師長感到擔心，惟恐動輒得咎，甚至「天下大亂」，但也有許多學生覺得沒有什麼差別；有些人認為這是學生權利保障的重大勝利與進步，但也有不少學者提醒能救濟並不代表會勝訴。這些看法都代表某一種面向的觀察與斷判。本文認為台灣歷經數十年的戒嚴時期，徒有憲法規定卻未落實憲法上的人民權利的保障，雖已解嚴二十餘年，但對於權利保障的觀念既不普遍也不徹底。另一方面，孫中山先生的「軍人與學生沒有自由」，甚至德國「特別權力關係」理論的引進，也使得學生（包括公務員甚至軍人）的權利保障不受重視。尤有進者，傳統文化上「帝力於我何有哉」及近年來民意代表才真正由全體國民產生，以上種種因素都使得國民既不懂得主張自己的權利，往往想到權利主張就覺得很困難，甚至看到別人主張權利還會覺得社會混亂！其實我們早就是一個民主國家，在民主國家首先是「主權在民」，所以人民是國家的主人，要限制人民的權利，只有人民選出的代表（民意代表）立法才可以，所以大家以後要慎重「選賢與能」而不是放任「黑金橫行」。其次是「依法行政」，行政單位的公僕是要為民服務，如果不得已要限制人民的權利，要「於法有據」，要「依法」而不可以恣意妄為。而如果萬一行政（部門）濫權或失職，基於權力分立，司法機關要本於「司法獨立」，進行「法之統制」（rule of law），也就是正確適用法律來控

制行政的違法失職。以上的描述，並不是烏托邦，而是民主的ABC，但是國內的現實是大家對民意代表、政府部門（狹義的政府部門就是「行政部門」）乃至司法機關都沒有很高的評價與信賴，然而既然要邁向民主，就不能回頭，大家一定要一起努力使立法、行政、司法更好！但一切的改變要從觀念改變開始，而觀念的改變又要從教育開始。從釋字第382號到釋字第684號，它的影響不應只是對校園的衝擊，更重要的是從當中讓師生重視權利保障（憲法基本價值）、重視大學內部規範的明確與合理（好的立法：大家要參與）、學校行政措施要合乎法令及校內規範（落實依法行政），最後縱若有爭議，可以尋求司法救濟（好的司法，可以定分止爭），如果我們的學生在校園中學習並信仰這些價值，假以時日，一代又一代的學生進入社會，相信台灣的社會就一定能成為優質的公民社會，這是本文對釋字第684號解釋的期待與想像，與大家分享。

　　編按：司法院在民國108年10月25日作出釋字第784號解釋，繼釋字第684號解釋後，指出各級學校學生認其權利因學校之教育或管理等公權力措施而遭受侵害時，得依法提起相應之行政爭訟程序以為救濟，釋字第382號解釋應予變更，併請注意。（釋字第784號解釋及理由書，請參考附錄：相關法規十七）

附録

相關法規

一、教育基本法（民國102年12月11日修正）

第1條　爲保障人民學習及受教育之權利，確立教育基本方針，健全教育體制，特制定本法。

第2條　人民爲教育權之主體。

　　　　教育之目的以培養人民健全人格、民主素養、法治觀念、人文涵養、愛國教育、鄉土關懷、資訊知能、強健體魄及思考、判斷與創造能力，並促進其對基本人權之尊重、生態環境之保護及對不同國家、族群、性別、宗教、文化之瞭解與關懷，使其成爲具有國家意識與國際視野之現代化國民。

　　　　爲實現前項教育目的，國家、教育機構、教師、父母應負協助之責任。

第3條　教育之實施，應本有教無類、因材施教之原則，以人文精神與科學方法，尊重人性價值，致力開發個人潛能，培養群性，協助個人追求自我實現。

第4條　人民無分性別、年齡、能力、地域、族群、宗教信仰、政治理念、社經地位及其他條件，接受教育之機會一律平等。對於原住民、身心障礙者及其他弱勢族群之教育，應考慮其自主性及特殊性，依法令予以特別保障，並扶助其發展。

第5條　各級政府應寬列教育經費，保障專款專用，並合理分配及運用教育資源。

　　　　對偏遠及特殊地區之教育，應優先予以補助。

　　　　教育經費之編列應予以保障；其編列與保障之方式，另以法律定之。

第6條　教育應本中立原則。

　　　　學校不得爲特定政治團體從事宣傳或活動。主管教育行政機關及學校亦不得強迫學校行政人員、教師及學生參加任何政治團體或活動。

　　　　公立學校不得爲特定宗教信仰從事宣傳或活動。主管教育行政機關及公立學校亦不得強迫學校行政人員、教師及學生參加任何宗教活動。

　　　　私立學校得辦理符合其設立宗旨或辦學屬性之特定宗教活動，並應尊重學校行政人員、教師及學生參加之意願，不得因不參加而爲歧視待遇。但宗教研修學院應依私立學校法之規定辦理。

第7條　人民有依教育目的興學之自由；政府對於私人及民間團體興辦教育事業，應依法令提供必要之協助或經費補助，並依法進行財務監督。其著有貢獻者，應予獎勵。

　　　　政府爲鼓勵私人興學，得將公立學校委託私人辦理；其辦法由該主管教育行政機關定之。

第8條　教育人員之工作、待遇及進修等權利義務，應以法律定之，教師之專業自主應予尊重。

　　　　學生之學習權、受教育權、身體自主權及人格發展權，國家應予保障，並使學生不受任何體罰及霸凌行爲，造成身心之侵害。

　　　　國民教育階段內，家長負有輔導子女之責任，並得爲其子女之最佳福祉，依法律選擇受教育之方式、內容及參與學校教育事務之權利。

　　　　學校應在各級政府依法監督下，配合社區發展需要，提供良好學習環境。

　　　　第二項霸凌行爲防制機制、處理程序及其他應遵行事項之準則，由中央主管教育行政機關定之。

第9條　中央政府之教育權限如下：

　　　　一、教育制度之規劃設計。

　　　　二、對地方教育事務之適法監督。

　　　　三、執行全國性教育事務，並協調或協助各地方教育之發展。

　　　　四、中央教育經費之分配與補助。

　　　　五、設立並監督國立學校及其他教育機構。

　　　　六、教育統計、評鑑與政策研究。

　　　　七、促進教育事務之國際交流。

八、依憲法規定對教育事業、教育工作者、少數民族及弱勢群體之教育事項，提供獎勵、扶助或促其發展。

前項列舉以外之教育事項，除法律另有規定外，其權限歸屬地方。

第10條 直轄市及縣（市）政府應設立教育審議委員會，定期召開會議，負責主管教育事務之審議、諮詢、協調及評鑑等事宜。

前項委員會之組成，由直轄市及縣（市）政府首長或教育局局長為召集人，成員應包含教育學者專家、家長會、教師會、教師工會、教師、社區、弱勢族群、教育及學校行政人員等代表；其設置辦法由直轄市、縣（市）政府定之。

第11條 國民基本教育應視社會發展需要延長其年限；其實施另以法律定之。

前項各類學校之編制，應以小班小校為原則，中央主管教育行政機關每年應會同直轄市、縣（市）政府推估未來五年學生及教師人數，以規劃合宜之班級學生人數及教師員額編制，並提供各校必要之協助。

第12條 國家應建立現代化之教育制度，力求學校及各類教育機構之普及，並應注重學校教育、家庭教育及社會教育之結合與平衡發展，推動終身教育，以滿足國民及社會需要。

第13條 政府及民間得視需要進行教育實驗，並應加強教育研究及評鑑工作，以提昇教育品質，促進教育發展。

第14條 人民享有請求學力鑑定之權利。

學力鑑定之實施，由各級主管教育行政機關指定之學校或教育測驗服務機構行之。

第15條 教師專業自主權及學生學習權、受教育權、身體自主權及人格發展權遭受學校或主管教育行政機關不當或違法之侵害時，政府應依法令提供當事人或其法定代理人有效及公平救濟之管道。

第16條 本法施行後，應依本法之規定，修正、廢止或制（訂）定相關教育法令。

第17條 本法除中華民國一百年六月十四日修正之條文，其施行日期由行政院定之外，自公布日施行。

二、教師法（民國108年6月5日修正）

第一章　總則

第1條　為明定教師權利義務，保障教師工作及生活，提升教師專業地位，並維護學生學習權，特制定本法。

第2條　本法所稱主管機關：在中央為教育部；在直轄市為直轄市政府；在縣（市）為縣（市）政府。

軍警校院及矯正學校依本法規定處理專任教師之事項時，除資格檢定及審定外，以其所屬主管機關為本法所稱主管機關。

第3條　本法於公立及已立案之私立學校編制內，按月支給待遇，並依法取得教師資格之專任教師適用之。

軍警校院及矯正學校依本法及教育人員任用條例規定聘任之專任教師，除法律另有規定者外，適用本法之規定。

第4條　教師資格檢定及審定、聘任、解聘、不續聘、停聘及資遣、權利義務、教師組織、申訴及救濟等事項，應依本法之規定。

第二章　資格檢定及審定

第5條　教師資格之取得分檢定及審定二種：高級中等以下學校之教師採檢定制；專科以上學校之教師採審定制。

第6條　高級中等以下學校教師資格之檢定，另以法律定之；經檢定合格之教師，由中央主管機關發給教師證書。

第7條　專科以上學校教師資格之審定分學校審查及中央主管機關審查二階段；教師經學校審查合格者，由學校報請中央主管機關審查，再審查合格者，由中央主管機關發給教師證書。但經中央主管機關認可之學校審查合格者，得逕由中央主管機關發給教師證書。

第8條　專科以上學校教師資格審定辦法，由中央主管機關定之。

第三章　聘任

第9條　高級中等以下學校教師之聘任，分初聘、續聘及長期聘任，除有下列情形之一者外，應經教師評審委員會審查通過後，由校長聘任之：

一、依師資培育法規定分發之公費生。

二、依國民教育法或高級中等教育法回任教師之校長。

前項教師評審委員會之組成，應包括教師代表、學校行政人員代表及家長會代表一人；其中未兼行政或董事之教師代表，不得少於總額二分之一，但教師之員額少於委員總額二分之一者，不在此限。

高級中等以下學校教師評審委員會於處理第十四條第一項第七款及第十款、第十五條第一項第一款至第四款時，學校應另行增聘校外學者專家擔任委員，至未兼行政或董事之教師代表人數少於委員總額二分之一為止。

前三項教師評審委員會之任務、組成方式、任期、議事、迴避及其他相關事項之辦法，由中央主管機關定之。

第10條　高級中等以下學校教師之聘任，以具有教師證書者為限。

高級中等以下學校教師聘任期限，初聘為一年；續聘第一次為一年，以後續聘每次為二年；續聘三次以上服務成績優良者，經教師評審委員會全體委員三分之二以上審查通過後，得以長期聘任，其聘期由各校教師評審委員會訂定之，至多七年。

專科以上學校教師之聘任及期限，分別依大學法及專科學校法之規定辦理。

第11條　高級中等以下學校科、組、課程調整或學校減班、停辦或解散時，學校對仍願繼續任教且在校內有其他適當工作可以調任之合格教師，應優先輔導調整職務；在校內無其他適當工作可以調整職務者，學校或主管機關應優先輔導介聘。

高級中等以下學校或主管機關依前項規定優先輔導介聘之教師，經學校教師評審委員會

審查發現有第三十條各款情形之一者，其聘任應不予通過。

第12條 專科以上學校系、所、科、組、課程調整或學校減班、停辦、解散時，學校對仍願繼續任教且有其他適當工作可以調任之合格教師，應優先輔導遷調，各該主管機關應輔導學校執行。

專科以上學校依前項規定優先輔導遷調之教師，經教師評審委員會審查發現有下列各款情形之一者，其聘任得不予通過：

一、第十四條第一項、第十五條第一項或第十六條第一項各款情形之一，尚在解聘或不續聘處理程序中。

二、有第十八條、第二十一條、第二十二條第一項或第二項之情形，尚在停聘處理程序中或停聘期間。

三、第二十七條第一項第二款或第三款情形之一，尚在資遣處理程序中。

第13條 教師除有第十四條至第十六條、第十八條、第十九條、第二十一條及第二十二條情形之一者外，不得解聘、不續聘或停聘。

第四章　解聘、不續聘、停聘及資遣

第14條 教師有下列各款情形之一者，應予解聘，且終身不得聘任為教師：

一、動員戡亂時期終止後，犯內亂、外患罪，經有罪判決確定。

二、服公務，因貪污行為經有罪判決確定。

三、犯性侵害犯罪防治法第二條第一項所定之罪，經有罪判決確定。

四、經學校性別平等教育委員會或依法組成之相關委員會調查確認有性侵害行為屬實。

五、經學校性別平等教育委員會或依法組成之相關委員會調查確認有性騷擾或性霸凌行為，有解聘及終身不得聘任為教師之必要。

六、受兒童及少年性剝削防制條例規定處罰，或受性騷擾防治法第二十條或第二十五條規定處罰，經學校性別平等教育委員會確認，有解聘及終身不得聘任為教師之必要。

七、經各級社政主管機關依兒童及少年福利與權益保障法第九十七條規定處罰，並經學校教師評審委員會確認，有解聘及終身不得聘任為教師之必要。

八、知悉服務學校發生疑似校園性侵害事件，未依性別平等教育法規定通報，致再度發生校園性侵害事件；或偽造、變造、湮滅或隱匿他人所犯校園性侵害事件之證據，經學校或有關機關查證屬實。

九、偽造、變造或湮滅他人所犯校園毒品危害事件之證據，經學校或有關機關查證屬實。

十、體罰或霸凌學生，造成其身心嚴重侵害。

十一、行為違反相關法規，經學校或有關機關查證屬實，有解聘及終身不得聘任為教師之必要。

教師有前項第一款至第三款規定情形之一者，免經教師評審委員會審議，並免報主管機關核准，予以解聘，不受大學法第二十條第一項及專科學校法第二十七條第一項規定之限制。

教師有第一項第四款至第六款規定情形之一者，免經教師評審委員會審議，由學校逕報主管機關核准後，予以解聘，不受大學法第二十條第一項及專科學校法第二十七條第一項規定之限制。

教師有第一項第七款或第十款規定情形之一者，應經教師評審委員會委員三分之二以上出席及出席委員二分之一以上之審議通過，並報主管機關核准後，予以解聘；有第八款、第九款或第十一款規定情形之一者，應經教師評審委員會委員三分之二以上出席及出席委員三分之二以上之審議通過，並報主管機關核准後，予以解聘。

第15條 教師有下列各款情形之一者，應予解聘，且應議決一年至四年不得聘任為教師：

一、經學校性別平等教育委員會或依法組成之相關委員會調查確認有性騷擾或性霸凌行為，有解聘之必要。

二、受兒童及少年性剝削防制條例規定處罰，或受性騷擾防治法第二十條或第二十五條

規定處罰，經學校性別平等教育委員會確認，有解聘之必要。

三、體罰或霸凌學生，造成其身心侵害，有解聘之必要。

四、經各級社政主管機關依兒童及少年福利與權益保障法第九十七條規定處罰，並經學校教師評審委員會確認，有解聘之必要。

五、行為違反相關法規，經學校或有關機關查證屬實，有解聘之必要。

教師有前項第一款或第二款規定情形之一者，應經教師評審委員會委員二分之一以上出席及出席委員二分之一以上之審議通過，並報主管機關核准後，予以解聘。

教師有第一項第三款或第四款規定情形之一者，應經教師評審委員會委員三分之二以上出席及出席委員二分之一以上之審議通過，並報主管機關核准後，予以解聘；有第五款規定情形者，應經教師評審委員會委員三分之二以上出席及出席委員三分之二以上之審議通過，並報主管機關核准後，予以解聘。

第16條　教師聘任後，有下列各款情形之一者，應經教師評審委員會審議通過，並報主管機關核准後，予以解聘或不續聘；其情節以資遣為宜者，應依第二十七條規定辦理：

一、教學不力或不能勝任工作有具體事實。

二、違反聘約情節重大。

教師有前項各款規定情形之一者，應經教師評審委員會委員三分之二以上出席及出席委員三分之二以上之審議通過。但高級中等以下學校教師有前項第一款情形，學校向主管機關申請教師專業審查會調查屬實，應經教師評審委員會委員二分之一以上出席及出席委員二分之一以上之審議通過。

第17條　主管機關為協助高級中等以下學校處理前條第一項第一款及第二十六條第二項情形之案件，應成立教師專業審查會，受理學校申請案件或依第二十六條第二項提交教師專業審查會審議之案件。

教師專業審查會置委員十一人至十九人，任期二年，由主管機關首長就行政機關代表、教育學者、法律專家、兒童及少年福利學者專家、全國或地方校長團體代表、全國或地方家長團體代表及全國或地方教師組織推派之代表遴聘（派）兼之；任一性別委員人數不得少於委員總數三分之一。

第一項教師專業審查會之組成及運作辦法，由中央主管機關定之。

教師專業審查會之結案報告摘要，應供公眾查閱。

第18條　教師行為違反相關法規，經學校或有關機關查證屬實，未達解聘之程度，而有停聘之必要者，得審酌案件情節，經教師評審委員會委員三分之二以上出席及出席委員三分之二以上之審議通過，議決停聘六個月至三年，並報主管機關核准後，予以終局停聘。

前項停聘期間，不得申請退休、資遣或在學校任教。

第19條　有下列各款情形之一者，不得聘任為教師；已聘任者，應予以解聘：

一、有第十四條第一項各款情形之一。

二、有第十五條第一項各款情形之一，於該議決一年至四年期間。

有前條第一項情形者，於該停聘六個月至二年期間，其他學校不得聘任其為教師；已聘任者，應予以解聘。

前二項已聘任之教師屬依第二十條第一項規定通報有案者，免經教師評審委員會審議，並免報主管機關核准，予以解聘，不受大學法第二十條第一項及專科學校法第二十七條第一項規定之限制；非屬依第二十條第一項規定通報有案者，應依第十四條或第十五條規定予以解聘。

本法中華民國一百零二年六月二十七日修正之條文施行前，因行為不檢有損師道，經有關機關查證屬實而解聘或不續聘之教師，除屬性侵害行為；性騷擾、性霸凌行為、行為違反相關法令且情節重大；體罰或霸凌學生造成其身心嚴重侵害者外，於解聘或不續聘生效日起算逾四年者，得聘任為教師。

第20條　教師有第十四條第一項、第十五條第一項、第十八條第一項及前條第一項、第二項規定之情形者，各級主管機關及各級學校應依規定辦理通報、資訊之蒐集及查詢。

學校聘任教師前，應查詢其有無前條第一項及第二項規定之情形；已聘任者，應定期查詢。

各級主管機關協助學校辦理前項查詢，得使用中央社政主管機關建立之依兒童及少年性剝削防制條例、性騷擾防治法第二十條或兒童及少年福利與權益保障法第九十七條規定受行政處罰者之資料庫。

前三項之通報、資訊之蒐集、查詢、處理、利用及其他相關事項之辦法，由中央主管機關定之。

第21條　教師有下列各款情形之一者，當然暫時予以停聘：
一、依刑事訴訟程序被通緝或羈押。
二、依刑事確定判決，受褫奪公權之宣告。
三、依刑事確定判決，受徒刑之宣告，在監所執行中。

第22條　教師涉有下列各款情形之一者，服務學校應於知悉之日起一個月內經教師評審委員會審議通過後，免報主管機關核准，暫時予以停聘六個月以下，並靜候調查；必要時，得經教師評審委員會審議通過後，延長停聘期間二次，每次不得逾三個月。經調查屬實者，於報主管機關後，至主管機關核准及學校解聘前，應予停聘，免經教師評審委員會審議：
一、第十四條第一項第四款至第六款情形。
二、第十五條第一項第一款或第二款情形。

教師涉有下列各款情形之一，服務學校認為有先行停聘進行調查之必要者，應經教師評審委員會審議通過，免報主管機關核准，暫時予以停聘三個月以下；必要時得經教師評審委員會審議通過後，延長停聘期間一次，且不得逾三個月。經調查屬實者，於報主管機關後，至主管機關核准及學校解聘前，得經教師評審委員會審議通過後，予以停聘：
一、第十四條第一項第七款至第十一款情形。
二、第十五條第一項第三款至第五款情形。

前二項情形應經教師評審委員會委員二分之一以上出席及出席委員二分之一以上之審議通過。

第23條　教師停聘期間，服務學校應予保留底缺；終局停聘期間遇有聘約期限屆滿情形者，學校應予續聘。

依第十八條、前條第一項或第二項規定停聘之教師，於停聘期間屆滿後，學校應予復聘，教師應於停聘期間屆滿次日向學校報到復聘。

依前條第一項或第二項規定停聘之教師，於停聘期間屆滿前，停聘事由已消滅者，得申請復聘。

依前項規定申請復聘之教師，應經教師評審委員會委員二分之一以上出席及出席委員二分之一以上之審議通過後復聘。

依第二十一條規定停聘之教師，於停聘事由消滅後，除經學校依前條第二項規定予以停聘外，學校應予復聘，教師應於事由消滅後次日向學校報到復聘。

經依法停聘之教師，未依第二項規定於停聘期間屆滿次日或未依前項規定於事由消滅後次日向學校報到復聘，或未依第三項規定於停聘事由消滅後三個月內申請復聘者，服務學校應負責查催，教師於回復聘任報到前，仍視為停聘；如仍未於接到查催通知之日起三十日內報到復聘者，除有不可歸責於該教師之事由外，視為辭職。

第24條　受解聘、不續聘或停聘之教師，依法提起救濟後，原解聘、不續聘或停聘決定經撤銷或因其他事由失去效力，除得依法另為處理者外，其服務學校應通知其復聘，免經教師評審委員會審議。

依前項規定復聘之教師，於接獲復聘通知後，應於三十日內報到，其未於期限內報到者，除經核准延長或有不可歸責於該教師之事由外，視為辭職。

依第一項或前條第二項、第三項或第五項規定復聘之教師，服務學校應回復其教師職務。

第25條　依第十八條第一項或第二十一條第二款、第三款停聘之教師，停聘期間不發給待遇。

依第二十一條第一款、第二十二條第一項、第二十三條第六項停聘之教師，於停聘期間不發給待遇；停聘事由消滅後，未受解聘或終局停聘處分，並回復聘任者，補發其停聘期間全數本薪（年功薪）。

依第二十二條第二項停聘之教師，於停聘期間發給半數本薪（年功薪）；調查後未受解聘或終局停聘處分，並回復聘任者，補發其停聘期間另半數本薪（年功薪）。

第26條 學校教師評審委員會、性別平等教育委員會或依法組成之相關委員會依第十四條至第十六條規定作成教師解聘或不續聘之決議，或依第十八條規定作成教師終局停聘之決議後，除本法另有規定外，學校應自決議作成之日起十日內報主管機關核准，並同時以書面附理由通知當事人。

高級中等以下學校教師涉有第十四條至第十六條或第十八條規定之情形，學校教師評審委員會未依規定召開、審議或決議，主管機關認有違法之虞時，應敘明理由交回學校審議或復議；屆期未依法審議或復議者，主管機關得敘明理由逕行提交教師專業審查會審議，並得追究學校相關人員責任。

前項教師專業審查會之決議，應依該案件性質，以學校教師評審委員會原應經之委員出席比率及表決比率審議通過；其決議視同學校教師評審委員會之決議。

專科以上學校教師涉有第十四條至第十六條或第十八條規定之情形，學校教師評審委員會未依規定召開、審議或決議，主管機關認有違法之虞時，應敘明理由交回學校審議或復議；屆期未依法審議或復議者，主管機關得追究學校相關人員責任。

教師解聘、不續聘或終局停聘案尚在處理程序中，其聘約期限屆滿者，學校應予暫時繼續聘任。

第27條 教師有下列各款情事之一者，應經教師評審委員會審議通過，並報主管機關核准後，得予以資遣：

一、因系、所、科、組、課程調整或學校減班、停辦、解散時，現職已無工作又無其他適當工作可以調任。

二、現職工作不適任且無其他工作可調任；或經中央衛生主管機關評鑑合格之醫院證明身體衰弱不能勝任工作。

三、受監護宣告或輔助宣告，尚未撤銷。

符合退休資格之教師有前項各款情形之一，經核准資遣者，得於資遣確定之日起一個月內依規定申請辦理退休，並以原核准資遣生效日為退休生效日。

第28條 學校於知悉教師涉有第十四條第一項或第十五條第一項所定情形之日起，不得同意其退休或資遣。

教師離職後，學校始知悉該教師於聘任期間涉有第十四條第一項或第十五條第一項所定之情形者，學校仍應予以解聘，並依第二十條規定辦理通報。

第29條 高級中等以下學校依本法所為教師之解聘、不續聘、停聘或資遣程序及相關事項之辦法，由中央主管機關定之。

第30條 高級中等以下學校現職教師，有下列各款情形之一者，不得申請介聘：

一、有第十四條第一項、第十五條第一項或第十六條第一項各款情形之一，尚在調查、解聘或不續聘處理程序中。

二、有第十八條第一項、第二十一條、第二十二條第一項或第二項情形，尚在調查、停聘處理程序中或停聘期間。

三、有第二十七條第一項第二款或第三款情形，尚在調查、資遣處理程序中。

第五章　權利義務

第31條 教師接受聘任後，依有關法令及學校章則之規定，享有下列權利：

一、對學校教學及行政事項提供興革意見。

二、享有待遇、福利、退休、撫卹、資遣、保險等權益及保障。

三、參加在職進修、研究及學術交流活動。

四、參加教師組織，並參與其他依法令規定所舉辦之活動。

五、對主管機關或學校有關其個人之措施，認為違法或不當致損害其權益者，得依法提出申訴。

六、教師之教學及對學生之輔導依法令及學校章則享有專業自主。

七、除法令另有規定者外，教師得拒絕參與主管機關或學校所指派與教學無關之工作或

活動。

八、教師依法執行職務涉訟時，其服務學校應輔助其延聘律師為其辯護及提供法律上之協助。

九、其他依本法或其他法律應享有之權利。

前項第八款情形，教師因公涉訟輔助辦法，由中央主管機關定之；另其涉訟係因教師之故意或重大過失所致者，應不予輔助；如服務學校已支付涉訟輔助費用者，應以書面限期命其繳還。

第32條　教師除應遵守法令履行聘約外，並負有下列義務：

一、遵守聘約規定，維護校譽。

二、積極維護學生受教之權益。

三、依有關法令及學校安排之課程，實施適性教學活動。

四、輔導或管教學生，導引其適性發展，並培養其健全人格。

五、從事與教學有關之研究、進修。

六、嚴守職分，本於良知，發揚師道及專業精神。

七、依有關法令參與學校學術、行政工作及社會教育活動。

八、非依法律規定不得洩漏學生個人或其家庭資料。

九、擔任導師。

十、其他依本法或其他法律規定應盡之義務。

前項第四款及第九款之辦法，由各校校務會議定之。

第33條　各級學校教師在職期間應主動積極進修、研究與其教學有關之知能。

教師在職進修得享有帶職帶薪或留職停薪之保障；其進修、研究之經費得由學校或所屬主管機關編列預算支應。

為提升教育品質，鼓勵各級學校教師進修、研究，中央主管機關應規劃多元之教師進修、研究等專業發展制度，其方式、獎勵相關事項之辦法，由中央主管機關定之。

高級中等以下學校各主管機關應建立教師諮商輔導支持體系，協助教師諮商輔導；其辦法由各該主管機關定之。

第34條　教師違反第三十二條第一項各款之規定者，各聘任學校應交教師評審委員會評議後，由學校依有關法令規定處理。

第35條　教師因婚、喪、疾病、分娩或其他正當事由，得依規定請假；其基於法定義務出席作證性侵害、性騷擾及霸凌事件，應給予公假。

前項教師請假之假別、日數、請假程序、核定權責與違反之處理及其他相關事項之規則，由中央主管機關定之。

第36條　教師之待遇，另以法律定之。

第37條　公私立學校教師互轉時，其未核給退休、撫卹、離職及資遣給與之任職年資應合併計算。

第38條　教師之退休、撫卹、離職、資遣及保險，另以法律定之。

第六章　教師組織

第39條　教師組織分為三級：在學校為學校教師會；在直轄市及縣（市）為地方教師會；在中央為全國教師會。

學校班級數少於二十班時，得跨區（鄉、鎮）合併成立學校教師會。

各級教師組織之設立，應依人民團體法規定向該管主管機關申請辦理。

地方教師會應有行政區內半數以上學校教師會加入，始得設立。全國教師會應有半數以上之地方教師會加入，始得成立。

第40條　各級教師組織之基本任務如下：

一、維護教師專業尊嚴與專業自主權。

二、與各級機關協議教師聘約及聘約準則。

三、研究並協助解決各項教育問題。

四、監督離職給付儲金機構之管理、營運、給付等事宜。

五、派出代表參與教師聘任、申訴及其他與教師有關之法定組織。

六、制定教師自律公約。

第41條　學校不得限制教師參加教師組織或擔任教師組織職務。

學校不得因教師參加教師組織、擔任教師組織職務或參與活動，拒絕聘用、解聘或爲其他不利之待遇。

第七章　申訴及救濟

第42條　教師對學校或主管機關有關其個人之措施，認爲違法或不當，致損害其權益者，得向各級教師申訴評議委員會提起申訴、再申訴。

教師因學校或主管機關對其依法申請之案件，於法定期間內應作爲而不作爲，認爲損害其權益者，亦得提起申訴；法令未規定應作爲之期間者，其期間自學校或主管機關受理申請之日起爲二個月。

申訴之提起，應於收受或知悉措施之次日起三十日內以書面爲之；再申訴應於申訴評議書達到之次日起三十日內以書面爲之。

前項期間，以申訴評議委員會收受申訴書或再申訴書之日期爲準。

第43條　教師申訴評議委員會委員，由教師、社會公正人士、學者專家、該地區教師組織代表，及組成教師申訴評議委員會之主管機關或學校代表擔任之；其中未兼行政職務之教師人數不得少於委員總數三分之二。

前項教師組織代表在直轄市、縣（市）由直轄市、縣（市）教師會推薦；在專科以上學校由該校教師會推薦，其無教師會者，由該學校教育階段相當或直轄市、縣（市）教師會推薦；在中央教師申訴評議委員會由全國教師會推薦。

教師申訴評議委員會之組織、迴避、評議程序與方式及其他相關事項之準則，由中央主管機關定之；軍警校院及矯正學校適用之規定，得由各該主管機關另定之。

各級教師申訴評議委員會組織與第一項及第二項規定不符者，應於本法中華民國一百零八年五月十日修正之條文施行之日起一年內完成修正。

第44條　教師申訴之程序分爲申訴及再申訴二級如下：

一、專科以上學校分學校及中央二級。

二、高級中等以下學校分直轄市、縣（市）及中央二級。但中央主管機關所屬學校爲中央一級，其提起之申訴，以再申訴論。

教師不服申訴決定者，得提起再申訴；學校及主管機關不服申訴決定者，亦同。

教師依本法提起申訴、再申訴後，不得復依訴願法提起訴願；於申訴、再申訴程序終結前提起訴願者，受理訴願機關應於十日內，將該事件移送應受理之教師申訴評議委員會，並通知教師；同時提起訴願者，亦同。

教師依訴願法提起訴願後，復依本法提起申訴者，受理之教師申訴評議委員會應停止評議，並於教師撤回訴願或訴願決定確定後繼續評議；原措施屬行政處分者，應爲申訴不受理之決定。

本法中華民國一百零八年五月十日修正之條文施行前，尚未終結之事件，其以後之程序，依修正施行後之本法規定終結之。

原措施性質屬行政處分者，其再申訴決定視同訴願決定；不服再申訴決定者，得依法提起行政訴訟。

第45條　評議決定確定後，就其事件，有拘束各關係機關、學校之效力；原措施之學校或主管機關應依評議決定執行，主管機關並應依法監督其確實執行。

學校未依前項規定辦理，主管機關得依相關法規追究責任，並作爲扣減或停止部分或全部學校獎勵、補助或其他措施之依據。

第46條　直轄市、縣（市）及中央教師申訴評議委員會之評議書應主動公開。但其他法律另有規定者，依其規定。

前項公開，應不包括自然人姓名以外之自然人國民身分證統一編號、護照號碼及其他足資識別該個人之資料。

第八章　附則

第47條　各級學校兼任教師之資格檢定與審定，依本法之規定辦理。

兼任、代課及代理教師之權利、義務、資格、聘任、終止聘約、停止聘約之執行與其通報、資訊之蒐集、查詢及其他相關事項之辦法，由中央主管機關定之。

各級學校專業、技術科目教師及擔任健康與護理課程之護理教師，其資格均依教育人員任用條例之規定辦理。

第48條　前條第三項之護理教師，其解職、申訴、進修、待遇、福利、退休、資遣、撫卹事項，準用教師相關法令規定。

經主管機關介派之護理教師具有健康與護理科合格教師資格者，主管機關得辦理介聘為健康與護理科教師；其介聘辦法，由中央主管機關定之。

第49條　本法各相關條文之規定，於下列幼兒園教師準用之：

一、公立幼兒園教師，其聘任、解聘、不續聘、停聘、資遣、教師組織、申訴、救濟及其他管理相關事項。

二、中華民國一百年十二月三十一日以前已準用本法之私立幼兒園教師，其聘任、進修、研究、離職、資遣、教師組織及申訴相關事項。

第50條　各級學校校長，得準用教師申訴之規定提起申訴。

第51條　本法授權中央主管機關訂定之各項法規命令，中央主管機關應邀請全國教師組織代表參與訂定。

第52條　本法施行細則，由中央主管機關定之。

第53條　本法施行日期，由行政院定之。

三、學校訂定教師輔導與管教學生辦法注意事項

92年5月30日台訓（一）字第0920074060號函訂定
94年9月6日台訓（一）字第0940121652號函修正
96年6月22日台訓（一）字第0960093909號函修正
105年5月20日臺教學（二）字第1050061858號函修正
109年8月3日臺教學（二）字第1090096130號函修正
109年10月28日臺教學（二）字第1090147628號函修正
111年2月11日臺教學（二）字第1112800641號函修正

第一章 總則

一、規範目的

　　教育部為協助學校依教師法規定，訂定教師輔導與管教學生辦法，並落實教育基本法規定，積極維護學生之學習權、受教育權、身體自主權及人格發展權，且維護校園安全與教學秩序，特訂定本注意事項。

二、學校訂定之程序

　　學校訂定教師輔導與管教學生辦法，宜依循民主參與之程序，經有合理比例之學生代表、教師代表、家長代表及行政人員代表參與之會議討論後，將草案內容以適當之方法公告，廣泛聽取各方建議，必要時並得舉辦公聽會或說明會。

　　前項學生代表人數於高級中等以上學校，宜占全體會議人數之五分之一以上；於國民中小學，宜占全體會議人數之十分之一以上。

　　教師輔導與管教學生辦法應經校務會議通過後，由校長發布實施。

　　學校應依相關法令之規定，參考學生、教師、家長等之意見，適時檢討修正教師輔導與管教學生辦法。

三、學校訂定之目的與原則

　　學校訂定教師輔導與管教學生辦法，應本於教育理念，依據教育之專業知能與素養，透過正當、合理且符合教育目的之方式，達到積極正向協助、教育、輔導學生之目的。

四、定義

　　本注意事項所列名詞定義如下：

　　（一）教師：指教師法第三條所稱於公立及已立案之私立學校編制內，按月支給待遇，並依法取得教師資格之專任教師。

　　（二）管教：指教師基於第十點之目的，對學生須強化或導正之行為，所實施之各種有利或不利之集體或個別處置。

　　（三）處罰：指教師於教育過程中，為減少學生不當或違規行為，對學生所實施之各種不利處置，包括合法妥當以及違法或不當之處置；違法之處罰包括體罰、誹謗、公然侮辱、恐嚇及身心虐待等（參照附表一）。

　　（四）體罰：指教師於教育過程中，基於處罰之目的，親自、責令學生自己或第三者對學生身體加強制力，或責令學生採取特定身體動作，使學生身體客觀上受到痛苦或身心受到侵害之行為（參照附表一）。

五、大學學生輔導與管教規定之訂定

　　大學應依大學法第三十二條、本注意事項及相關法令規定，訂定學則、學生獎懲規定及教師輔導與管教學生辦法。

　　大學教師輔導、管教與獎懲學生應依前項所訂定之規定辦理。

六、專科學校學生輔導與管教規定之訂定

　　專科學校應依專科學校法第四十一條、本注意事項及相關法令規定，訂定學則、學生獎懲規定及教師輔導與管教學生辦法。

　　專科學校教師輔導、管教及獎懲學生，應依前項所訂定之規定辦理。

七、高級中等以下學校輔導與管教規定之訂定

　　高級中等以下學校應依教師法、本注意事項及相關法令規定，訂定教師輔導與管教學生辦

法。

高級中等以下學校教師輔導、管教學生應依前項所訂定之規定辦理。

高級中等以下學校教師獎懲學生，應依高級中等學校學生獎懲委員會組織及運作辦法及主管教育行政機關之相關規定辦理。

八、對特殊教育學生輔導與管教規定之訂定

學校依特殊教育法實施特殊教育者，於訂定教師輔導與管教學生辦法時，應參考本注意事項及相關法令規定，考量特殊教育學生身心特性及需要，保持必要彈性。

各級學校教師輔導、管教與獎懲特殊教育學生應依前述原則辦理。

九、教師以外輔導管教人員之準用規定

教師以外輔導管教人員（包括兼任教師、代理教師、代課教師、教官或校安人員、實際執行教學之教育實習人員、專業輔導人員、運動教練、社團指導老師及其他輔導管教人員），準用本注意事項及各校教師輔導與管教學生辦法之規定，辦理輔導與管教學生事宜，以落實教育基本法及相關法令規定，積極維護學生學習權、受教育權、身體自主權及人格發展權，並維護校園安全及教學秩序。

前項準用人員於執行輔導與管教學生前，宜先經適當之學生權利與校園法律實務、輔導諮商及正向管教等專業知能培訓，學校並應安排其接受相關在職訓練，俾能積極導引學生適性發展、協助培養其健全人格，創造友善校園文化及環境。

第二章　輔導與管教之目的及原則

十、輔導與管教學生之目的

教師輔導與管教學生之目的，包括：

（一）增進學生良好行為及習慣，減少學生不良行為及習慣，以促進學生身心發展及身體自主，激發個人潛能，培養健全人格並導引適性發展。

（二）培養學生自尊尊人、自治自律之處世態度。

（三）維護校園安全，避免學生受到霸凌及其他危害。

（四）維護教學秩序，確保班級教學及學校教育活動之正常進行。

十一、平等原則

教師輔導與管教學生，非有正當理由，不得為差別待遇。

十二、比例原則

教師採行之輔導與管教措施，應與學生違規行為之情節輕重相當，並依下列原則為之：

（一）採取之措施應有助於目的之達成。

（二）有多種同樣能達成目的之措施時，應選擇對學生權益損害較少者。

（三）採行之措施所造成之損害不得與欲達成目的之利益顯失均衡。

十三、輔導與管教學生應審酌情狀

教師輔導與管教學生應審酌個別學生下列情狀，以確保輔導與管教措施之合理有效性：

（一）行為之動機與目的。

（二）行為之手段與行為時所受之外在情境影響。

（三）行為違反義務之程度與所生之危險或損害。

（四）學生之人格特質、身心健康狀況、生活狀況與家庭狀況。

（五）學生之品行、智識程度與平時表現。

（六）行為後之態度。

前項所稱行為包含作為及不作為。

十四、輔導與管教學生之基本考量

教師輔導與管教學生，應先了解學生行為之原因，針對其原因選擇解決問題之方法，採取輔導及正向管教措施，並視狀況調整或變更。

教師輔導與管教學生之基本考量如下：

（一）尊重學生之學習權、受教育權、身體自主權及人格發展權。

（二）輔導與管教方式應考量學生身心發展之個別差異，符合學生之人格尊嚴。

（三）啟發學生自我察覺、自我省思及自制能力。

　　（四）對學生所表現之良好行爲與逐漸減少之不良行爲，應多予讚賞、鼓勵及表揚。

　　（五）應教導學生，未受鼓勵或受到批評指責時之正向思考及因應方法，以培養學生承受挫折之能力及堅毅性格。

　　（六）不得因個人或少數人之行爲而處罰其他或全體學生。

　　（七）對學生受教育權之合理限制應依相關法令爲之，且不應完全剝奪學生之受教育權。

　　（八）不得以對學生財產權之侵害（如罰錢等）作爲輔導與管教之手段。但要求學生依法賠償對公物或他人物品之損害者，不在此限。

十五、處罰之正當法律程序

　　學校或教師處罰學生，應視情況適度給予學生陳述意見之機會，以了解其行爲動機與目的等重要情狀，並適當說明所針對之須導正行爲、實施處罰之理由及措施。

　　學生對於教師之處罰措施提出異議，教師認爲有理由者，得斟酌情形，調整所執行之處罰措施；必要時，得將學生移請學生事務處（以下簡稱學務處）或輔導處（室）處置。

　　教師應依學生或其監護權人之請求，說明處罰過程及理由。

十六、對學生與監護權人之資訊公開及溝通

　　學校應對學生及監護權人公開學校所訂之教師輔導與管教學生辦法、校規、有關學生權益之法令規定、權利救濟途徑等相關資訊。

　　監護權人或學校家長會對學校所訂之教師輔導與管教學生辦法及其他相關事項有不同意見時，得向教師或學校提出意見。

　　教師或學校於接獲意見時，應溝通協調及說明理由，認爲監護權人意見有理由時，應予修正或調整；認爲無理由時，應提出說明。

十七、個人或家庭資料之保護

　　教師因輔導與管教學生所取得之個人或家庭資料，非依法律規定，不得對外公開或洩漏。

　　學生或監護權人得依政府資訊公開法、行政程序法第四十六條、個人資料保護法及相關規定，向學校申請閱覽學生個人或家庭資料。但以主張或維護其權利或法律上利益確有必要者爲限。

第三章　輔導與管教之方式

十八、對學生之輔導

　　教師應以通訊、面談或家訪等方式，對學生實施生活輔導，必要時做成記錄；遇有學生身心狀況特殊，需要專業協助時，教師應主動要求輔導單位或其他相關單位協助。

十八之一、學校對教師之協助

　　　　學校應注重教師之學生權利教育訓練，整合內、外部資源協助教師實施班級經營及正向管教，辦理教師在職教育及宣導，強化相關法令素養，營造友善校園環境。

十九、低學業成就學生之處理

　　學生學業成就偏低，而無第二十點各款所列行爲者，教師除予以成績考核外，應瞭解其學業成就偏低之原因（如是否因學習能力不佳、動機與興趣較低、學習方法無效、情緒管理或時間管理不佳、不良生活習慣或精神疾病干擾所致），並針對成因採取有效之輔導與管教方式（如各種鼓勵、口頭說理、口頭勸戒、通知監護權人或補救教學等）。但不得採取處罰措施。

　　前項之輔導無效時，教師認爲應進一步輔導時，得以書面申請學校輔導處（室）處理，必要時並應尋求社政或輔導相關機構支援或協助。

二十、應輔導與管教之違法或不當行爲

　　學生有下列行爲之一者，學校及教師應施以適當輔導或管教：

　　（一）違反法律、法規命令或地方自治規章。

　　（二）違反依合法程序制定之校規。

　　（三）危害校園安全。

　　（四）妨害班級教學及學校教育活動之正常進行。

二十一、訂定校規、班規之限制

　　　　校規應經校務會議通過。

校規、班規、班會或其他班級會議所爲決議，不得訂定對學生科處罰款或其他侵害財產權之規定。

除爲防止危害學生安全或防止疾病傳染所必要者外，學校不得限制學生髮式，或據以處罰，以維護學生身體自主權及人格發展權，並教導及鼓勵學生學習自主管理。

班規、班會或其他班級會議所爲決議，與法令或校規牴觸者無效。

二十二、教師之一般管教措施

教師基於導引學生發展之考量，衡酌學生身心狀況後，得採取下列一般管教措施：

（一）適當之正向管教措施（參照附表二）。

（二）口頭糾正。

（三）在教室內適當調整座位。

（四）要求口頭道歉或書面自省。

（五）列入日常生活表現紀錄。

（六）通知監護權人，協請處理。

（七）要求完成未完成之作業或工作。

（八）適當增加作業或工作。

（九）要求課餘從事可達成管教目的之措施（如學生破壞環境清潔，要求其打掃環境）。

（十）限制參加正式課程以外之學校活動。

（十一）經監護權人同意後，留置學生於課後輔導或參加輔導課程。

（十二）要求靜坐反省。

（十三）要求站立反省。但每次不得超過一堂課，每日累計不得超過兩小時。

（十四）在教學場所一隅，暫時讓學生與其他同學保持適當距離，並以兩堂課爲限。

（十五）經其他教師同意，於行爲當日，暫時轉送其他班級學習。

（十六）依該校學生獎懲規定及法定程序，予以書面懲處。

教師得視情況，於學生下課時間實施前項管教措施，並應給予學生合理之休息時間。

學生反映經教師判斷，或教師主動發現，有下列各款情形之一者，應調整管教方式或停止管教：

（一）學生身體確有不適。

（二）學生確有上廁所或生理日等生理需求。

（三）管教措施有違反第一項規定之虞。

教師對學生實施本點第一項之管教措施後，審酌對學生發展應負之責任，得通知監護權人，並說明採取管教措施及原因。

二十三、教師之強制措施

學生有下列行爲，非立即對學生身體施加強制力，不能制止、排除或預防危害者，教師得採取必要之強制措施：

（一）攻擊教師或他人，毀損公物或他人物品，或有攻擊、毀損行爲之虞時。

（二）自殺、自傷，或有自殺、自傷之虞時。

（三）有其他現行危害校園安全或個人生命、身體、自由或財產之行爲或事實狀況。

二十四、學務處（訓導處）及輔導處（室）之特殊管教措施

依第二十二點所爲之管教無效或學生明顯不服管教，情況急迫，明顯妨害現場活動時，教師得要求學務處或輔導處（室）派員協助，將學生帶離現場。必要時，得強制帶離，並得尋求校外相關機構協助處理。

就前項情形，教師應告知已實施之輔導管教措施或提供輔導管教紀錄，供其參考。

各處室人員將學生帶離現場後，得安排學生前往其他班級、圖書館或輔導處（室）等處，參與適當之活動，或依規定予以輔導與管教。

學務處或輔導處（室）於必要時，得基於協助學生轉換情境、宣洩壓力之輔導目的，衡量學生身心狀況，在學務處或輔導處（室）人員指導下，請學生進行合理之體能活動；但不應基於處罰之目的爲之；若發現學生身體確有不適，應即調整或停止。

二十五、監護權人及家長會之協助輔導管教措施

學務處或輔導處（室）依前點實施管教，須監護權人到校協助處理者，應請監護權人配合到校協助學校輔導該學生及盡管教之責任。

學生違規情形，經學校學務處或輔導處（室）多次處理無效且影響班級其他學生之基本權益者，學校得視情況需要，委請班級（學校）家長代表召開班親會，邀請其監護權人出席，討論有效之輔導管教與改進措施。

二十六、學生獎懲委員會之特殊管教措施

學務處認為學生違規情節重大，擬採取交由其監護權人帶回管教、規劃參加高關懷課程、送請少年輔導單位輔導，或移送警察或司法機關等處置時，應依該校學生獎懲辦法，簽會導師及輔導處（室）提供意見，經學生獎懲委員會討論議決後，始得為之。但情況急迫，應立即移送警察機關處置者，不在此限。

學生獎懲委員會應注意保障當事人學生與其監護權人發言之權利，並充分討論及記載先前已實施各項管教措施之教育效果。

學校除採取第一項所定處置外，必要時，應聯繫社政單位協助處理。

學生交由監護權人帶回管教，每次以五日為限，並應於事前進行家訪，或與監護權人面談，以評估其效果。交由監護權人帶回管教期間，學校應與學生保持聯繫，繼續予以適當之輔導；必要時，學校得終止交由監護權人帶回管教之處置；交由監護權人帶回管教結束後，得視需要予以補課。

二十七、高關懷課程之實施

為有效協助校園之中輟及高關懷群個案，學校應視需要，開設高關懷課程。

學務處或輔導處（室）認為學生違規情節重大，擬採取參加高關懷課程之處置時，應依該校規定，經學生獎懲委員會或高關懷課程執行小組議決後，始得為之。

學校得設高關懷課程執行小組，由校長擔任召集人，業務承辦處室主任擔任執行秘書，小組成員得包括學校各處室主任、相關業務組長、家長會代表、導師等。執行小組應定期開會，每學期應召開二次以上會議，規畫、執行及考核相關業務，並改進相關措施。

高關懷課程編班以抽離式為原則，依學生問題類型之不同，以彈性分組教學模式規劃安排課程（如學習適應課程、生活輔導課程、體能或服務性課程、生涯輔導課程等），每週課程以五日為限，每日以七節以下為原則。

高關懷課程之師資，依實際需要，經執行小組議決後，由校長聘請校內外開設相關課程或活動專長之人員擔任。

各校應視實際開設班別，設專責教師擔任導師工作，以每班一名為原則。

二十八、搜查學生身體及私人物品之限制

為維護學生之身體自主權與人格發展權，除法律有明文規定，或有相當理由及證據足以認為特定學生涉嫌犯罪或攜帶第三十點第一項及第二項各款所列之違禁物品，或為了避免緊急危害者外，學校不得搜查學生身體及其隨身攜帶之私人物品（如書包、手提包等）。

學校進行前項搜查時，應全程錄影。

二十九、校園安全檢查之限制

為維護校園安全，學校得訂定相關規定，由學務處依規定進行安全檢查：

（一）各級學校得依學生宿舍管理規定，進行學生宿舍之定期或不定期檢查：大專校院進行檢查時，應有二位以上之住宿學生代表陪同；高級中等學校進行檢查時，應有二位以上之住宿學生代表或學生家長會代表陪同；國民中小學進行檢查時，則應有二位以上之學生家長會代表陪同。

（二）高級中等學校之學務處對特定學生涉嫌犯罪或攜帶第三十點第一項及第二項各款所列違禁物品，有合理懷疑，而有進行安全檢查之必要時，在二位以上之學生家長會代表、學生會幹部或教師陪同下，得在校園內檢查學生私人物品（如書包、手提包等）或專屬學生私人管領之空間（如抽屜或上鎖之置物櫃等）；國民中小學進行前段之檢查時，應有二位以上之學生家長會代表或教師陪同。進行本款之安全檢查時，被檢查之學生本人得在場。

學務處進行前項各款之安全檢查時，應全程錄影。

學校及有權調閱或保管第二十八點及本點錄影資料之人員應負保密義務。

前項之錄影資料，學校應保存至少三年；有相關之申訴、再申訴、行政爭訟及其他法律救濟程序進行時，學校應保存至該等救濟程序確定後至少六個月。但法律另有規定者，從其規定。

學校所屬教育主管機關基於職權要求或學生申訴評議委員會、學生再申訴評議委員會、訴願審議委員會、法院調查案件需要時，學校有配合提供錄影資料之義務。

三十、違法物品之處理

教師發現學生攜帶或使用下列違法物品時，應儘速通知學校，由學校立即通知警察機關處理。但情況急迫時，得視情況採取適當或必要之處置：

（一）槍砲彈藥刀械管制條例所稱之槍砲、彈藥、刀械。

（二）毒品危害防制條例所稱之毒品、麻醉藥品及相關之施用器材。

教師發現學生攜帶或使用下列違禁物品時，應自行或交由學校予以暫時保管，並視其情節通知監護權人領回。但教師認為下列物品，有依相關法律規定沒收或沒入之必要者，應移送相關權責單位處理：

（一）化學製劑或其他危險物品。

（二）猥褻或暴力之書刊、圖片、影片或其他物品。

（三）菸、酒、檳榔或其他有礙學生健康之物品。

（四）其他法令規定之違禁物品。

教師或學校發現學生攜帶前二項各款以外之物品，足以妨害學習或教學者，得予暫時保管，於無妨害學習或教學之虞時，返還學生或通知監護權人領回。

教師或學校為暫時保管時，應負妥善管理之責，不得損壞。但監護權人接到學校通知後，未於通知書所定期限內領回者，學校不負保管責任，並得移由警察機關或其他相關機關處理。

三十一、學生對公物之賠償

學生毀損公物應負賠償責任時，由學校通知監護權人辦理。

三十二、身心障礙或精神疾病學生之轉介措施

教師實施輔導與管教時，發現學生有身心障礙或精神疾病者，應將輔導與管教紀錄，連同書面申請書送學校輔導處（室），斟酌情形安排學生接受心理諮商，或依法定程序接受特殊教育或治療。

三十三、學生之追蹤輔導及長期輔導

教師、學務處及輔導處（室）對因重大違規事件受處罰之學生，應追蹤輔導，必要時應會同校內外相關單位共同輔導。

學生須接受長期輔導時，學校得要求監護權人配合，並協請社政、輔導或醫療機構處理。

三十四、脆弱或危機家庭學生之處理

教師輔導與管教學生過程中，發現學生可能處於脆弱或危機家庭時，應通報學校。學校應採取晤談評估等方式，辨識學生是否處於脆弱或危機家庭，建立預警系統，建構其篩檢及轉介處遇之機制，以預防兒童少年保護、家庭暴力及性侵害事件之發生，並得於事件發生時，啟動校園危機處理機制，有效處理。

三十五、法令規定之通報義務

教師在輔導與管教學生過程中，知悉學生有下列情形之一者，應依兒童及少年福利與權益保障法第五十三條規定，立即向直轄市、縣（市）主管機關通報，至遲不得超過二十四小時：

（一）施用毒品、非法施用管制藥品或其他有害身心健康之物質。

（二）充當該法第四十七條第一項場所之侍應。

（三）遭受該法第四十九條第一項各款之行為。

（四）有該法第五十一條之情形。

（五）有該法第五十六條第一項各款之情形。

（六）遭受其他傷害之情形。

教師在執行職務時知有疑似家庭暴力情事者，應依家庭暴力防治法第五十條第一項規定，立即通報當地主管機關，至遲不得逾二十四小時。

教師於執行職務知有疑似性侵害犯罪情事者，應依性侵害犯罪防治法第八條規定，立即向當地直轄市、縣（市）主管機關通報，至遲不得超過二十四小時。

教師知悉服務學校發生疑似校園性侵害、性騷擾或性霸凌事件者，依校園性侵害性騷擾或性霸凌防治準則第十六條第一項規定，應立即按學校防治規定所定權責向學校權責人員通報。

三十六、教師或學校之通報方式

教師或學校知悉兒童及少年保護、家庭暴力、性侵害、校園霸凌或校園性侵害、性騷擾、性霸凌事件，應於知悉事件二十四小時內依法進行責任通報，並進行校園安全事件通報，由校長啟動危機處理機制。

學校通報前項事件時，應以密件處理，並注意維護被害人之秘密及隱私，不得洩漏或公開足以識別其身分之資訊，對於通報人之身分資料應予以保密，以維護學生個人及相關人員隱私。

三十七、學校通報相關單位處理監護權人問題

學生須輔導與管教之行為係因監護權人之作為或不作為所致，經與其溝通無效時，學校應函報主管教育行政機關、社政或警政等相關單位協助處理。

第四章　法律責任

三十八、禁止體罰

依教育基本法第八條第二項規定，教師輔導與管教學生，不得有體罰學生之行為。

三十九、禁止刑事違法行為

教師輔導與管教學生，得採規勸或糾正之方式，並應避免有誹謗、公然侮辱、恐嚇等構成犯罪之違法處罰行為。

四十、禁止行政違法行為

教師輔導與管教學生時，應避免有構成行政罰法律責任或國家賠償責任之行為。

四十一、禁止民事違法行為

教師輔導與管教學生時，應避免有侵害學生權利，構成民事侵權行為損害賠償責任之行為。

四十二、不當管教之處置及違法處罰之懲處

教師有不當管教或違法處罰學生之行為者，學校應按情節輕重，依學校教師成績考核辦法或相關規定，予以適當之懲處。

教師違反教育基本法第八條第二項規定，以體罰或其他方式違法處罰學生，造成其身心侵害者，學校應按情節輕重，依教師法、學校教師成績考核辦法或相關規定處理。

第五章　紛爭處理及救濟

四十三、應提供學生申訴途徑

學校應依教育基本法第十五條及相關法令規定，提供學生對教師之輔導與管教措施提出申訴之救濟途徑，以保障學生之學習權、受教育權、身體自主權及人格發展權，增進校園和諧。

四十四、申訴之提起

學生對於教師或學校有關其個人之輔導與管教措施，認為違法或不當致損害其權益者，學生或其監護人、法定代理人，得依相關規定向學校提出申訴。

四十五、申訴案件之處理

學生申訴案件之處理程序、方式及相關服務事項，依相關規定辦理。

學生獎懲委員會之委員，不得兼任學生申訴評議委員會之委員。

四十六、申訴評議之執行

學生之申訴經評議有理由時，對尚未執行完畢之管教措施不得繼續執行，已執行之處分應撤銷。管教措施不能撤銷者，學校或教師應斟酌情形，對申訴人施以致歉、回復名譽

或課業輔導等補救措施，並負起相關法律責任。

四十七、學校之協助處理紛爭

經當事人請求或必要時，學校應協助教師處理紛爭。

教師因合法管教學生，與監護權人發生爭議、行政爭訟或其他司法訴訟時，學校應依教師之請求，提供必要之協助。

四十八、學校提供所需之設施及用品

教師實施輔導與管教工作所需之設施（如諮商處所）、物品（如錄音機電話傳真）及文件表單（如輔導管教記錄表、家長通知書、學生獎懲委員會審議申請表、獎懲委員會裁決書、獎懲委員會裁決通知函、學生申訴單），應由學校行政單位統一提供之；其中提供學生或監護權人使用之文件表單，應公開於學校網站，並列入學生手冊宣導。

附表一、教師違法處罰措施參考表

違法處罰之類型	違法處罰之行為態樣例示
教師親自對學生身體施加強制力之體罰	例如毆打、鞭打、打耳光、打手心、打臀部或責打身體其他部位等
教師責令學生自己或第三者對學生身體施加強制力之體罰	例如命學生自打耳光或互打耳光等
責令學生採取特定身體動作之體罰	例如交互蹲跳、半蹲、罰跪、蛙跳、兔跳、學鴨子走路、提水桶過肩、單腳支撐地面、上下樓梯或其他類似之身體動作等
體罰以外之違法處罰	例如誹謗、公然侮辱、恐嚇、身心虐待、罰款、非暫時保管之沒收或沒入學生物品等

本表僅屬舉例說明之性質，其未列入之情形，符合法定要件（基於處罰之目的、使學生身體客觀上受到痛苦或身心受到侵害等要件）者，仍為違法處罰。

附表二、適當之正向管教措施

正向管教措施	例示
與學生溝通時，先以「同理心」技巧了解學生，也讓學生覺得被了解後，再給予指正、建議。	一、「你的好朋友找你打電玩，你似乎很難拒絕；但是，如果繼續用太多時間玩電玩，你也知道會有很多問題發生。怎麼辦？讓老師和同學一起來幫助你。」 二、「老師了解你受委屈、很生氣，所以你忍不住罵出三字經；但是，罵完三字經，對你自己、對別人有沒有好處？還是帶來更多麻煩？」
告訴學生不能做出某種行為，清楚說明或引導討論不能做的原因。而當他沒有或不再做出該行為時，要儘速且明確地對他沒有或不再做該行為加以稱讚。	一、「上課時，在沒有舉手並被邀請發言時，請你不要講話。」 「因為如果你講話，老師講課的時間就不夠，老師也會分心，課就講不完或講不清楚，同學可能聽不懂。」 「想想看，如果你很想聽課，卻有同學不斷講話，你會受到什麼影響？」 「以前你上課常隨便講話，但今天你沒有隨便講話，你很有禮貌（或很會替別人著想）。」 二、「學校不再規定你的髮型，但請同學不要只注重做髮型、跟流行，而沒有考慮到花錢、功課、健康、團體形象，要考慮不要給自己或別人添加麻煩。」 「想想看，你要如何安排時間與金錢？要花多少金錢、多少時間在髮型上？」 「我們來討論金錢的價值、生命的價值，要把金錢、時間用在什麼事情上比較有意義呢？」 「你以前的頭髮很亂，看起來沒有精神，今天的髮型很清爽，看起來很有活力。」
除具體協助學生了解不能做某種不好行為及其原因外，也要具體引導學生去做出某種良好行為，並且具體說明原因或引導孩子去討論要做這種好行為的原因，並且，當他表現該行為時，明確地對他表現這種行為加以稱讚。	一、「當你要講話時，請你注意場合與發言程序。」 「如果在老師講課時，每個同學都可以任意講話，你認為這樣好嗎？有什麼壞處？相反地，如果大家都能不隨便講話，則有什麼好處、壞處呢？」 「○○同學要講話時，會先舉手問老師，很有禮貌；○○同學，在老師一開始上課，就不再講話，會很認真地看著老師，讓老師很高興，很想好好教給你們最好的！」 二、「我們要出國交流，對方國家很重視禮節與服裝儀容，並且要求整齊，請同學剪好頭髮。」 「我們要出國交流，對方要求短髮、整齊，如果我們不按照對方的要求，後果是什麼，我們要怎麼做比較好？是入境隨俗？或不再去交流？各有何優缺點？什麼樣的決定比較好？」

利用討論、影片故事或案例討論、角色演練及經驗分享，協助學生去了解不同行為的後果（對自己或他人的正負向影響），因而認同行為能做或不能做及其理由，以協助孩子學會自我管理。	請同學在生活中觀察紀錄打人的事件與被打的人的反應及感受，老師帶著學生一起討論；也請同學分享被打的經驗，並討論打人的短期及長期的好處和壞處；師生一起看控制生氣的示範影片，學習如何控制生氣的步驟。
用詢問句啓發學生去思考行為的後果（對自己或對他人的短期與長期好處與壞處），以增加學生對行為的自我控制能力；並給予學生抉擇權，用詢問句與稱讚來鼓勵學生做出理性的抉擇，以鼓勵學生的自主管理。	「你可以繼續每天打電玩打到半夜；但對你的身體、功課以及你和爸媽的關係有什麼壞處？如果你能節制與安排玩電玩的時間，對你有什麼好處？」 「玩電玩有什麼好處？這些好處是不是用其他的活動或做其他事情可以取代？」 「想想看，玩電玩一時的好處、壞處；更長遠的好處、壞處，你如何決定？老師可以協助你一起思考與規劃，作出對自己、對別人都較好的決定。但最重要的，你自己要想清楚，做好決定，並負責任；老師相信你，也期待你做出最有智慧的決定。」
注意孩子所做事情的多元面向，在對負向行為給予指正前，可先對正向行為給予稱讚，以促進師生正向關係，可增加學生對負向行為的改變動機。	一、「關於你大聲叫罵同學、罵學校這件事，老師可以了解到你對同學、學校很關心，這是很好的，以後你還要繼續關心同學！但是，你的方法是不當的，可能會傷害別人，可能會使別人討厭你，也會違反校規，是不是可以改換別的方法來表達你的關心或你的生氣？」 二、「關於你亂貼海報這件事，老師了解你想表達你的意見，這是很好的，你也很有創意；但是，你不依規定貼海報，可能會使校園凌亂，而且也違規了；是否可用別的方法來表達意見與創意而不違規？」
針對不對的行為或不好的行為加以糾正；但也要具體告訴學生是「某行為不好或不對」，不是「孩子整個人不好」。	「你生氣時容易出手打同學，對自己、對同學都不好；但老師並不認為你整個人都不好，老師了解你有時也會幫一些人的忙；希望你發揮會替別人著想、幫忙別人的優點，以後不再打人。」

四、學校實施教師輔導與管教學生辦法須知
（96年6月22日台訓（一）字第0960093909號函訂定）

一、檢討修正相關規定

　　學校應依本須知之規定，修正學校校規、學生手冊等相關規定，提送校務會議通過後實施，學校並應據此要求教師檢討修正班規。

二、學校應對教師提供協助

　　有下列情形之一時，教師或相關人員得向學校尋求協助：

　　（一）教師自覺情緒失控或身心狀況不佳，不適合自行輔導與管教學生。

　　（二）教師輔導與管教學生無效或學生明顯不服輔導或管教。

　　（三）其他教師或相關人員發覺教師情緒失控或身心狀況不佳，輔導與管教無效或不當。

　　教師有前項情形，確實造成教學困擾時，學校宜配合安排具有輔導知能之教師或志工人力協助教師。

　　學校應提供教師研習與進修機會，並協同其他教師協助其改善輔導與管教策略。

三、善用心理諮商輔導資源

　　學校應透過導師、認輔教師、輔導教師、退休教師、認輔志工、社工師、心理師、教務處、學務處（訓導處）、輔導處（室）等相關人員與各項社會人力資源之整合及運用，發揮團隊合作輔導成效。

　　學校應結合校內相關心理諮商輔導資源，提供教師輔導與管教之諮詢，並應結合認輔制度，鼓勵學校教師、退休教師與社會志工認輔適應困難及行為偏差之學生。

　　學校應透過專業諮商心理人員參與學校輔導工作方案，引進心理師、社工師或精神科醫師等之專業人員，協助學校輔導有特殊心理、行為及家庭問題困擾之學生。

四、強化處理後送個案之機制

　　教師因對學生管教無效或學生明顯不服管教，有請求學務處（訓導處）或輔導處（室）協助之需求時，學校應整合校內外資源，善加處理後送個案。

五、學校處理違法處罰學生事件通報與處理流程

　　教師違法處罰學生，且構成刑事、民事或行政法律責任者，學校應依下列三級通報流程處理：

　　（一）一級：學生未受傷

　　　　1、通知家長。

　　　　2、個案學生輔導。

　　　　3、通報主管教育行政機關。

　　　　4、依法告誡或懲處違法處罰學生之教師。

　　（二）二級：學生受輕傷之情形

　　　　1、送學校保健室。

　　　　2、通知家長。

　　　　3、班級輔導。

　　　　4、通報主管教育行政機關。

　　　　5、依法懲處違法處罰學生之教師。

　　（三）三級：學生受重傷之情形

　　　　1、送醫院治療並紀錄受傷情形。

　　　　2、通知家長。

　　　　3、班級輔導。

　　　　4、全校教師、學生及家長之宣導。

　　　　5、通報主管教育行政機關。

　　　　6、依法懲處違法處罰學生之教師。

　　學校對於違法處罰學生之教師，必要時得實施專業輔導。

　　學校遇到重大違法處罰糾紛事件時，應即啟動校園危機處理機制，由校長指定專人進行責任

通報及校安通報、媒體應對及發言，並加強與社會工作及輔導專業人員之協調聯繫，於事件之行政及司法調查過程中，應給予學生及教師必要之心理支持。

六、家長申請閱覽學生資料

家長向學校申請閱覽學生個人輔導資料，除學校依法令負有保密義務，或知悉該家長有遭停止親權、監護權或不適格之情形外，不得拒絕。

七、家長違反兒童及少年福利法之處理

學生需輔導與管教之行為，涉及家長違反兒童及少年福利法第二十六條第二項之規定且溝通無效時，學校應函報社政機關處理，必要時得請警察機關協助。

八、少年事件處理法規定之保密義務

學校應以適當方式提醒教師注意，依少年事件處理法第八十三條第一項規定，任何人不得於媒體、資訊或以其他公示方式揭示有關少年保護事件或少年刑事案件之記事或照片，使閱者由該項資料足以知悉其人為該保護事件受調查、審理之少年或該刑事案件之被告；違反者，依同條第二項規定，由主管機關依法予以處分。

九、實施校園正向管教政策之考核

主管教育行政機關督學視導、教育部統合視導、校長遴選聘任及辦學績效考核，應將各中小學「校園推動正向管教工作計畫」之執行成效，列為重點項目。

主管教育行政機關對執行前項計畫績優之學校，應予獎勵。

十、志工之法律責任

學校應以適當方式提醒志工注意，受學校委任，實際參與輔導與管教學生工作之志工，應遵守學校訂定教師輔導與管教學生辦法注意事項之規定。

志工依學校之指示進行輔導與管教學生工作時，因故意或過失不法侵害他人權利者，依志願服務法第二十二條第一項，由學校負損害賠償責任。

前項情形，志工有故意或重大過失時，依志願服務法第二十二條第二項，賠償之學校對之有求償權。

五、強迫入學條例（民國108年4月17日修正）

第1條　本條例依國民教育法第二條第二項規定制定之。

第2條　六歲至十五歲國民（以下稱適齡國民）之強迫入學，依本條例之規定。

第3條　直轄市、縣（市）為辦理強迫入學事宜，設直轄市、縣（市）強迫入學委員會，由直轄市、縣（市）長、教育、民政、財政、主計、警政、社政等單位主管及鄉（鎮、市、區）長組織之；以直轄市、縣（市）長為主任委員。

第4條　鄉（鎮、市、區）為辦理強迫入學事宜，設鄉（鎮、市、區）強迫入學委員會，由鄉（鎮、市、區）長、民政、財政、戶政、衛生、社政等單位主管及國民中、小學校長組織之；以鄉（鎮、市、區）長為主任委員。

第5條　鄉（鎮、市、區）強迫入學委員會，負責宣導及督促本鄉（鎮、市、區）適齡國民入學。

第6條　適齡國民之父母或監護人有督促子女或受監護人入學之義務，並配合學校實施家庭教育；收容或受託監護適齡國民之機構或個人，亦同。

第7條　六歲應入國民小學之國民，由當地戶政機關於每年五月底前調查造冊，送經主管教育行政機關於六月十五日前依學區分發，並由鄉（鎮、市、區）公所於七月十五日前按學區通知入學。
　　　　前項所定之調查造冊，必要時戶政機關得協調當地國民小學協助辦理。

第8條　國民小學應於每年五月底前，造具當年度畢業生名冊，報請主管教育行政機關辦理分發，並於七月十五日前按學區通知入國民中學。

第8-1條　國民小學及國民中學發現學生有未經請假或不明原因未到校上課達三天以上，或轉學生未向轉入學校報到者，應通報主管教育行政機關，並輔導其復學；其通報及復學輔導辦法，由教育部定之。

第9條　凡應入學而未入學、已入學而中途輟學或長期缺課之適齡國民，學校應報請鄉（鎮、市、區）強迫入學委員會派員作家庭訪問，勸告入學、復學；其因家庭清寒或家庭變故而不能入學、已入學而中途輟學或長期缺課者，報請當地直轄市、縣（市）政府，依社會福利法規或以特別救助方式協助解決其困難。
　　　　前項適齡國民，除有第十二條、第十三條所定情形或有特殊原因經鄉（鎮、市、區）強迫入學委員會核准者外，其父母或監護人經勸告後仍不送入學、復學者，應由學校報請鄉（鎮、市、區）強迫入學委員會予以書面警告，並限期入學、復學。
　　　　經警告並限期入學、復學，仍不遵行者，由鄉（鎮、市、區）公所處一百元以下罰鍰，並限期入學、復學；如未遵限入學、復學，得繼續處罰至入學、復學為止。

第10條　（刪除）

第11條　依本條例規定所處罰鍰，逾期不繳者，移送法院強制執行。

第12條　適齡國民因身心障礙或健康條件達到不能入學之程度，經公立醫療機構證明者，得核定暫緩入學。但健康恢復後仍應入學。

第13條　身心障礙之適齡國民，應經直轄市及縣（市）主管教育行政機關特殊教育學生鑑定及就學輔導委員會鑑定後，安置入學實施特殊教育。但經鑑定確有暫緩入學之必要者，得予核定暫緩入學，最長以一年為限，並應副知鄉（鎮、市、區）強迫入學委員會。
　　　　前項暫緩入學之核定基準、程序及其他相關事項之辦法，由直轄市、縣（市）主管教育行政機關定之。

第14條　直轄市及縣（市）主管教育行政機關應主動調查因地區偏遠路途遙遠無法當日往返上學之學生，學校應提供膳宿設備、交通或其他有效措施。

第15條　適齡國民隨同家庭遷移戶籍者，由遷入地戶政機關以副本通知當地強迫入學委員會執行強迫入學或轉學事宜。

第16條　本條例施行細則由教育部定之。

第17條　本條例自公布日施行。

六、少年事件處理法（民國112年6月21日修正）

第一章　總則

第1條　爲保障少年健全之自我成長，調整其成長環境，並矯治其性格，特制定本法。

第1-1條　少年保護事件及少年刑事案件之處理，依本法之規定。

本法未規定者，於與少年保護事件、少年刑事案件性質不相違反之範圍內，準用其他法律。

第2條　本法稱少年者，謂十二歲以上十八歲未滿之人。

第3條　下列事件，由少年法院依本法處理之：

一、少年有觸犯刑罰法律之行爲者。

二、少年有下列情形之一，而認有保障其健全自我成長之必要者：

（一）無正當理由經常攜帶危險器械。

（二）有施用毒品或迷幻物品之行爲而尚未觸犯刑罰法律。

（三）有預備犯罪或犯罪未遂而爲法所不罰之行爲。

前項第二款所指之保障必要，應依少年之性格及成長環境、經常往來對象、參與團體、出入場所、生活作息、家庭功能、就學或就業等一切情狀而爲判斷。

第3-1條　詢問或訊問少年時，應通知其法定代理人、現在保護少年之人或其他適當之人陪同在場。但經合法通知，無正當理由不到場或有急迫情況者，不在此限。

依法應於二十四小時內護送少年至少年法院之事件，等候前項陪同之人到場之時間不予計入，並應釋明其事由。但等候時間合計不得逾四小時。

少年因精神或其他心智障礙無法爲完全之陳述者，必要時，得請兒童及少年心理衛生或其他專業人士協助。

少年不通曉詢問或訊問之人所使用之語言者，應由通譯傳譯之。其爲聽覺、語言或多重障礙者，除由通譯傳譯外，並得以文字、手語或其他適當方式詢問或訊問，亦得許其以上開方式表達。

第3-2條　詢問或訊問少年時，應先告知下列事項：

一、所涉之觸犯刑罰法律事實及法條或有第三條第一項第二款各目事由；經告知後，認爲應變更者，應再告知。

二、得保持緘默，無須違背自己之意思而爲陳述。

三、得選任輔佐人；如依法令得請求法律扶助者，得請求之。

四、得請求調查有利之證據。

少年表示已選任輔佐人時，於被選任之人到場前，應即停止詢問或訊問。但少年及其法定代理人或現在保護少年之人請求或同意續行詢問或訊問者，不在此限。

第3-3條　詢問、訊問、護送少年或使其等候時，應與一般刑事案件之嫌疑人或被告隔離。但偵查、審判中認有對質、詰問之必要者，不在此限。

第3-4條　連續詢問或訊問少年時，得有和緩之休息時間。

詢問或訊問少年，不得於夜間行之。但有下列情形之一者，不在此限：

一、有急迫之情形。

二、查驗其人有無錯誤。

三、少年、其法定代理人或現在保護少年之人請求立即詢問或訊問。

前項所稱夜間者，爲日出前，日沒後。

第4條　少年犯罪依法應受軍事審判者，得由少年法院依本法處理之。

第二章　少年法院之組織

第5條　直轄市設少年法院，其他縣（市）得視其地理環境及案件多寡分別設少年法院。

尚未設少年法院地區，於地方法院設少年法庭。但得視實際情形，其職務由地方法院原編制內人員兼任，依本法執行之。

高等法院及其分院設少年法庭。

第5-1條 少年法院分設刑事庭、保護庭、調查保護處、公設輔佐人室，並應配置心理測驗員、心理輔導員及佐理員。

第5-2條 少年法院之組織，除本法有特別規定者外，準用法院組織法有關地方法院之規定。

第5-3條 心理測驗員、心理輔導員及佐理員配置於調查保護處。
心理測驗員、心理輔導員，委任第五職等至薦任第八職等。佐理員委任第三職等至薦任第六職等。

第6條 （刪除）

第7條 少年法院院長、庭長及法官、高等法院及其分院少年法庭庭長及法官、公設輔佐人，除須具有一般之資格外，應遴選具有少年保護之學識、經驗及熱忱者充之。
前項院長、庭長及法官遴選辦法，由司法院定之。

第8條 （刪除）

第9條 少年調查官職務如下：
一、調查、蒐集關於少年保護事件之資料。
二、對於少年觀護所少年之調查事項。
三、法律所定之其他事務。
少年保護官職務如下：
一、掌理由少年保護官執行之保護處分。
二、法律所定之其他事務。
少年調查官及少年保護官執行職務，應服從法官之監督。

第10條 調查保護處置處長一人，由少年調查官或少年保護官兼任，綜理及分配少年調查及保護事務；其人數合計在六人以上者，應分組辦事，各組並以一人兼任組長，襄助處長。

第11條 心理測驗員、心理輔導員、書記官、佐理員及執達員隨同少年調查官或少年保護官執行職務者，應服從其監督。

第12條 （刪除）

第13條 少年法院兼任處長或組長之少年調查官、少年保護官薦任第九職等或簡任第十職等，其餘少年調查官、少年保護官薦任第七職等至第九職等。
高等法院少年法庭少年調查官薦任第八職等至第九職等或簡任第十職等。

第三章 少年保護事件

第一節 調查及審理

第14條 少年保護事件由行為地或少年之住所、居所或所在地之少年法院管轄。

第15條 少年法院就繫屬中之事件，經調查後認為以由其他有管轄權之少年法院處理，可使少年受更適當之保護者，得以裁定移送於該管少年法院；受移送之法院，不得再行移送。

第16條 刑事訴訟法第六條第一項、第二項，第七條及第八條前段之規定，於少年保護事件準用之。

第17條 不論何人知有第三條第一項第一款之事件者，得向該管少年法院報告。

第18條 司法警察官、檢察官或法院於執行職務時，知有第三條第一項第一款之事件者，應移送該管少年法院。
司法警察官、檢察官或法院於執行職務時，知有第三條第一項第二款之情形者，得通知少年住所、居所或所在地之少年輔導委員會處理之。
對於少年有監督權人、少年之肄業學校、從事少年保護事業之機關或機構，發現少年有第三條第一項第二款之情形者，得通知少年住所、居所或所在地之少年輔導委員會處理之。
有第三條第一項第二款情形之少年，得請求住所、居所或所在地之少年輔導委員會協助之。
少年住所、居所或所在地之少年輔導委員會知悉少年有第三條第一項第二款情形之一者，應結合福利、教育、心理、醫療、衛生、戶政、警政、財政、金融管理、勞政、移民及其他相關資源，對少年施以適當期間之輔導。

前項輔導期間，少年輔導委員會如經評估認由少年法院處理，始能保障少年健全之自我成長者，得敘明理由並檢具輔導相關紀錄、有關資料及證據，請求少年法院處理之，並持續依前項規定辦理。

少年輔導委員會對於少年有第三條第一項第二款行為所用、所生或所得之物，得扣留、保管之，除依前項規定檢具請求少年法院處理者外，應予沒入、銷毀、發還或為適當之處理；其要件、方式、程序及其他相關事項之辦法，由行政院會同司法院定之。

直轄市、縣（市）政府少年輔導委員會應由具備社會工作、心理、教育、家庭教育或其他相關專業之人員，辦理第二項至第六項之事務；少年輔導委員會之設置、輔導方式、辦理事務、評估及請求少年法院處理等事項之辦法，由行政院會同司法院定之。

於中華民國一百十二年七月一日前，司法警察官、檢察官、法院、對於少年有監督權人、少年之肄業學校、從事少年保護事業之機關或機構，發現少年有第三條第一項第二款之情形者，得移送或請求少年法院處理之。

第18-1條　司法警察官或司法警察為調查少年觸犯刑罰法律之行為，必要時，得使用通知書，通知少年、少年之法定代理人、現在保護少年之人或其他適當之人到場。

前項通知書，由司法警察機關主管長官簽名，並應記載下列事項：

一、受通知人之姓名、性別、出生年月日、身分證明文件編號及住、居所。

二、事由。

三、應到之日、時、處所。

四、少年無正當理由不到場者，得報請該管少年法院法官核發同行書強制其到場之意旨。

司法警察官或司法警察未使用通知書通知第一項所定之人到場者，應於通知時，告知前項第一款至第三款之事項。

司法警察官或司法警察詢問、同行、逕行同行、逮捕或接受少年時，應即告知少年、少年之法定代理人或現在保護少年之人第三條之二第一項各款事項；少年有第三條之一第三項或第四項所定情形者，並應依各該項規定辦理。

第18-2條　少年經合法通知，無正當理由不到場者，司法警察官或司法警察於必要時，得報請該管少年法院法官核發同行書，強制其到場。

第18-3條　司法警察官或司法警察因調查少年觸犯刑罰法律之行為，有下列各款情形之一者，得不經通知，逕行報請該管少年法院法官核發同行書，強制少年到場：

一、逃匿或有事實足認為有逃匿之虞。

二、有事實足認為有湮滅、偽造、變造證據或串證之虞。

三、所觸犯之刑罰法律為死刑、無期徒刑或最輕本刑為五年以上有期徒刑之罪。

第18-4條　司法警察官或司法警察因調查少年觸犯刑罰法律之行為，有下列各款情形之一而情況急迫者，得逕行同行之：

一、因現行犯之供述，且有事實足認為共同觸犯刑罰法律。

二、少年於收容、羈押、執行感化教育或徒刑之執行中脫逃。

三、有事實足認為觸犯刑罰法律，經被盤查而逃逸。

四、所觸犯之刑罰法律為死刑、無期徒刑或最輕本刑為五年以上有期徒刑之罪，有事實足認為有逃匿之虞。

前項第一款及第三款，於所觸犯之刑罰法律顯係最重本刑為三年以下有期徒刑、拘役或專科罰金之罪，不適用之。

第一項同行，以其急迫情況不及向該管少年法院法官報請核發同行書者為限，於執行後，應即報請該管少年法院法官簽發同行書。如法官不簽發時，應即將被同行少年釋放。

第18-5條　司法警察官或司法警察同行觸犯刑罰法律之少年，應自同行時起二十四小時內，指派安適人員，將少年連同卷證，護送該管少年法院處理。但法官通知其即時護送者，應即護送。

檢察官、司法警察官或司法警察發現被逕行拘提之人為少年者，應依前項規定處理。

前二項情形，其關係人之筆錄或有關證據，如因情況急迫，不及蒐集調查者，得由原移

送機關於三日內補送之。

第18-6條 前條規定，於檢察官、司法警察官、司法警察逮捕、接受或發現被逮捕之人為少年時，準用之。

前項少年所觸犯之刑罰法律顯係最重本刑為三年以下有期徒刑、拘役或專科罰金之罪時，司法警察官或司法警察得填載不護送報告書，以傳真或其他適當方式，報請該管少年法院法官許可後，不予護送，逕行釋放。但法官未許可者，應即護送。

司法警察官、司法警察依前項規定不護送少年時，應將法官批示許可不護送報告書附於警卷內，檢同相關卷證於七日內將案件移送該管少年法院處理。

第18-7條 司法警察官因調查少年觸犯刑罰法律之行為，必要時，得準用刑事訴訟法、通訊保障及監察法關於人證、鑑定、搜索、扣押、證據保全及通訊監察之規定，逕向該管少年法院聲請或陳報之。

第18-8條 對少年執行同行、逕行同行、協尋、護送或逮捕時，應注意其身體及名譽；除依少年之身心狀況、使用暴力情形、所處環境、年齡或其他事實，認有防止其自傷、傷人、脫逃或嚴重毀損他人財物之必要，且無其他約制方法外，不應對少年使用約束工具。

前項除外情形，不得逾必要之程度，避免公然暴露少年之約束工具及確保少年不致於因而受到侵害；認已無繼續使用之必要時，應即解除。

前二項使用約束工具之範圍、方式、程序及其他應遵行事項之實施辦法，由行政院會同司法院定之。

第18-9條 少年法院接受移送、報告或請求之事件後，認為有關證據或其他可供參考之資料未完備者，得於收案後以書面敘明應補足或調查之部分，並指定期間將卷證發回或發交司法警察機關或其他相關機關補足或調查；受發回或發交之機關應於限定之期間內補正。

第19條 少年法院接受移送、報告或請求之事件後，應先由少年調查官調查該少年與事件有關之行為、其人之品格、經歷、身心狀況、家庭情形、社會環境、教育程度以及其他必要之事項，於指定之期限內提出報告，並附具建議。

少年調查官調查之結果，不得採為認定事實之唯一證據。

少年調查官到庭陳述調查及處理之意見時，除有正當理由外，應由進行第一項之調查者為之。

少年法院訊問關係人時，書記官應製作筆錄。

第20條 少年法院審理少年保護事件，得以法官一人獨任行之。

第21條 少年法院法官或少年調查官對於事件之調查，必要時得傳喚少年、少年之法定代理人或現在保護少年之人到場。

前項調查，應於相當期日前將調查之日、時及處所通知少年之輔佐人。

第一項之傳喚，應用通知書，記載左列事項，由法官簽名；其由少年調查官傳喚者，由少年調查官簽名：

一、被傳喚人之姓名、性別、年齡、出生地及住居所。

二、事由。

三、應到場之日、時及處所。

四、無正當理由不到場者，得強制其同行。

傳喚通知書應送達於被傳喚人。

第22條 少年、少年之法定代理人或現在保護少年之人，經合法傳喚，無正當理由不到場者，少年法院法官得依職權或依少年調查官之請求發同行書，強制其到場。但少年有刑事訴訟法第七十六條所列各款情形之一，少年法院法官並認為必要時，得不經傳喚，逕發同行書，強制其到場。

同行書應記載左列事項，由法官簽名：

一、應同行人之姓名、性別、年齡、出生地、國民身分證字號、住居所及其他足資辨別之特徵。但年齡、出生地、國民身分證字號或住居所不明者，得免記載。

二、事由。

三、應與執行人同行到達之處所。

四、執行同行之期限。

第23條　同行書由執達員、司法警察官或司法警察執行之。

　　　　同行書應備三聯，執行同行時，應各以一聯交應同行人及其指定之親友，並應注意同行人之身體及名譽。

　　　　執行同行後，應於同行書內記載執行之處所及年、月、日；如不能執行者，記載其情形，由執行人簽名提出於少年法院。

第23-1條　少年行蹤不明者，少年法院得通知各地區少年法院、檢察官、司法警察機關協尋之。但不得公告或登載報紙或以其他方法公開之。

　　　　協尋少年，應用協尋書，記載左列事項，由法官簽名：

　　　　一、少年之姓名、性別、年齡、出生地、國民身分證字號、住居所及其他足資辨別之特徵。但年齡、出生地、國民身分證字號或住居所不明者，得免記載。

　　　　二、事件之內容。

　　　　三、協尋之理由。

　　　　四、應護送之處所。

　　　　少年經尋獲後，少年調查官、檢察官、司法警察官或司法警察，得逕行護送少年至應到之處所。

　　　　協尋於其原因消滅或顯無必要時，應即撤銷。撤銷協尋之通知，準用第一項之規定。

第24條　刑事訴訟法關於人證、鑑定、通譯、勘驗、證據保全、搜索及扣押之規定，於少年保護事件性質不相違反者準用之。

第25條　少年法院因執行職務，得請警察機關、自治團體、學校、醫院或其他機關、團體為必要之協助。

第26條　少年法院於必要時，對於少年得以裁定為下列之處置：

　　　　一、責付於少年之法定代理人、家長、最近親屬、現在保護少年之人、適當之機關、福利、教養機構、醫療機構、執行過渡性教育措施或其他適當措施之處所、團體或個人，並得在事件終結前，交付少年調查官為適當之輔導。

　　　　二、命收容於少年觀護所進行身心評估及行為觀察，並提供鑑別報告。但以不能責付或以責付為顯不適當，而需收容者為限；少年、其法定代理人、現在保護少年之人或輔佐人，得隨時向少年法院聲請責付，以停止收容。

　　　　少年法院就少年故意致死亡、致重傷或侵害性自主權之事件，經審酌少年健全自我成長之保障與被害人或其家屬之保護，認有必要者，得於裁定責付時，命少年於事件終結確定前遵守下列事項：

　　　　一、禁止對被害人或其家屬之身體或財產實施危害。

　　　　二、禁止對被害人或其家屬為恐嚇、騷擾、接觸、跟蹤之行為。

　　　　三、禁止無正當理由接近被害人或其家屬之住居所、學校、工作場所或其他經常出入之特定場所特定距離。

　　　　四、禁止其他危害被害人或其家屬之事項。

　　　　少年法院就少年觸犯刑法第二編第二十八章之一，或以性影像觸犯刑法第三百零四條、第三百零五條及第三百四十六條之事件，經審酌少年健全自我成長之保障與被害人之保護，認有必要者，得命少年於事件終結確定前遵守下列事項：

　　　　一、前項第一款至第三款之事項。

　　　　二、禁止重製、散布、播送、交付、公然陳列，或以他法供人觀覽被害人之性影像。

　　　　三、提出或交付被害人之性影像。

　　　　四、移除或向網際網路平台提供者、網際網路應用服務提供者申請刪除已上傳之被害人之性影像。

　　　　五、禁止其他危害被害人之事項。

　　　　犯罪被害人權益保障法第三條第一款第二目、第三款、第六款、第三十七條、第三十八條、第四十條及第四十二條之規定，於前二項情形，準用之。

第26-1條　收容少年應用收容書。

　　　　收容書應記載下列事項，由法官簽名：

　　　　一、少年之姓名、性別、年齡、出生地、國民身分證字號、住居所及其他足資辨別之特

徵。但年齡、出生地、國民身分證字號或住居所不明者，得免記載。

二、事件之內容。

三、收容之理由。

四、應收容之處所。

第二十三條第二項之規定，於執行收容準用之。

第26-2條　少年觀護所收容少年之期間，調查或審理中均不得逾二月。但有繼續收容之必要者，得於期間未滿前，由少年法院裁定延長之；延長收容期間不得逾一月，以一次為限。收容之原因消滅時，少年法院應依職權或依少年、其法定代理人、現在保護少年之人或輔佐人之聲請，將命收容之裁定撤銷之。

事件經抗告者，抗告法院之收容期間，自卷宗及證物送交之日起算。

事件經發回者，其收容及延長收容之期間，應更新計算。

裁定後送交前之收容期間，算入原審法院之收容期間。

少年觀護所之人員，應於職前及在職期間接受包括少年保護之相關專業訓練；所長、副所長、執行鑑別及教導業務之主管人員，應遴選具有少年保護之學識、經驗及熱忱者充任。

少年觀護所之組織、人員之遴聘及教育訓練等事項，以法律定之。

第27條　少年法院依調查之結果，認少年觸犯刑罰法律，且有下列情形之一者，應以裁定移送於有管轄權之法院檢察署檢察官：

一、犯最輕本刑為五年以上有期徒刑之罪者。

二、事件繫屬後已滿二十歲者。

除前項情形外，少年法院依調查之結果，認犯罪情節重大，參酌其品行、性格、經歷等情狀，以受刑事處分為適當者，得以裁定移送於有管轄權之法院檢察署檢察官。

前二項情形，於少年犯罪時未滿十四歲者，不適用之。

第28條　少年法院依調查之結果，認為無付保護處分之原因或以其他事由不應付審理者，應為不付審理之裁定。

少年因心神喪失而為前項裁定者，得令入相當處所實施治療。

第29條　少年法院依少年調查官調查之結果，認為情節輕微，以不付審理為適當者，得為不付審理之裁定，並為下列處分：

一、告誡。

二、交付少年之法定代理人或現在保護少年之人嚴加管教。

三、轉介福利、教養機構、醫療機構、執行過渡性教育措施或其他適當措施之處所為適當之輔導。

前項處分，均交由少年調查官執行之。

少年法院為第一項裁定前，得斟酌情形，經少年、少年之法定代理人及被害人之同意，轉介適當機關、機構、團體或個人進行修復，或使少年為下列各款事項：

一、向被害人道歉。

二、立悔過書。

三、對被害人之損害負賠償責任。

前項第三款之事項，少年之法定代理人應負連帶賠償之責任，並得為民事強制執行之名義。

第30條　少年法院依調查之結果，認為應付審理者，應為開始審理之裁定。

第31條　少年或少年之法定代理人或現在保護少年之人，得隨時選任少年之輔佐人。

犯最輕本刑為三年以上有期徒刑之罪，未經選任輔佐人者，少年法院應指定適當之人輔佐少年。其他案件認有必要者亦同。

前項案件，選任輔佐人無正當理由不到庭者，少年法院亦得指定之。

前兩項指定輔佐人之案件，而該地區未設置公設輔佐人時，得由少年法院指定適當之人輔佐少年。

公設輔佐人準用公設辯護人條例有關規定。

少年保護事件中之輔佐人，於與少年保護事件性質不相違反者，準用刑事訴訟法辯護人

之相關規定。

第31-1條　選任非律師爲輔佐人者，應得少年法院之同意。

第31-2條　輔佐人除保障少年於程序上之權利外，應協助少年法院促成少年之健全成長。

第32條　少年法院審理事件應定審理期日。審理期日應傳喚少年、少年之法定代理人或現在保護少年之人，並通知少年之輔佐人。

少年法院指定審理期日時，應考慮少年、少年之法定代理人、現在保護少年之人或輔佐人準備審理所需之期間。但經少年及其法定代理人或現在保護少年之人之同意，得及時開始審理。

第二十一條第三項、第四項之規定，於第一項傳喚準用之。

第33條　審理期日，書記官應隨同法官出席，製作審理筆錄。

第34條　調查及審理不公開。但少年法院得許少年之親屬、學校教師、從事少年保護事業之人或其他認爲相當之人在場旁聽；必要時得聽取其意見。

第35條　審理應以和藹懇切之態度行之。法官參酌事件之性質與少年之身心、環境狀態，得不於法庭內進行審理。

第36條　審理期日訊問少年時，應予少年之法定代理人或現在保護少年之人及輔佐人陳述意見之機會。

第36-1條　審理期日，應傳喚被害人及其法定代理人或現在保護被害人之人到庭陳述意見。但經合法傳喚無正當理由不到場，或陳明不願到場，或少年法院認爲不必要或有礙少年健全之自我成長者，不在此限。

前項被害人及其法定代理人或現在保護被害人之人之意見陳述，少年法院得於調查時爲之。

被害人依前二項之規定到場者，其配偶、直系或三親等內旁系血親、家長、家屬、醫師、心理師、輔導人員、社工人員或其信賴之人，經被害人同意後，得陪同在場，並得陳述意見。但少年法院認有礙程序進行或少年健全之自我成長者，不適用之。

少年法院審酌個案情節、被害人及少年之身心狀況，並聽取被害人、少年及其他在場人之意見後，認有必要者，得不令少年及其法定代理人或現在保護少年之人在場，或透過單面鏡、聲音影像相互傳送之科技設備或其他適當隔離措施爲之。

被害人及其法定代理人或現在保護被害人之人得向少年法院查詢調查及審理之進度；少年法院認不宜告知者，亦應回復之。

第37條　審理期日，應調查必要之證據。

少年應受保護處分之原因、事實，應依證據認定之。

第38條　少年法院認爲必要時，得爲下列處置：

一、少年爲陳述時，不令少年以外之人在場。

二、少年以外之人爲陳述時，不令少年在場。

前項少年爲陳述時，少年法院應依其年齡及成熟程度權衡其意見。

第39條　少年調查官應於審理期日出庭陳述調查及處理之意見。

少年法院不採少年調查官陳述之意見者，應於裁定中記載不採之理由。

第40條　少年法院依審理之結果，認爲事件有第二十七條第一項之情形者，應爲移送之裁定；有同條第二項之情形者，得爲移送之裁定。

第41條　少年法院依審理之結果，認爲事件不應或不宜付保護處分者，應裁定諭知不付保護處分。

第二十八條第二項、第二十九條第三項、第四項之規定，於少年法院認爲事件不宜付保護處分，而依前項規定爲不付保護處分裁定之情形準用之。

第42條　少年法院審理事件，除爲前二條處置者外，應對少年以裁定諭知下列之保護處分：

一、訓誡，並得予以假日生活輔導。

二、交付保護管束並得命爲勞動服務。

三、交付安置於適當之福利、教養機構、醫療機構、執行過渡性教育措施或其他適當措施之處所輔導。

四、令入感化教育處所施以感化教育。

少年有下列情形之一者，得於為前項保護處分之前或同時諭知下列處分：

一、少年施用毒品或迷幻物品成癮，或有酗酒習慣者，令入相當處所實施禁戒。

二、少年身體、精神或其他心智顯有障礙者，令入醫療機構或其他相當處所實施治療。

第一項處分之期間，毋庸諭知。

第二十六條第二項至第四項、第二十九條第三項、第四項之規定，於少年法院依第一項為保護處分之裁定情形準用之。

少年法院為第一項裁定前，認有必要時，得徵詢適當之機關（構）、學校、團體或個人之意見，並得召開協調、諮詢或整合符合少年所需之福利服務、安置輔導、衛生醫療、就學、職業訓練、就業服務、家庭處遇計畫或其他資源與服務措施之相關會議。

前項規定，於第二十六條、第二十八條、第二十九條第一項、第四十一條第一項、第四十四條第一項、第五十一條第三項、第五十五條第一項、第四項、第五十五條之二第二項至第五項、第五十五條之三、第五十六條第一項及第三項情形準用之。

第43條　刑法及其他法律有關沒收之規定，於第二十八條、第二十九條、第四十一條及前條之裁定準用之。

少年法院認供第三條第一項第二款各目行為所用或所得之物不宜發還者，得沒收之。

第44條　少年法院為決定宜否為保護處分或應為何種保護處分，認有必要時，得以裁定將少年交付少年調查官為六月以內期間之觀察。

前項觀察，少年法院得徵詢少年調查官之意見，將少年交付適當之機關、學校、團體或個人為之，並受少年調查官之指導。

少年調查官應將觀察結果，附具建議提出報告。

少年法院得依職權或少年調查官之請求，變更觀察期間或停止觀察。

第45條　受保護處分之人，另受有期徒刑以上刑之宣告確定者，為保護處分之少年法院，得以裁定將該處分撤銷之。

受保護處分之人，另受保安處分之宣告確定者，為保護處分之少年法院，應以裁定定其應執行之處分。

第46條　受保護處分之人，復受另件保護處分，分別確定者，後為處分之少年法院，得以裁定定其應執行之處分。

依前項裁定為執行之處分者，其他處分無論已否開始執行，視為撤銷。

第47條　少年法院為保護處分後，發見其無審判權者，應以裁定將該處分撤銷之，移送於有審判權之機關。

保護處分之執行機關，發見足認為有前項情形之資料者，應通知該少年法院。

第48條　少年法院所為裁定，應以正本送達於少年、少年之法定代理人或現在保護少年之人、輔佐人及被害人，並通知少年調查官。

第49條　文書之送達，除本法另有規定外，適用民事訴訟法關於送達之規定。

前項送達，對少年、少年之法定代理人、現在保護少年之人、輔佐人，及依法不得揭露足以識別其身分資訊之被害人或其法定代理人，不得為公示送達。

文書之送達，不得於信封、送達證書、送達通知書或其他對外揭示之文書上，揭露足以使第三人識別少年或其他依法應保密其身分者之資訊。

第二節　保護處分之執行

第50條　對於少年之訓誡，應由少年法院法官向少年指明其不良行為，曉諭以將來應遵守之事項，並得命立悔過書。

行訓誡時，應通知少年之法定代理人或現在保護少年之人及輔佐人到場。

少年之假日生活輔導為三次至十次，由少年法院交付少年保護官於假日為之，對少年施以個別或群體之品德教育，輔導其學業或其他作業，並得命為勞動服務，使其養成勤勉習慣及守法精神；其次數由少年保護官視其輔導成效而定。

前項假日生活輔導，少年法院得依少年保護官之意見，將少年交付適當之機關、團體或個人為之，受少年保護官之指導。

第51條　對於少年之保護管束，由少年保護官掌理之；少年保護官應告少年以應遵守之事項，與之常保接觸，注意其行動，隨時加以指示；並就少年之教養、醫治疾病、謀求職業及改

善環境，予以相當輔導。

少年保護官因執行前項職務，應與少年之法定代理人或現在保護少年之人爲必要之洽商。

少年法院得依少年保護官之意見，將少年交付適當之福利或教養機構、慈善團體、少年之最近親屬或其他適當之人保護管束，受少年保護官之指導。

第52條 對於少年之交付安置輔導及施以感化教育時，由少年法院依其行爲性質、身心狀況、學業程度及其他必要事項，分類交付適當之福利、教養機構、醫療機構、執行過渡性教育措施、其他適當措施之處所或感化教育機構執行之，受少年法院之指導。

感化教育機構之組織及其教育之實施，以法律定之。

第53條 保護管束與感化教育之執行，其期間均不得逾三年。

第54條 少年轉介輔導處分及保護處分之執行，至多執行至滿二十一歲爲止。

執行安置輔導之福利及教養機構之設置及管理辦法，由兒童及少年福利機構之中央主管機關定之。

第55條 保護管束之執行，已逾六月，著有成效，認無繼續之必要者，或因事實上原因，以不繼續執行爲宜者，少年保護官得檢具事證，聲請少年法院免除其執行。

少年、少年之法定代理人、現在保護少年之人認保護管束之執行有前項情形時，得請求少年保護官爲前項之聲請，除顯無理由外，少年保護官不得拒絕。

少年在保護管束執行期間，違反應遵守之事項，不服從勸導達二次以上，而有觀察之必要者，少年保護官得聲請少年法院裁定留置少年於少年觀護所中，予以五日以內之觀察。

少年在保護管束期間違反應遵守之事項，情節重大，或曾受前項觀察處分後，再違反應遵守之事項，足認保護管束難收效果者，少年保護官得聲請少年法院裁定撤銷保護管束，將所餘之執行期間令入感化處所施以感化教育，其所餘之期間不滿六月者，應執行至六月。

第55-1條 保護管束所命之勞動服務爲三小時以上五十小時以下，由少年保護官執行，其期間視輔導之成效而定。

第55-2條 第四十二條第一項第三款之安置輔導爲二月以上二年以下。

前項執行已逾二月，著有成效，認無繼續執行之必要者，或有事實上原因以不繼續執行爲宜者，少年保護官、負責安置輔導之福利、教養機構、醫療機構、執行過渡性教育措施或其他適當措施之處所、少年、少年之法定代理人或現在保護少年之人得檢具事證，聲請少年法院免除其執行。

安置輔導期滿，少年保護官、負責安置輔導之福利、教養機構、醫療機構、執行過渡性教育措施或其他適當措施之處所、少年、少年之法定代理人或現在保護少年之人認有繼續安置輔導之必要者，得聲請少年法院裁定延長，延長執行之次數以一次爲限，其期間不得逾二年。

第一項執行已逾二月，認有變更安置輔導之福利、教養機構、醫療機構、執行過渡性教育措施或其他適當措施之處所之必要者，少年保護官、少年、少年之法定代理人或現在保護少年之人得檢具事證或敘明理由，聲請少年法院裁定變更。

少年在安置輔導期間違反應遵守之事項，情節重大，或曾受第五十五條之三留置觀察處分後，再違反應遵守之事項，足認安置輔導難收效果者，少年保護官、負責安置輔導之福利、教養機構、醫療機構、執行過渡性教育措施或其他適當措施之處所、少年之法定代理人或現在保護少年之人得檢具事證，聲請少年法院裁定撤銷安置輔導，將所餘之執行期間令入感化處所施以感化教育，其所餘之期間不滿六月者，應執行至六月。

第55-3條 少年無正當理由拒絕接受第二十九條第一項或第四十二條第一項第一款、第三款之處分，少年調查官、少年保護官、少年之法定代理人或現在保護少年之人、福利、教養機構、醫療機構、執行過渡性教育措施或其他適當措施之處所，得聲請少年法院核發勸導書，經勸導無效者，各該聲請人得聲請少年法院裁定留置少年於少年觀護所中，予以五日內之觀察。

第56條 執行感化教育已逾六月，認無繼續執行之必要者，得由少年保護官或執行機關檢具事證，聲請少年法院裁定免除或停止其執行。

少年或少年之法定代理人認感化教育之執行有前項情形時，得請求少年保護官為前項之聲請，除顯無理由外，少年保護官不得拒絕。

第一項停止感化教育之執行者，所餘之執行時間，應由少年法院裁定交付保護管束。

第五十五條之規定，於前項之保護管束準用之；依該條第四項應繼續執行感化教育時，其停止期間不算入執行期間。

第57條　第二十九條第一項之處分、第四十二條第一項第一款之處分及第五十五條第三項或第五十五條之三之留置觀察，應自處分裁定之日起，二年內執行之；逾期免予執行。

第四十二條第一項第二款、第三款、第四款及同條第二項之處分，自應執行之日起，經過三年未執行者，非經少年法院裁定應執行時，不得執行之。

第58條　第四十二條第二項第一款、第二款之處分期間，以戒絕治癒或至滿二十歲為止。但認無繼續執行之必要者，少年法院得免除之。

前項處分與保護管束一併諭知者，同時執行之；與安置輔導或感化教育一併諭知者，先執行之。但其執行無礙於安置輔導或感化教育之執行者，同時執行之。

依禁戒或治療處分之執行，少年法院認為無執行保護處分之必要者，得免其保護處分之執行。

第59條　少年法院法官因執行轉介處分、保護處分或留置觀察，於必要時，得對少年發通知書、同行書或請有關機關協尋之。

少年保護官因執行保護處分，於必要時得對少年發通知書。

第二十一條第三項、第四項、第二十二條第二項、第二十三條及第二十三條之一規定，於前二項通知書、同行書及協尋書準用之。

第60條　少年法院諭知保護處分之裁定確定後，其執行保護處分所需教養費用，得斟酌少年本人或對少年負扶養義務人之資力，以裁定命其負擔全部或一部；其特殊清寒無力負擔者，豁免之。

前項裁定，得為民事強制執行名義，由少年法院囑託各該法院民事執行處強制執行，免徵執行費。

第三節　抗告及重新審理

第61條　少年、少年之法定代理人、現在保護少年之人或輔佐人，對於少年法院所為下列之裁定有不服者，得提起抗告。但輔佐人提起抗告，不得與選任人明示之意思相反：

一、第二十六條第一項第一款交付少年調查官為適當輔導之裁定。

二、第二十六條第一項第二款命收容或駁回聲請責付之裁定。

三、依第二十六條第二項、第三項所為命少年應遵守事項之裁定。

四、第二十六條之二第一項延長收容或駁回聲請撤銷收容之裁定。

五、第二十七條第一項、第二項之裁定。

六、第二十九條第一項之裁定。

七、第四十條之裁定。

八、第四十二條之處分。

九、第五十五條第三項、第五十五條之三留置觀察之裁定及第五十五條第四項之撤銷保護管束執行感化教育之處分。

十、第五十五條之二第三項延長安置輔導期間之裁定、第五項撤銷安置輔導執行感化教育之處分。

十一、駁回第五十六條第一項聲請免除或停止感化教育執行之裁定。

十二、第五十六條第四項命繼續執行感化教育之處分。

十三、第六十條命負擔教養費用之裁定。

第62條　少年行為之被害人或其法定代理人，對於少年法院之下列裁定，得提起抗告：

一、依第二十八條第一項所為不付審理之裁定。

二、依第二十九條第一項所為不付審理，並為轉介輔導、交付嚴加管教或告誡處分之裁定。

三、依第四十一條第一項諭知不付保護處分之裁定。

四、依第四十二條第一項諭知保護處分之裁定。

被害人已死亡或有其他事實上之原因不能提起抗告者，得由其配偶、直系血親、三親等內之旁系血親、二親等內之姻親或家長家屬提起抗告。

第63條　抗告以少年法院之上級法院為管轄法院。

對於抗告法院之裁定，不得再行抗告。

第64條　抗告期間為十日，自送達裁定後起算。但裁定宣示後送達前之抗告亦有效力。

刑事訴訟法第四百零七條至第四百十四條及本章第一節有關之規定，於本節抗告準用之。

第64-1條　諭知保護處分之裁定確定後，有左列情形之一，認為應不付保護處分者，少年保護官、少年、少年之法定代理人、現在保護少年之人或輔佐人得聲請為保護處分之少年法院重新審理：

一、適用法規顯有錯誤，並足以影響裁定之結果者。

二、因發見確實之新證據，足認受保護處分之少年，應不付保護處分者。

三、有刑事訴訟法第四百二十條第一項第一款、第二款、第四款或第五款所定得為再審之情形者。

刑事訴訟法第四百二十三條、第四百二十九條、第四百三十條前段、第四百三十一條至第四百三十四條、第四百三十五條第一項、第二項、第四百三十六條之規定，於前項之重新審理程序準用之。

為保護處分之少年法院發見有第一項各款所列情形之一者，亦得依職權為應重新審理之裁定。

少年受保護處分之執行完畢後，因重新審理之結果，須受刑事訴追者，其不利益不及於少年，毋庸裁定移送於有管轄權之法院檢察署檢察官。

第64-2條　諭知不付保護處分之裁定確定後有下列情形之一，認為應諭知保護處分者，少年行為之被害人或其法定代理人得聲請為不付保護處分之少年法院重新審理：

一、有刑事訴訟法第四百二十二條第一款得為再審之情形。

二、經少年自白或發見確實之新證據，足認其有第三條第一項行為應諭知保護處分。

刑事訴訟法第四百二十九條、第四百三十一條至第四百三十四條、第四百三十五條第一項、第二項及第四百三十六條之規定，於前項之重新審理程序準用之。

為不付保護處分之少年法院發見有第一項各款所列情形之一者，亦得依職權為應重新審理之裁定。

第一項或前項之重新審理於諭知不付保護處分之裁定確定後，經過一年者不得為之。

第四章　少年刑事案件

第65條　對於少年犯罪之刑事追訴及處罰，以依第二十七條第一項、第二項移送之案件為限。

刑事訴訟法關於自訴及被害人訴訟參與之規定，於少年刑事案件不適用之。

本章之規定，於少年犯罪後已滿十八歲者適用之。

第66條　檢察官受理少年法院移送之少年刑事案件，應即開始偵查。

第67條　檢察官依偵查之結果，對於少年犯最重本刑五年以下有期徒刑之罪，參酌刑法第五十七條有關規定，認以不起訴處分而受保護處分為適當者，得為不起訴處分，移送少年法院依少年保護事件審理；認應起訴者，應向少年法院提起公訴。

前項經檢察官為不起訴處分而移送少年法院依少年保護事件審理之案件，如再經少年法院裁定移送，檢察官不得依前項規定，再為不起訴處分而移送少年法院依少年保護事件審理。

第68條　（刪除）

第69條　對於少年犯罪已依第四十二條為保護處分者，不得就同一事件再為刑事追訴或處罰。但其保護處分經依第四十五條或第四十七條之規定撤銷者，不在此限。

第70條　少年刑事案件之偵查及審判，準用第三章第一節及第三節有關之規定。

第71條　少年被告非有不得已情形，不得羈押之。

少年被告應羈押於少年觀護所。於年滿二十歲時，應移押於看守所。

少年刑事案件，前於法院調查及審理中之收容，視為未判決前之羈押，準用刑法第三十七條之二折抵刑期之規定。

第72條　（刪除）

第73條　審判得不公開之。

　　　　第三十四條但書之規定，於審判不公開時準用之。

　　　　少年、少年之法定代理人或現在保護少年之人請求公開審判者，除有法定不得公開之原因外，法院不得拒絕。

第73-1條　少年刑事案件之審判中，被害人得選任律師為代理人。但被害人無行為能力或限制行為能力或死亡者，得由其法定代理人、直系血親或配偶選任之。

　　　　代理人得向少年法院就少年被告之犯罪事實，檢閱相關卷宗及證物，並得抄錄、重製或攝影。但卷宗及證物之內容與被告被訴事實無關或足以妨害另案之偵查，或涉及當事人或第三人之隱私或業務秘密，或有礙少年健全之自我成長之虞者，少年法院得限制之。

　　　　被害人、依第一項但書已選任代理人之人及代理人，就前項所檢閱、抄錄、重製或攝影之內容，無正當理由，不得交付、洩漏予他人或使他人知悉。

第74條　法院審理第二十七條之少年刑事案件，對於少年犯最重本刑十年以下有期徒刑之罪，如顯可憫恕，認為依刑法第五十九條規定減輕其刑仍嫌過重，且以受保護處分為適當者，得免其刑，諭知第四十二條第一項第二款至第四款之保護處分，並得同時諭知同條第二項各款之處分。

　　　　前項處分之執行，適用第三章第二節有關之規定。

第75條　（刪除）

第76條　（刪除）

第77條　（刪除）

第78條　對於少年不得宣告褫奪公權。

　　　　少年受刑之宣告，經執行完畢或赦免者，適用關於公權資格之法令時，視為未曾犯罪。

第79條　刑法第七十四條緩刑之規定，於少年犯罪受三年以下有期徒刑、拘役或罰金之宣告者適用之。

第80條　少年受刑人徒刑之執行，應注意監獄行刑法第三條、第八條及第三十九條第二項之規定。

第81條　少年受徒刑之執行而有悛悔實據者，無期徒刑逾七年後，有期徒刑逾執行期三分之一後，得予假釋。

　　　　少年於本法施行前，已受徒刑之執行者，或在本法施行前受徒刑宣告確定之案件於本法施行後受執行者，準用前項之規定。

第82條　少年在緩刑或假釋期中應付保護管束。

　　　　前項保護管束，於受保護管束人滿二十三歲前，由檢察官囑託少年法院少年保護官執行之。

第五章　附則

第83條　任何人不得於媒體、資訊或以其他公示方式揭示有關少年保護事件或少年刑事案件之記事或照片，使閱者由該項資料足以知悉其人為該保護事件受調查、審理之少年或該刑事案件之被告。

　　　　違反前項規定者，由主管機關依法予以處分。

第83-1條　少年受第二十九條第一項之處分執行完畢二年後，或受保護處分或刑之執行完畢或赦免三年後，或受不付審理或不付保護處分之裁定確定後，視為未曾受各該宣告。

　　　　少年有前項或下列情形之一者，少年法院應通知保存少年前案紀錄及有關資料之機關、機構及團體，將少年之前案紀錄及有關資料予以塗銷：

　　　　一、受緩刑之宣告期滿未經撤銷，或受無罪、免訴、不受理判決確定。

　　　　二、經檢察機關將緩起訴處分期滿，未經撤銷之事由通知少年法院。

　　　　三、經檢察機關將不起訴處分確定，毋庸移送少年法院依少年保護事件審理之事由通知少年法院。

　　　　前項紀錄及資料，除下列情形或本法另有規定外，少年法院及其他任何機關、機構、團體或個人不得提供：

一、為少年本人之利益。

二、經少年本人同意，並應依其年齡及身心發展程度衡酌其意見；必要時得聽取其法定代理人或現在保護少年之人之意見。

少年之前案紀錄及有關資料之塗銷、利用、保存、提供、統計及研究等相關事項之辦法，由司法院定之。

第83-2條　違反前條規定未將少年之前科紀錄及有關資料塗銷或無故提供者，處六月以下有期徒刑、拘役或新台幣三萬元以下罰金。

第83-3條　外國少年受轉介處分、保護處分、緩刑或假釋期內交付保護管束者，少年法院得裁定以驅逐出境代之。

前項裁定，得由少年調查官或少年保護官聲請；裁定前，應予少年、其法定代理人或現在保護少年之人陳述意見之機會。但經合法通知，無正當理由不到場者，不在此限。

對於第一項裁定，得提起抗告，並準用第六十一條、第六十三條及第六十四條之規定。

驅逐出境由司法警察機關執行之。

第84條　少年之法定代理人，因忽視教養，致少年有第三條第一項之情形，而受保護處分或刑之宣告，或致保護處分之執行難收效果者，少年法院得裁定命其接受八小時以上五十小時以下之親職教育輔導，以強化其親職功能。

少年法院為前項親職教育輔導裁定前，認為必要時，得先命少年調查官就忽視教養之事實，提出調查報告並附具建議。

親職教育輔導之執行，由少年法院交付少年保護官為之，並得依少年保護官之意見，交付適當之機關、團體或個人為之，受少年保護官之指導。

親職教育輔導應於裁定之日起三年內執行之；逾期免予執行，或至多執行至少年滿二十歲為止。但因事實上原因以不繼續執行為宜者，少年保護官得檢具事證，聲請少年法院免除其執行。

拒不接受親職教育輔導或時數不足者，少年法院得裁定處新臺幣六千元以上三萬元以下罰鍰；經再通知仍不接受者，得按次連續處罰，至其接受為止。其經連續處罰三次以上者，並得裁定公告法定代理人之姓名。

前項罰鍰之裁定，得為民事強制執行名義，由少年法院囑託各該地方法院民事執行處強制執行之，免徵執行費。

少年之法定代理人或監護人有第一項情形，情況嚴重者，少年法院並得裁定公告其姓名。

第一項、第五項及前項之裁定，受處分人得提起抗告，並準用第六十三條、第六十四條之規定。

第85條　成年人教唆、幫助或利用未滿十八歲之人犯罪或與之共同實施犯罪者，依其所犯之罪，加重其刑至二分之一。

少年法院得裁定命前項之成年人負擔第六十條第一項教養費用全部或一部，並得公告其姓名。

第85-1條　（刪除）

第86條　本法施行細則，由司法院會同行政院定之。

少年保護事件審理細則，由司法院定之。

少年法院與相關行政機關處理少年事件聯繫辦法，由司法院會同行政院定之。

少年偏差行為之輔導及預防辦法，由行政院會同司法院定之。

第87條　本法自中華民國六十年七月一日施行。

本法修正條文，除中華民國一百零八年五月三十一日修正之第十八條第二項至第七項自一百十二年七月一日施行，第四十二條第一項第三款關於交付安置於適當之醫療機構、執行過渡性教育措施或其他適當措施之處所輔導部分及刪除第八十五條之一自公布一年後施行；一百十二年五月三十日修正之第十八條第六項及第七項、第二十六條第二項至第四項及第六十一條第一項第三款自一百十二年七月一日施行，第十八條之一至第十八條之八自一百十三年一月一日施行外，自公布日施行。

八、性別平等教育法 （民國111年01月19日修正）

第一章　總則

第1條　為促進性別地位之實質平等，消除性別歧視，維護人格尊嚴，厚植並建立性別平等之教育資源與環境，特制定本法。

本法未規定者，適用其他法律之規定。

第2條　本法用詞定義如下：

一、性別平等教育：指以教育方式教導尊重多元性別差異，消除性別歧視，促進性別地位之實質平等。

二、學校：指公私立各級學校。

三、性侵害：指性侵害犯罪防治法所稱性侵害犯罪之行為。

四、性騷擾：指符合下列情形之一，且未達性侵害之程度者：

（一）以明示或暗示之方式，從事不受歡迎且具有性意味或性別歧視之言詞或行為，致影響他人之人格尊嚴、學習、或工作之機會或表現者。

（二）以性或性別有關之行為，作為自己或他人獲得、喪失或減損其學習或工作有關權益之條件者。

五、性霸凌：指透過語言、肢體或其他暴力，對於他人之性別特徵、性別特質、性傾向或性別認同進行貶抑、攻擊或威脅之行為且非屬性騷擾者。

六、性別認同：指個人對自我歸屬性別的自我認知與接受。

七、校園性侵害、性騷擾或性霸凌事件：指性侵害、性騷擾或性霸凌事件之一方為學校校長、教師、職員、工友或學生，他方為學生者。

第3條　本法所稱主管機關：在中央為教育部；在直轄市為直轄市政府；在縣（市）為縣（市）政府。

第4條　中央主管機關應設性別平等教育委員會，其任務如下：

一、研擬全國性之性別平等教育相關法規、政策及年度實施計畫。

二、協調及整合相關資源，協助並補助地方主管機關及所主管學校、社教機構落實性別平等教育之實施與發展。

三、督導考核地方主管機關及所主管學校、社教機構性別平等教育相關工作之實施。

四、推動性別平等教育之課程、教學、評量與相關問題之研究與發展。

五、規劃及辦理性別平等教育人員之培訓。

六、提供性別平等教育相關事項之諮詢服務及調查、處理與本法有關之案件。

七、推動全國性有關性別平等之家庭教育及社會教育。

八、其他關於全國性之性別平等教育事務。

第5條　直轄市、縣（市）主管機關應設性別平等教育委員會，其任務如下：

一、研擬地方之性別平等教育相關法規、政策及年度實施計畫。

二、協調及整合相關資源，並協助所主管學校、社教機構落實性別平等教育之實施與發展。

三、督導考核所主管學校、社教機構性別平等教育相關工作之實施。

四、推動性別平等教育之課程、教學、評量及相關問題之研究發展。

五、提供所主管學校、社教機構性別平等教育相關事項之諮詢服務及調查、處理與本法有關之案件。

六、辦理所主管學校教育人員及相關人員之在職進修。

七、推動地方有關性別平等之家庭教育及社會教育。

八、其他關於地方之性別平等教育事務。

第6條　學校應設性別平等教育委員會，其任務如下：

一、統整學校各單位相關資源，擬訂性別平等教育實施計畫，落實並檢視其實施成果。

二、規劃或辦理學生、教職員工及家長性別平等教育相關活動。

　　三、研發並推廣性別平等教育之課程、教學及評量。

　　四、研擬性別平等教育實施與校園性侵害及性騷擾之防治規定，建立機制，並協調及整
　　　　合相關資源。

　　五、調查及處理與本法有關之案件。

　　六、規劃及建立性別平等之安全校園空間。

　　七、推動社區有關性別平等之家庭教育與社會教育。

　　八、其他關於學校或社區之性別平等教育事務。

第7條　中央主管機關之性別平等教育委員會，置委員十七人至二十三人，採任期制，以教育部
　　　　部長為主任委員，其中女性委員應占委員總數二分之一以上；性別平等教育相關領域之
　　　　專家學者、民間團體代表及實務工作者之委員合計，應占委員總數三分之二以上。

　　　　前項性別平等教育委員會每三個月應至少開會一次，並應由專人處理有關業務；其組
　　　　織、會議及其他相關事項，由中央主管機關定之。

第8條　直轄市、縣（市）主管機關之性別平等教育委員會，置委員九人至二十三人，採任期
　　　　制，以直轄市、縣（市）首長為主任委員，其中女性委員應占委員總數二分之一以上；
　　　　性別平等教育相關領域之專家學者、民間團體代表及實務工作者之委員合計，應占委員
　　　　總數三分之一以上。

　　　　前項性別平等教育委員會每三個月應至少開會一次，並應由專人處理有關業務；其組
　　　　織、會議及其他相關事項，由直轄市、縣（市）主管機關定之。

第9條　學校之性別平等教育委員會，置委員五人至二十一人，採任期制，以校長為主任委員，
　　　　其中女性委員應占委員總數二分之一以上，並得聘具性別平等意識之教師代表、職工代
　　　　表、家長代表、學生代表及性別平等教育相關領域之專家學者為委員。

　　　　前項性別平等教育委員會每學期應至少開會一次，並應由專人處理有關業務；其組織、
　　　　會議及其他相關事項，由學校定之。

第10條　中央、直轄市、縣（市）主管機關及學校每年應參考所設之性別平等教育委員會所擬各
　　　　項實施方案編列經費預算。

第11條　主管機關應督導考核所主管學校、社教機構或下級機關辦理性別平等教育相關工作，並
　　　　提供必要之協助；其績效優良者，應給予獎勵，績效不良者，應予糾正並輔導改進。

第二章　學習環境與資源

第12條　學校應提供性別平等之學習環境，尊重及考量學生與教職員工之不同性別、性別特質、
　　　　性別認同或性傾向，並建立安全之校園空間。

　　　　學校應訂定性別平等教育實施規定，並公告周知。

第13條　學校之招生及就學許可不得有性別、性別特質、性別認同或性傾向之差別待遇。但基於
　　　　歷史傳統、特定教育目標或其他非因性別因素之正當理由，經該管主管機關核准而設置
　　　　之學校、班級、課程者，不在此限。

第14條　學校不得因學生之性別、性別特質、性別認同或性傾向而給予教學、活動、評量、獎
　　　　懲、福利及服務上之差別待遇。但性質僅適合特定性別、性別特質、性別認同或性傾向
　　　　者，不在此限。

　　　　學校應對因性別、性別特質、性別認同或性傾向而處於不利處境之學生積極提供協助，
　　　　以改善其處境。

第14-1條　學校應積極維護懷孕學生之受教權，並提供必要之協助。

第15條　教職員工之職前教育、新進人員培訓、在職進修及教育行政主管人員之儲訓課程，應納
　　　　入性別平等教育之內容；其中師資培育之大學之教育專業課程，應有性別平等教育相關
　　　　課程。

第16條　學校之考績委員會、申訴評議委員會、教師評審委員會及中央與直轄市、縣（市）主管
　　　　機關之教師申訴評議委員會之組成，任一性別委員應占委員總數三分之一以上。但學校
　　　　之考績委員會及教師評審委員會因該校任一性別教師人數少於委員總數三分之一者，不
　　　　在此限。

學校或主管機關相關組織未符合前項規定者，應自本法施行之日起一年內完成改組。

第三章　課程、教材與教學

第17條　學校之課程設置及活動設計，應鼓勵學生發揮潛能，不得因性別而有差別待遇。

國民中小學除應將性別平等教育融入課程外，每學期應實施性別平等教育相關課程或活動至少四小時。

高級中等學校及專科學校五年制前三年應將性別平等教育融入課程。

大專校院應廣開性別研究相關課程。

學校應發展符合性別平等之課程規劃與評量方式。

第18條　學校教材之編寫、審查及選用，應符合性別平等教育原則；教材內容應平衡反映不同性別之歷史貢獻及生活經驗，並呈現多元之性別觀點。

第19條　教師使用教材及從事教育活動時，應具備性別平等意識，破除性別刻板印象，避免性別偏見及性別歧視。

教師應鼓勵學生修習非傳統性別之學科領域。

第四章　校園性侵害、性騷擾及性霸凌之防治

第20條　預防與處理校園性侵害、性騷擾或性霸凌事件，中央主管機關應訂定校園性侵害、性騷擾或性霸凌之防治準則；其內容應包括學校安全規劃、校內外教學與人際互動注意事項、校園性侵害、性騷擾或性霸凌之處理機制、程序及救濟方法。

學校應依前項準則訂定防治規定，並公告周知。

第21條　學校校長、教師、職員或工友知悉服務學校發生疑似校園性侵害、性騷擾或性霸凌事件者，除應立即依學校防治規定所定權責，依性侵害犯罪防治法、兒童及少年福利與權益保障法、身心障礙者權益保障法及其他相關法律規定通報外，並應向學校及當地直轄市、縣（市）主管機關通報，至遲不得超過二十四小時。

學校校長、教師、職員或工友不得偽造、變造、湮滅或隱匿他人所犯校園性侵害、性騷擾或性霸凌事件之證據。

學校或主管機關處理校園性侵害、性騷擾或性霸凌事件，應將該事件交由所設之性別平等教育委員會調查處理，任何人不得另設調查機制，違反者其調查無效。

第22條　學校或主管機關調查處理校園性侵害、性騷擾或性霸凌事件時，應秉持客觀、公正、專業之原則，給予雙方當事人充分陳述意見及答辯之機會。但應避免重複詢問。

當事人及檢舉人之姓名或其他足以辨識身分之資料，除有調查之必要或基於公共安全之考量者外，應予保密。

第23條　學校或主管機關於調查處理校園性侵害、性騷擾或性霸凌事件期間，得採取必要之處置，以保障當事人之受教權或工作權。

第24條　學校或主管機關處理校園性侵害、性騷擾或性霸凌事件，應告知當事人或其法定代理人其得主張之權益及各種救濟途徑，或轉介至相關機構處理，必要時，應提供心理輔導、保護措施或其他協助；對檢舉人有受侵害之虞者，並應提供必要之保護措施或其他協助。

前項心理輔導、保護措施或其他協助，學校或主管機關得委請醫師、臨床心理師、諮商心理師、社會工作師或律師等專業人員為之。

第25條　校園性侵害、性騷擾或性霸凌事件經學校或主管機關調查屬實後，應依相關法律或法規規定自行或將行為人移送其他權責機關，予以申誡、記過、解聘、停聘、不續聘、免職、終止契約關係、終止運用關係或其他適當之懲處。

學校、主管機關或其他權責機關為性騷擾或性霸凌事件之懲處時，應命行為人接受心理輔導之處置，並得命其為下列一款或數款之處置：

一、經被害人或其法定代理人之同意，向被害人道歉。

二、接受八小時之性別平等教育相關課程。

三、其他符合教育目的之措施。

校園性騷擾或性霸凌事件情節輕微者，學校、主管機關或其他權責機關得僅依第二項規定為必要之處置。

第一項懲處涉及行為人身分之改變時，應給予其書面陳述意見之機會。

第二項之處置，應由該懲處之學校或主管機關執行，執行時並應採取必要之措施，以確保行為人之配合遵守。

第26條 學校或主管機關調查校園性侵害、性騷擾或性霸凌事件過程中，得視情況就相關事項、處理方式及原則予以說明，並得於事件處理完成後，經被害人或其法定代理人之同意，將事件之有無、樣態及處理方式予以公布。但不得揭露當事人之姓名或其他足以識別其身分之資料。

第27條 學校或主管機關應建立校園性侵害、性騷擾或性霸凌事件及加害人之檔案資料。

行為人如為學生者，轉至其他學校就讀時，主管機關及原就讀之學校認為有追蹤輔導之必要者，應於知悉後一個月內，通報行為人次一就讀之學校。

行為人為學生以外者，轉至其他學校服務時，主管機關及原服務之學校應追蹤輔導，並應通報行為人次一服務之學校。

接獲前二項通報之學校，應對行為人實施必要之追蹤輔導，非有正當理由，不得公布行為人之姓名或其他足以識別其身分之資料。

第一項檔案資料之建立、保存方式、保存年限、銷毀、運用與第二項及第三項之通報及其他相關事項，於依第二十條第一項所定防治準則定之。

第27-1條 學校聘任、任用之教育人員或進用、運用之其他人員，經學校性別平等教育委員會或依法組成之相關委員會調查確認有下列各款情形之一者，學校應予解聘、免職、終止契約關係或終止運用關係：

一、有性侵害行為，或有情節重大之性騷擾或性霸凌行為。

二、有性騷擾或性霸凌行為，非屬情節重大，而有必要予以解聘、免職、終止契約關係或終止運用關係，並經審酌案件情節，議決一年至四年不得聘任、任用、進用或運用。

有前項第一款情事者，各級學校均不得聘任、任用、進用或運用，已聘任、任用、進用或運用者，學校應予解聘、免職、終止契約關係或終止運用關係；有前項第二款情事者，於該議決一年至四年不得聘任、任用、進用或運用期間，亦同。

非屬依第一項規定予以解聘、免職、終止契約關係或終止運用關係之人員，有性侵害行為或有情節重大之性騷擾、性霸凌、違反兒童及少年性交易防制條例、兒童及少年性剝削防制條例之行為，經學校性別平等教育委員會查證屬實者，不得聘任、任用、進用或運用；已聘任、任用、進用或運用者，學校應予解聘、免職、終止契約關係或終止運用關係；非屬情節重大之性騷擾、性霸凌、違反兒童及少年性交易防制條例、兒童及少年性剝削防制條例之行為，經學校性別平等教育委員會查證屬實並議決一年至四年不得聘任、任用、進用或運用者，於該議決期間，亦同。

有前三項情事者，各級主管機關及各級學校應辦理通報、資訊之蒐集及查詢。

學校聘任、任用教育人員或進用、運用其他人員前，應依性侵害犯罪防治法之規定，查詢其有無性侵害之犯罪紀錄，及依第七項所定辦法查詢是否曾有性侵害、性騷擾、性霸凌、違反兒童及少年性交易防制條例、兒童及少年性剝削防制條例之行為；已聘任、任用、進用或運用者，應定期查詢。

各級主管機關協助學校辦理前項查詢，得使用中央社政主管機關建立之依兒童及少年性剝削防制條例，或性騷擾防治法第二十條規定，受行政處罰者之資料庫。

前三項之通報、資訊之蒐集、查詢、處理、利用及其他相關事項之辦法，由中央主管機關定之。

第一項至第三項之人員適用教師法、教育人員任用條例、公務人員相關法律或陸海空軍相關法律者，其解聘、停聘、免職、撤職、停職或退伍，依各該法律規定辦理，並適用第四項至前項規定；其未解聘、免職、撤職或退伍者，應調離學校現職。

前項以外人員，涉有第一項或第三項情形，於調查期間，學校或主管機關應經性別平等教育委員會決議令其暫時停職；停職原因消滅後復職者，其未發給之薪資應依相關規定予以補發。

第五章　申請調查及救濟

第28條　學校違反本法規定時，被害人或其法定代理人得向學校所屬主管機關申請調查。

校園性侵害、性騷擾或性霸凌事件之被害人或其法定代理人得以書面向行為人所屬學校申請調查。但學校之首長為行為人時，應向學校所屬主管機關申請調查。

任何人知悉前二項之事件時，得依其規定程序向學校或主管機關檢舉之。

第29條　學校或主管機關於接獲調查申請或檢舉時，應於二十日內以書面通知申請人或檢舉人是否受理。

學校或主管機關於接獲調查申請或檢舉時，有下列情形之一者，應不予受理：

一、非屬本法所規定之事項者。

二、申請人或檢舉人未具真實姓名。

三、同一事件已處理完畢者。

前項不受理之書面通知，應敘明理由。

申請人或檢舉人於第一項之期限內未收到通知或接獲不受理通知之次日起二十日內，得以書面具明理由，向學校或主管機關申復。

第30條　學校或主管機關接獲前條第一項之申請或檢舉後，除有前條第二項所定事由外，應於三日內交由所設之性別平等教育委員會調查處理。

學校或主管機關之性別平等教育委員會處理前項事件時，得成立調查小組調查之；必要時，調查小組成員得一部或全部外聘。本法於中華民國一百零七年十二月三十日修正生效前，調查小組成員全部外聘者，其組成及完成之調查報告均為合法。

調查小組成員應具性別平等意識，女性成員不得少於成員總數二分之一，且其成員中具性侵害、性騷擾或性霸凌事件調查專業素養之專家學者人數，於學校應占成員總數三分之一以上，於主管機關應占成員總數二分之一以上；事件當事人分屬不同學校時，並應有被害人現所屬學校之代表。

性別平等教育委員會或調查小組依本法規定進行調查時，行為人、申請人及受邀協助調查之人或單位，應予配合，並提供相關資料。

行政程序法有關管轄、移送、迴避、送達、補正等相關規定，於本法適用或準用之。

性別平等教育委員會之調查處理，不受該事件司法程序進行之影響。

性別平等教育委員會為調查處理時，應衡酌雙方當事人之權力差距。

第31條　學校或主管機關性別平等教育委員會應於受理申請或檢舉後二個月內完成調查。必要時，得延長之，延長以二次為限，每次不得逾一個月，並應通知申請人、檢舉人及行為人。

性別平等教育委員會調查完成後，應將調查報告及處理建議，以書面向其所屬學校或主管機關提出報告。

學校或主管機關應於接獲前項調查報告後二個月內，自行或移送相關權責機關依本法或相關法律或法規規定議處，並將處理之結果，以書面載明事實及理由通知申請人、檢舉人及行為人。

學校或主管機關為前項議處前，得要求性別平等教育委員會之代表列席說明。

第32條　申請人及行為人對於前條第三項處理之結果有不服者，得於收到書面通知次日起二十日內，以書面具明理由向學校或主管機關申復。

前項申復以一次為限。

學校或主管機關發現調查程序有重大瑕疵或有足以影響原調查認定之新事實、新證據時，得要求性別平等教育委員會重新調查。

第33條　性別平等教育委員會於接獲前條學校或主管機關重新調查之要求時，應另組調查小組，其調查處理程序，依本法之相關規定。

第34條　申請人或行為人對學校或主管機關之申復結果不服，得於接獲書面通知書之次日起三十日內，依下列規定提起救濟：

一、公私立學校校長、教師：依教師法之規定。

二、公立學校依公務人員任用法任用之職員及中華民國七十四年五月三日教育人員任用條例施行前未納入銓敘之職員：依公務人員保障法之規定。

三、私立學校職員：依性別工作平等法之規定。

四、公私立學校工友：依性別工作平等法之規定。

五、公私立學校學生：依規定向所屬學校提起申訴。

第35條　學校及主管機關對於與本法事件有關之事實認定，應依據其所設性別平等教育委員會之調查報告。

前項對於前項事實之認定，應審酌各級性別平等教育委員會之調查報告。

第六章　罰則

第36條　學校校長、教師、職員或工友有下列情形之一者，處新臺幣三萬元以上十五萬元以下罰鍰：

一、違反第二十一條第一項規定，未於二十四小時內，向學校及當地直轄市、縣（市）主管機關通報。

二、違反第二十一條第二項規定，偽造、變造、湮滅或隱匿他人所犯校園性騷擾或性霸凌事件之證據。

學校違反第二十一條第三項、第二十二條第二項或第二十七條第四項規定者，處新臺幣一萬元以上十五萬元以下罰鍰；其他人員違反者，亦同。

學校違反第十三條、第十四條、第十四條之一、第十六條或第二十條第二項規定者，處新臺幣一萬元以上十萬元以下罰鍰。

行為人違反第二十五條第六項不配合執行，或第三十條第四項不配合調查，而無正當理由者，由學校報請主管機關處新臺幣一萬元以上五萬元以下罰鍰，並得按次處罰至其配合或提供相關資料為止。但行為人為學校校長時，由主管機關逕予處罰。

學校校長或學校財團法人董事怠於行使職權，致學校未依第二十五條第一項、第二項或第六項規定，執行行為人之懲處或處置，或採取必要之措施確保行為人配合遵守者，處校長或董事新臺幣一萬元以上五萬元以下罰鍰。

第36-1條　學校校長、教師、職員或工友違反第二十一條第一項所定疑似校園性侵害事件之通報規定，致再度發生校園性侵害事件；或偽造、變造、湮滅或隱匿他人所犯校園性侵害事件之證據者，應依法予以解聘或免職。

學校或主管機關對違反前項規定之人員，應依法告發。

第七章　附則

第37條　本法施行細則，由中央主管機關定之。

第38條　本法施行日期，除中華民國一百年六月七日修正之條文，由行政院定之外，自公布日施行。

八、學生懷孕受教權維護及輔導協助要點

94年7月28日台訓（三）字第0940088864C號令訂定
104年8月5日臺教學（三）字第1040093973B號令修正名稱修正為「學生懷孕受教權維護及輔導協助要點」，並自即日生效
110年7月23日教育部臺教學（三）字第11000072134B號全修正，並自即日生效

一、教育部為落實性別平等教育法第十四條之一規定，指導學校積極維護懷孕學生之受教權，並提供必要之協助，特訂定本要點。

二、本要點適用於公私立各級學校及學生。
　　適用本要點之學生（以下簡稱適用學生），包括：
　　（一）懷孕、曾懷孕（人工流產、自然流產或出養）之學生。
　　（二）育有子女之學生。
　　（三）因配偶或伴侶懷孕、曾懷孕，而有受教權維護及輔導協助需求之學生。

三、適用學生之受教權益如下：
　　（一）彈性辦理請假。
　　（二）彈性處理成績考核。
　　（三）保留入學資格。
　　（四）延長修業期限。
　　（五）申請休學期間不計入休學年限。
　　（六）其他受教權益。
　　適用學生得向學校提出學生懷孕現況與需求（調查表如附件一），未成年懷孕及未成年育有子女之學生得提出個案服務轉介（轉介單如附件二）之申請，或運用其他相關社會福利資源。

四、學校應提升教職員工生及家長對適用學生同理、接納與關懷之正向態度，積極營造無歧視、多元平等之友善校園環境，並依下列方式辦理：
　　（一）學校應於相關課程、教育活動、集會或研習，納入維護學生懷孕受教權及情感教育相關議題之宣導、訓練，每學年應辦理至少一場宣導或訓練。
　　（二）學校不得以學生懷孕、曾懷孕或育有子女為由，以明示或暗示之方式，要求適用學生請假、休學、轉學或退學。
　　（三）學校應修正學則、各種章則、成績考核或評量之相關規定，納入彈性辦理請假、彈性處理成績考核、保留入學資格、延長修業期限、申請休學期間不計入休學年限之輔導協助措施，協助適用學生完成學業。但法規另有規定者，不在此限。
　　（四）學校應改善校園相關設施，提供適用學生友善安全之學習環境。
　　（五）學校不得歧視或違法懲處適用學生，亦不得做出其他不當之措施或決議。

五、學校應依學生懷孕受教權維護及輔導協助分工原則（附件三）擬定分工表，維護適用學生之受教權並提供必要協助。
　　學校知悉適用學生時，應依學生懷孕受教權維護及輔導協助流程圖（附件四）告知校內外保障其受教權之輔導協助資源，並主動提供學生懷孕現況與需求調查表予其填寫。適用學生為未成年者，學校應即啟動工作小組；有相關需求之成年學生，向學校提出申請者，亦同。

六、前點工作小組之組成、任務如下：
　　（一）組成：由校長或校長指派校內主管擔任召集人，並指派權責單位設立單一窗口；與適用學生課業、出缺勤、學習環境及學生輔導相關之處室主管及性別平等教育委員會委員為當然成員，並得邀請相關專業之校內外人士參與。
　　（二）任務：
　　　　1. 依適用學生需求，整合教育、社政、戶政、勞工、衛生醫療、警政單位之資源，提供適用學生輔導、轉介、安置、保健、就業、家庭支持、經濟安全、法律協助及多元適性教育。

　　2. 其他關於學生懷孕受教權維護及輔導協助相關事務。
　　　學校依前項規定整合資源有困難時，得向各級主管教育行政機關尋求協助。
七、學校知悉學生有懷孕之情事時，其內容如屬依兒童及少年福利與權益保障法、兒童及少年性剝削防制條例、性侵害犯罪防治法及家庭暴力防治法或其他相關法規規定應辦理通報者，應依規定確實辦理。
八、學校應運用相關經費，或向各級主管教育行政機關申請補助，辦理適用學生之輔導及多元適性教育。
九、學校於輔導、協助適用學生時，應建立完整紀錄，並謹守專業倫理，尊重其隱私權。
十、學校應將學生懷孕受教權維護及輔導協助辦理情形列為性別平等教育委員會會議工作報告事項，並應於每學年末將學生懷孕受教權維護及輔導協助概況彙報各該主管教育行政機關。
　　直轄市、縣（市）主管教育行政機關並應將回報情形彙報中央主管教育行政機關。
十一、適用學生遭受學校歧視、違法懲處，或學校做出其他影響受教權之措施或決議，得依相關法規提出救濟。

九、學校落實解除髮禁政策應辦事項及作業流程
（民國94年8月24日公布）

壹、學校應辦事項：

一、運用現有機制推動輔導：運用學校現有機制，以學生自治組織為主體，研議落實解除髮禁之具體措施，協助學校解決困難與爭議並輔導落實政策。

二、循民主程序檢討修正各項規定：經由民主程序，由下而上研修（廢除）學生髮式相關規定，並儘速檢討修正學校校規、教師輔導與管教學生辦法、學生手冊、學生獎懲辦法等相關規定，提送校務會議通過後實施。

三、加強宣導溝通：

（一）利用新生訓練、開學典禮、班週會等各種集會場合，向學校師生宣導解除髮禁政策，不再規範學生髮式且不得作為懲處之依據。

（二）對於學生可能出現與過去不同的髮型，有些老師或家長可能產生無法接受的情況，學校應利用各種會議、座談或研習，如校務會議、行政會議、學務會議、導師會議、親師座談等，加強宣導及理念溝通。

（三）除轉發教育部之宣導資料給學生及家長外，並由學校結合家長團體寫給家長一封信，說明學校規定並釐清解除髮禁政策之立場，以減緩家長的疑慮與擔心。信中內容可以本部所擬之論述為重點：（1）基於民主人權觀念以及尊重學生個人意識；（2）在自然、整潔前提下，不再限制孩子髮式；（3）說明孩子髮式無關學生好壞；（4）讓師生關係回歸教與學的核心；（5）將管教權回歸家長；（6）共同營造尊重、包容、多元、友善健康的校園。

四、落實措施：

（一）將生活教育及美育融入各科課程教學，並配合規劃辦理相關活動，培養學生頭髮整齊、清潔之自我管理習慣。

（二）設置意見反應信箱、電話專線、網路留言版等多元管道，讓家長、學生表達意見與想法，並依規定受理學生申訴案件。

（三）配合辦理校內外相關研習進修活動，提供經驗分享及觀摩機會。

（四）規劃符合民主程序之規範制度，由學生透過評選或票選的方式，參與制訂學校服儀相關規定。

五、檢討回饋：定期蒐集調查學生、教師及家長意見，回饋修正相關規定及執行措施，並回報主管教育行政機關相關調查資料，提供改進建議。

貳、作業流程（略）

十、校園性侵害性騷擾或性霸凌防治準則（民國108年12月24日發布）

第一章　總則

第1條　本準則依性別平等教育法（以下簡稱本法）第二十條第一項規定訂定之。

第2條　學校應積極推動校園性侵害、性騷擾及性霸凌防治教育，以提升教職員工生尊重他人與自己性或身體自主之知能，並採取下列措施：

一、針對教職員工生，每年定期舉辦校園性侵害、性騷擾及性霸凌防治之教育宣導活動，並評鑑其實施成效。

二、針對性別平等教育委員會（以下簡稱性平會）及負責校園性侵害、性騷擾及性霸凌事件處置相關單位人員，每年定期辦理相關之在職進修活動。

三、鼓勵前款人員參加校內外校園性侵害、性騷擾及性霸凌事件處置研習活動，並予以公差登記及經費補助。

四、利用多元管道，公告周知本準則所規範之事項，並納入教職員工聘約及學生手冊。

五、鼓勵校園性侵害、性騷擾及性霸凌事件被害人或檢舉人儘早申請調查或檢舉，以利蒐證及調查處理。

第3條　學校或主管機關應蒐集校園性侵害、性騷擾及性霸凌防治與救濟等資訊，並於處理事件時，主動提供予相關人員。

前項資訊應包括下列事項：

一、校園性侵害、性騷擾及性霸凌事件之界定、類型及相關法規。

二、被害人之權益保障及學校所提供之必要協助。

三、申請調查、申復及救濟之機制。

四、相關之主管機關及權責單位。

五、提供資源協助之團體及網絡。

六、其他該校或主管機關性平會認為必要之事項。

第二章　校園安全規劃

第4條　學校為防治校園性侵害、性騷擾及性霸凌，應採取下列措施改善校園危險空間：

一、依空間配置、管理與保全、標示系統、求救系統與安全路線、照明與空間穿透性及其他空間安全要素等，定期檢討校園空間與設施之規劃與使用情形及檢視校園整體安全。

二、記錄校園內曾經發生校園性侵害、性騷擾或性霸凌事件之空間，並依實際需要繪製校園危險地圖。

前項第一款檢討校園空間與設施之規劃，應考量學生之身心功能或語言文化差異之特殊性，提供符合其需要之安全規劃及說明方式；其範圍，應包括校園內所設之宿舍、衛浴設備、校車等。

第5條　學校應定期舉行校園空間安全檢視說明會，邀集專業空間設計者、教職員工生及其他校園使用者參與。

前項檢視說明會，學校得採電子化會議方式召開，並應將檢視成果及相關紀錄公告之。

學校檢視校園危險空間改善進度，應列為性平會每學期工作報告事項。

第三章　校內外教學及人際互動注意事項

第6條　學校教職員工生於進行校內外教學活動、執行職務及人際互動時，應尊重性別多元及個別差異。

第7條　教師於執行教學、指導、訓練、評鑑、管理、輔導或提供學生工作機會時，在與性或性別有關之人際互動上，不得發展有違專業倫理之關係。

教師發現其與學生之關係有違反前項專業倫理之虞，應主動迴避或陳報學校處理。

第8條　教職員工生應尊重他人與自己之性或身體之自主，避免不受歡迎之追求行為，並不得以強制或暴力手段處理與性或性別有關之衝突。

第四章　校園性侵害、性騷擾或性霸凌之處理機制、程序及救濟方法

第9條　本法第二條第七款所定校園性侵害、性騷擾或性霸凌事件，包括不同學校間所發生者。

本法第二條第七款用詞，定義如下：

一、教師：指專任教師、兼任教師、代理教師、代課教師、教官、運用於協助教學之志願服務人員、實際執行教學之教育實習人員及其他執行教學或研究之人員。

二、職員、工友：指前款教師以外，固定、定期執行學校事務，或運用於協助學校事務之志願服務人員。

三、學生：指具有學籍、學制轉銜期間未具學籍者、接受進修推廣教育者、交換學生、教育實習學生或研修生。

第10條　校園性侵害、性騷擾或性霸凌事件之被害人或其法定代理人（以下簡稱申請人）、檢舉人，得以書面向行為人於行為發生時所屬之學校（以下簡稱事件管轄學校）申請調查或檢舉。但行為人於行為時或現職為學校首長者，應向現職學校所屬主管機關（以下簡稱事件管轄機關）申請調查或檢舉。

前項事件管轄學校，於行為人在兼任學校所為者，為該兼任學校。

第11條　事件管轄學校或機關與行為人現所屬學校不同者，應以書面通知行為人現所屬學校派代表參與調查，被通知之學校不得拒絕。

前項事件管轄學校或機關完成調查後，其成立校園性侵害、性騷擾或性霸凌事件者，應將調查報告及處理建議移送行為人現所屬學校依第三十條規定處理。

第12條　第十條第二項之情形，事件管轄學校應以書面通知行為人現所屬專任學校派代表參與調查，被通知之學校不得拒絕。

前項事件管轄學校完成調查後，其成立校園性侵害、性騷擾或性霸凌事件者，應將調查報告及處理建議移送行為人現所屬專任學校依第三十條規定處理。

第13條　行為人於行為發生時，同時具有校長、教師、職員、工友或學生二種以上不同身分者，以其與被害人互動時之身分，定其受調查之身分及事件管轄學校或機關。

無法判斷行為人於行為發生時之身分，或於學制轉銜期間，尚未確定行為人就讀學校者，以受理申請調查或檢舉之學校為事件管轄學校，相關學校應派代表參與調查。但於申請調查或檢舉時，行為人及被害人已具學生身分，由行為人所屬學校為事件管轄學校。

第14條　行為人二人以上，分屬不同學校者，以先受理申請調查或檢舉之行為人所屬學校為事件管轄學校，相關學校應派代表參與調查。

第15條　接獲申請調查或檢舉之學校或主管機關無管轄權者，應將該案件於七個工作日內移送其他有管轄權者，並通知當事人。

學制轉銜期間申請調查或檢舉之事件，管轄權有爭議時，由其共同上級機關決定之，無共同上級機關時，由各該上級機關協議定之。

第16條　學校校長、教師、職員或工友知悉服務學校發生疑似校園性侵害、性騷擾或性霸凌事件者，依本法第二十一條第一項規定，應立即以書面或其他通訊方式通報學校防治規定所定學校權責人員，並由學校權責人員依下列規定辦理，至遲不得超過二十四小時：

一、依相關法律規定向當地直轄市、縣（市）社政主管機關通報。

二、向學校主管機關通報。

依本條規定為通報時，除有調查必要、基於公共安全考量或法規另有特別規定者外，對於當事人及檢舉人之姓名或其他足以辨識其身分之資料，應予以保密。

第17條　校園性侵害、性騷擾或性霸凌事件之申請人或檢舉人得以言詞、書面或電子郵件申請調查或檢舉；其以言詞或電子郵件為之者，受理申請調查或檢舉之事件管轄學校或機關應作成紀錄，經向申請人或檢舉人朗讀或使閱覽，確認其內容無誤後，由其簽名或蓋章。

前項書面或言詞、電子郵件作成之紀錄，應載明下列事項：

一、申請人或檢舉人姓名、身分證明文件字號、服務或就學之單位及職稱、住居所、聯絡電話及申請調查日期。

二、申請人申請調查者，應載明被害人之出生年月日。

三、申請人委任代理人代為申請調查者，應檢附委任書，並載明其姓名、身分證明文件

　　字號、住居所、聯絡電話。
　　四、申請調查或檢舉之事實內容。如有相關證據，亦應記載或附卷。
第18條　校園性侵害、性騷擾或性霸凌事件管轄學校或機關接獲申請調查或檢舉時，其收件單位
　　　如下：
　　一、專科以上學校：學生事務處或學校指定之專責單位。
　　二、高級中等以下學校：學生事務處或教導處。
　　三、主管機關：負責性平會之業務單位。
　　前項收件單位收件後，除有本法第二十九條第二項所定事由外，應於三日內將申請人或
　　檢舉人所提事證資料交付性平會調查處理。
　　前項本法第二十九條第二項所定事由，必要時得由性平會指派委員三人以上組成小組認
　　定之。學校並得於防治規定中明定前述小組之工作權責範圍。
第19條　經媒體報導之校園性侵害、性騷擾或性霸凌事件，應視同檢舉，學校或主管機關應主動
　　　將事件交由所設之性平會調查處理。疑似被害人不願配合調查時，學校或主管機關仍應
　　　提供必要之輔導或協助。
　　學校處理霸凌事件，發現有疑似性侵害、性騷擾或性霸凌情事者，視同檢舉，由學校防
　　制霸凌因應小組移請性平會依前條規定辦理。
第20條　事件管轄學校或機關應於接獲申請調查或檢舉後二十日內，以書面通知申請人或檢舉人
　　　是否受理。不受理之書面通知應依本法第二十九條第三項規定敘明理由，並告知申請人
　　　或檢舉人申復之期限及受理單位。
　　申請人或檢舉人於前項之期限內，未收到通知或接獲不受理通知之次日起二十日內，得
　　以書面具明理由，向事件管轄學校或機關提出申復；其以言詞為之者，事件管轄學校或
　　機關應作成紀錄，經向申請人或檢舉人朗讀或使閱覽，確認其內容無誤後，由其簽名或
　　蓋章。
　　前項不受理之申復以一次為限。
　　事件管轄學校或機關接獲申復後，應將申請調查或檢舉案交性平會重新討論受理事宜，
　　並於二十日內以書面通知申復人申復結果。申復有理由者，性平會應依法調查處理。
第21條　事件管轄學校或機關之性平會處理校園性侵害、性騷擾或性霸凌事件時，得成立調查小
　　　組調查之。調查小組以三人或五人為原則，其成員之組成，依本法第三十條第三項規
　　　定。
　　校園性侵害、性騷擾或性霸凌事件當事人之輔導人員、事件管轄學校或機關性平會會務
　　權責主管及承辦人員，應迴避該事件之調查工作；參與校園性侵害、性騷擾或性霸凌事
　　件之調查及處理人員，亦應迴避對該當事人之輔導工作。
　　學校或主管機關針對擔任調查小組之成員，應予公差（假）登記；其交通費或相關費
　　用，由事件管轄學校或機關，及派員參與調查之學校支應。
第22條　本法第三十條第三項所定具性侵害、性騷擾或性霸凌事件調查專業素養之專家學者，應
　　　符合下列資格之一：
　　一、持有中央或直轄市、縣（市）主管機關校園性侵害、性騷擾或性霸凌調查知能高階
　　　　培訓結業證書，且經中央或直轄市、縣（市）主管機關所設性平會核可並納入調查
　　　　專業人才庫者。
　　二、曾調查處理校園性侵害、性騷擾或性霸凌事件有具體績效，且經中央或直轄市、
　　　　縣（市）主管機關所設性平會核可並納入調查專業人才庫者。
　　前項第一款之校園性侵害、性騷擾或性霸凌調查知能培訓，應由中央或直轄市、縣（
　　市）主管機關所設性平會負責規劃，其內容應包括下列課程：
　　一、性侵害、性騷擾或性霸凌基本概念及相關法規。
　　二、校園性侵害、性騷擾或性霸凌事件調查知能。
　　三、校園性侵害、性騷擾或性霸凌事件處理程序及行政協調。
　　四、校園性侵害、性騷擾或性霸凌事件之懲處及救濟。
　　五、其他由性平會建議之課程。
　　中央或直轄市、縣（市）主管機關應定期辦理校園性侵害、性騷擾或性霸凌調查專業人

員培訓，建立專業人才庫，並定期更新維護專業人才庫之資訊，提供各級學校或主管機關為延聘之參考。

前項調查專業人員，經檢舉有違反客觀、公正、專業之原則，或有其他不適任情形，致其認定事實顯有偏頗，並由中央或直轄市、縣（市）主管機關所設性平會審查確認者，應自調查專業人才庫移除之。

本準則中華民國一百零八年十二月二十四日修正施行前，已持有中央或直轄市、縣（市）主管機關校園性侵害、性騷擾或性霸凌調查知能進階培訓結業證書，且經中央或直轄市、縣（市）主管機關所設性平會核可並納入調查專業人才庫者，自本準則修正施行之日起三年內，得擔任第一項專家學者，免受第一項第一款規定之限制。

第23條 事件管轄學校或機關調查處理校園性侵害、性騷擾或性霸凌事件時，應依下列方式辦理：

一、行為人應親自出席接受調查；當事人為未成年者，接受調查時得由法定代理人陪同。

二、被害人或其法定代理人要求不得通知現所屬學校時，得予尊重，且得不通知現就讀學校派員參與調查。

三、當事人持有各級主管機關核發之有效特殊教育學生鑑定證明者，調查小組成員應有具備特殊教育專業者。

四、行為人與被害人、檢舉人或受邀協助調查之人有權力不對等之情形者，應避免其對質。

五、就行為人、被害人、檢舉人或受邀協助調查之人之姓名及其他足以辨識身分之資料，應予保密。但有調查之必要或基於公共安全考量者，不在此限。

六、依本法第三十條第四項規定以書面通知當事人、相關人員或單位配合調查及提供資料時，應記載調查目的、時間、地點及不到場所生之效果。

七、前款通知應載明當事人不得私下聯繫或運用網際網路、通訊軟體或其他管道散布事件之資訊。

八、事件管轄學校或機關所屬人員不得以任何名義對案情進行瞭解或調查，且不得要求當事人提交自述或切結文件。

九、基於調查之必要，得於不違反保密義務之範圍內另作成書面資料，交由行為人、被害人或受邀協助調查之人閱覽或告以要旨。

十、申請人撤回申請調查時，為釐清相關法律責任，事件管轄學校或機關得經所設之性平會決議，或經行為人請求，繼續調查處理。學校所屬主管機關認情節重大者，應命事件管轄學校繼續調查處理。

第24條 依前條第五款規定負有保密義務者，包括參與處理校園性侵害、性騷擾或性霸凌事件之所有人員。

依前項規定負保密義務者洩密時，應依刑法或其他相關法規處罰。

學校或主管機關就記載有當事人、檢舉人、證人姓名之原始文書應予封存，不得供閱覽或提供予偵查、審判機關以外之人。但法律另有規定者，不在此限。

除原始文書外，調查處理校園性侵害、性騷擾或性霸凌事件人員對外所另行製作之文書，應將當事人、檢舉人、證人之真實姓名及其他足以辨識身分之資料刪除，並以代號為之。

第25條 為保障校園性侵害、性騷擾或性霸凌事件當事人之受教權或工作權，事件管轄學校或機關於必要時得依本法第二十三條規定，採取下列處置，並報主管機關備查：

一、彈性處理當事人之出缺勤紀錄或成績考核，並積極協助其課業或職務，得不受請假、教師及學生成績考核相關規定之限制。

二、尊重被害人之意願，減低當事人雙方互動之機會。

三、避免報復情事。

四、預防、減低行為人再度加害之可能。

五、其他性平會認為必要之處置。

當事人非事件管轄學校之人員時，應通知當事人所屬學校，依前項規定處理。

前二項必要之處置，應經性平會決議通過後執行。

第26條　事件管轄學校或機關應依本法第二十四條第一項規定，視當事人之身心狀況，主動轉介至各相關機構，以提供必要之協助。但事件管轄學校或機關就該事件仍應依本法為調查處理。

前二項必要之處置，應經性平會決議通過後執行。

當事人非事件管轄學校之人員時，應通知當事人所屬學校，依前項規定提供必要之協助。

第27條　事件管轄學校或機關依本法第二十四條第一項規定，於必要時，應對當事人提供下列適當協助：

一、心理諮商輔導。

二、法律諮詢管道。

三、課業協助。

四、經濟協助。

五、其他性平會認為必要之保護措施或協助。

當事人非事件管轄學校之人員時，應通知當事人所屬學校，依前項規定提供適當協助。

前二項協助得委請醫師、臨床心理師、諮商心理師、社會工作師或律師等專業人員為之，其所需費用，學校或主管機關應編列預算支應之。

第28條　性平會之調查處理，不受該事件司法程序是否進行及處理結果之影響。

前項之調查程序，不因行為人喪失原身分而中止。

第29條　基於尊重專業判斷及避免重複詢問原則，事件管轄學校或機關對於與校園性侵害、性騷擾或性霸凌事件有關之事實認定，應依據性平會之調查報告。

性平會召開會議審議調查報告認定性侵害、性騷擾或性霸凌行為屬實，依其事實認定對學校或主管機關提出改變身分之處理建議者，由學校或主管機關檢附經性平會審議通過之調查報告，通知行為人限期提出書面陳述意見。

前項行為人不於限期內提出書面陳述意見者，視為放棄陳述之機會；有書面陳述意見者，性平會應再次召開會議審酌其書面陳述意見，除有本法第三十二條第三項所定之情形外，不得重新調查。

學校或主管機關決定議處之權責單位，於審議議處時，除有本法第三十二條第三項所定之情形外，不得要求性平會重新調查，亦不得自行調查。

第30條　校園性侵害、性騷擾或性霸凌事件經事件管轄學校或機關所設性平會調查屬實後，事件管轄學校或機關應依本法第二十五條第一項規定，對行為人予以申誡、記過、解聘、停聘、不續聘、免職、終止契約關係、終止運用關係或其他適當之懲處。其他機關依相關法律或法規有議處權限者，事件管轄學校或機關應將該事件移送其他權責機關議處；其經查證有誣告之事實者，並應依法對申請人或檢舉人為適當之懲處。

本法第二十五條第二項對行為人所為處置，應由該懲處之學校或主管機關命行為人為之，執行時並應採取必要之措施，以確保行為人之配合遵守。

前項處置，由該懲處之學校或主管機關性平會討論決定實施性別平等教育相關課程之性質、執行方式、執行期間及費用之支應事宜；該課程之性質、執行方式、執行期間及不配合執行之法律效果，應載明於處理結果之書面通知中。

依本法第二十五條第二項第二款規定命行為人接受八小時之性別平等教育相關課程，應由學校所屬主管機關規劃。

第31條　事件管轄學校或機關將處理結果，以書面通知申請人及行為人時，應一併提供調查報告，並告知申復之期限及受理之學校或機關。

申請人或行為人對事件管轄學校或機關處理之結果不服者，得於收到書面通知次日起二十日內，以書面具明理由向事件管轄學校或機關申復；其以言詞為之者，受理之學校或機關應作成紀錄，經向申請人或行為人朗讀或使閱覽，確認其內容無誤後，由其簽名或蓋章。

學校或主管機關接獲申復後，依下列程序處理：

一、由學校或主管機關指定之專責單位收件後，應即組成審議小組，並於三十日內作成附理由之決定，以書面通知申復人申復結果。

二、前款審議小組應包括性別平等教育相關專家學者、法律專業人員三人或五人，其小組成員中，女性人數比例應占成員總數二分之一以上，具校園性侵害、性騷擾或性霸凌事件調查專業素養之專家學者人數比例於學校應占成員總數三分之一以上，於主管機關應占成員總數二分之一以上。

三、原性平會委員及原調查小組成員不得擔任審議小組成員。

四、審議小組召開會議時由小組成員推舉召集人，並主持會議。

五、審議會議進行時，得視需要給予申復人陳述意見之機會，並得邀所設性平會相關委員或調查小組成員列席說明。

六、申復有理由時，將申復決定通知相關權責單位，由其重為決定。

七、前款申復決定送達申復人前，申復人得準用前項規定撤回申復。

第32條　事件管轄學校或機關依本法第二十七條第一項規定建立之檔案資料，應指定專責單位或人員保存二十五年；其以電子儲存媒體儲存者，必要時得採電子簽章或加密方式處理之。

依前項規定所建立之檔案資料，分為原始檔案與報告檔案。

前項原始檔案內容包括下列資料：

一、事件發生之時間、樣態。

二、事件相關當事人（包括檢舉人、被害人、行為人）。

三、事件處理人員、流程及紀錄。

四、事件處理所製作之文書、訪談過程之錄音檔案、取得之證據及其他相關資料。

五、行為人之姓名、職稱或學籍資料、家庭背景等。

六、調查小組提交之調查報告初稿及性平會之會議紀錄。

第二項報告檔案為經性平會議決通過之調查報告；其內容應包括下列事項：

一、申請調查事件之案由，包括當事人或檢舉之敘述。

二、調查訪談過程紀錄，包括日期及對象。

三、被申請調查人、申請調查人、證人與相關人士之陳述及答辯。

四、相關物證之查驗。

五、事實認定及理由。

六、處理建議。

第33條　學校或主管機關於取得本法第二十七條之一第三項所定事件相關事證資訊，經通知當事人陳述意見後，應提交性平會查證審議。

第34條　事件管轄學校或機關依本法第二十七條第二項及第三項規定為通報時，其通報內容應限於行為人經查證屬實之校園性侵害、性騷擾或性霸凌事件時間、樣態、行為人姓名、職稱或學籍資料。

前項事件管轄學校或機關應視實際需要，將輔導、防治教育或相關處置措施及其他必要之資訊，提供予次一就讀或服務之學校。

事件管轄學校或機關就行為人追蹤輔導後，評估無再犯情事者，得於第一項通報內容註記行為人之改過現況。

第五章　附則

第35條　學校應依本準則內容，訂定校園性侵害、性騷擾或性霸凌防治規定，並將第七條及第八條規定納入教職員工聘約及學生手冊。

前項規定之內容，應包括下列事項：

一、校園安全規劃。

二、校內外教學及人際互動注意事項。

三、校園性侵害、性騷擾或性霸凌防治之政策宣示。

四、校園性侵害、性騷擾或性霸凌事件之界定及樣態。

五、校園性侵害、性騷擾或性霸凌事件之申請調查或檢舉之收件單位、電話、電子郵件等資訊及程序。

六、校園性侵害、性騷擾或性霸凌事件之調查及處理程序。

七、校園性侵害、性騷擾或性霸凌事件之申復及救濟程序。

八、禁止報復之警示。

九、隱私之保密。

十、其他校園性侵害、性騷擾或性霸凌防治相關事項。

第36條　高級中等以下學校調查處理校園性侵害、性騷擾或性霸凌事件及對當事人實施教育輔導所需之經費，得向學校所屬主管機關申請補助。

第37條　事件管轄學校於校園性侵害、性騷擾或性霸凌事件調查處理完成，調查報告經性平會議決後，應將處理情形、處理程序之檢核情形、調查報告及性平會之會議紀錄報所屬主管機關。申請人及行為人提出申復之事件，並應於申復審議完成後，將申復審議結果報所屬主管機關。

學校所屬主管機關應依本法第四條、第五條及第十一條規定，定期對學校進行督導考核；並將第四條、第五條之校園安全規劃、校園危險空間改善情形，及學校防治與調查處理校園性侵害、性騷擾或性霸凌事件之成效列入定期考核事項。

學校所屬主管機關於學校調查處理校園性侵害、性騷擾或性霸凌事件時，應對學校提供諮詢服務、輔導協助、適法監督或予糾正。

第38條　本準則自發布日施行。

十一、兒童及少年福利與權益保障法（民國110年1月20日修正）

第一章 總則
第1條 為促進兒童及少年身心健全發展，保障其權益，增進其福利，特制定本法。
第2條 本法所稱兒童及少年，指未滿十八歲之人；所稱兒童，指未滿十二歲之人；所稱少年，指十二歲以上未滿十八歲之人。
第3條 父母或監護人對兒童及少年應負保護、教養之責任。對於主管機關、目的事業主管機關或兒童及少年福利機構、團體依本法所為之各項措施，應配合及協助之。
第4條 政府及公私立機構、團體應協助兒童及少年之父母、監護人或其他實際照顧兒童及少年之人，維護兒童及少年健康，促進其身心健全發展，對於需要保護、救助、輔導、治療、早期療育、身心障礙重建及其他特殊協助之兒童及少年，應提供所需服務及措施。
第5條 政府及公私立機構、團體處理兒童及少年相關事務時，應以兒童及少年之最佳利益為優先考量，並依其心智成熟程度權衡其意見；有關其保護及救助，並應優先處理。
　　　　兒童及少年之權益受到不法侵害時，政府應予適當之協助及保護。
第6條 本法所稱主管機關：在中央為衛生福利部；在直轄市為直轄市政府；在縣（市）為縣（市）政府。
第7條 本法所定事項，主管機關及目的事業主管機關應就其權責範圍，針對兒童及少年之需要，尊重多元文化差異，主動規劃所需福利，對涉及相關機關之兒童及少年福利業務，應全力配合之。
　　　　主管機關及目的事業主管機關均應辦理兒童及少年安全維護及事故傷害防制措施；其權責劃分如下：
一、主管機關：主管兒童及少年福利政策之規劃、推動及監督等相關事宜。
二、衛生主管機關：主管婦幼衛生、生育保健、早產兒通報、追蹤、訪視及關懷服務、發展遲緩兒童早期醫療、兒童及少年身心健康、醫療、復健及健康保險等相關事宜。
三、教育主管機關：主管兒童及少年教育及其經費之補助、特殊教育、學前教育、安全教育、家庭教育、中介教育、職涯教育、休閒教育、性別平等教育、社會教育、兒童及少年就學權益之維護及兒童課後照顧服務等相關事宜。
四、勞工主管機關：主管未滿十五歲之人勞動條件維護與年滿十五歲或國民中學畢業少年之職業訓練、就業準備、就業服務及勞動條件維護等相關事宜。
五、建設、工務、消防主管機關：主管兒童及少年福利與權益維護相關之建築物管理、公共設施、公共安全、建築物環境、消防安全管理、遊樂設施、親子廁所盥洗室等相關事宜。
六、警政主管機關：主管兒童及少年人身安全之維護及觸法預防、失蹤兒童及少年、無依兒童及少年之父母或監護人之協尋等相關事宜。
七、法務主管機關：主管兒童及少年觸法預防、矯正與犯罪被害人保護等相關事宜。
八、交通主管機關：主管兒童及少年交通安全、幼童專用車檢驗、公共停車位等相關事宜。
九、通訊傳播主管機關：主管兒童及少年通訊傳播視聽權益之維護、內容分級之規劃及推動等相關事宜。
十、戶政主管機關：主管兒童及少年身分資料及戶籍等相關事宜。
十一、財政主管機關：主管兒童及少年福利機構稅捐之減免等相關事宜。
十二、金融主管機關：主管金融機構對兒童及少年提供財產信託服務之規劃、推動及監督等相關事宜。
十三、經濟主管機關：主管兒童及少年相關商品與非機械遊樂設施標準之建立及遊戲軟體分級等相關事宜。
十四、體育主管機關：主管兒童及少年體育活動等相關事宜。
十五、文化主管機關：主管兒童及少年藝文活動、閱聽權益之維護、出版品及錄影節目

　　　　帶分級等相關事宜。
　　　十六、其他兒童及少年福利措施，由相關目的事業主管機關依職權辦理。
第8條　下列事項，由中央主管機關掌理。但涉及中央目的事業主管機關職掌，依法應由中央目
　　　的事業主管機關掌理者，從其規定：
　　　一、全國性兒童及少年福利政策、法規與方案之規劃、釐定及宣導事項。
　　　二、對直轄市、縣（市）政府執行兒童及少年福利之監督及協調事項。
　　　三、中央兒童及少年福利經費之分配及補助事項。
　　　四、兒童及少年福利事業之策劃、獎助及評鑑之規劃事項。
　　　五、兒童及少年福利專業人員訓練之規劃事項。
　　　六、國際兒童及少年福利業務之聯繫、交流及合作事項。
　　　七、兒童及少年保護業務之規劃事項。
　　　八、中央或全國性兒童及少年福利機構之設立、監督及輔導事項。
　　　九、其他全國性兒童及少年福利之策劃及督導事項。
第9條　下列事項，由直轄市、縣（市）主管機關掌理。但涉及地方目的事業主管機關職掌，依
　　　法應由地方目的事業主管機關掌理者，從其規定：
　　　一、直轄市、縣（市）兒童及少年福利政策、自治法規與方案之規劃、釐定、宣導及執
　　　　　行事項。
　　　二、中央兒童及少年福利政策、法規及方案之執行事項。
　　　三、兒童及少年福利專業人員訓練之執行事項。
　　　四、兒童及少年保護業務之執行事項。
　　　五、直轄市、縣（市）兒童及少年福利機構之設立、監督及輔導事項。
　　　六、其他直轄市、縣（市）兒童及少年福利之策劃及督導事項。
第10條　主管機關應以首長為召集人，邀集兒童及少年福利相關學者或專家、民間相關機構、團
　　　體代表、目的事業主管機關代表、兒童及少年代表，協調、研究、審議、諮詢及推動兒
　　　童及少年福利政策。
　　　前項兒童及少年福利相關學者、專家、民間相關機構、團體代表、兒童及少年代表不得
　　　少於二分之一，單一性別不得少於三分之一。
第11條　政府及公私立機構、團體應培養兒童及少年福利專業人員，並應定期舉辦職前訓練及在
　　　職訓練。
第12條　兒童及少年福利經費之來源如下：
　　　一、各級政府年度預算及社會福利基金。
　　　二、私人或團體捐贈。
　　　三、依本法所處之罰鍰。
　　　四、其他相關收入。
第13條　中央衛生主管機關應進行六歲以下兒童死亡原因回溯分析，並定期公布分析結果。
　　　主管機關應每四年對兒童及少年身心發展、社會參與、生活及需求現況進行調查、統計
　　　及分析，並公布結果。

第二章　身分權益

第14條　胎兒出生後七日內，接生人應將其出生之相關資料通報衛生主管機關備查；其為死產
　　　者，亦同。
　　　接生人無法取得完整資料以填報出生通報者，仍應為前項之通報。
　　　衛生主管機關應將第一項通報之新生兒資料轉知戶政主管機關，由其依相關規定辦理；
　　　必要時，戶政主管機關並得請求主管機關、警政及其他目的事業主管機關協助。
　　　第一項通報之相關表單，由中央衛生主管機關定之。
第15條　從事收出養媒合服務，以經主管機關許可之財團法人、公私立兒童及少年安置、教養機
　　　構（以下統稱收出養媒合服務者）為限。
　　　收出養媒合服務者應評估並安排收養人與兒童、少年先行共同生活或漸進式接觸。
　　　收出養媒合服務者從事收出養媒合服務，得向收養人收取服務費用。

第一項收出養媒合服務者之資格條件、申請程序、許可之發給、撤銷與廢止許可、服務範圍、業務檢查與其管理、停業、歇業、復業、第二項之服務、前項之收費項目、基準及其他應遵行事項之辦法，由中央主管機關定之。

第16條 父母或監護人因故無法對其兒童及少年盡扶養義務而擬予出養時，應委託收出養媒合服務者代覓適當之收養人。但下列情形之出養，不在此限：

一、旁系血親在六親等以內及旁系姻親在五親等以內，輩分相當。

二、夫妻之一方收養他方子女。

前項收出養媒合服務者於接受委託後，應先為出養必要性之訪視調查，並作成評估報告；評估有出養必要者，應即進行收養人之評估，並提供適當之輔導及協助等收出養服務相關措施；經評估不宜出養者，應即提供或轉介相關福利服務。

第一項出養，以國內收養人優先收養為原則。

第17條 聲請法院認可兒童及少年之收養，除有前條第一項但書規定情形者外，應檢附前條第二項之收出養評估報告。未檢附者，法院應定期間命其補正；逾期不補正者，應不予受理。

法院認可兒童及少年之收養前，得採行下列措施，供決定認可之參考：

一、命直轄市、縣（市）主管機關、兒童及少年福利機構、其他適當之團體或專業人員進行訪視，提出訪視報告及建議。

二、命收養人與兒童及少年先行共同生活一段期間；共同生活期間，對於兒童及少年權利義務之行使或負擔，由收養人為之。

三、命收養人接受親職準備教育課程、精神鑑定、藥、酒癮檢測或其他維護兒童及少年最佳利益之必要事項；其費用，由收養人自行負擔。

四、命直轄市、縣（市）主管機關調查被遺棄兒童及少年身分資料。

依前項第一款規定進行訪視者，應評估出養之必要性，並給予必要之協助；其無出養之必要者，應建議法院不為收養之認可。

收養人或收養事件之利害關係人亦得提出相關資料或證據，供法院斟酌。

第18條 父母對於兒童及少年出養之意見不一致，或一方所在不明時，父母之一方仍可向法院聲請認可。經法院調查認為收養乃符合兒童及少年之最佳利益時，應予認可。

法院認可或駁回兒童及少年收養之聲請時，應以書面通知直轄市、縣（市）主管機關，直轄市、縣（市）主管機關應為必要之訪視或其他處置，並作成紀錄。

第19條 收養兒童及少年經法院認可者，收養關係溯及於收養書面契約成立時發生效力；無書面契約者，以向法院聲請時為收養關係成立之時；有試行收養之情形者，收養關係溯及於開始共同生活時發生效力。

聲請認可收養後，法院裁定前，兒童及少年死亡者，聲請程序終結。收養人死亡者，法院應命直轄市、縣（市）主管機關、兒童及少年福利機構、其他適當之團體或專業人員為評估，並提出報告及建議，法院認收養於兒童及少年有利益時，仍得為認可收養之裁定，其效力依前項之規定。

第20條 養父母對於養子女有下列行為之一者，養子女、利害關係人或主管機關得向法院請求宣告終止其收養關係：

一、有第四十九條各款所定行為之一。

二、違反第四十三條第二項或第四十七條第二項規定，情節重大。

第21條 中央主管機關應保存出養人、收養人及被收養兒童及少年之身分、健康等相關資訊之檔案。

收出養媒合服務者及經法院交查之直轄市、縣（市）主管機關、兒童及少年福利機構、其他適當之團體或專業人員，應定期將前項收出養相關資訊提供中央主管機關保存。

辦理收出養業務、資訊保存或其他相關事項之人員，對於第一項資訊，應妥善維護當事人之隱私，除法律另有規定外，應予保密。

第一項資訊之範圍、來源、管理及使用辦法，由中央主管機關定之。

第21-1條 主管機關應對被收養兒童及少年、出養人、收養人及其他利害關係人提供尋親服務，必要時得請求戶政、警政或其他相關機關或機構協助，受請求之機關或機構應予配合。

　　主管機關得依被收養兒童及少年、出養人、收養人或其他利害關係人之請求，提供心理、醫療、法律及其他相關諮詢轉介服務。

第22條　主管機關應會同戶政、移民主管機關協助未辦理戶籍登記、無國籍或未取得居留、定居許可之兒童、少年依法辦理有關戶籍登記、歸化、居留或定居等相關事項。

　　前項兒童、少年於戶籍登記完成前或未取得居留、定居許可前，其社會福利服務、醫療照顧、就學權益等事項，應依法予以保障。

第三章　福利措施

第23條　直轄市、縣（市）政府，應建立整合性服務機制，並鼓勵、輔導、委託民間或自行辦理下列兒童及少年福利措施：

一、建立早產兒通報系統，並提供追蹤、訪視及關懷服務。

二、建立發展遲緩兒童早期通報系統，並提供早期療育服務。

三、辦理兒童托育服務。

四、對兒童、少年及其家庭提供諮詢服務。

五、對兒童、少年及其父母辦理親職教育。

六、對於無力撫育其未滿十二歲之子女或受監護人者，視需要予以托育、家庭生活扶助或醫療補助。

七、對於無謀生能力或在學之少年，無扶養義務人或扶養義務人無力維持其生活者，予以生活扶助、協助就學或醫療補助，並協助培養其自立生活之能力。

八、早產兒、罕見疾病、重病兒童、少年及發展遲緩兒童之扶養義務人無力支付醫療費用之補助。

九、對於不適宜在家庭內教養或逃家之兒童及少年，提供適當之安置。

十、對於無依兒童及少年，予以適當之安置。

十一、對於因懷孕或生育而遭遇困境之兒童、少年及其子女，予以適當之安置、生活扶助、醫療補助、托育補助及其他必要協助。

十二、辦理兒童課後照顧服務。

十三、對結束安置無法返家之少年，提供自立生活適應協助。

十四、辦理兒童及少年安全與事故傷害之防制、教育、宣導及訓練等服務。

十五、其他兒童、少年及其家庭之福利服務。

　　前項第六款至第八款及第十一款之托育、生活扶助及醫療補助請領資格、條件、程序、金額及其他相關事項之辦法，分別由中央及直轄市主管機關定之。

　　第一項第十款無依兒童及少年之通報、協尋、安置方式、要件、追蹤之處理辦法，由中央主管機關定之。

第23-1條　中央衛生主管機關對早產兒、重病及其他危及生命有醫療需求之兒童，為維持生命所需之適用藥品及醫療器材，應建立短缺通報及處理機制。

第24條　文化、教育、體育主管機關應鼓勵、輔導民間或自行辦理兒童及少年適當之休閒、娛樂及文化活動，並提供合適之活動空間。

　　目的事業主管機關對於辦理前項活動著有績效者，應予獎勵表揚。

第25條　直轄市、縣（市）主管機關應辦理居家式托育服務之管理、監督及輔導等相關事項。

　　前項所稱居家式托育服務，指兒童由其三親等內親屬以外之人員，於居家環境中提供收費之托育服務。

　　直轄市、縣（市）主管機關應以首長為召集人，邀集學者或專家、居家托育員代表、兒童及少年福利團體代表、家長團體代表、婦女團體代表、勞工團體代表，協調、研究、審議及諮詢居家式托育服務、收退費、人員薪資、監督考核等相關事宜，並建立運作管理機制，應自行或委託相關專業之機構、團體辦理。

第26條　居家式托育服務提供者，應向直轄市、縣（市）主管機關辦理登記。

　　居家式托育服務提供者應為成年，並具備下列資格之一：

一、取得保母人員技術士證。

二、高級中等以上學校幼兒保育、家政、護理相關學程、科、系、所畢業。

三、修畢托育人員專業訓練課程，並領有結業證書。

直轄市、縣（市）主管機關為辦理居家式托育服務提供者之登記、管理、輔導、監督及檢查等事項，應自行或委託相關專業機構、團體辦理。

居家式托育服務提供者對於前項之管理、輔導、監督及檢查等事項，不得規避、妨礙或拒絕，並應提供必要之協助。

第一項居家式托育服務提供者之收托人數、登記、輔導、管理、撤銷與廢止登記、收退費規定及其他應遵行事項之辦法，由中央主管機關定之。

第26-1條 有下列情事之一，不得擔任居家式托育服務提供者：

一、曾犯性侵害犯罪防治法第二條第一項之罪、性騷擾防治法第二十五條之罪、兒童及少年性交易防制條例之罪、兒童及少年性剝削防制條例之罪，經緩起訴處分或有罪判決確定。但未滿十八歲之人，犯刑法第二百二十七條之罪者，不在此限。

二、曾犯毒品危害防制條例之罪，經緩起訴處分或有罪判決確定。

三、有第四十九條各款所定行為之一，經有關機關查證屬實。

四、行為違法或不當，其情節影響收托兒童權益重大，經主管機關查證屬實。

五、有客觀事實有傷害兒童之虞，經直轄市、縣（市）主管機關認定不能執行業務。

六、受監護或輔助宣告，尚未撤銷。

七、曾犯家庭暴力罪，經緩起訴處分或有罪判決確定之日起五年內。

前項第五款之認定，應由直轄市、縣（市）主管機關邀請相關專科醫師、兒童少年福利及其他相關學者專家組成小組為之。

第一項第五款原因消失後，仍得依本法規定申請擔任居家式托育服務提供者。

有第一項各款情事之一者，直轄市、縣（市）主管機關應命其停止服務，並強制轉介其收托之兒童。已完成登記者，廢止其登記。

第26-2條 與居家式托育服務提供者共同居住之人，有下列情事之一者，居家式托育服務提供者以提供到宅托育為限：

一、有前條第一項第一款、第二款或第四款情形之一。

二、有客觀事實有傷害兒童之虞，經直轄市、縣（市）主管機關邀請相關專科醫師、兒童少年福利及其他相關學者專家組成小組認定。

前項第二款經直轄市、縣（市）主管機關認定事實消失，居家式托育服務提供者仍得依本法提供居家式托育服務。

第27條 政府應規劃實施兒童及少年之醫療照顧措施；必要時，並得視其家庭經濟條件補助其費用。

前項費用之補助對象、項目、金額及其程序等之辦法，由中央主管機關定之。

第28條 中央主管機關及目的事業主管機關應定期召開兒童及少年事故傷害防制協調會議，以協調、研究、審議、諮詢、督導、考核及辦理下列事項：

一、兒童及少年事故傷害資料登錄。

二、兒童及少年安全教育教材之建立、審核及推廣。

三、兒童及少年遊戲與遊樂設施、玩具、用品、交通載具等標準、檢查及管理。

四、其他防制機制之建立及推動。

前項會議應遴聘學者專家、民間團體及相關機關代表提供諮詢。學者專家、民間團體代表之人數，不得少於總數二分之一。

第29條 下列兒童及少年所使用之交通載具應予輔導管理，以維護其交通安全：

一、幼童專用車。

二、公私立學校之校車。

三、短期補習班或兒童課後照顧服務班及中心之接送車。

前項交通載具載運國民小學前之幼兒、國民小學學生者，其車齡不得逾出廠十年；載運國民中學、高級中等學校學生者，其車齡不得逾出廠十五年。

第一項交通載具之申請程序、輔導措施、管理與隨車人員之督導管理及其他應遵行事項之辦法，由中央教育主管機關會同交通主管機關定之。

第30條　疑似發展遲緩、發展遲緩或身心障礙兒童及少年之父母或監護人，得申請警政主管機關建立指紋資料。

前項資料，除作為失蹤協尋外，不得作為其他用途之使用。

第一項指紋資料按捺、塗銷及管理辦法，由中央警政主管機關定之。

第31條　政府應建立六歲以下兒童發展之評估機制，對發展遲緩兒童，應按其需要，給予早期療育、醫療、就學及家庭支持方面之特殊照顧。

父母、監護人或其他實際照顧兒童之人，應配合前項政府對發展遲緩兒童所提供之各項特殊照顧。

第一項早期療育所需之篩檢、通報、評估、治療、教育等各項服務之銜接及協調機制，由中央主管機關會同衛生、教育主管機關規劃辦理。

第32條　各類社會福利、教育及醫療機構，發現有疑似發展遲緩兒童，應通報直轄市、縣（市）主管機關。直轄市、縣（市）主管機關應將接獲資料，建立檔案管理，並視其需要提供、轉介適當之服務。

前項通報流程及檔案管理等相關事項之辦法，由中央主管機關定之。

第33條　兒童及孕婦應優先獲得照顧。

交通及醫療等公、民營事業應提供兒童及孕婦優先照顧措施。

國內大眾交通運輸、文教設施、風景區與康樂場所等公營、公辦民營及民營事業，應以年齡為標準，提供兒童優惠措施，並應提供未滿一定年齡之兒童免費優惠。

前項兒童優惠措施之適用範圍及一定年齡，由各目的事業主管機關定之。

第33-1條　下列場所附設之公共停車場，應保留百分之二之汽車停車位，作為孕婦、育有六歲以下兒童者之停車位；汽車停車位未滿五十個之公共停車場，至少應保留一個孕婦、育有六歲以下兒童者之停車位。但汽車停車位未滿二十五個之公共停車場，不在此限：

一、提供民眾申辦業務或服務之政府機關（構）及公營事業。

二、鐵路車站、航空站及捷運交會轉乘站。

三、營業場所總樓地板面積一萬平方公尺以上之百貨公司及零售式量販店。

四、設有兒科病房或產科病房之區域級以上醫院。

五、觀光遊樂業之園區。

六、其他經各級交通主管機關公告之場所。

前項停車位之設置地點、空間規劃、使用對象與方式及其他應遵行事項之辦法，由中央交通主管機關會商建設、工務、消防主管機關定之。

第33-2條　下列場所應規劃設置適合六歲以下兒童及其照顧者共同使用之親子廁所盥洗室，並附設兒童安全座椅、尿布臺等相關設備：

一、提供民眾申辦業務或服務之場所總樓地板面積五千平方公尺以上之政府機關（構）。

二、營業場所總樓地板面積五千平方公尺以上之公營事業。

三、服務場所總樓地板面積五千平方公尺以上之鐵路車站、航空站及捷運交會轉乘站。

四、營業場所總樓地板面積一萬平方公尺以上之百貨公司及零售式量販店。

五、設有兒科病房之區域級以上醫院。

六、觀光遊樂業之園區。

前項場所未依第三項前段所定辦法設置親子廁所盥洗室者，直轄市、縣（市）建築主管機關應命其所有權人或管理機關負責人限期改善；其設置確有困難者，得由所有權人或管理機關負責人提具替代改善計畫，申報直轄市、縣（市）建築主管機關核定，並核定改善期限。

第一項親子廁所盥洗室之設備項目與規格及其他應遵行事項之辦法，由中央建築主管機關定之。相關商品標準之建立，由中央經濟主管機關定之。

本條自中華民國一百零四年十一月二十七日修正之文公布後二年施行。

第33-3條　運送旅客之鐵路列車應保留一定座位，作為孕婦及有兒童同行之家庭優先使用。

第34條　少年年滿十五歲或國民中學畢業，有進修或就業意願者，教育、勞工主管機關應視其性向及志願，輔導其進修、接受職業訓練或就業。

教育主管機關應依前項規定辦理並督導高級中等以下學校辦理職涯教育、勞動權益及職業安全教育。

勞工主管機關應依第一項規定提供職業訓練、就業準備、職場體驗、就業媒合、支持性就業安置及其他就業服務措施。

第35條　雇主對年滿十五歲或國民中學畢業之少年員工應保障其教育進修機會；其辦理績效良好者，勞工主管機關應予獎勵。

第36條　勞工主管機關對於缺乏技術及學歷，而有就業需求之少年，應整合教育及社政主管機關，提供個別化就業服務措施。

第37條　高級中等以下學校應協調建教合作機構與學生及其法定代理人，簽訂書面訓練契約，明定權利義務關係。

前項書面訓練契約之格式、內容，中央教育主管機關應訂定定型化契約範本與其應記載及不得記載事項。

第38條　政府應結合民間機構、團體鼓勵兒童及少年參與學校、社區等公共事務，並提供機會，保障其參與之權利。

第39條　政府應結合民間機構、團體鼓勵國內兒童及少年文學、視聽出版品與節目之創作、優良國際兒童及少年視聽出版品之引進、翻譯及出版。

第40條　政府應結合或鼓勵民間機構、團體對優良兒童及少年出版品、錄影節目帶、廣播、遊戲軟體及電視節目予以獎勵。

第41條　為確保兒童及少年之遊戲及休閒權利，促進其身心健康，除法律另有規定外，高級中等以下學校學生每週學習節數，應依中央教育主管機關訂定之課程綱要規定；其課業輔導課程，依各級教育主管機關之法令規定。

中央教育主管機關應邀集兒童及少年事務領域之專家學者、民間團體代表、兒童及少年代表，參與課程綱要之設計與規劃。

第42條　為確保兒童及少年之受教權，對於因特殊狀況無法到校就學者，家長得依國民教育法相關規定向直轄市、縣（市）政府申請非學校型態實驗教育。

第四章　保護措施

第43條　兒童及少年不得為下列行為：

一、吸菸、飲酒、嚼檳榔。

二、施用毒品、非法施用管制藥品或其他有害身心健康之物質。

三、觀看、閱覽、收聽或使用有害其身心健康之暴力、血腥、色情、猥褻、賭博之出版品、圖畫、錄影節目帶、影片、光碟、磁片、電子訊號、遊戲軟體、網際網路內容或其他物品。

四、在道路上競駛、競技或以蛇行等危險方式駕車或參與其行為。

五、超過合理時間持續使用電子類產品，致有害身心健康。

父母、監護人或其他實際照顧兒童及少年之人，應禁止兒童及少年為前項各款行為。

任何人均不得販賣、交付或供應第一項第一款至第三款之物質、物品予兒童及少年。

任何人均不得對兒童及少年散布或播送第一項第三款之內容或物品。

第44條　新聞紙以外之出版品、錄影節目帶、遊戲軟體應由有分級管理義務之人予以分級；其他有事實認定影響兒童及少年身心健康之虞之物品經目的事業主管機關認定應予分級者，亦同。

任何人不得以違反第三項所定辦法之陳列方式，使兒童及少年觀看或取得應列為限制級之物品。

第一項物品之分級類別、內容、標示、陳列方式、管理、有分級管理義務之人及其他應遵行事項之辦法，由中央目的事業主管機關定之。

第45條　新聞紙不得刊載下列有害兒童及少年身心健康之內容。但引用司法機關或行政機關公開之文書而為適當之處理者，不在此限：

一、過度描述（繪）強制性交、猥褻、自殺、施用毒品等行為細節之文字或圖片。

二、過度描述（繪）血腥、色情細節之文字或圖片。

為認定前項內容，報業商業同業公會應訂定防止新聞紙刊載有害兒童及少年身心健康內容之自律規範及審議機制，報中央主管機關備查。

新聞紙業者經舉發有違反第一項之情事者，報業商業同業公會應於三個月內，依據前項自律規範及審議機制處置。必要時，得延長一個月。

有下列情事之一者，主管機關應邀請報業商業同業公會代表、兒童及少年福利團體代表以及專家學者代表，依第二項備查之自律規範，共同審議認定之：

一、非屬報業商業同業公會會員之新聞紙業者經舉發有違反第一項之情事。

二、報業商業同業公會就前項案件逾期不處置。

三、報業商業同業公會就前項案件之處置結果，經新聞紙刊載之當事人、受處置之新聞紙業者或兒童及少年福利團體申訴。

第46條 為防止兒童及少年接觸有害其身心發展之網際網路內容，由通訊傳播主管機關召集各目的事業主管機關委託民間團體成立內容防護機構，並辦理下列事項：

一、兒童及少年使用網際網路行為觀察。

二、申訴機制之建立及執行。

三、內容分級制度之推動及檢討。

四、過濾軟體之建立及推動。

五、兒童及少年上網安全教育宣導。

六、推動網際網路平臺提供者建立自律機制。

七、其他防護機制之建立及推動。

網際網路平臺提供者應依前項防護機制，訂定自律規範採取明確可行防護措施；未訂定自律規範者，應依相關公（協）會所定自律規範採取必要措施。

網際網路平臺提供者經目的事業主管機關告知網際網路內容有害兒童及少年身心健康或違反前項規定未採取明確可行防護措施者，應為限制兒童及少年接取、瀏覽之措施，或先行移除。

前三項所稱網際網路平臺提供者，指提供連線上網後各項網際網路平臺服務，包含在網際網路上提供儲存空間，或利用網際網路建置網站提供資訊、加值服務及網頁連結服務等功能者。

第46-1條 任何人不得於網際網路散布或傳送有害兒童及少年身心健康之內容，未採取明確可行之防護措施，或未配合網際網路平臺提供者之防護機制，使兒童及少年得以接取或瀏覽。

第47條 兒童及少年不得出入酒家、特種咖啡茶室、成人用品零售店、限制級電子遊戲場及其他涉及賭博、色情、暴力等經主管機關認定足以危害其身心健康之場所。

父母、監護人或其他實際照顧兒童及少年之人，應禁止兒童及少年出入前項場所。

第一項場所之負責人及從業人員應拒絕兒童及少年進入。

第一項之場所應距離幼兒園、國民中小學、高中、職校二百公尺以上，並檢附證明文件，經商業登記主管機關登記後，始得營業。

第48條 父母、監護人或其他實際照顧兒童及少年之人，應禁止兒童及少年充當前條第一項場所之侍應或從事危險、不正當或其他足以危害或影響其身心發展之工作。

任何人不得利用、僱用或誘迫兒童及少年從事前項之工作。

第49條 任何人對於兒童及少年不得有下列行為：

一、遺棄。

二、身心虐待。

三、利用兒童及少年從事有害健康等危害性活動或欺騙之行為。

四、利用身心障礙或特殊形體兒童及少年供人參觀。

五、利用兒童及少年行乞。

六、剝奪或妨礙兒童及少年接受國民教育之機會。

七、強迫兒童及少年婚嫁。

八、拐騙、綁架、買賣、質押兒童及少年。

九、強迫、引誘、容留或媒介兒童及少年為猥褻行為或性交。

十、供應兒童及少年刀械、槍砲、彈藥或其他危險物品。

十一、利用兒童及少年拍攝或錄製暴力、血腥、色情、猥褻、性交或其他有害兒童及少年身心健康之出版品、圖畫、錄影節目帶、影片、光碟、磁片、電子訊號、遊戲軟體、網際網路內容或其他物品。

十二、迫使或誘使兒童及少年處於對其生命、身體易發生立即危險或傷害之環境。

十三、帶領或誘使兒童及少年進入有礙其身心健康之場所。

十四、強迫、引誘、容留或媒介兒童及少年為自殺行為。

十五、其他對兒童及少年或利用兒童及少年犯罪或為不正當之行為。

前項行為經直轄市、縣（市）主管機關依第九十七條規定裁罰者，中央主管機關應建立裁罰資料，供政府機關（構）及其他經中央主管機關同意之機構、法人或團體查詢。

第50條 孕婦不得吸菸、酗酒、嚼檳榔、施用毒品、非法施用管制藥品或為其他有害胎兒發育之行為。

任何人不得強迫、引誘或以其他方式使孕婦為有害胎兒發育之行為。

第51條 父母、監護人或其他實際照顧兒童及少年之人，不得使六歲以下兒童或需要特別看護之兒童及少年獨處或由不適當之人代為照顧。

第52條 兒童及少年有下列情事之一者，直轄市、縣（市）主管機關得依其父母、監護人或其他實際照顧兒童及少年之人之申請或經其同意，協調適當之機構協助、輔導或安置之：

一、違反第四十三條第一項、第四十七條第一項規定或從事第四十八條第一項禁止從事之工作，經其父母、監護人或其他實際照顧兒童及少年之人盡力禁止而無效果。

二、有偏差行為，情形嚴重，經其父母、監護人或其他實際照顧兒童及少年之人盡力矯正而無效果。

前項機構協助、輔導或安置所必要之生活費、衛生保健費、學雜費、代收代辦費及其他相關費用，由扶養義務人負擔；其收費規定，由直轄市、縣（市）主管機關定之。

第53條 醫事人員、社會工作人員、教育人員、保育人員、教保服務人員、警察、司法人員、移民業務人員、戶政人員、村（里）幹事及其他執行兒童及少年福利業務人員，於執行業務時知悉兒童及少年有下列情形之一者，應立即向直轄市、縣（市）主管機關通報，至遲不得超過二十四小時：

一、施用毒品、非法施用管制藥品或其他有害身心健康之物質。

二、充當第四十七條第一項場所之侍應。

三、遭受第四十九條第一項各款之行為。

四、有第五十一條之情形。

五、有第五十六條第一項各款之情形。

六、遭受其他傷害之情形。

任何人知悉兒童及少年有前項各款之情形者，得通報直轄市、縣（市）主管機關。

直轄市、縣（市）主管機關於知悉或接獲通報前二項案件時，應立即進行分級分類處理，至遲不得超過二十四小時。

直轄市、縣（市）主管機關受理第一項各款案件後，應提出調查報告。

第一項及第二項通報人之身分資料，應予保密。

直轄市、縣（市）主管機關於提出第四項調查報告前，得對兒童及少年進行訪視。訪視顯有困難或兒童及少年行方不明，經警察機關處理、尋查未果，涉有犯罪嫌疑者，得經司法警察機關報請檢察機關處理。

第一項至第四項通報、分級分類處理、調查與其作業期程及其他相關事項之辦法，由中央主管機關定之。

第54條 醫事人員、社會工作人員、教育人員、保育人員、教保服務人員、警察、司法人員、移民業務人員、戶政人員、村（里）幹事、村（里）長、公寓大廈管理服務人員及其他執行兒童及少年福利業務人員，於執行業務時知悉六歲以下兒童未依規定辦理出生登記、預防接種或兒童及少年家庭遭遇經濟、教養、婚姻、醫療或其他不利處境，致兒童及少年有未獲得適當照顧之虞，應通報直轄市、縣（市）主管機關。

直轄市、縣（市）主管機關於接獲前項通報後，應對前項家庭進行訪視評估，並視其需要結合警政、教育、戶政、衛生、財政、金融管理、勞政、移民或其他相關機關提供生

活、醫療、就學、托育及其他必要之協助。

中央主管機關爲蒐集、處理、利用前條及第一項業務所需之必要資料，得洽請各目的事業主管機關提供之；受請求者有配合提供資訊之義務。

第二項訪視顯有困難或兒童及少年行方不明，經警察機關處理、尋查未果，涉有犯罪嫌疑者，得經由司法警察機關報請檢察機關處理。

第一項通報人之身分資料，應予保密。

第一項至第三項通報、協助、資訊蒐集、處理、利用、查詢及其他相關事項之辦法，由中央主管機關定之。

第54-1條　兒童之父母、監護人或其他實際照顧兒童之人，有違反毒品危害防制條例者，於受通緝、羈押、觀察、勒戒、強制戒治或入獄服刑時，司法警察官、司法警察、檢察官或法院應查訪兒童之生活與照顧狀況。

司法警察官、司法警察、檢察官、法院就前項情形進行查訪，知悉兒童有第五十三條第一項各款情形及第五十四條之情事者，應依各該條規定通報直轄市、縣（市）主管機關。

第55條　兒童及少年罹患性病或有酒癮、藥物濫用情形者，其父母、監護人或其他實際照顧兒童及少年之人應協助就醫，或由直轄市、縣（市）主管機關會同衛生主管機關配合協助就醫；必要時，得請求警政主管機關協助。

前項治療所需之費用，由兒童及少年之父母、監護人負擔。但屬全民健康保險給付範圍或依法補助者，不在此限。

第56條　兒童及少年有下列各款情形之一者，直轄市、縣（市）主管機關應予保護、安置或爲其他處置；必要時得進行緊急安置：

一、兒童及少年未受適當之養育或照顧。

二、兒童及少年有立即接受醫療之必要，而未就醫。

三、兒童及少年遭受遺棄、身心虐待、買賣、質押，被強迫或引誘從事不正當之行爲或工作。

四、兒童及少年遭受其他迫害，非立即安置難以有效保護。

直轄市、縣（市）主管機關疑有前項各款情事之一者，應基於兒童及少年最佳利益，經多元評估後，加強保護、安置、緊急安置或爲其他必要之處置。

直轄市、縣（市）主管機關爲前二項保護、安置、緊急安置或爲其他必要之處置時，得請求檢察官或當地警察機關協助之。

經直轄市、縣（市）主管機關評估第一項各款兒童及少年之生命、身體或自由有立即危險或有危險之虞者，應移送當地司法警察機關報請檢察機關處理。

第一項兒童及少年之安置，直轄市、縣（市）主管機關得辦理家庭寄養，或交付適當之親屬、第三人、兒童及少年福利機構或其他安置機構教養之。

第57條　直轄市、縣（市）主管機關依前條規定緊急安置時，應即通報當地地方法院及警察機關，並通知兒童及少年之父母、監護人。但其無父母、監護人或通知顯有困難時，得不通知之。

緊急安置不得超過七十二小時，非七十二小時以上之安置不足以保護兒童及少年者，得聲請法院裁定繼續安置。繼續安置以三個月爲限；必要時，得聲請法院裁定延長之，每次得聲請延長三個月。

繼續安置之聲請，得以電訊傳眞或其他科技設備爲之。

第58條　前條第二項所定七十二小時，自依前條第一項規定緊急安置兒童及少年之時起，即時起算。但下列時間不予計入：

一、在途護送時間。

二、交通障礙時間。

三、其他不可抗力之事由所生之遲滯時間。

第59條　直轄市、縣（市）主管機關、父母、監護人、受安置兒童及少年對於第五十七條第二項裁定有不服者，得於裁定送達後十日內提起抗告。對於抗告法院之裁定不得再抗告。

聲請及抗告期間，原安置機關、機構或寄養家庭得繼續安置。

安置期間因情事變更或無依原裁定繼續安置之必要者，直轄市、縣（市）主管機關、父母、原監護人、受安置兒童及少年得向法院聲請變更或撤銷之。

直轄市、縣（市）主管機關對於安置期間期滿或依前項撤銷安置之兒童及少年，應續予追蹤輔導至少一年。

第60條　安置期間，直轄市、縣（市）主管機關或受其交付安置之機構或寄養家庭在保護安置兒童及少年之範圍內，行使、負擔父母對於未成年子女之權利義務。

法院裁定得繼續安置兒童及少年者，直轄市、縣（市）主管機關或受其交付安置之機構或寄養家庭，應選任其成員一人執行監護事務，並負與親權人相同之注意義務。直轄市、縣（市）主管機關應陳報法院執行監護事項之人，並應按個案進展作成報告備查。

安置期間，兒童及少年之父母、原監護人、親友、師長經直轄市、縣（市）主管機關同意，得依其約定時間、地點及方式，探視兒童及少年。不遵守約定或有不利於兒童及少年之情事者，直轄市、縣（市）主管機關得禁止探視。

直轄市、縣（市）主管機關為前項同意前，應尊重兒童及少年之意願。

第61條　安置期間，非為貫徹保護兒童及少年之目的，不得使其接受訪談、偵訊、訊問或身體檢查。

兒童及少年接受訪談、偵訊、訊問或身體檢查，應由社會工作人員陪同，並保護其隱私。

第62條　兒童及少年因家庭發生重大變故，致無法正常生活於其家庭者，其父母、監護人、利害關係人或兒童及少年福利機構，得申請直轄市、縣（市）主管機關安置或輔助。

前項安置，直轄市、縣（市）主管機關得辦理家庭寄養、交付適當之兒童及少年福利機構或其他安置機構教養之。

直轄市、縣（市）主管機關、受寄養家庭或機構依第一項規定，在安置兒童及少年之範圍內，行使、負擔父母對於未成年子女之權利義務。

第一項之家庭情況改善者，被安置之兒童及少年仍得返回其家庭，並由直轄市、縣（市）主管機關續予追蹤輔導至少一年。

第二項及第五十六條第五項之家庭寄養，其寄養條件、程序與受寄養家庭之資格、許可、督導、考核及獎勵之規定，由直轄市、縣（市）主管機關定之。

第63條　直轄市、縣（市）主管機關依第五十六條第五項或前條第二項對兒童及少年為安置時，因受寄養家庭或安置機構提供兒童及少年必要服務所需之生活費、衛生保健費、學雜費、代收代辦費及其他與安置有關之費用，得向扶養義務人收取；其收費規定，由直轄市、縣（市）主管機關定之。

第64條　兒童及少年有第四十九條第一項或第五十六條第一項各款情事，或屬目睹家庭暴力之兒童及少年，經直轄市、縣（市）主管機關列為保護個案者，該主管機關應於三個月內提出兒童及少年家庭處遇計畫；必要時，得委託兒童及少年福利機構或團體辦理。

前項處遇計畫得包括家庭功能評估、兒童及少年安全與安置評估、親職教育、心理輔導、精神治療、戒癮治療或其他與維護兒童及少年或其他家庭正常功能有關之協助及福利服務方案。

處遇計畫之實施，兒童及少年本人、父母、監護人、其他實際照顧兒童及少年之人或其他有關之人應予配合。

第一項之保護個案，其父母、監護人或其他實際照顧之人變更住居所或通訊方式，應告知直轄市、縣（市）主管機關。

直轄市、縣（市）主管機關發現兒童及少年行方不明，經警察機關處理、尋查未果，涉有犯罪嫌疑者，得經司法警察機關報請檢察機關處理。

第65條　依本法安置兩年以上之兒童及少年，經直轄市、縣（市）主管機關評估其家庭功能不全或無法返家者，應提出長期輔導計畫。

前項長期輔導計畫得委託兒童及少年福利機構或團體為之。

第66條　依本法保護、安置、訪視、調查、評估、輔導、處遇兒童及少年或其家庭，應建立個案資料，並定期追蹤評估。

因職務上所知悉之秘密或隱私及所製作或持有之文書，應予保密，非有正當理由，不得

洩漏或公開。

第67條　直轄市、縣（市）主管機關對於依少年事件處理法以少年保護事件、少年刑事案件處理
之兒童、少年及其家庭，應持續提供必要之福利服務。

前項福利服務，得委託兒童及少年福利機構或團體爲之。

第68條　直轄市、縣（市）主管機關對於依少年事件處理法交付安置輔導或感化教育結束、停止
或免除，或經交付轉介輔導之兒童、少年及其家庭，應予追蹤輔導至少一年。

前項追蹤輔導，得委託兒童及少年福利機構或團體爲之。

第69條　宣傳品、出版品、廣播、電視、網際網路或其他媒體對下列兒童及少年不得報導或記載
其姓名或其他足以識別身分之資訊：

一、遭受第四十九條或第五十六條第一項各款行爲。

二、施用毒品、非法施用管制藥品或其他有害身心健康之物質。

三、爲否認子女之訴、收養事件、親權行使、負擔事件或監護權之選定、酌定、改定事
件之當事人或關係人。

四、爲刑事案件、少年保護事件之當事人或被害人。

行政機關及司法機關所製作必須公開之文書，除前項第三款或其他法律特別規定之情形
外，亦不得揭露足以識別前項兒童及少年身分之資訊。

除前二項以外之任何人亦不得於媒體、資訊或以其他公示方式揭示有關第一項兒童及少
年之姓名及其他足以識別身分之資訊。

第一、二項如係爲增進兒童及少年福利或維護公共利益，且經行政機關邀集相關機關、
兒童及少年福利團體與報業商業同業公會代表共同審議後，認爲有公開之必要，不在此
限。

第70條　直轄市、縣（市）主管機關就本法規定事項，必要時，得自行或委託兒童及少年福利機
構、團體或其他適當之專業人員進行訪視、調查及處遇。

直轄市、縣（市）主管機關、受其委託之機構、團體或專業人員進行訪視、調查及處遇
時，兒童及少年之父母、監護人、其他實際照顧兒童及少年之人、師長、雇主、醫事人
員及其他有關之人應予配合，並提供相關資料；該直轄市、縣（市）主管機關得請求警
政、戶政、財政、教育或其他相關機關（構）協助，受請求之機關（構）應予配合。

爲辦理各項兒童及少年保護、補助與扶助業務所需之必要資料，主管機關得洽請相關機
關（構）、團體、法人或個人提供之，受請求者有配合提供資訊之義務。

主管機關依前二項規定所取得之資料，應盡善良管理人之注意義務，確實辦理資訊安全
稽核作業，其保有、處理及利用，並應遵循個人資料保護法之規定。

第70-1條　直轄市、縣（市）主管機關或受其委託之機構、團體、專業人員，進行前條訪視、調查
及處遇遭拒絕，合理懷疑兒童及少年有危險、危險之虞或有客觀事實認有必要者，直轄
市、縣（市）主管機關得請求警察機關對於住宅、建築物或其他處所爲即時強制進入或
爲其他必要處置。

警察機關得依前項請求派員執行即時強制進入，執行時應主動出示身分證件，並得詢問
關係人。

第71條　父母或監護人對兒童及少年疏於保護、照顧情節嚴重，或有第四十九條、第五十六條第
一項各款行爲，或未禁止兒童及少年施用毒品、非法施用管制藥品者，兒童及少年或其
最近尊親屬、直轄市、縣（市）主管機關、兒童及少年福利機構或其他利害關係人，得
請求法院宣告停止其親權或監護權之全部或一部，或得另行聲請選定或改定監護人；對
於養父母，並得請求法院宣告終止其收養關係。

法院依前項規定選定或改定監護人時，得指定直轄市、縣（市）主管機關、兒童及少年
福利機構之負責人或其他適當之人爲兒童及少年之監護人，並得指定監護方法、命其父
母、原監護人或其他扶養義務人交付子女、支付選定或改定監護人相當之扶養費用及報
酬、命爲其他必要處分或訂定必要事項。

前項裁定，得爲執行名義。

第72條　有事實足以認定兒童及少年之財產權益有遭受侵害之虞者，直轄市、縣（市）主管機關
得請求法院就兒童及少年財產之管理、使用、收益或處分，指定或改定社政主管機關或

其他適當之人任監護人或指定監護之方法，並得指定或改定受託人管理財產之全部或一部，或命監護人代理兒童及少年設立信託管理之。

前項裁定確定前，直轄市、縣（市）主管機關得代為保管兒童及少年之財產。

第一項之財產管理及信託規定，由直轄市、縣（市）主管機關定之。

第73條　高級中等以下學校對依少年事件處理法交付安置輔導或施以感化教育之兒童及少年，應依法令配合福利、教養機構或感化教育機構，執行轉銜及復學教育計畫，以保障其受教權。

前項轉銜及復學作業之對象、程序、違反規定之處理及其他應遵循事項之辦法，由中央教育主管機關會同法務主管機關定之。

第74條　法務主管機關應針對矯正階段之兒童及少年，依其意願，整合各主管機關提供就學輔導、職業訓練、就業服務或其他相關服務與措施，以協助其回歸家庭及社區。

第五章　福利機構

第75條　兒童及少年福利機構分類如下：

一、托嬰中心。

二、早期療育機構。

三、安置及教養機構。

四、心理輔導或家庭諮詢機構。

五、其他兒童及少年福利機構。

前項兒童及少年福利機構之規模、面積、設施、人員配置及業務範圍等事項之標準，由中央主管機關定之。

第一項兒童及少年福利機構，各級主管機關應鼓勵、委託民間或自行創辦；其所屬公立兒童及少年福利機構之業務，必要時，並得委託民間辦理。

直轄市、縣（市）主管機關為辦理托嬰中心托育服務之輔導及管理事項，應自行或委託相關專業之機構、團體辦理。

第75-1　直轄市、縣（市）主管機關為配合國家政策，委託非營利性質法人辦理托嬰中心、早期療育機構、安置及教養機構需用國有土地或建築物者，得由國有財產管理機關以出租方式提供使用；其租金基準，按該土地及建築物當期依法應繳納之地價稅及房屋稅計收年租金。

第76條　第二十三條第一項第十二款所稱兒童課後照顧服務，指招收國民小學階段學童，於學校上課以外時間，所提供之照顧服務。

前項兒童課後照顧服務，得由各該教育主管機關指定國民小學辦理兒童課後照顧服務班，或由鄉（鎮、市、區）公所、私人、團體申請設立兒童課後照顧服務中心辦理之。

前項兒童課後照顧服務班與兒童課後照顧服務中心之申請、設立、收費項目、用途與基準、管理、設施設備、改制、人員資格與不適任之認定、通報、資訊蒐集、查詢、處理、利用及其他應遵行事項之辦法，由中央教育主管機關定之。

直轄市、縣（市）主管機關為辦理兒童課後照顧服務班及中心，應召開審議會，由機關首長或指定之代理人為召集人，成員應包含機關代表、教育學者專家、家長團體代表、婦女團體代表、公益教保團體代表、勞工團體代表與兒童及少年福利團體代表等。

第77條　托嬰中心應為其收托之兒童辦理團體保險。

前項團體保險，其範圍、金額、繳費方式、期程、給付標準、權利與義務、辦理方式及其他相關事項之辦法，由直轄市、縣（市）主管機關定之。

第77-1條　托嬰中心應裝設置監視錄影設備。

前項監視錄影設備之設置、管理與攝錄影音資料之處理、利用、查閱、保存方式與期限及其他相關事項之辦法，由中央主管機關定之。

第78條　兒童及少年福利機構之業務，應遴用專業人員辦理；其專業人員之類別、資格、訓練及課程等之辦法，由中央主管機關定之。

第79條　依本法規定發給設立許可證書，免徵規費。

第80條　直轄市、縣（市）教育主管機關應設置社會工作人員或專任輔導人員執行本法相關業

務。
前項人員之資格、設置、實施辦法，由中央教育主管機關定之。

第81條 有下列情事之一者，不得擔任兒童及少年福利機構之負責人或工作人員：
一、曾犯性侵害犯罪防治法第二條第一項之罪、性騷擾防治法第二十五條之罪、兒童及少年性交易防制條例之罪、兒童及少年性剝削防制條例之罪，經緩起訴處分或有罪判決確定。但未滿十八歲之人，犯刑法第二百二十七條之罪者，不在此限。
二、有第四十九條第一項各款所定行為之一，經有關機關查證屬實。
三、有客觀事實認有傷害兒童少年之虞，經主管機關認定不能執行職務。
四、有客觀事實認有性侵害、性騷擾、性霸凌行為，經有關機關（構）、學校查證屬實。
有前項第二款或第四款之行為，不得擔任負責人或工作人員之期間，由主管機關審酌情節嚴重程度認定。
第一項第三款之認定，應由主管機關邀請相關專科醫師、兒童少年福利及其他相關學者專家組成小組為之。
第一項第三款原因消失後，仍得依本法規定擔任兒童及少年福利機構之負責人或工作人員。
主管機關應主動查證兒童及少年福利機構負責人是否有第一項各款情事；兒童及少年福利機構聘僱工作人員之前，亦應主動查詢，受請求查詢機關應協助查復。
兒童及少年福利機構聘僱工作人員前，應檢具相關名冊、資格證明文件影本、切結書、健康檢查表影本、最近三個月內核發之警察刑事紀錄證明書及其他基本資料，報主管機關核准。主管機關應主動查證並得派員檢查；人員異動時，亦同。
現職工作人員有第一項各款情事之一者，兒童及少年福利機構應即停止其職務，並得予以調職、資遣、令其退休或終止勞動契約。
為辦理兒童及少年福利機構第一項各款不適任資格之認定、資訊蒐集、處理、利用、查詢及其他相關事項之辦法，由中央主管機關定之。

第81-1條 有下列情事之一者，不得擔任兒童課後照顧服務班及中心之負責人或工作人員：
一、曾犯性侵害犯罪防治法第二條第一項之罪、性騷擾防治法第二十五條之罪、兒童及少年性交易防制條例之罪、兒童及少年性剝削防制條例之罪，經緩起訴處分或有罪判決確定。但未滿十八歲之人，犯刑法第二百二十七條之罪者，不在此限。
二、有性侵害行為，或有情節重大之性騷擾、性霸凌、第四十九條第一項各款所定行為之一，經教育主管機關查證屬實。
三、有非屬情節重大之性騷擾、性霸凌、第四十九條第一項各款所定行為之一，教育主管機關認定有必要予以解聘或解僱，並審酌案件情節，認定一年至四年不得聘用或僱用。
四、有客觀事實認有傷害兒童少年之虞，經教育主管機關認定不能執行職務。
兒童課後照顧服務中心之負責人有前項各款情事之一者，教育主管機關應廢止其設立許可。
第一項第四款之認定，應由教育主管機關邀請相關專科醫師、兒童少年福利及其他相關學者專家組成小組為之。
第一項第四款原因消失後，仍得依本法規定擔任兒童課後照顧服務班及中心之負責人或工作人員。
教育主管機關應主動查證兒童課後照顧服務班及中心負責人是否有第一項各款情事；兒童課後照顧服務班及中心聘僱工作人員之前，亦應主動查詢，受請求查詢機關應協助查復。
兒童課後照顧服務班及中心聘僱工作人員前，應檢具名冊，並檢附資格證明文件影本、切結書、健康檢查表影本、最近三個月內核發之警察刑事紀錄證明書及其他相關文件，報教育主管機關核准；教育主管機關應主動查證並得派員檢查；人員異動時，亦同。但現職教師兼任之工作人員，得免附相關文件。
現職工作人員有第一項各款情事之一者，兒童課後照顧服務班及中心應即停止其職務，

並得予以調職、資遣、令其退休或終止勞動契約。

兒童課後照顧服務班及中心辦理第一項各款不適任資格之認定、通報、資訊蒐集、任職前與任職期間之查詢、處理、利用及其他相關事項之辦法，由中央教育主管機關定之。

第82條 私人或團體辦理兒童及少年福利機構，以向當地主管機關申請設立許可者為限；其有對外勸募行為或享受租稅減免者，應於設立許可之日起六個月內辦理財團法人登記。

未於前項期間辦理財團法人登記，而有正當理由者，得申請核准延長一次，期間不得超過三個月；屆期不辦理者，原許可失其效力。

第一項申請設立許可之要件、程序、審核期限、撤銷與廢止許可、督導管理、停業、歇業、復業及其他應遵行事項之辦法，由中央主管機關定之。

第83條 兒童及少年福利機構或兒童課後照顧服務班及中心，不得有下列情形之一：
一、虐待或妨害兒童及少年身心健康。
二、供給不衛生之餐飲，經衛生主管機關查明屬實。
三、提供不安全之設施或設備，經目的事業主管機關查明屬實。
四、發現兒童及少年受虐事實，未向直轄市、縣（市）主管機關通報。
五、違反法令或捐助章程。
六、業務經營方針與設立目的不符。
七、財務收支未取具合法之憑證、捐款未公開徵信或會計紀錄未完備。
八、規避、妨礙或拒絕主管機關或目的事業主管機關輔導、檢查、監督。
九、對各項工作業務報告申報不實。
十、擴充、遷移、停業、歇業、復業未依規定辦理。
十一、有其他情事，足以影響兒童及少年身心健康。

第84條 兒童及少年福利機構不得利用其事業為任何不當之宣傳；其接受捐贈者，應公開徵信，並不得利用捐贈為設立目的以外之行為。

主管機關應辦理輔導、監督、檢查、獎勵及定期評鑑兒童及少年福利機構並公布評鑑報告及結果。

前項評鑑對象、項目、方式及獎勵方式等辦法，由主管機關定之。

第85條 兒童及少年福利機構停辦、停業、歇業、解散、經撤銷或廢止許可時，對於其收容之兒童及少年應即予適當之安置；其未能予以適當安置者，設立許可主管機關應協助安置，該機構應予配合。

第六章　罰則

第86條 接生人違反第十四條第一項規定者，由衛生主管機關處新臺幣六千元以上三萬元以下罰鍰。

第87條 違反第十五條第一項規定，未經許可從事收出養媒合服務者，由主管機關處新臺幣六萬元以上三十萬元以下罰鍰，並公布其姓名或名稱。

第88條 收出養媒合服務者違反依第十五條第三項所定辦法中有關業務檢查與管理、停業、歇業、復業之規定者，由許可主管機關通知限期改善，屆期未改善者，處新臺幣三萬元以上十五萬元以下罰鍰，並得按次處罰；情節嚴重者，得命其停辦一個月以上一年以下，並公布其名稱或姓名。

依前項規定命其停辦，拒不遵從或停辦期限屆滿未改善者，許可主管機關應廢止其許可。

第89條 違反第二十一條第三項、第五十三條第五項、第五十四條第五項、第六十六條第二項或第六十九條第三項而無正當理由者，處新臺幣二萬元以上十萬元以下罰鍰。

第90條 違反第二十六條第一項規定未辦理居家式托育服務登記者，處新臺幣六千元以上三萬元以下罰鍰，並命其限期改善。屆期未改善者，處新臺幣六千元以上三萬元以下罰鍰，並命其於一個月內將收托兒童予以轉介，未能轉介時，由直轄市、縣（市）主管機關協助轉介。

前項限期改善期間，直轄市、縣（市）主管機關應即通知家長，並協助居家式托育服務提供者，依家長意願轉介，且加強訪視輔導。

拒不配合第一項轉介之命令者，處新臺幣六千元以上三萬元以下罰鍰，直轄市、縣（

市）主管機關並應強制轉介其收托之兒童。

第一項限期改善期間，居家式托育服務提供者不得增加收托兒童。違反者，處新臺幣六千元以上三萬元以下罰鍰，並得按次處罰；直轄市、縣（市）主管機關並應強制轉介其收托之兒童。

違反第二十六條第四項規定，或依第五項所定辦法有關收托人數、登記或輔導結果列入應改善而屆期未改善之規定者，處新臺幣六千元以上三萬元以下罰鍰，並得按次處罰，其情節重大或經處罰三次後仍未改善者，得廢止其登記。

經依前項廢止登記者，自廢止之日起，一年內不得辦理登記為居家式托育服務提供者。

違反第二十六條之一第四項規定，不依直轄市、縣（市）主管機關之命令停止服務者，處新臺幣六萬元以上三十萬元以下罰鍰，並得公布其姓名。

第90-1條　違反第二十九條第三項所定辦法規定而有下列各款情形之一者，由教育主管機關處公私立學校校長、短期補習班或兒童課後照顧服務中心負責人新臺幣六千元以上三萬元以下罰鍰，並命其限期改善，屆期未改善者，得按次處罰：

一、以未經核准或備查之車輛載運學生。

二、載運人數超過汽車行車執照核定數額。

三、未依學生交通車規定載運學生。

四、未配置符合資格之隨車人員隨車照護學生。

違反第三十三條第三項及第四項所定適用範圍及一定年齡者，各目的事業主管機關得處新臺幣六千元以上三萬元以下罰鍰，並命其限期改善，屆期未改善者，得按次處罰。

第90-2條　違反第三十三條之一規定者，由直轄市、縣（市）交通主管機關命其限期改善，屆期未改善者，處所有權人或管理機關負責人新臺幣一萬元以上五萬元以下罰鍰，並得按次處罰至其改善完成為止。

違反第三十三條之二第二項規定未改善、未提具替代改善計畫或未依核定改善計畫之期限改善完成者，由直轄市、縣（市）建築主管機關處所有權人或管理機關負責人新臺幣一萬元以上五萬元以下罰鍰，並命其限期改善；屆期未改善者，得按次處罰至其改善完成為止。

第一項規定自中華民國一百零四年十一月二十七日修正之條文公布後三年施行；前項規定自中華民國一百零四年十一月二十七日修正之條文公布後五年施行。

第91條　父母、監護人或其他實際照顧兒童及少年之人，違反第四十三條第二項規定，情節嚴重者，處新臺幣一萬元以上五萬元以下罰鍰。

販賣、交付或供應酒或檳榔予兒童及少年者，處新臺幣一萬元以上十萬元以下罰鍰。

販賣、交付或供應毒品、非法供應管制藥品或其他有害身心健康之物質予兒童及少年者，處新臺幣六萬元以上三十萬元以下罰鍰。

販賣、交付或供應有關暴力、血腥、色情或猥褻出版品、圖畫、錄影節目帶、影片、光碟、電子訊號、遊戲軟體或其他物品予兒童及少年者，處新臺幣二萬元以上十萬元以下罰鍰。

違反第四十三條第四項規定者，除新聞紙依第四十五條及第九十三條規定辦理外，處新臺幣五萬元以上二十五萬元以下罰鍰，並公布其姓名或名稱及命其限期改善；屆期未改善者，得按次處罰；情節嚴重者，並得由主管機關移請目的事業主管機關勒令停業一個月以上一年以下。

第92條　新聞紙以外之出版品、錄影節目帶、遊戲軟體或其他經主管機關認定有影響兒童及少年身心健康之虞應予分級之物品，其有分級管理義務之人有下列情形之一者，處新臺幣五萬元以上二十五萬元以下罰鍰，並命其限期改善，屆期未改善者，得按次處罰：

一、違反第四十四條第一項規定，未予分級。

二、違反依第四十四條第二項所定辦法中有關分級類別或內容之規定。

前項有分級管理義務之人違反依第四十四條第二項所定辦法中有關標示之規定者，處新臺幣三萬元以上十五萬元以下罰鍰，並命其限期改善，屆期未改善者，得按次處罰。

違反第四十四條第三項規定者，處新臺幣一萬元以上五萬元以下罰鍰，並公布其姓名或名稱及命其限期改善；屆期未改善者，得按次處罰。

第93條　新聞紙業者未依第四十五條第三項規定履行處置者，處新臺幣三萬元以上十五萬元以下罰鍰，並限期命其履行；屆期仍不履行者，得按次處罰至履行為止。經主管機關依第四十五條第四項規定認定者，亦同。

第94條　網際網路平臺提供者違反第四十六條第三項規定，未為限制兒童及少年接取、瀏覽之措施或先行移除者，由各目的事業主管機關處新臺幣六萬元以上三十萬元以下罰鍰，並命其限期改善，屆期未改善者，得按次處罰。

違反第四十六條之一之規定者，處新臺幣十萬元以上五十萬元以下罰鍰，並公布其姓名或名稱及命其限期改善；屆期未改善者，得按次處罰；情節嚴重者，並得勒令停業一個月以上一年以下。

第95條　父母、監護人或其他實際照顧兒童及少年之人，違反第四十七條第二項規定者，處新臺幣一萬元以上五萬元以下罰鍰。

場所負責人或從業人員違反第四十七條第三項規定者，處新臺幣二萬元以上十萬元以下罰鍰，並公布場所負責人姓名。

第96條　父母、監護人或其他實際照顧兒童及少年之人，違反第四十八條第一項規定者，處新臺幣二萬元以上十萬元以下罰鍰，並公布其姓名。

違反第四十八條第二項規定者，處新臺幣六萬元以上三十萬元以下罰鍰，公布行為人及場所負責人之姓名，並命其限期改善；屆期未改善者，除情節嚴重，由主管機關移請目的事業主管機關命其歇業者外，命其停業一個月以上一年以下。

第97條　違反第四十九條第一項各款規定之一者，處新臺幣六萬元以上六十萬元以下罰鍰，並得公布其姓名或名稱。

第98條　違反第五十條第二項規定者，處新臺幣一萬元以上五萬元以下罰鍰。

第99條　父母、監護人或其他實際照顧兒童及少年之人違反第五十一條規定者，處新臺幣三千元以上一萬五千元以下罰鍰。

第100條　醫事人員、社會工作人員、教育人員、保育人員、教保服務人員、警察、司法人員、移民業務人員、戶政人員、村（里）幹事或其他執行兒童及少年福利業務人員，違反第五十三條第一項通報規定而無正當理由者，處新臺幣六千元以上六萬元以下罰鍰。

第101條　（刪除）

第102條　父母、監護人或實際照顧兒童及少年之人有下列情形者，主管機關應命其接受四小時以上五十小時以下之親職教育輔導：

一、未禁止兒童及少年為第四十三條第一項第二款行為者。

二、違反第四十七條第二項規定者。

三、違反第四十八條第一項規定者。

四、違反第四十九條各款規定之一者。

五、違反第五十一條規定者。

六、使兒童及少年有第五十六條第一項各款情形之一者。

依前項規定接受親職教育輔導，如有正當理由無法如期參加，得申請延期。

不接受親職教育輔導或拒不完成其時數者，處新臺幣三千元以上三萬元以下罰鍰；經再通知仍不接受者，得按次處罰至其參加為止。

依限完成親職教育輔導者，免依第九十一條第一項、第九十五條第一項、第九十六條第一項、第九十七條及第九十九條處以罰鍰。

第103條　廣播、電視事業違反第六十九條第一項規定，由目的事業主管機關處新臺幣三萬元以上十五萬元以下罰鍰，並命其限期改正；屆期未改正者，得按次處罰。

宣傳品、出版品、網際網路或其他媒體違反第六十九條第一項規定，由目的事業主管機關處負責人新臺幣三萬元以上十五萬元以下罰鍰，並得沒入第六十九條第一項規定之物品、命其限期移除內容、下架或其他必要之處置；屆期不履行者，得按次處罰至履行為止。

前二項經第六十九條第四項審議後，認為有公開之必要者，不罰。

宣傳品、出版品、網際網路或其他媒體無負責人或負責人對行為人之行為不具監督關係者，第二項所定之罰鍰，處罰行為人。

本法中華民國一百零四年一月二十三日修正施行前，宣傳品、出版品、廣播、電視、網際網路或其他媒體之負責人違反第六十九條第一項規定者，依修正前第一項罰鍰規定，處罰該負責人。無負責人或負責人對行為人之行為不具監督關係者，處罰行為人。

第104條　兒童及少年之父母、監護人、其他實際照顧兒童及少年之人、師長、雇主、醫事人員或其他有關之人違反第七十條第二項規定而無正當理由者，處新臺幣六千元以上三萬元以下罰鍰，並得按次處罰至其配合或提供相關資料為止。

第105條　違反第七十六條或第八十二條第一項前段規定，未申請設立許可而辦理兒童及少年福利機構或兒童課後照顧服務班及中心者，由當地主管機關或教育主管機關處新臺幣六萬元以上三十萬元以下罰鍰及公布其姓名或名稱，並命其限期改善。

於前項限期改善期間，不得增加收托安置兒童及少年，違者處其負責人新臺幣六萬元以上三十萬元以下罰鍰，並得按次處罰。

經依第一項規定限期命其改善，屆期未改善者，再處其負責人新臺幣十萬元以上五十萬元以下罰鍰，並命於一個月內對於其收托之兒童及少年予以轉介安置；其無法辦理時，由當地主管機關協助之，負責人應予配合。不予配合者，強制實施之，並處新臺幣六萬元以上三十萬元以下罰鍰。

第105-1條　兒童及少年福利機構違反第八十一條第五項或第七項規定者，由設立許可機關處新臺幣五萬元以上二十五萬元以下罰鍰，並命其限期改善，屆期未改善者，得按次處罰；必要時並命其停辦或廢止其設立許可。

第105-2條　兒童課後照顧服務班及中心違反第八十一條之一第五項至第七項規定者，由教育主管機關處負責人新臺幣五萬元以上二十五萬元以下罰鍰，並命其限期改善，屆期未改善者，得按次處罰；必要時並命其停辦或廢止其設立許可。

第106條　兒童及少年福利機構違反第八十二條第一項後段規定者，經設立許可主管機關命其立即停止對外勸募之行為而不遵命者，由設立許可主管機關處新臺幣六萬元以上三十萬元以下罰鍰，並得按次處罰且公布其名稱；情節嚴重者，並得命其停辦一個月以上一年以下。

第107條　兒童及少年福利機構或兒童課後照顧服務班及中心違反第八十三條第一款至第四款規定情形之一者，由設立許可主管機關處新臺幣六萬元以上六十萬元以下罰鍰，並命其限期改善，屆期未改善者，得按次處罰；情節嚴重者，得命其停辦一個月以上一年以下，或停辦並公布其名稱及負責人姓名。

未經許可從事兒童及少年福利機構或兒童課後照顧服務班及中心業務，經當地主管機關或教育主管機關依第一百零五條第一項規定命其限期改善，限期改善期間有第八十三條第一款至第四款規定情形之一者，由當地主管機關或教育主管機關依前項規定辦理。

第108條　兒童及少年福利機構或兒童課後照顧服務班及中心違反第八十三條第五款至第十一款規定之一者，或依第八十四條第三項所定辦法評鑑為丙等或丁等者，經設立許可主管機關命其限期改善，屆期未改善者，處新臺幣三萬元以上三十萬元以下罰鍰，並得按次處罰；情節嚴重者，得命其停辦一個月以上一年以下，並公布其名稱。

依前二條及前項規定命其停辦，拒不遵從或停辦期限屆滿未改善者，設立許可主管機關應廢止其設立許可。

第109條　兒童及少年福利機構違反第八十五條規定，不予配合設立許可主管機關安置者，由設立許可主管機關處新臺幣六萬元以上三十萬元以下罰鍰，並強制實施之。

第七章　附則

第110條　十八歲以上未滿二十歲之人，於緊急安置等保護措施，準用本法之規定。

第111條　直轄市、縣（市）主管機關依本法委託安置之兒童及少年，年滿十八歲，經評估無法返家或自立生活者，得繼續安置至年滿二十歲；其已就讀大專校院者，得安置至畢業為止。

第112條　成年人教唆、幫助或利用兒童及少年犯罪或與之共同實施犯罪或故意對其犯罪者，加重其刑至二分之一。但各該罪就被害人係兒童及少年已定有特別處罰規定者，從其規定。

對於兒童及少年犯罪者，主管機關得獨立告訴。

第112-1條　成年人故意對兒童及少年犯兒童及少年性剝削防制條例、刑法妨害性自主罪章、殺人罪章及傷害罪章之罪而受緩刑宣告者，在緩刑期內應付保護管束。

法院為前項宣告時，得委託專業人員、團體、機構評估，除顯無必要者外，應命被告於付保護管束期間內，遵守下列一款或數款事項：

一、禁止對兒童及少年實施特定不法侵害之行為。

二、完成加害人處遇計畫。

三、其他保護被害人之事項。

犯第一項罪之受刑人經假釋出獄付保護管束者，準用前項規定。

中央衛生主管機關應會同法務主管機關訂定加害人處遇計畫規範，其內容包括下列各款：

一、對加害人實施之認知教育輔導、心理輔導、精神治療、戒癮治療或其他輔導、治療。

二、處遇計畫之評估標準。

三、司法機關及加害人處遇計畫之執行機關（構）間之連繫及評估制度。

四、執行機關（構）之資格。

加害人同時為受保護管束人者，執行保護管束之檢察機關觀護人應協調直轄市、縣（市）衛生主管機關執行加害人處遇計畫，並督促受保護管束人履行之。

前項加害人經觀護人督促，仍不履行加害人處遇計畫或有不遵守該計畫內容之行為，情節重大者，檢察官得通知原執行監獄典獄長報請法務部撤銷假釋，或向法院聲請撤銷緩刑之宣告。

第113條　以詐欺或其他不正當方法領取本法相關補助或獎勵費用者，主管機關應撤銷原處分並以書面限期命其返還，屆期未返還者，移送強制執行；其涉及刑事責任者，移送司法機關辦理。

第114條　扶養義務人不依本法規定支付相關費用者，如為保護兒童及少年之必要，由主管機關於兒童及少年福利經費中先行支付。

第115條　本法修正施行前已許可立案之兒童福利機構及少年福利機構，於本法修正公布施行後，其設立要件與本法及所授權辦法規定不相符合者，應於中央主管機關公告指定之期限內改善；屆期未改善者，依本法規定處理。

第116條　本法施行前經政府核准立案之課後托育中心應自本法施行之日起二年內，向教育主管機關申請改制完成為兒童課後照顧服務班及中心，屆期未申請者，應廢止其設立許可，原許可證書失其效力。

前項未完成改制之課後托育中心，於本條施行之日起二年內，原核准主管機關依本法修正前法令管理。

托育機構之托兒所未依幼兒教育及照顧法規定改制為幼兒園前，原核准主管機關依本法修正前法令管理。

第117條　本法施行細則，由中央主管機關定之。

第118條　本法除中華民國一百年十一月三十日修正公布之第十五條至第十七條、第二十九條、第七十六條、第八十七條、第八十八條及第一百十六條自公布六個月後施行，第二十五條、第二十六條及第九十條自公布三年後施行外，自公布日施行。

十二、家庭暴力防治法（民國110年1月27日修正）

第一章　通則

第1條　爲防治家庭暴力行爲及保護被害人權益，特制定本法。

第2條　本法用詞定義如下：

一、家庭暴力：指家庭成員間實施身體、精神或經濟上之騷擾、控制、脅迫或其他不法侵害之行爲。

二、家庭暴力罪：指家庭成員間故意實施家庭暴力行爲而成立其他法律所規定之犯罪。

三、目睹家庭暴力：指看見或直接聽聞家庭暴力。

四、騷擾：指任何打擾、警告、嘲弄或辱罵他人之言語、動作或製造使人心生畏怖情境之行爲。

五、跟蹤：指任何以人員、車輛、工具、設備、電子通訊或其他方法持續性監視、跟追或掌控他人行蹤及活動之行爲。

六、加害人處遇計畫：指對於加害人實施之認知教育輔導、親職教育輔導、心理輔導、精神治療、戒癮治療或其他輔導、治療。

第3條　本法所定家庭成員，包括下列各員及其未成年子女：

一、配偶或前配偶。

二、現有或曾有同居關係、家長家屬或家屬間關係者。

三、現爲或曾爲直系血親或直系姻親。

四、現爲或曾爲四親等以內之旁系血親或旁系姻親。

第4條　本法所稱主管機關：在中央爲衛生福利部；在直轄市爲直轄市政府；在縣（市）爲縣（市）政府。

本法所定事項，主管機關及目的事業主管機關應就其權責範圍，針對家庭暴力防治之需要，尊重多元文化差異，主動規劃所需保護、預防及宣導措施，對涉及相關機關之防治業務，並應全力配合之，其權責事項如下：

一、主管機關：家庭暴力防治政策之規劃、推動、監督、訂定跨機關（構）合作規範及定期公布家庭暴力相關統計等事宜。

二、衛生主管機關：家庭暴力被害人驗傷、採證、身心治療、諮商及加害人處遇等相關事宜。

三、教育主管機關：各級學校家庭暴力防治教育、目睹家庭暴力兒童及少年之輔導措施、家庭暴力被害人及其子女就學權益之維護等相關事宜。

四、勞工主管機關：家庭暴力被害人職業訓練及就業服務等相關事宜。

五、警政主管機關：家庭暴力被害人及其未成年子女人身安全之維護及緊急處理、家庭暴力犯罪偵查與刑事案件資料統計等相關事宜。

六、法務主管機關：家庭暴力犯罪之偵查、矯正及再犯預防等刑事司法相關事宜。

七、移民主管機關：設籍前之外籍、大陸或港澳配偶因家庭暴力造成逾期停留、居留及協助其在臺居留或定居權益維護等相關事宜。

八、文化主管機關：出版品違反本法規定之處理等相關事宜。

九、通訊傳播主管機關：廣播、電視及其他通訊傳播媒體違反本法規定之處理等相關事宜。

十、戶政主管機關：家庭暴力被害人與其未成年子女身分資料及戶籍等相關事宜。

十一、其他家庭暴力防治措施，由相關目的事業主管機關依職權辦理。

第5條　中央主管機關應辦理下列事項：

一、研擬家庭暴力防治法規及政策。

二、協調、督導有關機關家庭暴力防治事項之執行。

三、提高家庭暴力防治有關機構之服務效能。

四、督導及推展家庭暴力防治教育。

五、協調被害人保護計畫及加害人處遇計畫。

六、協助公立、私立機構建立家庭暴力處理程序。

七、統籌建立、管理家庭暴力電子資料庫，供法官、檢察官、警察、醫師、護理人員、心理師、社會工作人員及其他政府機關使用，並對被害人之身分予以保密。

八、協助地方政府推動家庭暴力防治業務，並提供輔導及補助。

九、每四年對家庭暴力問題、防治現況成效與需求進行調查分析，並定期公布家庭暴力致死人數、各項補助及醫療救護支出等相關之統計分析資料。各相關單位應配合調查，提供統計及分析資料。

十、其他家庭暴力防治有關事項。

中央主管機關辦理前項事項，應遴聘（派）學者專家、民間團體及相關機關代表提供諮詢，其中學者專家、民間團體代表之人數，不得少於總數二分之一；且任一性別人數不得少於總數三分之一。

第一項第七款規定電子資料庫之建立、管理及使用辦法，由中央主管機關定之。

第6條　中央主管機關為加強推動家庭暴力及性侵害相關工作，應設置基金；其收支保管及運用辦法，由行政院定之。

前項基金來源如下：

一、政府預算撥充。

二、緩起訴處分金。

三、認罪協商金。

四、本基金之孳息收入。

五、受贈收入。

六、依本法所處之罰鍰。

七、其他相關收入。

第7條　直轄市、縣（市）主管機關為協調、研究、審議、諮詢、督導、考核及推動家庭暴力防治工作，應設家庭暴力防治委員會；其組織及會議事項，由直轄市、縣（市）主管機關定之。

第8條　直轄市、縣（市）主管機關應整合所屬警政、教育、衛生、社政、民政、戶政、勞工、新聞等機關、單位業務及人力，設立家庭暴力防治中心，並協調司法、移民相關機關，辦理下列事項：

一、提供二十四小時電話專線服務。

二、提供被害人二十四小時緊急救援、協助診療、驗傷、採證及緊急安置。

三、提供或轉介被害人經濟扶助、法律服務、就學服務、住宅輔導，並以階段性、支持性及多元性提供職業訓練與就業服務。

四、提供被害人及其未成年子女短、中、長期庇護安置。

五、提供或轉介被害人、經評估有需要之目睹家庭暴力兒童及少年或家庭成員身心治療、諮商、社會與心理評估及處置。

六、轉介加害人處遇及追蹤輔導。

七、追蹤及管理轉介服務案件。

八、推廣家庭暴力防治教育、訓練及宣導。

九、辦理危險評估，並召開跨機構網絡會議。

十、其他家庭暴力防治有關之事項。

前項中心得與性侵害防治中心合併設立，並應配置社會工作、警察、衛生及其他相關業人員；其組織，由直轄市、縣（市）主管機關定之。

第二章　民事保護令

第一節　聲請及審理

第9條　民事保護令（以下簡稱保護令）分為通常保護令、暫時保護令及緊急保護令。

第10條　被害人得向法院聲請通常保護令、暫時保護令；被害人為未成年人、身心障礙者或因難以委任代理人者，其法定代理人、三親等以內之血親或姻親，得為其向法院聲請之。

檢察官、警察機關或直轄市、縣（市）主管機關得向法院聲請保護令。

　　保護令之聲請、撤銷、變更、延長及抗告，均免徵裁判費，並準用民事訴訟法第七十七條之二十三第四項規定。

第11條　保護令之聲請，由被害人之住居所地、相對人之住居所地或家庭暴力發生地之地方法院管轄。

　　前項地方法院，於設有少年及家事法院地區，指少年及家事法院。

第12條　保護令之聲請，應以書面爲之。但被害人有受家庭暴力之急迫危險者，檢察官、警察機關或直轄市、縣（市）主管機關，得以言詞、電信傳眞或其他科技設備傳送之方式聲請緊急保護令，並得於夜間或休息日爲之。

　　前項聲請得不記載聲請人或被害人之住居所，僅記載其送達處所。

　　法院爲定管轄權，得調查被害人之住居所。經聲請人或被害人要求保密被害人之住居所，法院應以秘密方式訊問，將該筆錄及相關資料密封，並禁止閱覽。

第13條　聲請保護令之程式或要件有欠缺者，法院應以裁定駁回之。但其情形可以補正者，應定期間先命補正。

　　法院得依職權調查證據，必要時得隔別訊問。

　　前項隔別訊問，必要時得依聲請或依職權在法庭外爲之，或採有聲音及影像相互傳送之科技設備或其他適當隔離措施。

　　被害人得於審理時，聲請其親屬或個案輔導之社工人員、心理師陪同被害人在場，並得陳述意見。

　　保護令事件之審理不公開。

　　法院於審理終結前，得聽取直轄市、縣（市）主管機關或社會福利機構之意見。

　　保護令事件不得進行調解或和解。

　　法院受理保護令之聲請後，應即行審理程序，不得以當事人間有其他案件偵查或訴訟繫屬爲由，延緩核發保護令。

第14條　法院於審理終結後，認有家庭暴力之事實且有必要者，應依聲請或依職權核發包括下列一款或數款之通常保護令：

一、禁止相對人對於被害人、目睹家庭暴力兒童及少年或其特定家庭成員實施家庭暴力。

二、禁止相對人對於被害人、目睹家庭暴力兒童及少年或其特定家庭成員爲騷擾、接觸、跟蹤、通話、通信或其他非必要之聯絡行爲。

三、命相對人遷出被害人、目睹家庭暴力兒童及少年或其特定家庭成員之住居所；必要時，並得禁止相對人就該不動產爲使用、收益或處分行爲。

四、命相對人遠離下列場所特定距離：被害人、目睹家庭暴力兒童及少年或其特定家庭成員之住居所、學校、工作場所或其他經常出入之特定場所。

五、定汽車、機車及其他個人生活上、職業上或教育上必需品之使用權；必要時，並得命交付之。

六、定暫時對未成年子女權利義務之行使或負擔，由當事人之一方或雙方共同任之、行使或負擔之內容及方法；必要時，並得命交付子女。

七、定相對人對未成年子女會面交往之時間、地點及方式；必要時，並得禁止會面交往。

八、命相對人給付被害人住居所之租金或被害人及其未成年子女之扶養費。

九、命相對人交付被害人或特定家庭成員之醫療、輔導、庇護所或財物損害等費用。

十、命相對人完成加害人處遇計畫。

十一、命相對人負擔相當之律師費用。

十二、禁止相對人查閱被害人及受其暫時監護之未成年子女戶籍、學籍、所得來源相關資訊。

十三、命其他保護被害人、目睹家庭暴力兒童及少年或其特定家庭成員之必要命令。

　　法院爲前項第六款、第七款裁定前，應考量未成年子女之最佳利益，必要時並得徵詢未成年子女或社會工作人員之意見。

　　第一項第十款之加害人處遇計畫，法院得逕命相對人接受認知教育輔導、親職教育輔導

及其他輔導，並得命相對人接受有無必要施以其他處遇計畫之鑑定；直轄市、縣（市）主管機關得於法院裁定前，對處遇計畫之實施方式提出建議。

第一項第十款之裁定應載明處遇計畫完成期限。

第15條 通常保護令之有效期間為二年以下，自核發時起生效。

通常保護令失效前，法院得依當事人或被害人之聲請撤銷、變更或延長之。延長保護令之聲請，每次延長期間為二年以下。

檢察官、警察機關或直轄市、縣（市）主管機關得為前項延長保護令之聲請。

通常保護令所定之命令，於期間屆滿前經法院另為裁判確定者，該命令失其效力。

第16條 法院核發暫時保護令或緊急保護令，得不經審理程序。

法院為保護被害人，得於通常保護令審理終結前，依聲請或依職權核發暫時保護令。

法院核發暫時保護令或緊急保護令時，得依聲請或依職權核發第十四條第一項第一款至第六款、第十二款及第十三款之命令。

法院於受理緊急保護令之聲請後，依聲請人到庭或電話陳述家庭暴力之事實，足認被害人有受家庭暴力之急迫危險者，應於四小時內以書面核發緊急保護令，並得以電信傳真或其他科技設備傳送緊急保護令予警察機關。

聲請人於聲請通常保護令前聲請暫時保護令或緊急保護令，其經法院准許核發者，視為已有通常保護令之聲請。

暫時保護令、緊急保護令自核發時起生效，於聲請人撤回通常保護令之聲請、法院審理終結核發通常保護令或駁回聲請時失其效力。

暫時保護令、緊急保護令失效前，法院得依當事人或被害人之聲請或依職權撤銷或變更之。

第17條 法院對相對人核發第十四條第一項第三款及第四款之保護令，不因被害人、目睹家庭暴力兒童及少年或其特定家庭成員同意相對人不遷出或不遠離而失其效力。

第18條 保護令除緊急保護令外，應於核發後二十四小時內發送當事人、被害人、警察機關及直轄市、縣（市）主管機關。

直轄市、縣（市）主管機關應登錄法院所核發之保護令，並供司法及其他執行保護令之機關查閱。

第19條 法院應提供被害人或證人安全出庭之環境與措施。

直轄市、縣（市）主管機關應於所在地地方法院自行或委託民間團體設置家庭暴力事件服務處所，法院應提供場所、必要之軟硬體設備及其他相關協助。但離島法院有礙難情形者，不在此限。

前項地方法院，於設有少年及家事法院地區，指少年及家事法院。

第20條 保護令之程序，除本章別有規定外，適用家事事件法有關規定。

關於保護令之裁定，除有特別規定者外，得為抗告；抗告中不停止執行。

第二節 執行

第21條 保護令核發後，當事人及相關機關應確實遵守，並依下列規定辦理：

一、不動產之禁止使用、收益或處分行為及金錢給付之保護令，得為強制執行名義，由被害人依強制執行法聲請法院強制執行，並暫免徵收執行費。

二、於直轄市、縣（市）主管機關所設處所為未成年子女會面交往，及由直轄市、縣（市）主管機關或其所屬人員監督未成年子女會面交往之保護令，由相對人向直轄市、縣（市）主管機關申請執行。

三、完成加害人處遇計畫之保護令，由直轄市、縣（市）主管機關執行之。

四、禁止查閱相關資訊之保護令，由被害人向相關機關申請執行。

五、其他保護令之執行，由警察機關為之。

前項第二款及第三款之執行，必要時得請求警察機關協助之。

第22條 警察機關應依保護令，保護被害人至被害人或相對人之住居所，確保其安全占有住居所、汽車、機車或其他個人生活上、職業上或教育上必需品。

前項汽車、機車或其他個人生活上、職業上或教育上必需品，相對人應依保護令交付

未交付者，警察機關得依被害人之請求，進入住宅、建築物或其他標的物所在處所解除
相對人之占有或扣留取交被害人。

第23條　前條所定必需品，相對人應一併交付有關證照、書據、印章或其他憑證而未交付者，警
察機關得將之取交被害人。

前項憑證取交無著時，其屬被害人所有者，被害人得向相關主管機關申請變更、註銷或
補行發給；其屬相對人所有而為行政機關製發者，被害人得請求原核發機關發給保護令
有效期間之代用憑證。

第24條　義務人不依保護令交付未成年子女時，權利人得聲請警察機關限期命義務人交付，屆期
未交付者，命交付未成年子女之保護令得為強制執行名義，由權利人聲請法院強制執
行，並暫免徵收執行費。

第25條　義務人不依保護令之內容辦理未成年子女之會面交往時，執行機關或權利人得依前條規
定辦理，並得向法院聲請變更保護令。

第26條　當事人之一方依第十四條第一項第六款規定取得暫時對未成年子女權利義務之行使或負
擔者，得持保護令逕向戶政機關申請未成年子女戶籍遷徙登記。

第27條　當事人或利害關係人對於執行保護令之方法、應遵行之程序或其他侵害利益之情事，得
於執行程序終結前，向執行機關聲明異議。

前項聲明異議，執行機關認其有理由者，應即停止執行並撤銷或更正已為之執行行為；
認其無理由者，應於十日內加具意見，送原核發保護令之法院裁定之。

對於前項法院之裁定，不得抗告。

第28條　外國法院關於家庭暴力之保護令，經聲請中華民國法院裁定承認後，得執行之。

當事人聲請法院承認之外國法院關於家庭暴力之保護令，有民事訴訟法第四百零二條第
一項第一款至第三款所列情形之一者，法院應駁回其聲請。

外國法院關於家庭暴力之保護令，其核發地國對於中華民國法院之保護令不予承認者，
法院得駁回其聲請。

第三章　刑事程序

第29條　警察人員發現家庭暴力罪之現行犯時，應逕行逮捕之，並依刑事訴訟法第九十二條規定
處理。

檢察官、司法警察官或司法警察偵查犯罪認被告或犯罪嫌疑人犯家庭暴力罪或違反保護
令罪嫌重大，且有繼續侵害家庭成員生命、身體或自由之危險，而情況急迫者，得逕
行拘提之。

前項拘提，由檢察官親自執行時，得不用拘票；由司法警察官或司法警察執行時，以其
急迫情形不及報請檢察官者為限，於執行後，應即報請檢察官簽發拘票。如檢察官不簽
發拘票時，應即將被拘提人釋放。

第30條　檢察官、司法警察官或司法警察依前條第二項、第三項規定逕行拘提或簽發拘票時，應
審酌一切情狀，尤應注意下列事項：

一、被告或犯罪嫌疑人之暴力行為已造成被害人身體或精神上傷害或騷擾，不立即隔離
者，被害人或其家庭成員生命、身體或自由有遭受侵害之危險。

二、被告或犯罪嫌疑人有長期連續實施家庭暴力或有違反保護令之行為、酗酒、施用毒
品或濫用藥物之習慣。

三、被告或犯罪嫌疑人有利用兇器或其他危險物品恐嚇或施暴行於被害人之紀錄，被害
人有再度遭受侵害之虞者。

四、被害人為兒童、少年、老人、身心障礙或具有其他無法保護自身安全之情形。

第30-1條　被告經法官訊問後，認為犯違反保護令者、家庭成員間故意實施家庭暴力行為而成立之
罪，其嫌疑重大，有事實足認為有反覆實行前開犯罪之虞，而有羈押之必要者，得羈押
之。

第31條　家庭暴力罪或違反保護令罪之被告經檢察官或法院訊問後，認無羈押之必要，而命具
保、責付、限制住居或釋放者，對被害人、目睹家庭暴力兒童及少年或其特定家庭成員
得附下列一款或數款條件命被告遵守：

一、禁止實施家庭暴力。

二、禁止為騷擾、接觸、跟蹤、通話、通信或其他非必要之聯絡行為。

三、遷出住居所。

四、命相對人遠離其住居所、學校、工作場所或其他經常出入之特定場所特定距離。

五、其他保護安全之事項。

前項所附條件有效期間自具保、責付、限制住居或釋放時起生效，至刑事訴訟終結時為止，最長不得逾一年。

檢察官或法院得依當事人之聲請或依職權撤銷或變更依第一項規定所附之條件。

第32條 被告違反檢察官或法院依前條第一項規定所附之條件者，檢察官或法院得撤銷原處分，另為適當之處分；如有繳納保證金者，並得沒入其保證金。

被告違反檢察官或法院依前條第一項第一款所定應遵守之條件，犯罪嫌疑重大，且有事實足認被告有反覆實施家庭暴力行為之虞，而有羈押之必要者，偵查中檢察官得聲請法院羈押之；審判中法院得命羈押之。

第33條 第三十一條及前條第一項規定，於羈押中之被告，經法院裁定停止羈押者，準用之。

停止羈押之被告違反法院依前項規定所附之條件者，法院於認有羈押必要時，得命再執行羈押。

第34條 檢察官或法院為第三十一條第一項及前條第一項之附條件處分或裁定時，應以書面為之，並送達於被告、被害人及被害人住居所所在地之警察機關。

第34-1條 法院或檢察署有下列情形之一，應即時通知被害人所在地之警察機關及家庭暴力防治中心：

一、家庭暴力罪或違反保護令罪之被告解送法院或檢察署經檢察官或法官訊問後，認無羈押之必要，而命具保、責付、限制住居或釋放者。

二、羈押中之被告，經法院撤銷或停止羈押者。

警察機關及家庭暴力防治中心於接獲通知後，應立即通知被害人或其家庭成員。

前二項通知應於被告釋放前通知，且得以言詞、電信傳真或其他科技設備傳送之方式通知。但被害人或其家庭成員所在不明或通知顯有困難者，不在此限。

第35條 警察人員發現被告違反檢察官或法院依第三十一條第一項、第三十三條第一項規定所附之條件者，應即報告檢察官或法院。第二十九條規定，於本條情形，準用之。

第36條 對被害人之訊問或詰問，得依聲請或依職權在法庭外為之，或採取適當隔離措施。

警察機關於詢問被害人時，得採取適當之保護及隔離措施。

第36-1條 被害人於偵查中受訊問時，得自行指定其親屬、醫師、心理師、輔導人員或社工人員陪同在場，該陪同人並得陳述意見。

被害人前項之請求，檢察官除認其在場有妨礙偵查之虞者，不得拒絕之。

陪同人之席位應設於被害人旁。

第36-2條 被害人受訊問前，檢察官應告知被害人得自行選任符合第三十六條之一資格之人陪同在場。

第37條 對於家庭暴力罪或違反保護令罪案件所為之起訴書、聲請簡易判決處刑書、不起訴處分書、緩起訴處分書、撤銷緩起訴處分書、裁定書或判決書，應送達於被害人。

第38條 犯家庭暴力罪或違反保護令罪而受緩刑之宣告者，在緩刑期內應付保護管束。

法院為前項緩刑宣告時，除顯無必要者外，應命被告於付緩刑保護管束期間內，遵守下列一款或數款事項：

一、禁止實施家庭暴力。

二、禁止對被害人、目睹家庭暴力兒童及少年或其特定家庭成員為騷擾、接觸、跟蹤、通話、通信或其他非必要之聯絡行為。

三、遷出被害人、目睹家庭暴力兒童及少年或其特定家庭成員之住居所。

四、命相對人遠離下列場所特定距離：被害人、目睹家庭暴力兒童及少年或其特定家庭成員之住居所、學校、工作場所或其他經常出入之特定場所。

五、完成加害人處遇計畫。

六、其他保護被害人、目睹家庭暴力兒童及少年或其特定家庭成員安全之事項。

法院依前項第五款規定，命被告完成加害人處遇計畫前，得準用第十四條第三項規定。

法院為第一項之緩刑宣告時，應即通知被害人及其住居所所在地之警察機關。

受保護管束人違反第二項保護管束事項情節重大者，撤銷其緩刑之宣告。

第39條　前條規定，於受刑人經假釋出獄付保護管束者，準用之。

第40條　檢察官或法院依第三十一條第一項、第三十三條第一項、第三十八條第二項或前條規定所附之條件，得通知直轄市、縣（市）主管機關或警察機關執行之。

第41條　法務部應訂定並執行家庭暴力罪或違反保護令罪受刑人之處遇計畫。

前項計畫之訂定及執行之相關人員，應接受家庭暴力防治教育及訓練。

第42條　矯正機關應將家庭暴力罪或違反保護令罪受刑人預定出獄之日期通知被害人、其住居所所在地之警察機關及家庭暴力防治中心。但被害人之所在不明者，不在此限。

受刑人如有脫逃之事實，矯正機關應立即為前項之通知。

第四章　父母子女

第43條　法院依法為未成年子女酌定或改定權利義務之行使或負擔之人時，對已發生家庭暴力者，推定由加害人行使或負擔權利義務不利於該子女。

第44條　法院依法為未成年子女酌定或改定權利義務之行使或負擔之人或會面交往之裁判後，發生家庭暴力者，法院得依被害人、未成年子女、直轄市、縣（市）主管機關、社會福利機構或其他利害關係人之請求，為子女之最佳利益改定之。

第45條　法院依法准許家庭暴力加害人會面交往其未成年子女時，應審酌子女及被害人之安全，並得為下列一款或數款命令：

一、於特定安全場所交付子女。

二、由第三人或機關、團體監督會面交往，並得定會面交往時應遵守之事項。

三、完成加害人處遇計畫或其他特定輔導為會面交往條件。

四、負擔監督會面交往費用。

五、禁止過夜會面交往。

六、準時、安全交還子女，並繳納保證金。

七、其他保護子女、被害人或其他家庭成員安全之條件。

法院如認有違背前項命令之情形，或准許會面交往無法確保被害人或其子女之安全者，得依聲請或依職權禁止之。如違背前項第六款命令，並得沒入保證金。

法院於必要時，得命有關機關或有關人員保密被害人或子女住居所。

第46條　直轄市、縣（市）主管機關應設未成年子女會面交往處所或委託其他機關（構）、團體辦理。

前項處所，應有受過家庭暴力安全及防制訓練之人員；其設置、監督會面交往與交付子女之執行及收費規定，由直轄市、縣（市）主管機關定之。

第47條　法院於訴訟或調解程序中如認為有家庭暴力之情事時，不得進行和解或調解。但有下列情形之一者，不在此限：

一、行和解或調解之人曾受家庭暴力防治之訓練並以確保被害人安全之方式進行和解或調解。

二、准許被害人選定輔助人參與和解或調解。

三、其他行和解或調解之人認為能使被害人免受加害人脅迫之程序。

第五章　預防及處遇

第48條　警察人員處理家庭暴力案件，必要時應採取下列方法保護被害人及防止家庭暴力之發生：

一、於法院核發緊急保護令前，在被害人住居所守護或採取其他保護被害人或其家庭成員之必要安全措施。

二、保護被害人及其子女至庇護所或醫療機構。

三、告知被害人其得行使之權利、救濟途徑及服務措施。

四、查訪並告誡相對人。

五、訪查被害人及其家庭成員，並提供必要之安全措施。

警察人員處理家庭暴力案件，應製作書面紀錄；其格式，由中央警政主管機關定之。

第49條 醫事人員、社會工作人員、教育人員及保育人員為防治家庭暴力行為或保護家庭暴力被害人之權益，有受到身體或精神上不法侵害之虞者，得請求警察機關提供必要之協助。

第50條 醫事人員、社會工作人員、教育人員、保育人員、警察人員、移民業務人員及其他執行家庭暴力防治人員，在執行職務時知有疑似家庭暴力，應立即通報當地主管機關，至遲不得逾二十四小時。

前項通報之方式及內容，由中央主管機關定之；通報人之身分資料，應予保密。

主管機關接獲通報後，應即行處理，並評估有無兒童及少年目睹家庭暴力之情事；必要時得自行或委請其他機關（構）、團體進行訪視、調查。

主管機關或受其委請之機關（構）或團體進行訪視、調查時，得請求警察機關、醫療（事）機構、學校、公寓大廈管理委員會或其他相關機關（構）協助，被請求者應予配合。

第50-1條 宣傳品、出版品、廣播、電視、網際網路或其他媒體，不得報導或記載被害人及其未成年子女之姓名，或其他足以識別被害人及其未成年子女身分之資訊。但經有行為能力之被害人同意、犯罪偵查機關或司法機關依法認為有必要者，不在此限。

第51條 直轄市、縣（市）主管機關對於撥打依第八條第一項第一款設置之二十四小時電話專線者，於有下列情形之一時，得追查其電話號碼及地址：

一、為免除當事人之生命、身體、自由或財產上之急迫危險。

二、為防止他人權益遭受重大危害而有必要。

三、無正當理由撥打專線電話，致妨害公務執行。

四、其他為增進公共利益或防止危害發生。

第52條 醫療機構對於家庭暴力之被害人，不得無故拒絕診療及開立驗傷診斷書。

第53條 衛生主管機關應擬訂及推廣有關家庭暴力防治之衛生教育宣導計畫。

第54條 中央衛生主管機關應訂定家庭暴力加害人處遇計畫規範；其內容包括下列各款：

一、處遇計畫之評估標準。

二、司法機關、家庭暴力被害人保護計畫之執行機關（構）、加害人處遇計畫之執行機關（構）間之連繫及評估制度。

三、執行機關（構）之資格。

中央衛生主管機關應會同相關機關負責家庭暴力加害人處遇計畫之推動、發展、協調、督導及其他相關事宜。

第55條 加害人處遇計畫之執行機關（構）得為下列事項：

一、將加害人接受處遇情事告知司法機關、被害人及其辯護人。

二、調閱加害人在其他機構之處遇資料。

三、將加害人之資料告知司法機關、監獄監務委員會、家庭暴力防治中心及其他有關機構。

加害人有不接受處遇計畫、接受時數不足或不遵守處遇計畫內容及恐嚇、施暴等行為時，加害人處遇計畫之執行機關（構）應告知直轄市、縣（市）主管機關；必要時並得通知直轄市、縣（市）主管機關協調處理。

第56條 直轄市、縣（市）主管機關應製作家庭暴力被害人權益、救濟及服務之書面資料，供被害人取閱，並提供醫療機構及警察機關使用。

醫事人員執行業務時，知悉其病人為家庭暴力被害人時，應將前項資料交付病人。

第一項資料，不得記明庇護所之地址。

第57條 直轄市、縣（市）主管機關應提供醫療機構、公、私立國民小學及戶政機關家庭暴力防治之相關資料，俾醫療機構、公、私立國民小學及戶政機關將該相關資料提供新生兒之父母、辦理小學新生註冊之父母、辦理結婚登記之新婚夫妻及辦理出生登記之人。

前項資料內容應包括家庭暴力對於子女及家庭之影響及家庭暴力之防治服務。

第58條 直轄市、縣（市）主管機關得核發家庭暴力被害人下列補助：

一、緊急生活扶助費用。

二、非屬全民健康保險給付範圍之醫療費用及身心治療、諮商與輔導費用。

三、訴訟費用及律師費用。

四、安置費用、房屋租金費用。

五、子女教育、生活費用及兒童托育費用。

六、其他必要費用。

第一項第一款、第二款規定，於目睹家庭暴力兒童及少年，準用之。

第一項補助對象、條件及金額等事項規定，由直轄市、縣（市）主管機關定之。

家庭暴力被害人為成年人者，得申請創業貸款；其申請資格、程序、利息補助金額、名額、期限及其他相關事項之辦法，由中央目的事業主管機關定之。

為辦理第一項及第四項補助業務所需之必要資料，主管機關得洽請相關機關（構）、團體、法人或個人提供之，受請求者不得拒絕。

主管機關依前項規定所取得之資料，應盡善良管理人之注意義務，確實辦理資訊安全稽核作業；其保有、處理及利用，並應遵循個人資料保護法之規定。

第58-1條　對於具就業意願而就業能力不足之家庭暴力被害人，勞工主管機關應提供預備性就業或支持性就業服務。

前項預備性就業或支持性就業服務相關辦法，由勞工主管機關定之。

第59條　社會行政主管機關應辦理社會工作人員、居家式托育服務提供者、托育人員、保育人員及其他相關社會行政人員防治家庭暴力在職教育。

警政主管機關應辦理警察人員防治家庭暴力在職教育。

司法院及法務部應辦理相關司法人員防治家庭暴力在職教育。

衛生主管機關應辦理或督促相關醫療團體辦理醫護人員防治家庭暴力在職教育。

教育主管機關應辦理學校、幼兒園之輔導人員、行政人員、教師、教保服務人員及學生防治家庭暴力在職教育及學校教育。

移民主管機關應辦理移民業務人員防治家庭暴力在職教育。

第60條　高級中等以下學校每學年應有四小時以上之家庭暴力防治課程。但得於總時數不變下，彈性安排於各學年實施。

第六章　罰則

第61條　違反法院依第十四條第一項、第十六條第三項所為之下列裁定者，為本法所稱違反保護令罪，處三年以下有期徒刑、拘役或科或併科新臺幣十萬元以下罰金：

一、禁止實施家庭暴力。

二、禁止騷擾、接觸、跟蹤、通話、通信或其他非必要之聯絡行為。

三、遷出住居所。

四、遠離住居所、工作場所、學校或其他特定場所。

五、完成加害人處遇計畫。

第61-1條　廣播、電視事業違反第五十條之一規定者，由目的事業主管機關處新臺幣二萬元以上十五萬元以下罰鍰，並命其限期改正；屆期未改正者，得按次處罰。

前項以外之宣傳品、出版品、網際網路或其他媒體之負責人違反第五十條之一規定者，由目的事業主管機關處新臺幣三萬元以上十五萬元以下罰鍰，並得沒入第五十條之一規定之物品、命其限期移除內容、下架或其他必要之處置；屆期不履行者，得按次處罰至履行為止。但被害人死亡，經目的事業主管機關權衡社會公益，認有報導之必要者，不罰。

宣傳品、出版品、網際網路或其他媒體無負責人或負責人對行為人之行為不具監督關係者，第二項所定之罰鍰，處罰行為人。

第62條　違反第五十條第一項規定者，由直轄市、縣（市）主管機關處新臺幣六千元以上三萬元以下罰鍰。但醫事人員為避免被害人身體緊急危難而違反者，不罰。

違反第五十二條規定者，由直轄市、縣（市）主管機關處新臺幣六千元以上三萬元以下罰鍰。

第63條　違反第五十一條第三款規定，經勸阻不聽者，直轄市、縣（市）主管機關得處新臺幣三千元以上一萬五千元以下罰鍰。

第63-1條　被害人年滿十六歲，遭受現有或曾有親密關係之未同居伴侶施以身體或精神上不法侵害之情事者，準用第九條至第十三條、第十四條第一項第一款、第二款、第四款、第九款至第十三款、第三項、第四項、第十五條至第二十條、第二十一條第一項第一款、第三款至第五款、第二項、第二十七條、第二十八條、第四十八條、第五十條之一、第五十二條、第五十四條、第五十五條及第六十一條之規定。

前項所稱親密關係伴侶，指雙方以情感或性行為為基礎，發展親密之社會互動關係。

本條自公布後一年施行。

第七章　附則

第64條　行政機關執行保護令及處理家庭暴力案件辦法，由中央主管機關定之。

第65條　本法施行細則，由中央主管機關定之。

第66條　本法自公布日施行。

十三、兒童及少年性剝削防制條例（民國112年2月15日修正）

第一章　總則

第1條　為防制兒童及少年遭受任何形式之性剝削，保護其身心健全發展，特制定本條例。

第2條　本條例所稱兒童或少年性剝削，指下列行為之一者：
　　　一、使兒童或少年為有對價之性交或猥褻行為。
　　　二、利用兒童或少年為性交或猥褻之行為，以供人觀覽。
　　　三、拍攝、製造、散布、播送、交付、公然陳列或販賣兒童或少年之性影像、與性相關
　　　　　而客觀上足以引起性慾或羞恥之圖畫、語音或其他物品。
　　　四、使兒童或少年坐檯陪酒或涉及色情之伴遊、伴唱、伴舞或其他類似行為。
　　　本條例所稱被害人，指遭受性剝削或疑似遭受性剝削之兒童或少年。

第3條　本條例所稱主管機關：在中央為衛生福利部；在直轄市為直轄市政府；在縣（市）為
　　　縣（市）政府。主管機關應獨立編列預算，並置專職人員辦理兒童及少年性剝削防制業
　　　務。
　　　內政、法務、教育、國防、文化、經濟、勞動、交通及通訊傳播等相關目的事業主管機
　　　關涉及兒童及少年性剝削防制業務時，應全力配合並辦理防制教育宣導。
　　　主管機關應會同前項相關機關定期公布並檢討教育宣導、救援及保護、加害者處罰、安
　　　置及服務等工作成效。
　　　主管機關應邀集相關學者或專家、民間相關機構、團體代表及目的事業主管機關代表，
　　　協調、研究、審議、諮詢及推動兒童及少年性剝削防制政策。
　　　前項學者、專家及民間相關機構、團體代表不得少於二分之一，任一性別不得少於三分
　　　之一。

第4條　高級中等以下學校每學年應辦理兒童及少年性剝削防制教育課程或教育宣導。
　　　前項兒童及少年性剝削教育課程或教育宣導內容如下：
　　　一、性不得作為交易對象之宣導。
　　　二、性剝削犯罪之認識。
　　　三、遭受性剝削之處境。
　　　四、網路安全及正確使用網路之知識。
　　　五、其他有關性剝削防制事項。

第二章　救援及保護

第5條　中央法務主管機關及內政主管機關應分別指定所屬機關專責指揮督導各地方檢察署、警
　　　察機關辦理有關本條例犯罪偵查工作；各地方檢察署、警察機關應指定經專業訓練之專
　　　責人員辦理本條例事件。

第6條　為預防兒童及少年遭受性剝削，直轄市、縣（市）主管機關對於脫離家庭之兒童及少年
　　　應提供緊急庇護、諮詢、關懷、連繫或其他必要服務。

第7條　醫事人員、社會工作人員、教育人員、保育人員、移民管理人員、移民業務機構從業人
　　　員、戶政人員、村里幹事、警察人員、司法人員、觀光業從業人員、電子遊戲場業從業
　　　人員、資訊休閒業從業人員、就業服務人員、公寓大廈管理服務人員及其他執行兒童福
　　　利或少年福利業務人員，於執行職務或業務時，知有被害人，應即通報當地直轄市、
　　　縣（市）主管機關，至遲不得超過二十四小時。
　　　前項人員於執行職務或業務時，知有第四章之犯罪嫌疑人，應即通報第五條所定機關或
　　　人員，至遲不得超過二十四小時。
　　　任何人知有被害人或第四章之犯罪嫌疑人，得通報直轄市、縣（市）主管機關或第五條
　　　所定機關或人員。
　　　前三項通報人之身分資料，應予保密。
　　　直轄市、縣（市）主管機關接獲第一項通報後，知悉行為人為兒童或少年者，應依相關
　　　法規轉介各該權責機關提供教育、心理諮商或輔導、法律諮詢或其他服務。

第8條　網際網路平臺提供者、網際網路應用服務提供者及網際網路接取服務提供者，透過網路內容防護機構、主管機關、警察機關或其他機關，知有第四章之犯罪嫌疑情事，應先行限制瀏覽或移除與第四章犯罪有關之網頁資料。

前項犯罪網頁資料與嫌疑人之個人資料及網路使用紀錄資料，應保留一百八十日，以提供司法及警察機關調查。

直轄市、縣（市）主管機關得協助被害人於偵查中向檢察官、審理中向法院請求重製扣案之被害人性影像。第一項之網際網路平臺提供者、網際網路應用服務提供者及網際網路接取服務提供者於技術可行下，應依直轄市、縣（市）主管機關通知比對、移除或下架被害人之性影像。

第9條　警察及司法人員於調查、偵查或審判時，詢（訊）問被害人，應通知直轄市、縣（市）主管機關指派社會工作人員陪同在場，並得陳述意見。

被害人於前項案件偵查、審判中，已經合法訊問，其陳述明確別無訊問之必要者，不得再行傳喚。

第10條　被害人於偵查或審理中受詢（訊）問或詰問時，其法定代理人、直系或三親等內旁系血親、配偶、家長、家屬、醫師、心理師、輔導人員或社會工作人員得陪同在場，並陳述意見。於司法警察官或司法警察調查時，亦同。

前項規定，於得陪同在場之人為本條例所定犯罪嫌疑人或被告者，不適用之。

第11條　性剝削案件之證人、被害人、檢舉人、告發人或告訴人，除依本條例規定保護外，經檢察官或法官認有必要者，得準用證人保護法第四條至第十四條、第十五條第二項、第二十條及第二十一條規定。

第12條　偵查及審理中訊問兒童或少年時，應注意其人身安全，並提供確保其安全之環境與措施，必要時，應採取適當隔離方式為之，另得依聲請或依職權於法庭外為之。

於司法警察官、司法警察調查時，亦同。

第13條　兒童或少年於審理中有下列情形之一者，其於檢察事務官、司法警察官、司法警察調查中所為之陳述，經證明具有可信之特別情況，且為證明犯罪事實存否所必要者，得為證據：

一、因身心創傷無法陳述。

二、到庭後因身心壓力，於訊問或詰問時，無法為完全之陳述或拒絕陳述。

三、非在臺灣地區或所在不明，而無法傳喚或傳喚不到。

第14條　宣傳品、出版品、廣播、電視、網際網路或其他媒體不得報導或記載有被害人之姓名、出生年月日、住居所、學籍或其他足資識別身分之資訊。

因職務或業務知悉或持有前項足資識別被害人身分之資訊者，除法律另有規定外，應予保密。

行政及司法機關所公示之文書，不得揭露足資識別被害人身分之資訊。但法律另有規定者，不在此限。

前三項以外之任何人不得以媒體或其他方法公開或揭露被害人之姓名及其他足資識別身分之資訊。

第三章　安置及服務

第15條　檢察官、司法警察官及司法警察查獲及救援被害人後，應於二十四小時內將被害人交由當地直轄市、縣（市）主管機關處理。

前項直轄市、縣（市）主管機關應即評估被害人就學、就業、生活適應、人身安全及其家庭保護教養功能，經列為保護個案者，為下列處置：

一、通知父母、監護人或親屬帶回，並為適當之保護及教養。

二、送交適當場所緊急安置、保護及提供服務。

三、其他必要之保護及協助。

前項被害人未列為保護個案者，直轄市、縣（市）主管機關得視其需求，轉介相關服務資源協助。

前二項規定於直轄市、縣（市）主管機關接獲報告、自行發現或被害人自行求助者，亦同。

第16條　直轄市、縣（市）主管機關依前條緊急安置被害人，應於安置起七十二小時內，評估有無繼續安置之必要，經評估無繼續安置必要者，應不付安置，將被害人交付其父母、監護人或其他適當之人；經評估有安置必要者，應提出報告，聲請法院裁定。

法院受理前項聲請後，認無繼續安置必要者，應裁定不付安置，並將被害人交付其父母、監護人或其他適當之人；認有繼續安置必要者，應交由直轄市、縣（市）主管機關安置於兒童及少年福利機構、寄養家庭或其他適當之醫療、教育機構，期間不得逾三個月。

安置期間，法院得依職權或依直轄市、縣（市）主管機關、被害人、父母、監護人或其他適當之人之聲請，裁定停止安置，並交由被害人之父母、監護人或其他適當之人保護及教養。

直轄市、縣（市）主管機關收到第二項裁定前，得繼續安置。

第17條　前條第一項所定七十二小時，自依第十五條第二項第二款規定緊急安置被害人之時起，即時起算。但下列時間不予計入：
一、在途護送時間。
二、交通障礙時間。
三、依其他法律規定致無法就是否有安置必要進行評估之時間。
四、其他不可抗力之事由所生之遲滯時間。

第18條　直轄市、縣（市）主管機關應於被害人安置後四十五日內，向法院提出審前報告，並聲請法院裁定。審前報告如有不完備者，法院得命於七日內補正。

前項審前報告應包括安置評估及處遇方式之建議，其報告內容、項目及格式，由中央主管機關定之。

第19條　法院依前條之聲請，於相關事證調查完竣後七日內對被害人為下列裁定：
一、認無安置必要者應不付安置，並交付父母、監護人或其他適當之人。其為無合法有效之停（居）留許可之外國人、大陸地區人民、香港、澳門居民或臺灣地區無戶籍國民，亦同。
二、認有安置之必要者，應裁定安置於直轄市、縣（市）主管機關自行設立或委託之兒童及少年福利機構、寄養家庭、中途學校或其他適當之醫療、教育機構，期間不得逾二年。
三、其他適當之處遇方式。

前項第一款後段不付安置之被害人，於遣返前，直轄市、縣（市）主管機關應委託或補助民間團體續予輔導，移民主管機關應盡速安排遣返事宜，並安全遣返。

第20條　直轄市、縣（市）主管機關、檢察官、父母、監護人、被害人或其他適當之人對於法院裁定有不服者，得於裁定送達後十日內提起抗告。
對於抗告法院之裁定，不得再抗告。
抗告期間，不停止原裁定之執行。

第21條　被害人經依第十九條安置後，主管機關應每三個月進行評估。經評估無繼續安置、有變更安置處所或為其他更適當處遇方式之必要者，得聲請法院為停止安置、變更處所或其他適當處遇之裁定。

經法院依第十九條第一項第二款裁定安置期滿前，直轄市、縣（市）主管機關認有繼續安置之必要者，應於安置期滿四十五日前，向法院提出評估報告，聲請法院裁定延長安置，其每次延長之期間不得逾一年。但以延長至被害人年滿二十歲為止。

被害人於安置期間年滿十八歲，經評估有繼續安置之必要者，得繼續安置至期滿或年滿二十歲。

因免除、不付或停止安置者，直轄市、縣（市）主管機關應協助該被害人及其家庭預為必要之返家準備。

第22條　中央教育主管機關及中央主管機關應聯合設置或協調直轄市、縣（市）主管機關設置安置被害人之中途學校。
中途學校之組織及其教育之實施，另以法律定之。

第23條　經法院依第十九條第一項第一款前段、第三款裁定之被害人，直轄市、縣（市）主管機關應指派社會工作人員進行輔導處遇，期間至少一年或至其年滿十八歲止。

前項輔導期間，直轄市、縣（市）主管機關或父母、監護人或其他適當之人認為難收輔導成效者或認仍有安置必要者，得檢具事證及敘明理由，由直轄市、縣（市）主管機關自行或接受父母、監護人或其他適當之人之請求，聲請法院為第十九條第一項第二款之裁定。

第24條　經法院依第十六條第二項或第十九條第一項裁定之受交付者，應協助直轄市、縣（市）主管機關指派之社會工作人員對被害人為輔導。

第25條　直轄市、縣（市）主管機關對於免除、停止或結束安置，無法返家之被害人，應依兒童及少年福利與權益保障法為適當之處理。

第26條 兒童或少年遭受性剝削或有遭受性剝削之虞者，如無另犯其他之罪，不適用少年事件處理法及社會秩序維護法規定。

前項之兒童或少年如另犯其他之罪，應先依第十五條規定移送直轄市、縣（市）主管機關處理後，再依少年事件處理法移送少年法院（庭）處理。

第27條 安置或保護教養期間，直轄市、縣（市）主管機關或受其交付或經法院裁定交付之機構、學校、寄養家庭或其他適當之人，在安置或保護教養被害人之範圍內，行使、負擔父母對於未成年子女之權利義務。

第28條 父母、養父母或監護人對未滿十八歲之子女、養子女或受監護人犯第三十二條至第三十八條、第三十九條第一項、第三項之罪者，被害人、檢察官、被害人最近尊親屬、直轄市、縣（市）主管機關、兒童及少年福利機構或其他利害關係人，得向法院聲請停止其行使、負擔父母對於被害人之權利義務，另行選定監護人。對於養父母，並得請求法院宣告終止其收養關係。

法院依前項規定選定或改定監護人時，得指定直轄市、縣（市）主管機關、兒童及少年福利機構或其他適當之人為被害人之監護人，並得指定監護方法、命其父母、原監護人或其他扶養義務人交付子女、支付選定或改定監護人相當之扶養費用及報酬、命為其他必要處分或訂定必要事項。

前項裁定，得為執行名義。

第29條 直轄市、縣（市）主管機關得令被害人之父母、監護人或其他實際照顧之人接受八小時以上五十小時以下之親職教育輔導，並得實施家庭處遇計畫。

第30條 直轄市、縣（市）主管機關應對有下列情形之一之被害人進行輔導處遇及追蹤，並提供就學、就業、自立生活或其他必要之協助，其期間至少一年或至其年滿二十歲止：

一、經依第十五條第二項第一款及第三款規定處遇者。

二、經依第十六條第一項、第二項規定不付安置之處遇者。

三、經依第十六條第二項規定安置於兒童及少年福利機構、寄養家庭或其他適當之醫療、教育機構，屆期返家者。

四、經依第十六條第三項規定裁定停止安置，並交由被害人之父母、監護人或其他適當之人保護及教養者。

五、經依第十九條第一項第二款規定之安置期滿。

六、經依第二十一條規定裁定安置期滿或停止安置。

前項輔導處遇及追蹤，教育、勞動、衛生、警察等單位，應全力配合。

第四章　罰則

第31條 與未滿十六歲之人為有對價之性交或猥褻行為者，依刑法之規定處罰之。

十八歲以上之人與十六歲以上未滿十八歲之人為有對價之性交或猥褻行為者，處三年以下有期徒刑、拘役或新臺幣十萬元以下罰金。

第32條 引誘、容留、招募、媒介、協助或以他法，使兒童或少年為有對價之性交或猥褻行為者，處一年以上七年以下有期徒刑，得併科新臺幣三百萬元以下罰金。以詐術犯之者，亦同。

意圖營利而犯前項之罪者，處三年以上十年以下有期徒刑，併科新臺幣五百萬元以下罰金。

媒介、交付、收受、運送、藏匿前二項被害人或使之隱避者，處一年以上七年以下有期徒刑，得併科新臺幣三百萬元以下罰金。

前項交付、收受、運送、藏匿行為之媒介者，亦同。

前四項之未遂犯罰之。

第33條 以強暴、脅迫、恐嚇、監控、藥劑、催眠術或其他違反本人意願之方法，使兒童或少年為有對價之性交或猥褻行為者，處七年以上有期徒刑，得併科新臺幣七百萬元以下罰金。

意圖營利而犯前項之罪者，處十年以上有期徒刑，併科新臺幣一千萬元以下罰金。

媒介、交付、收受、運送、藏匿前二項被害人或使之隱避者，處三年以上十年以下有期徒刑，得併科新臺幣五百萬元以下罰金。

前項交付、收受、運送、藏匿行為之媒介者，亦同。

前四項之未遂犯罰之。

第34條 意圖使兒童或少年為有對價之性交或猥褻行為，而買賣、質押或以他法，為他人人身之交付或收受者，處七年以上有期徒刑，併科新臺幣七百萬元以下罰金。以詐術犯之者，亦同。

以強暴、脅迫、恐嚇、監控、藥劑、催眠術或其他違反本人意願之方法，犯前項之罪者，加重其刑至二分之一。

媒介、交付、收受、運送、藏匿前二項被害人或使之隱避者，處三年以上十年以下有期徒刑，併科新臺幣五百萬元以下罰金。

前項交付、收受、運送、藏匿行爲之媒介者，亦同。

前四項未遂犯罰之。

預備犯第一項、第二項之罪者，處二年以下有期徒刑。

第35條　招募、引誘、容留、媒介、協助、利用或以他法，使兒童或少年爲性交或猥褻之行爲，以供人觀覽者，處三年以上十年以下有期徒刑，得併科新臺幣三百萬元以下罰金。

以強暴、脅迫、藥劑、詐術、催眠術或其他違反本人意願之方法，使兒童或少年爲性交或猥褻之行爲，以供人觀覽者，處七年以上有期徒刑，得併科新臺幣五百萬元以下罰金。

意圖營利犯前二項之罪者，依各該條項之規定，加重其刑至二分之一。

前三項之未遂犯罰之。

第36條　拍攝、製造兒童或少年之性影像、與性相關而客觀上足以引起性慾或羞恥之圖畫、語音或其他物品，處一年以上七年以下有期徒刑，得併科新臺幣一百萬元以下罰金。

招募、引誘、容留、媒介、協助或以他法，使兒童或少年被拍攝、自行拍攝、製造性影像、與性相關而客觀上足以引起性慾或羞恥之圖畫、語音或其他物品，處三年以上十年以下有期徒刑，得併科新臺幣三百萬元以下罰金。

以強暴、脅迫、藥劑、詐術、催眠術或其他違反本人意願之方法，使兒童或少年被拍攝、自行拍攝、製造性影像、與性相關而客觀上足以引起性慾或羞恥之圖畫、語音或其他物品者，處七年以上有期徒刑，得併科新臺幣五百萬元以下罰金。

意圖營利犯前三項之罪者，依各該條項之規定，加重其刑至二分之一。

前四項之未遂犯罰之。

第一項至第四項之附著物、圖畫及物品，不問屬於犯罪行爲人與否，沒收之。

拍攝、製造兒童或少年之性影像、與性相關而客觀上足以引起性慾或羞恥之圖畫、語音或其他物品之工具或設備，不問屬於犯罪行爲人與否，沒收之。但屬於被害人者，不在此限。

第37條　犯第三十三條第一項、第二項、第三十四條第二項、第三十五條第二項或第三十六條第三項之罪，而故意殺害被害人者，處死刑或無期徒刑；使被害人受重傷者，處無期徒刑或十二年以上有期徒刑。

犯第三十三條第一項、第二項、第三十四條第二項、第三十五條第二項或第三十六條第三項之罪，因而致被害人於死者，處無期徒刑或十二年以上有期徒刑；致重傷者，處十二年以上有期徒刑。

第38條　散布、播送、交付、公然陳列或以他法供人觀覽、聽聞兒童或少年之性影像、與性相關而客觀上足以引起性慾或羞恥之圖畫、語音或其他物品者，處一年以上七年以下有期徒刑，得併科新臺幣五百萬元以下罰金。

意圖散布、播送、交付或公然陳列而持有前項物品者，處六月以上五年以下有期徒刑，得併科新臺幣三百萬元以下罰金。

意圖營利犯前二項之罪者，依各該條項之規定，加重其刑至二分之一。販賣前二項性影像、與性相關而客觀上足以引起性慾或羞恥之圖畫、語音或其他物品者，亦同。

第一項及第三項之未遂犯罰之。

查獲之第一項至第三項之附著物、圖畫及物品，不問屬於犯罪行爲人與否，沒收之。

第39條　無正當理由持有兒童或少年之性影像，處一年以下有期徒刑、拘役或科或併科新臺幣三萬元以上三十萬元以下罰金。

無正當理由持有兒童或少年與性相關而客觀上足以引起性慾或羞恥之圖畫、語音或其他物品，第一次被查獲者，處新臺幣一萬元以上十萬元以下罰鍰，並命令其接受二小時以上十小時以下之輔導教育，其附著物、圖畫及物品不問屬於持有人與否，沒入之。

無正當理由持有兒童或少年與性相關而客觀上足以引起性慾或羞恥之圖畫、語音或其他物品第二次以上被查獲者，處新臺幣二萬元以上二十萬元以下罰金。

查獲之第一項及第三項之附著物、圖畫及物品，不問屬於犯罪行爲人與否，沒收之。

第40條　以宣傳品、出版品、廣播、電視、電信、網際網路或其他方法，散布、傳送、刊登或張貼足以引誘、媒介、暗示或其他使兒童或少年有遭受第二條第一項第一款至第三款之虞之訊息者，處三年以下有期徒刑，得併科新臺幣一百萬元以下罰金。

　　　　意圖營利而犯前項之罪者，處五年以下有期徒刑，得併科新臺幣一百萬元以下罰金。

第41條　公務員或經選舉產生之公職人員犯本條例之罪，或包庇他人犯本條例之罪者，依各該條項之規定，加重其刑至二分之一。

第42條　意圖犯第三十二條至第三十六條或第三十七條第一項後段之罪，而移送被害人入出臺灣地區者，依各該條項之規定，加重其刑至二分之一。

　　　　前項之未遂犯罰之。

第43條　父母對其子女犯本條例之罪，因自白或自首，而查獲第三十二條至第三十八條、第三十九條第一項、第三項之犯罪者，減輕或免除其刑。

　　　　犯第三十一條之罪自白或自首，因而查獲第三十二條至第三十八條、第三十九條第一項、第三項之犯罪者，減輕或免除其刑。

第44條　支付對價觀覽兒童或少年為性交或猥褻之行為者，處一年以下有期徒刑、拘役或科或併科新臺幣三萬元以上三十萬元以下罰金。

第45條　使兒童或少年從事坐檯陪酒或涉及色情之伴遊、伴唱、伴舞或其他類似行為者，處新臺幣二十萬元以上二百萬元以下罰鍰，並令其限期改善；屆期未改善者，由直轄市、縣（市）主管機關移請目的事業主管機關令其停業一個月以上一年以下。

　　　　招募、引誘、容留、媒介、協助或以他法，使兒童或少年坐檯陪酒或涉及色情之伴遊、伴唱、伴舞或其他類似行為者，處一年以下有期徒刑，得併科新臺幣三十萬元以下罰金。

　　　　以強暴、脅迫、藥劑、詐術、催眠術或其他違反本人意願之方法，使兒童或少年坐檯陪酒或涉及色情之伴遊、伴唱、伴舞或其他類似行為者，處三年以上五年以下有期徒刑，得併科新臺幣一百五十萬元以下罰金。

　　　　意圖營利犯前二項之罪者，依各該條項之規定，加重其刑至二分之一。

　　　　前三項之未遂犯罰之。

第45-1條　犯第三十二條至第三十六條、第三十八條、第四十條、第四十五條之罪，有事實足以證明行為人所得支配之財物或財產上利益，係取自其違法行為所得者，沒收之。

第46條　違反第七條第四項保密規定者，處新臺幣六萬元以上六十萬元以下罰鍰。

　　　　無正當理由違反第七條第一項規定，未通報或未依時限通報者，處新臺幣六千元以上六萬元以下罰鍰。

第47條　有下列情形之一，而無正當理由者，由目的事業主管機關處新臺幣六萬元以上六十萬元以下罰鍰，並令其限期改善；屆期未改善者，得按次處罰，並得令其限制接取：

　　　　一、違反第八條第一項規定，未先行限制瀏覽、移除。

　　　　二、違反第八條第二項規定，未保留資料一百八十日，或未將資料提供司法或警察機關調查。

第48條　廣播、電視事業違反第十四條第一項報導規定者，由目的事業主管機關處新臺幣六萬元以上六十萬元以下罰鍰，並令其限期改正；屆期未改正者，得按次處罰。

　　　　前項以外之宣傳品、出版品、網際網路或其他媒體業者違反第十四條第一項報導或記載規定者，由目的事業主管機關處負責人新臺幣六萬元以上六十萬元以下罰鍰，並得沒入第十四條第一項規定之物品、令其限期移除內容、下架或其他必要之處置；屆期不履行者，得按次處罰至履行為止。

　　　　違反第十四條第二項保密規定者，處新臺幣六萬元以上六十萬元以下罰鍰。

　　　　違反第十四條第四項禁止公開或揭露規定而無正當理由者，處新臺幣二萬元以上十萬元以下罰鍰。

　　　　宣傳品、出版品、網際網路或其他媒體無負責人或負責人對行為人之行為不具監督關係者，第二項所定之處罰對象為行為人。

第49條　不接受第二十九條規定之親職教育輔導或拒不完成其時數者，處新臺幣三千元以上一萬五千元以下罰鍰，並得按次處罰。

　　　　父母、監護人或其他實際照顧之人，因未善盡督促配合之責，致兒童或少年不接受第二十三條第一項及第三十條規定之輔導處遇及追蹤者，處新臺幣一千二百元以上六千元以下罰鍰。

第50條　宣傳品、出版品、廣播、電視、網際網路或其他媒體，為他人散布、傳送、刊登或張貼足以引誘、媒介、暗示或其他使兒童或少年有遭受第二條第一項第一款至第三款之虞之訊息者，由各目的事業主管機關處新臺幣五萬元以上六十萬元以下罰鍰。
　　　　各目的事業主管機關對於違反前項規定之媒體，應發布新聞並公開之。
　　　　第一項網際網路或其他媒體若已善盡防止任何人散布、傳送、刊登或張貼使兒童或少年有遭受第二條第一項第一款至第三款之虞之訊息者，經各目的事業主管機關邀集兒童及少年福利團體與專家學者代表審議同意後，得減輕或免除其罰鍰。

第51條　犯第三十一條第二項、第三十六條第一項、第三十八條第一項、第三十九條第一項、第三項或第四十四條之罪，經判決有罪或緩起訴處分確定者，直轄市、縣（市）主管機關應對其實施四小時以上五十小時以下之輔導教育。
　　　　前項輔導教育之執行，主管機關得協調矯正機關於犯罪行為人服刑期間辦理，矯正機關應提供場地及必要之協助。
　　　　無正當理由不接受第一項或第三十九條第二項之輔導教育，或拒不完成其時數者，處新臺幣六千元以上三萬元以下罰鍰，並得按次處罰。

第52條　違反本條例之行為，其他法律有較重處罰之規定者，從其規定。
　　　　軍事審判機關於偵查、審理現役軍人犯罪時，準用本條例之規定。

第五章　附則

第53條　第三十九條第二項及第五十一條第一項輔導教育之對象、方式、內容及其他應遵行事項之辦法，由中央主管機關會同法務主管機關定之。
第54條　本條例施行細則，由中央主管機關定之。
第55條　本條例施行日期，由行政院定之。
　　　　本條例中華民國一百十二年一月十日修正之條文，除第二十二條施行日期由行政院定之外，自公布日施行。

十四、性侵害犯罪防治法（民國112年2月15日修正）

第一章　總則

第1條　為防治性侵害犯罪及保護被害人權益，特制定本法。

第2條　本法用詞，定義如下：

一、性侵害犯罪：指觸犯刑法第二百二十一條至第二百二十七條、第二百二十八條、第二百二十九條、第三百三十二條第二項第二款、第三百三十四條第二項第二款、第三百四十八條第二項第一款及其特別法之罪。

二、加害人：指觸犯前款各罪經判決有罪確定之人。

三、被害人：指遭受性侵害或疑似遭受性侵害之人。

四、專業人士：指因學識、技術、經驗、訓練或教育而就兒童或心智障礙性侵害案件協助詢（訊）問具有專業能力之人。

第3條　本法所稱主管機關：在中央為衛生福利部；在直轄市為直轄市政府；在縣（市）為縣（市）政府。

第4條　本法所定事項，主管機關及目的事業主管機關權責事項如下：

一、社政主管機關：被害人保護、扶助與定期公布性侵害相關統計資料及其他相關事宜。

二、衛生主管機關：被害人驗傷、採證、身心治療與加害人身心治療、輔導或教育及其他相關事宜。

三、教育主管機關：各級學校、幼兒園性侵害防治教育、被害人與其子女就學權益之維護及其他相關事宜。

四、勞動主管機關：被害人職業訓練、就業服務、勞動權益維護及其他相關事宜。

五、警政主管機關：被害人安全維護、性侵害犯罪調查、資料統計、加害人登記、報到、查訪、查閱及其他相關事宜。

六、法務主管機關：性侵害犯罪偵查、矯正、徒刑執行期間治療及其他相關事宜。

七、移民主管機關：臺灣地區無戶籍國民、外國人、無國籍人民、大陸地區人民、香港或澳門居民因遭受性侵害致逾期停留、居留者，協助其在臺居留或定居權益維護，配合協助辦理後續送返事宜；加害人為臺灣地區無戶籍國民、外國人、大陸地區人民、香港或澳門居民，配合協助辦理後續遣返及其他相關事宜。

八、文化主管機關：出版品違反本法規定之處理及其他相關事宜。

九、通訊傳播主管機關：廣播、電視及其他由該機關依法管理之媒體違反本法規定之處理及其他相關事宜。

十、戶政主管機關：提供被害人與其未成年子女身分、戶籍資料及其他相關事宜。

十一、其他性侵害防治措施，由相關目的事業主管機關依其權責辦理。

第5條　中央主管機關應辦理下列事項：

一、規劃、推動、監督與訂定性侵害防治政策及相關法規。

二、督導有關性侵害防治事項之執行。

三、協調各級政府建立性侵害案件處理程序、防治及醫療網絡。

四、推展性侵害防治之宣導及教育。

五、被害人個案資料與加害人身心治療、輔導或教育資料之建立、彙整、統計及管理。

六、其他性侵害防治有關事項。

中央主管機關辦理前項事項，應遴聘（派）學者專家、民間團體及相關機關代表提供諮詢；其中學者專家、民間團體代表之人數，不得少於總數二分之一。任一性別人數不得少於總數五分之二。

第一項第五款資料之範圍、來源、管理、使用及其他相關事項之辦法，由中央主管機關定之。

第6條　直轄市、縣（市）主管機關應整合所屬警政、教育、衛生、社政、勞政、新聞、戶政與其他相關機關、單位之業務及人力，設立性侵害防治中心，並協調相關機關辦理下列事項：

一、提供二十四小時電話專線服務。

二、提供被害人二十四小時緊急救援。

三、協助被害人就醫診療、驗傷及採證。

四、協助被害人心理治療、輔導、緊急安置與法律諮詢及服務。

五、協調醫療機構成立專門處理性侵害案件之醫療小組。

六、提供加害人身心治療、輔導或教育。

七、辦理加害人登記、報到、查訪及查閱。

八、轉介加害人接受更生輔導。

九、推廣性侵害防治教育、訓練及宣導。

十、召開加害人再犯預防跨網絡會議。

十一、其他有關性侵害防治及保護事項。

前項性侵害防治中心得與家庭暴力防治中心合併設立，並應配置社會工作、警察、衛生及其他相關專業人員；其組織，由直轄市、縣（市）主管機關定之。

第7條　犯性騷擾防治法第二十五條第一項之罪及犯刑法第三百三十九條之二第一項之罪，經判決有罪確定者，準用第三十一條、第三十三條至第三十五條、第四十二條及第四十三條規定。

刑法第三百十九條之一至第三百十九條之四案件，準用第八條、第九條、第十二條、第十三條、第十五條、第十六條、第十八條至第二十八條規定。

以刑法第三百十九條之一至第三百十九條之三之性影像，犯刑法第三百零四條、第三百零五條、第三百四十六條之罪者，準用第八條、第九條、第十二條、第十五條、第十六條、第十八條至第二十八條規定。

第二章　預防及通報

第8條　主管機關及目的事業主管機關應就其權責範圍，依性侵害防治之需要，尊重多元文化差異，主動規劃預防、宣導、教育及其他必要措施；對涉及相關機關之防治業務，並應全力配合。

第9條　高級中等以下學校每學期應實施性侵害防治教育課程，至少二小時。

前項性侵害防治教育課程，應包括：

一、他人性自主之尊重。

二、性侵害犯罪之認識。

三、性侵害危機之處理。

四、性侵害防範之技巧。

五、其他與性侵害防治有關之教育。

幼兒園應實施性侵害防治教育宣導。

機關、部隊、學校、機構或僱用人之組織成員、受僱人或受服務人數達三十人以上者，應定期舉辦或督促所屬人員參與性侵害防治教育訓練。

第10條　法院、檢察署、司法警察機關及醫療機構，應由經專業訓練之專責人員處理性侵害案件。

前項經專業訓練之專責人員每年應至少接受性侵害防治專業訓練課程六小時。

第一項之機關應適時辦理教育訓練，以充實調查、偵查或審理兒童或心智障礙者性侵害案件之司法警察、司法警察官、檢察事務官、檢察官或法官之辦案專業素養；相關教育訓練至少包含接受兒童或心智障礙者性侵害案件詢（訊）問訓練課程。

第一項醫療機構，應經中央主管機關指定，並設置處理性侵害案件醫療小組。

第11條　醫事人員、社會工作人員、教育人員、保育人員、教保服務人員、警察人員、勞政人員、司法人員、移民業務人員、矯正人員、村（里）幹事人員、私立就業服務機構及其從業人員，於執行職務時，知有疑似性侵害犯罪情事者，應立即向當地直轄市、縣（市）主管機關通報，至遲不得超過二十四小時。

前項通報內容、通報人員之姓名、住居所及其他足資識別其身分之資訊，除法律另有規定外，應予保密。

直轄市、縣（市）主管機關於接獲第一項通報時，應即派員評估被害人需求及提供服務。

第12條　直轄市、縣（市）主管機關接獲前條第一項規定之通報後，知悉行為人為兒童或少年者，應依相關法規轉介各該權責機關提供教育、心理諮商或輔導、法律諮詢或其他服務。

第13條　網際網路平臺提供者、網際網路應用服務提供者及網際網路接取服務提供者，透過網路內容防護

機構、主管機關、警察機關或其他機關，知有性侵害犯罪嫌疑情事，應先行限制瀏覽或移除與犯罪有關之網頁資料。

前項犯罪網頁資料與嫌疑人之個人資料及網路使用紀錄資料，應保留一百八十日，以提供司法及警察機關調查。

第三章　被害人保護

第14條　醫療機構對於被害人，不得無故拒絕診療及開立驗傷診斷書。

醫療機構對被害人診療時，應有護理人員陪同，並應保護被害人之隱私，提供安全及合適之就醫環境。

第一項驗傷診斷書之格式，由中央主管機關定之。

第15條　因職務或業務上知悉或持有被害人姓名、出生年月日、住居所及其他足資識別其身分之資料者，除法律另有規定外，應予保密。

警察人員於必要時應採取保護被害人之安全措施。

行政機關及司法機關所公示之文書，不得揭露被害人之姓名、出生年月日、住居所及其他足資識別被害人身分之資訊。

第16條　宣傳品、出版品、廣播、電視、網際網路或其他媒體，不得報導或記載有被害人之姓名或其他足資識別身分之資訊。但有下列情形之一者，不在此限：

一、被害人為成年人，經本人同意。但心智障礙者、受監護宣告或輔助宣告者，應以其可理解方式提供資訊。受監護宣告者並應取得其監護人同意。

二、檢察官或法院依法認為有必要。

前項第一款但書規定之監護人為同意時，應尊重受監護宣告者之意願。

第一項第一款但書所定監護人為該性侵害犯罪嫌疑人或被告時，不得報導或記載有被害人之姓名或其他足資識別身分之資訊。

第一項以外之任何人，不得以媒體或其他方法公開或揭露被害人之姓名及其他足資識別身分之資訊。

第17條　對於被害人之驗傷及採證，除依刑事訴訟法之規定或被害人無意識或無法表意者外，應經被害人之同意，並依下列規定辦理：

一、被害人為心智障礙者、受監護宣告或輔助宣告者，應以其可理解方式提供資訊。受監護宣告者並應取得其監護人同意。

二、被害人為未滿十二歲者，應經其法定代理人同意。

前項第一款之監護人為同意時，應尊重受監護宣告者之意願。

第一項第二款之法定代理人同意時，應以兒童之最佳利益為優先考量，並依其心智成熟程度權衡其意見。

第一項第一款及第二款所定監護人或法定代理人不明、通知顯有困難或為該性侵害犯罪之嫌疑人時，得逕行驗傷及採證。

第一項採證，應將所取得之證物保全於證物袋，司法警察機關應即送請內政部警政署鑑驗。證物鑑驗報告應依法妥善保存。

告訴乃論之性侵害犯罪案件，於未提出告訴或自訴前，司法警察機關應將證物送交犯罪發生地之直轄市、縣（市）主管機關保管；除因未能知悉犯罪嫌疑人者外，於保管六個月後得將該證物逕行銷毀。

第18條　被害人之法定代理人、配偶、直系或三親等內旁系血親、家長、家屬、醫師、心理師、輔導人員、社會工作人員或其信賴之人，經被害人同意後，得於偵查或審判時，陪同被害人在場，並得陳述意見。

前項得陪同在場之人為性侵害犯罪嫌疑人、被告，或檢察官、檢察事務官、司法警察官或司法警察認其在場，有礙偵查程序之進行時，不適用之。

被害人為兒童或少年時，除顯無必要者外，直轄市、縣（市）主管機關應指派社會工作人員於偵查或審判時陪同在場，並得陳述意見。

第19條　兒童或心智障礙之被害人於偵查或審判中，經司法警察、司法警察官、檢察事務官、檢察官或法官認有必要時，應由具相關專業人士在場協助詢（訊）問。

　　前項專業人士應於詢（訊）問前，評估被害人之溝通能力及需求，並向司法警察、司法警察官、檢察事務官、檢察官或法官說明其評估之結果及相關建議。

　　專業人士依第一項規定協助詢（訊）問時，如司法警察、司法警察官、檢察事務官、檢察官、法官、被告或其辯護人提出不適當問題或被害人無法適當回答之問題，專業人士得爲適當建議。必要時，偵查中經司法警察、司法警察官、檢察事務官或檢察官之許可，審判中經法官之許可，得由專業人士直接對被害人進行詢問。

　　專業人士於協助詢（訊）問時，司法警察、司法警察官、檢察事務官、檢察官、法官、被告或其辯護人，得透過單面鏡、聲音影像相互傳送之科技設備，或適當隔離措施爲之。

　　偵查或審判中，兒童或心智障礙被害人受專業人士評估及專業人士直接對被害人進行詢問之過程，應全程錄音錄影。

第20條　前條專業人士辦理協助詢（訊）問事務，依其性質，準用刑事訴訟法第十二章第二節、第三節規定。

　　前條專業人士之資格、條件、酬勞支給、提出說明或建議方式及其他相關事項之辦法，由中央主管機關會商相關機關定之。

第21條　前二條規定，於少年保護事件及少年刑事案件之被害人爲兒童或心智障礙者時，準用之。

第22條　犯罪嫌疑人、被告或少年事件之少年爲心智障礙者，於刑事案件偵查、審判程序或少年事件處理程序中，除適用刑事訴訟法或少年事件處理法有關規定外，認有必要時，得準用第十九條規定。

第23條　法院對被害人之訊問或詰問，得依聲請或依職權於法庭外爲之，或利用聲音、影像傳送之科技設備或其他適當隔離措施，將被害人與被告或法官隔離。

　　傳喚到庭作證之被害人爲兒童、少年或心智障礙、身心創傷者，其因當庭詰問致有不能自由或完全陳述之虞時，法院應採取前項之隔離措施。

　　法院因當事人或辯護人詰問被害人不當而禁止其詰問者，得以訊問代之。

　　被告或其辯護人不得詰問或提出有關被害人與被告以外之人之性經驗證據。但法院認有必要者，不在此限。

第24條　偵查或審判時，檢察官或法院得依職權或依聲請指定或選任相關領域之專家證人，提供專業意見。其經傳喚到庭陳述之意見，得爲證據，並準用刑事訴訟法第一百六十三條至第一百七十一條、第一百七十五條及第一百九十九條規定。

第25條　被告或其辯護人於審判時，對被害人有任何性別歧視之陳述或舉止者，法院應即時予以制止。

第26條　被害人於審判時有下列情形之一，其於檢察事務官、司法警察官或司法警察調查時所爲之陳述，經證明具有可信之特別情況，且爲證明犯罪事實之存否所必要者，得爲證據：

　　一、因性侵害致身心創傷無法陳述。

　　二、因身心壓力於訊問或詰問時無法爲完全陳述或拒絕陳述。

　　三、依第十九條規定接受詢（訊）問之陳述。

　　被害人於偵查中，依第十九條第三項後段規定接受專業人士直接詢問所爲之陳述，除顯有不可信之情況外，得爲證據。

第27條　性侵害犯罪之案件，審判不得公開。但被害人爲成年人，經本人同意，且法院認有必要者，不在此限。

　　前項被害人爲心智障礙者、受監護宣告或輔助宣告者，應以其可理解方式提供資訊，受監護宣告者並應取得其監護人同意。監護人爲同意時，應尊重受監護宣告者之意願。

　　第二項所定監護人爲該性侵害犯罪之被告時，審判不得公開。

第28條　直轄市、縣（市）主管機關得依被害人之申請，核發下列補助：

　　一、非屬全民健康保險給付範圍之醫療費用、驗傷與採證費用及心理復健費用。

　　二、訴訟費用及律師費用。

　　三、其他費用。

　　前項補助對象、條件、金額及其他相關事項之自治法規，由直轄市、縣（市）主管機關

定之。

第四章　加害人處遇

第29條　加害人應接受司法警察機關對其照相、採取指紋及採樣去氧核醣核酸，不得拒絕。
中央警政主管機關應建立加害人之相片、指紋、去氧核醣核酸紀錄及個人基本資料。
前項資料應予保密，非依法律規定，不得提供。
第一項照相、採取指紋、採樣去氧核醣核酸之方式與第二項資料之內容、管理及其他相關事項之辦法，由中央警政主管機關定之。

第30條　為防治跨國性侵害犯罪，中央目的事業主管機關必要時，得依法律、條約、協定或協議，提供加害人之個人資料。

第31條　加害人有下列情形之一，經評估認有施以身心治療、輔導或教育之必要者，直轄市、縣（市）主管機關應令其接受身心治療、輔導或教育：
　　一、有期徒刑、保安處分或第三十七條、第三十八條所定之強制治療執行完畢。但有期徒刑經易服社會勞動者，於准易服社會勞動時起執行之。
　　二、假釋。
　　三、緩刑。
　　四、免刑。
　　五、赦免。
　　六、經法院依第三十八條第一項但書及第六項規定或刑法第九十一條之一第二項但書規定裁定停止強制治療。
前項規定，對於犯罪後經驅逐或限令出境者，不適用之。
第一項之執行期間為三年以下。執行期間屆滿前，經評估認有繼續執行之必要者，直轄市、縣（市）主管機關得延長之，最長不得逾一年；其無繼續執行之必要者，得停止其處分之執行。
前項經評估認無繼續執行之必要者，於其登記、報到期間，經評估認有施以身心治療、輔導或教育之必要，直轄市、縣（市）主管機關應令其再接受身心治療、輔導或教育；其執行期間應予併計，且不得逾前項執行期間之規定。
犯性騷擾防治法第二十五條第一項之罪經判處拘役或罰金確定，依第七條第一項準用本條第一項規定，於判決確定時執行之。
第一項至第三項規定對於有性侵害犯罪行為，經法院依少年事件處理法裁定保護處分確定且認有必要者，得準用之。

第32條　性侵害犯罪經緩起訴處分確定者，經直轄市、縣（市）主管機關評估小組評估認有施以身心治療、輔導或教育之必要，應令其接受身心治療、輔導或教育。

第33條　第三十一條第一項、第三項至第六項及前條之評估，由直轄市、縣（市）主管機關成立評估小組辦理。但服徒刑之成年受刑人由監獄、少年受刑人及受感化教育少年由少年矯正學校成立評估小組辦理。
前項評估小組之組成與其辦理第三十一條第一項、第三項、第四項及前條評估之內容、基準、程序與身心治療、輔導或教育之內容、程序、期間及其他相關事項之辦法，由中央主管機關會同法務主管機關定之。

第34條　觀護人對於付保護管束之加害人，得採取下列一款或數款之處遇方式：
　　一、實施約談、訪視，並得進行團體活動或問卷等輔助行為。
　　二、有事實足認其有再犯之虞或需加強輔導及管束者，得密集實施約談、訪視；必要時，並得請警察機關派員定期或不定期查訪。
　　三、有事實可疑為施用毒品者，得命其接受尿液採驗。
　　四、無一定之居住處所，或其居住處所不利保護管束之執行者，得報請檢察官許可，命其居住於指定之處所。
　　五、有於特定時間犯罪之習性，或有事實足認其有再犯之虞時，得報請檢察官許可，命其於監控時段內，未經許可，不得外出。
　　六、報請檢察官許可，對其實施測謊。

七、報請檢察官許可，對其實施科技設備監控。

八、有固定犯罪模式，或有事實足認其有再犯之虞時，得報請檢察官許可，禁止其接近特定場所或對象。

九、轉介相關機構或團體爲適當處遇。

十、其他必要處遇。

少年保護官對於依第三十一條第六項規定接受身心治療、輔導或教育之少年，除前項第四款至第八款外，於與少年保護事件性質不相違反者，得採取前項一款或數款之處遇方式。

第一項第三款尿液採驗之執行方式、程序、期間、次數、檢驗機構、項目及其他相關事項之辦法；第六款之測謊、第七款之科技設備監控，其實施機關（構）、人員、方式、程序及其他相關事項之辦法，由法務主管機關會商相關機關定之。

第35條　前條付保護管束且經實施科技設備監控之加害人，故意拆除、損壞、隱匿、阻斷科技監控設備，經檢察署通報警察機關，司法警察官或司法警察得強制其到檢察署或檢察官指定之處所，由檢察署派員回復科技監控設備正常運作，相關機關並依法令規定爲後續處理。

第36條　加害人依第三十一條第一項及第四項接受身心治療、輔導或教育，經第三十三條評估小組評估認有再犯之風險者，直轄市、縣（市）主管機關得檢具相關評估報告，送請檢察官依刑法第九十一條之一規定聲請強制治療或繼續施以強制治療。

第37條　加害人於徒刑執行期滿前，接受身心治療、輔導或教育後，經矯正機關評估小組評估認有再犯之風險，而不適用刑法第九十一條之一規定者，矯正機關得檢具相關評估報告，送請檢察官聲請法院裁定命其進入醫療機構或其他指定處所，施以強制治療。

加害人依第三十一條第一項及第四項接受身心治療、輔導或教育後，經評估認有再犯之風險，而不適用刑法第九十一條之一規定者，由檢察官或直轄市、縣（市）主管機關檢具相關評估報告聲請法院裁定命其進入醫療機構或其他指定處所，施以強制治療。

依前二項規定經法院裁定施以強制治療之加害人，於徒刑執行期滿或接獲法院裁定後，直轄市、縣（市）主管機關應逕移強制治療處所接續治療，必要時得協調相關機關協助移送。

第38條　前條強制治療之執行期間爲五年以下；其執行期間屆滿前，經評估認其再犯風險未顯著降低，而有繼續強制治療之必要者，檢察官或直轄市、縣（市）主管機關得向法院聲請許可延長之，第一次延長期間爲三年以下，第二次以後每次延長期間爲一年以下。但執行中，檢察官或直轄市、縣（市）主管機關認無繼續執行之必要者，得向法院聲請裁定停止強制治療。

停止強制治療之執行後有前條第一項或第二項情形之一者，法院得令入相當處所，繼續施以強制治療。

前項強制治療之期間，應與停止強制治療前已執行之期間合併計算。

前三項執行或延長期間內，應每年至少評估一次有無繼續強制治療之必要。

強制治療處所應於第一項之執行或延長期間屆滿前三個月，檢具治療、評估等結果通知強制治療受處分人及檢察官或直轄市、縣（市）主管機關。

強制治療受處分人於收受前項通知後，得自行向法院聲請裁定停止強制治療之執行。

直轄市、縣（市）主管機關於收受第五項通知後，認強制治療受處分人無繼續強制治療之必要，或收受第一項但書或前項停止強制治療執行之裁定後，應召開轉銜會議，安排強制治療受處分人身心治療、輔導或教育及登記、報到事宜，並提供就學、就業、家庭支持及其他照顧服務。

第39條　前三條強制治療之聲請、停止與延長程序、執行機關（構）、處所、執行程序、方式、經費來源、評估小組之組成及其他相關事項之辦法，由法務主管機關會同中央主管機關定之。

第40條　第三十七條及第三十八條之聲請、停止、延長及裁定事項，除本法另有規定外，準用刑事訴訟法相關規定。

加害人有下列情形之一，且未經選任辯護人者，法院應指定公設辯護人或律師爲其辯

護，並準用刑事訴訟法第三十一條第二項及第四項規定：

一、身心障礙，致無法爲完全之陳述。

二、其他經法院認有必要。

刑事訴訟法第三十五條規定，於前項情形，準用之。

法院受理第三十七條及第三十八條之聲請，除顯無必要者外，應指定期日傳喚加害人，並通知聲請人、辯護人、輔佐人。

前項期日，聲請人得到場陳述意見。但法院認有必要者，聲請人應到場陳述聲請理由或提出必要之證據。

法院應給予到場加害人、辯護人、輔佐人陳述意見之機會。但經合法傳喚、通知無正當理由不到場，或陳明不願到場者，不在此限。

第41條 犯刑法第二百二十一條、第二百二十二條、第二百二十四條之一、第二百二十五條第一項、第二百二十六條、第二百二十六條之一、第三百三十二條第二項第二款、第三百三十四條第二項第二款、第三百四十八條第二項第一款或其特別法之罪之加害人，有第三十一條第一項各款情形之一者，應定期向警察機關辦理身分、就學、工作、車籍之異動或其他相關資料之登記、報到；其登記、報到期間爲七年。

犯刑法第二百二十四條、第二百二十五條第二項、第二百二十七條、第二百二十八條之罪之加害人，有第三十一條第一項各款情形之一者，亦適用前項之規定；其登記、報到期間爲五年。

前二項規定，對於犯罪後經驅逐或限令出境者或犯罪時未滿十八歲者，不適用之。

第一項、第二項加害人於登記、報到期間，應定期或不定期接受警察機關查訪；其登記內容有變更者，應於變更之七日內辦理資料異動。

犯性侵害犯罪經外國、大陸地區、香港或澳門法院有罪判決確定後，於未經我國法院重新判決確定前，準用前項查訪規定。

第42條 性侵害犯罪經緩起訴處分確定者，其接受身心治療、輔導或教育期間，應定期向警察機關辦理身分、就學、工作、車籍之異動或其他相關資料之登記、報到。

前項人員於登記、報到期間，應定期或不定期接受警察機關查訪；其登記內容有變更者，應於變更後七日內辦理資料異動。

前二項規定，於犯罪時未滿十八歲者，不適用之。

第43條 爲維護公共利益及社會安全目的，前二條登記、報到期間之登記事項，得提供特定人員查閱。

前二條登記、報到之程序、方式、查訪頻率與前項查閱之範圍、內容、執行機關、查閱人員之資格、條件、查閱程序及其他應遵行事項之辦法，由中央警政主管機關會商中央各目的事業主管機關定之。

第五章 罰則

第44條 第三十七條第一項、第二項之加害人經通知依指定期日到場接受強制治療而未按時到場者，處一年以下有期徒刑、拘役、科或併科新臺幣十萬元以下罰金。

第45條 違反第十一條第二項保密規定者，處新臺幣六萬元以上六十萬元以下罰鍰。

第46條 有下列情形之一，而無正當理由者，由目的事業主管機關處新臺幣六萬元以上六十萬元以下罰鍰，並令其限期改善；屆期未改善者，得按次處罰，並得令其限制接取：

一、違反第十三條第一項規定，未先行限制瀏覽、移除。

二、違反第十三條第二項規定，未保留一百八十日，或未將資料提供司法或警察機關調查。

三、違反依第七條第二項準用第十三條第一項規定，未先行限制瀏覽、移除。

四、違反依第七條第二項準用第十三條第二項規定，未保留一百八十日，或未將資料提供司法或警察機關調查。

第47條 違反第十五條第一項保密規定者，或違反依第七條第二項、第三項準用第十五條第一項保密規定者，處新臺幣六萬元以上六十萬元以下罰鍰。

第48條 廣播、電視事業違反第十六條第一項或第三項規定，或違反依第七條第二項、第三項準

用第十六條第一項或第三項規定者，由目的事業主管機關處新臺幣六萬元以上六十萬元以下罰鍰，並令其限期改正；屆期未改正者，得按次處罰。

前項以外之宣傳品、出版品、網際網路或其他媒體業者違反第十六條第一項或第三項規定，或違反依第七條第二項、第三項準用第十六條第一項或第三項規定者，由目的事業主管機關處負責人新臺幣六萬元以上六十萬元以下罰鍰，並得沒入第十六條規定之物品、令其限期移除內容、下架或其他必要之處置；屆期不履行者，得按次處罰至履行為止。

前二項規定，於被害人死亡，經目的事業主管機關權衡為維護治安、安定人心、澄清視聽、防止危險擴大或其他社會公益，認有報導或揭露必要者，不罰。

第一項及第二項以外之任何人違反第十六條第四項規定，或違反依第七條第二項、第三項準用第十六條第四項規定，而無正當理由者，處新臺幣二萬元以上十萬元以下罰鍰。

宣傳品、出版品、網際網路或其他媒體無負責人或負責人對行為人之行為不具監督關係者，第二項之處罰對象為行為人。

第49條 違反第十四條第一項規定者，由直轄市、縣（市）主管機關處新臺幣一萬元以上五萬元以下罰鍰。

第50條 第三十一條第一項、第四項之加害人、性侵害犯罪經緩起訴處分確定者、依第七條第一項準用第三十一條第一項及第四十二條第一項、第二項規定者，有下列情形之一，由直轄市、縣（市）主管機關處新臺幣一萬元以上五萬元以下罰鍰，並令其限期履行：
一、經直轄市、縣（市）主管機關通知，無正當理由不到場或拒絕接受評估、身心治療、輔導或教育，或接受之時數不足。
二、未依第四十一條第一項、第二項、第四項或第四十二條第一項、第二項規定，定期辦理登記、報到、資料異動或接受查訪。
依第四十一條第五項準用同條第四項規定受查訪者，有前項第二款規定情形時，依前項規定處罰。
依前二項規定令其限期履行，屆期仍不履行者，處一年以下有期徒刑、拘役或科或併科新臺幣十萬元以下罰金。
受前三項處分者於執行完畢後，仍應依第三十一條、第三十二條、第四十一條及第四十二條規定辦理。

第六章　附則

第51條 直轄市、縣（市）主管機關對於下列各款之人為前條第一項之處分後，應即通知該管檢察官：
一、假釋、緩刑或有期徒刑經易服社會勞動之加害人。
二、犯性騷擾防治法第二十五條第一項之罪及犯刑法第三百十九條之二第一項之罪經假釋、緩刑或有期徒刑易服社會勞動者。
三、性侵害犯罪經緩起訴處分確定者。
該管檢察官接獲前項通知後，得通知原執行監獄典獄長報請法務部撤銷假釋，或向法院聲請撤銷緩刑之宣告，或依職權撤銷緩起訴處分及易服社會勞動。

第52條 第四十四條、第五十條第三項之被告或判決有罪確定之加害人逃亡、藏匿經通緝者，該管警察機關得將其身分相關資訊刊載於機關網站、報紙或以其他方法公開之；其經拘提、逮捕、已死亡或顯無必要時，該管警察機關應即停止公告。
前項規定，於犯罪時未滿十八歲者，不適用之。

第53條 本法規定於軍法機關戰時辦理現役軍人犯性侵害犯罪案件，準用之。

第54條 第三十六條至第四十條修正施行前，受強制治療之宣告者，於修正施行後，應繼續執行。
前項情形，由原執行檢察署之檢察官或直轄市、縣（市）主管機關於第三十六條至第四十條修正施行後六月內，向該案犯罪事實最後裁判之法院，依第三十八條第一項或刑法第九十一條之一第二項規定，聲請裁定強制治療之期間。
前項聲請，如法院裁定時，其強制治療已執行累計逾五年者，視為依第三十八條第一項

後段或刑法第九十一條之一第二項後段規定為第一次許可延長之聲請；已執行逾八年者，視為第二次許可延長之聲請。

有下列情形之一，由該案犯罪事實最後裁判之法院，依第三十八條第一項、第二項或刑法第九十一條之一第二項、第三項規定裁定之，並適用前項規定：

一、第三十六條至第四十條修正施行前，受法院停止治療執行之裁定，於修正施行後，經聲請繼續施以強制治療者。

二、第一項或第二項之情形，法院於第三十六條至第四十條修正施行後為停止治療執行之裁定，經聲請繼續施以強制治療者。

第55條　本法施行細則，由中央主管機關定之。

第56條　本法除第十三條自公布後六個月施行外，其餘自公布日施行。

十五、校園霸凌防制準則（民國109年7月21日訂定）

第一章　總則
第1條　本準則依教育基本法第八條第五項規定訂定之。

第2條　本準則所稱主管機關：在中央為教育部；在直轄市為直轄市政府；在縣（市）為縣（市）政府。

第3條　本準則用詞，定義如下：
一、學生：指各級學校具有學籍、學制轉銜期間未具學籍者、接受進修推廣教育者、交換學生、教育實習學生或研修生。
二、教師：指專任教師、兼任教師、代理教師、代課教師、教官、運用於協助教學之志願服務人員、實際執行教學之教育實習人員及其他執行教學或研究之人員。
三、職員、工友：指前款教師以外，固定、定期執行學校事務，或運用於協助學校事務之志願服務人員。
四、霸凌：指個人或集體持續以言語、文字、圖畫、符號、肢體動作、電子通訊、網際網路或其他方式，直接或間接對他人故意為貶抑、排擠、欺負、騷擾或戲弄等行為，使他人處於具有敵意或不友善環境，產生精神上、生理上或財產上之損害，或影響正常學習活動之進行。
五、校園霸凌：指相同或不同學校校長及教師、職員、工友、學生（以下簡稱教職員工生）對學生，於校園內、外所發生之霸凌行為。
前項第四款之霸凌，構成性別平等教育法第二條第五款所稱性霸凌者，依該法規定處理。

第4條　各級主管機關及學校應以預防為原則，分別採取下列防制機制及措施，積極推動校園霸凌防制工作：
一、主管機關應彈性調整及運用學校人力，擔任學生事務及輔導工作，並督導學校建構友善校園環境。
二、主管機關及學校應加強實施學生法治教育、品德教育、人權教育、生命教育、性別平等教育、資訊倫理教育、偏差行為防制及被害預防宣導，奠定防制校園霸凌之基礎。
三、學校每學期應定期辦理相關之在職進修活動，或結合校務會議、導師會議或教師進修研習時間，強化教師、職員、工友（以下簡稱教職員工）防制校園霸凌之意願、知能及處理能力。
四、學校得善用退休校長、退休教師及家長會人力，辦理志工招募、防制霸凌知能研習，建立學校及家長聯繫網絡，協助學校預防校園霸凌及其事件之協調處理，強化校園安全巡查。
五、學校應利用各項教育及宣導活動，向學生、家長、校長及教職員工說明校園霸凌防制理念及事件調查處理程序，鼓勵學生、家長、校長及教職員工申請調查或檢舉，以利學校即時因應及調查處理。
六、學校於校園霸凌事件宣導、處理或輔導程序中，得善用修復式正義策略，以降低衝突、促進和解及修復關係。
家長得參與學校各種防制校園霸凌之措施、機制、培訓及研習，並應配合學校對其子女之教育及輔導。
主管機關應寬列第一項推動防制工作及校園霸凌事件處理程序之預算；必要時，得由中央主管機關視實際情形酌予補助。

第二章　校園安全規劃及校園霸凌防制機制
第5條　學校為防制校園霸凌，準用校園性侵害性騷擾或性霸凌防治準則第四條、第五條規定，將校園霸凌危險空間，納入校園安全規劃。

第6條　學校應加強校長及教職員工生就校園霸凌防制權利、義務及責任之認知；學校校長、教職員工生於進行校內外教學活動、執行職務及人際互動時，應發揮樂於助人、相互尊重之品德。

　　　　校園霸凌防制應由班級同儕間、師生間、親師間、校長及教職員工間、班際間及校際間共同合作處理。

第7條　學校應透過平日教學過程，鼓勵及教導學生如何理性溝通、積極助人及處理人際關係，以培養其責任感及自尊尊人之處事態度。

　　　　學校及家長應協助學生學習建立自我形象，真實面對自己，並積極正向思考。

第8條　主管機關及學校對被霸凌人及曾有霸凌行為或有該傾向之校長及教職員工生，應積極提供協助、主動輔導，並就學生學習狀況、人際關係與家庭生活，進行深入了解及關懷。

第9條　校長及教職員工應以正向輔導管教方式啓發學生同儕間正義感、榮譽心、相互幫助、關懷、照顧之品德及同理心，以消弭校園霸凌行為之產生。

　　　　校長及教職員工應主動關懷、覺察及評估學生間人際互動情形，依權責進行輔導，必要時送學校防制校園霸凌因應小組確認。

　　　　校長及教職員工應具備校園霸凌防制意識，避免因自己行為致生霸凌事件，或不當影響校園霸凌防制工作。

第10條　學校應組成防制校園霸凌因應小組，以校長或副校長為召集人，其成員應包括教師代表、學務人員、輔導人員、家長代表、學者專家，負責處理校園霸凌事件之防制、調查、確認、輔導及其他相關事項；高級中等以上學校之小組成員，並應有學生代表。

　　　　受調查人為校長時，學校所屬主管機關應組成校園霸凌事件審議小組，由機關首長或副首長為召集人，其成員應包括校長代表、輔導人員、家長代表、學者專家及民間團體代表，負責處理校長對學生霸凌事件之調查及審議事項。

　　　　學校召開防制校園霸凌因應小組會議或學校所屬主管機關組成校園霸凌事件審議小組時，得視需要邀請職員工代表或具霸凌防制意識之專業輔導人員、性別平等教育委員會委員、法律專業人員、特殊教育專業人員、警政、衛生福利、法務等機關代表及學生代表參加。

　　　　各級主管機關應辦理或協調師資培育之大學、設有社會工作或輔導系、所之大學、其他專業團體、機構提供適當之培訓機會或督考學校辦理培訓課程，以充實小組成員之培訓管道。

第11條　學校應依本準則規定，訂定校園霸凌防制規定，並將第六條至第九條規定，納入學生手冊及教職員工聘約中。其內容應包括下列事項：

　　　　一、校園安全規劃。

　　　　二、校內外教學及人際互動應注意事項。

　　　　三、校園霸凌防制之政策宣示。

　　　　四、校園霸凌之界定、樣態、受理窗口及通報權責。

　　　　五、防制校園霸凌因應小組工作權責範圍。

　　　　六、校園霸凌之申請調查程序。

　　　　七、校園霸凌之調查及處理程序。

　　　　八、校園霸凌之申復及救濟程序。

　　　　九、禁止報復之警示。

　　　　十、隱私之保密。

　　　　十一、其他校園霸凌防制相關事項。

第12條　校長及教職員工知有疑似校園霸凌事件時，均應立即按學校校園霸凌防制規定所定權責向權責人員通報，並由學校權責人員向學校主管機關通報，至遲不得超過二十四小時，並應視事件情節，另依兒童及少年福利與權益保障法等相關規定，向直轄市、縣（市）社政主管機關進行通報。

　　　　依前項規定為通報時，除有調查必要、基於公共利益考量或法規另有規定者外，對於行為人及被霸凌人（以下簡稱當事人）、檢舉人、證人及協助調查人之姓名或其他足以辨識其身分之資料，應予以保密。

第三章　受理、調查及救濟程序

第13條　疑似校園霸凌事件之被霸凌人或其法定代理人（以下簡稱申請人），得向行為人於行為
　　　　發生時所屬之學校（以下簡稱調查學校）申請調查。
　　　　任何人知悉前項事件時，得依規定程序向學校檢舉之。
　　　　學校經大眾傳播媒體、警政機關、醫療或衛生福利機關（構）等之報導、通知或陳情而
　　　　知悉者，視同檢舉。

第14條　校園霸凌事件之申請人或檢舉人得以言詞、書面或電子郵件申請調查或檢舉；其以言詞
　　　　或電子郵件為之者，學校應作成紀錄，經向申請人或檢舉人朗讀或使其閱覽，確認其內
　　　　容無誤後，由其簽名或蓋章；申請人或檢舉人未具真實姓名者，除學校已知悉有霸凌情
　　　　事者外，得不予受理。
　　　　前項書面或依言詞、電子郵件作成之紀錄，應載明下列事項：
　　　　一、申請人或檢舉人姓名、聯絡電話及申請調查日期。
　　　　二、申請人申請調查者，應載明被霸凌人之就讀學校、班級。
　　　　三、申請人委任代理人代為申請調查者，應檢附委任書，並載明申請人及受委任人姓
　　　　　　名、聯絡電話。
　　　　四、申請調查或檢舉之事實內容，如有相關證據，亦應記載或附卷。

第15條　學校接獲第十三條申請調查或檢舉，應初步了解是否為調查學校。非調查學校接獲申請
　　　　調查或檢舉，知有疑似校園霸凌事件時，除依第十二條規定通報外，應於三個工作日內
　　　　將事件移送調查學校處理，並通知當事人。

第16條　當事人分屬不同學校者，以先接獲申請調查或檢舉之學校負責調查，相關學校應派代表
　　　　參與調查。
　　　　前項事件行為人已非調查學校或參與調查學校之教職員工生時，調查學校應以書面通知
　　　　行為人現所屬學校派代表參與調查，被通知之學校不得拒絕。
　　　　學制轉銜期間接獲申請調查或檢舉之事件，管轄權有爭議時，由其共同主管機關決定
　　　　之；無共同主管機關時，由各該主管機關協議定之。

第17條　調查學校於接獲申請調查或檢舉時，應於二十日內以書面通知申請人或檢舉人是否受
　　　　理。
　　　　調查學校於接獲申請調查或檢舉時，有下列情形之一者，應不予受理：
　　　　一、非屬本準則所規定之事項。
　　　　二、無具體之內容或申請人、檢舉人未具真實姓名。
　　　　三、同一事件已處理完畢。
　　　　前項不受理之書面通知，應敘明理由。
　　　　第二項所定事由，必要時得由防制校園霸凌因應小組指派委員三人以上組成小組認定
　　　　之。

第18條　申請人或檢舉人於前條第一項之期限內未收到通知或接獲不受理通知之次日起二十日
　　　　內，得以書面具明理由，向學校申復。
　　　　前項不受理之申復以一次為限。
　　　　事件管轄學校接獲申復後，應將申請調查或檢舉案交防制校園霸凌因應小組重新討論受
　　　　理事宜，並於二十日內以書面通知申復人申復結果；申復有理由者，防制校園霸凌因應
　　　　小組應依本準則調查處理。

第19條　調查學校接獲第十七條第一項之申請調查或檢舉後，除有同條第二項所定事由外，應於
　　　　三個工作日內召開防制校園霸凌因應小組會議，開始調查處理程序。

第20條　為保障校園霸凌事件當事人之學習權、受教育權、身體自主權、人格發展權及其他權
　　　　利，必要時，學校得為下列處置，並報主管機關備查：
　　　　一、彈性處理當事人之出缺勤紀錄或成績評量，並積極協助其課業、教學或工作，得不
　　　　　　受請假、學生成績評量或其他相關規定之限制。
　　　　二、尊重被霸凌人之意願，減低當事人雙方互動之機會；情節嚴重者，得施予抽離或個
　　　　　　別教學、輔導。
　　　　三、避免行為人及其他關係人之報復情事。

四、預防、減低或杜絕行為人再犯。

五、其他必要之處置。

當事人非屬調查學校之教職員工生時，調查學校應通知當事人所屬學校，依前項規定處理。

前二項必要之處置，應經防制校園霸凌因應小組決議通過後執行。

第21條　學校調查處理校園霸凌事件時，應依下列方式辦理：

一、調查時，應給予雙方當事人陳述意見之機會；當事人為未成年者，得由法定代理人陪同。

二、避免行為人與被霸凌人對質。但基於教育及輔導上之必要，經防制校園霸凌因應小組徵得雙方當事人及法定代理人同意，且無權力、地位不對等之情形者，不在此限。

三、不得令當事人與檢舉人或證人對質。但經防制校園霸凌因應小組徵得雙方及其法定代理人之同意，且無權力、地位不對等之情形者，不在此限。

四、學校基於調查之必要，得於不違反保密義務之範圍內，另作成書面資料，交由當事人或受邀協助調查之人閱覽或告以要旨。

五、學校就當事人、檢舉人、證人或協助調查人之姓名及其他足以辨識身分之資料，應予保密。但基於調查之必要或公共利益之考量者，不在此限。

六、申請人撤回申請調查時，為釐清相關法律責任，調查學校得經防制校園霸凌因應小組決議，或經行為人請求，繼續調查處理；主管機關認情節重大者，應命學校繼續調查處理。

第22條　依前條第五款規定負有保密義務者，包括學校參與調查處理校園霸凌事件之所有人員。

依前項規定負有保密義務者洩密時，應依刑法或其他相關法規處罰。

學校或相關機關就記載有當事人、檢舉人、證人及協助調查人姓名之原始文書，應予封存，不得供閱覽或提供予偵查、審判機關以外之人。但法規另有規定者，不在此限。

調查處理校園霸凌事件人員，就原始文書以外對外所另行製作之文書，應將當事人、檢舉人、證人及協助調查人之真實姓名及其他足以辨識身分之資料刪除，並以代號為之。

第23條　學校防制校園霸凌因應小組之調查處理，不受該事件司法程序是否進行及處理結果之影響。

前項之調查程序，不因行為人喪失原身分而中止。

第24條　校園霸凌事件之行為人及其法定代理人、檢舉人、證人，應配合學校調查程序及處置。

學校於調查前項程序中，遇被霸凌人不願配合調查時，應提供必要之輔導或協助；被霸凌人拒絕接受輔導或協助時，主管機關應視實際情形，積極協助學校處理。

第25條　學校應於受理疑似校園霸凌事件申請調查、檢舉、移送之次日起二個月內完成調查；必要時，得延長之，延長以二次為限，每次不得逾一個月，並應通知申請人及行為人。

防制校園霸凌因應小組調查完成後，應將調查報告及處理建議，以書面向其所屬學校提出報告。

學校應於接獲前項調查報告後二個月內，自行或移送相關權責機關依相關法律、法規或學校章則等規定處理，並將處理之結果，以書面載明事實及理由通知申請人、檢舉人及行為人。

第26條　學校將前條第三項處理結果，以書面通知申請人及行為人時，應一併提供調查報告，並告知不服之申復方式及期限。

申請人或行為人對學校調查及處理結果不服者，得於收到書面通知次日起二十日內，以書面具明理由，向學校申復；其以言詞為之者，調查學校應作成紀錄，經向申請人或行為人朗讀或使閱覽，確認其內容無誤後，由其簽名或蓋章。

前項申復以一次為限，並依下列程序處理：

一、學校受理申復後，應即組成審議小組，並於二十日內作成附理由之決定，以書面通知申復人申復結果。

二、前款審議小組應包括防制校園霸凌領域之相關專家學者、法律專業人員或實務工作者。

　三、原防制校園霸凌因應小組成員不得擔任審議小組成員。

　四、審議小組召開會議時由小組成員推舉召集人，並主持會議。

　五、審議會議進行時，得視需要給予申復人陳述意見之機會，並得邀所設防制校園霸凌
　　　因應小組成員列席說明。

　六、申復有理由時，由學校重為決定。

　七、前款申復決定送達申復人前，申復人得準用前項規定撤回申復。

第27條　當事人對於學校處理校園霸凌事件之申復決定不服，得依教師法、各級學校學生申訴或
　　　相關規定提起申訴。

第28條　校長對學生之霸凌事件，由學校所屬主管機關準用第十三條至前條有關受理、調查及救
　　　濟等程序，進行事件處理。

第四章　輔導及協助程序

第29條　學校完成調查後，確認校園霸凌事件成立時，應立即啟動霸凌輔導機制，並持續輔導當
　　　事人改善。

　　　前項輔導機制，應就當事人及其他關係人訂定輔導計畫，明列懲處建議或管教措施、輔
　　　導內容、分工、期程，完備輔導紀錄，並定期評估是否改善。

　　　當事人經定期評估未獲得改善者，得於徵求其同意後，轉介專業諮商、醫療機構實施矯
　　　正、治療及輔導，或商請社政機關（構）輔導安置；其有法定代理人者，並應經其法定
　　　代理人同意。

　　　學校確認成立校園霸凌事件後，應依事件成因，檢討學校相關環境、教育措施及輔導資
　　　源，立即進行改善。

第30條　前條輔導，學校得委請醫師、臨床心理師、諮商心理師、社會工作師或律師等專業人員
　　　為之。

　　　學校執行輔導工作之人員，應謹守專業倫理，維護學生接受輔導專業服務之權益；必要
　　　時，曾參與調查之防制校園霸凌因應小組成員，應迴避同一事件輔導工作。

第31條　校園霸凌事件情節嚴重者，學校應即請求警政、社政機關（構）或司法機關協助，並依
　　　少年事件處理法、兒童及少年福利與權益保障法、社會秩序維護法等相關規定處理。

第五章　附則

第32條　學校校長、教職員工生或其他人員有違反本準則之規定者，應視情節輕重，分別依成績
　　　考核、考績、懲戒或懲處等相關法令規定及學校章則辦理。

第33條　學校於校園霸凌事件處理完成，調查報告經防制校園霸凌因應小組議決後，應將處理情
　　　形、調查報告及防制校園霸凌因應小組之會議紀錄，報所屬主管機關。

　　　主管機關應定期對學校進行督導考核，並將第五條之校園安全規劃、校園危險空間改善
　　　情形，及學校防制與調查處理校園霸凌事件之成效列入定期考核事項。

　　　主管機關於學校調查處理校園霸凌事件時，應對學校提供諮詢服務、輔導協助、適法監
　　　督或予糾正。

第34條　本準則自發布日施行。

十六、釋字第784號解釋（民國108年10月25日公布）

解釋文：

本於憲法第16條保障人民訴訟權之意旨，各級學校學生認其權利因學校之教育或管理等公權力措施而遭受侵害時，即使非屬退學或類此之處分，亦得按相關措施之性質，依法提起相應之行政爭訟程序以為救濟，無特別限制之必要。於此範圍內，本院釋字第382號解釋應予變更。

理由書：

聲請人未成年人張○○（下稱聲請人一）原為臺中市立長億高級中學之學生，因其於中華民國105年11月間吸含香菸，受記小過1次之處分；又因無照騎乘機車，於同年12月間受記大過1次之處分（下併稱原處分）。聲請人一不服，循序提起救濟，經臺中高等行政法院106年度訴字第219號及第220號裁定、最高行政法院106年度裁字第2146號裁定及107年度裁字第141號裁定（下併稱確定終局裁定一），均認原處分未對學生憲法上受教育之權利或其他基本權利造成重大影響，依本院釋字第382號解釋（下稱系爭解釋）駁回其訴。聲請人一因認確定終局裁定一，所適用之系爭解釋，有牴觸憲法第7條及第16條之疑義，侵害其受憲法保障之訴訟權等基本權利，聲請解釋暨補充解釋。

聲請人傅如君（下稱聲請人二）原為新竹市立培英國民中學學生，於103年1月該校舉辦102學年度第1學期第3次定期評量時，請病假而未參加其中一日之評量，後參加補考。依101年8月14日修正發布之新竹市國民中學學生成績評量辦法（下稱成績評量辦法）第15條第2款規定：「學生定期評量時，因公、因病或因事經准假缺考者准予補考。……補考成績依下列規定辦理：二、因事、因病假缺考者，其成績……超過60分者，其超過部分7折計算」，聲請人二嗣於接獲成績通知單（下稱系爭成績評量）後不服，認成績折算部分無明確法律授權，應屬無效，循序提起救濟，經臺北高等行政法院103年度訴字第1101號裁定及最高行政法院103年度裁字第1748號裁定（下稱確定終局裁定二），依據系爭解釋，認定系爭成績評量並非行政處分，駁回其訴。聲請人二復提起再審，迭經最高行政法院104年度裁字第487號裁定（下稱確定終局裁定三）以無理由駁回及同院同年度裁字第934號裁定以不合法駁回。因認確定終局裁定二及三所適用之系爭解釋及成績評量辦法第15條第2款，有牴觸憲法第16條、第21條、第22條及第23條之疑義，侵害其受憲法保障之訴訟權等基本權利，聲請解釋暨補充解釋。

按當事人對於確定終局裁判所適用之本院解釋，發生疑義，聲請補充解釋，經核確有文字晦澀不明、論證不周或其他正當理由者，應予受理（本院釋字第503號、第741號、第742號、第757號及第774號解釋參照）。本件聲請人一及二因確定終局裁定一至三引用系爭解釋作為判決依據，致未能獲得救濟。核其聲請確有正當理由，應予受理。上開二聲請案有其共通性，爰予併案審理，作成本解釋，理由如下：

憲法第16條保障人民訴訟權，係指人民於其權利遭受侵害時，有請求法院救濟之權利。基於有權利即有救濟之憲法原則，人民權利遭受侵害時，必須給予向法院提起訴訟，請求依正當法律程序公平審判，以獲及時有效救濟之機會，不得僅因身分之不同，即予剝奪。

一、系爭解釋應予變更

各級學校學生基於學生身分所享之學習權及受教育權，或基於一般人民地位所享之身體自主權、人格發展權、言論自由、宗教自由或財產權等憲法上權利或其他權利，如因學校之教育或管理等公權力措施而受不當或違法之侵害，應允許學生提起行政爭訟，以尋求救濟，不因其學生身分而有不同。

系爭解釋以人民受教育之權利為憲法所保障，學生因學校之退學或類似之處分行為，足以改變其學生身分並損及其受教育之機會，自屬對其受教育之權利有重大影響，於申盡校內申訴途徑後，得依法提起訴願及行政訴訟，不因其學生身分而受影響。惟如學生所受處分係為維持學校秩序、實現教育目的所必要，且未侵害其受教育之權利者（例如記過、申誡等處分），則僅能循學校內部申訴途徑謀求救濟，不許其提起行政爭訟，係對具學生身分者提起行政爭訟權之特別限制。

系爭解釋所稱之處分行為，係包括行政處分與其他公權力措施。惟學校對學生所為之公權力措施，縱未侵害學生受教育之權利，亦有侵害前揭其他權利之可能。本於憲法第16條保障人民訴訟權之意旨，各級學校學生認其權利因學校之教育或管理等公權力措施而遭受侵害時，即使非屬退學或類此之處分，亦得按相關措施之性質，依法提起相應之行政爭訟程序以為救濟，無特別限制之必要。於此範圍內，系爭解釋應予變更。

至學校基於教育目的或維持學校秩序，對學生所為之教育或管理等公權力措施（例如學習評量、其他管理、獎懲措施等），是否侵害學生之權利，則仍須根據行政訴訟法或其他相關法律之規定，依個案具體判斷，尤應整體考量學校所採取措施之目的、性質及干預之程度，如屬顯然輕微之干預，即難謂構成權利之侵害。又即使構成權利之侵害，學生得據以提起行政爭訟請求救濟，教師及學校之教育或管理措施，仍有其專業判斷餘地，法院及其他行政爭訟機關應予以較高之尊重，自不待言。

二、不受理部分

聲請人二請求解釋成績評量辦法第15條第2款違憲部分，核其所陳，並未具體指摘該規定於客觀上究有何牴觸憲法之處。此部分聲請與司法院大法官審理案件法第5條第1項第2款規定不符，依同條第3項規定，應不受理。

《判決摘要》

詳細判決內容請至以下網站進行查詢
http://jirs.judicial.gov.tw/FJUD

一、體育老師利用跳高橫竿傷人

案號：最高法院83年台上字第1716號刑事判決

→（事實經過）

甲是某縣立國民中學的體育老師，有一次在學校活動中心為學生上體育課時，因為學生乙未著體育服裝，而要求乙擔任放置跳高橫竿及調升高度的工作，由於甲沒有教乙如何放置跳高橫竿，所以乙放錯了，甲因而罵乙，並要求乙重新放置，乙站立不拿，甲就用跳高橫竿戳刺乙的肚子導致乙倒地，乙爬起後感覺不平辱罵甲「雞巴」（女陰之意），甲受到激怒，用跳高橫竿朝乙的頭、肩、手等處打擊數下，造成乙的頭部外、腹部、右手背、後枕部、左肩、右耳等多處受傷；乙的母親因而提出告訴後，檢察官依傷害罪提起公訴，並認被告係公務員而假借職務上之機會犯罪，應依刑法第134條前段規定加重其刑至二分之一。

→（判決結果）

最高法院根據偵查卷認為甲之行為應非臨時起意，且甲為學校教師，因此應依刑法第134條前段規定加重其刑至二分之一。另外，對於甲究竟有無殺人之故意，或僅有普通傷害之犯意，發回原審法院進行調查，最高法院本身並未認定。

二、受激怒的老師傷人

案號：臺灣高等法院臺南分院90年上易字第529號刑事判決

→（事實經過）

甲是某公立國中教師。某日上國文課，結束課文教授後讓學生自修溫習功課時，有五名學生擅離座位到教室外照相，歸座之際，被甲發現，甲除了責備他們未經報備自行離開座位之行為外，並表示要處罰他們。不料，班上學生乙

發現他的同學可能會受處罰，竟然在座位上用台語跟甲說：「你要把事情鬧大條？」甲聽到之後，命令乙重複說之前說的話，乙就再說一次，甲因為乙干涉他訓誡學生的行為，而且語帶挑釁，愈加憤怒，借職務上之權力，徒手毆打乙之頭部及左肩部後方，導致乙的頭部及左肩胛受傷。乙和他的母親因而向檢察官提出告訴。

→（判決結果）

　　高等法院認為，甲沒有犯罪紀錄，素行良好，因為身為學生的乙，在甲訓誡同學之際，出言挑釁、干擾教學，導致甲情緒失控進而出手毆打，目的雖在於糾正乙，但教導之手段實有不當，可是犯罪動機尚有可恕等一切情狀，故依刑法第277條第1項、第134條、第42條第2項、第74條第1款、罰金罰鍰提高標準條例第1條前段、第2條之規定量處罰金一千元之刑，並諭知易服勞役之標準，又因甲不曾受有期徒刑以上刑之宣告，且為國中老師，有正當工作，經此起訴審判，當知警惕，信無再犯之虞，認所宣告之刑以暫不執行為適當，並諭知緩刑二年，以啟自新。

三、老師於上課時間要求學生在訓導處罰站

案號：臺北簡易庭91年北簡字第12937號民事宣示筆錄

→（事實經過）

　　甲是某私立小學學生，因為週一開週會遲到，所以訓導處教師乙及丙在上課時間內，命甲到訓導處罰站四十分。因為乙、丙的輔導和管教方式不合乎適當性與比例原則，導致甲的自由權、身體健康權、受教育權、緘默權等權利受到侵害。甲乃主張乙、丙對其之訓導行為有違教師輔導及管教學生之必要性與適當性，致甲受有損害，對乙、丙提出告訴。

→（判決結果）

　　地方法院認為，乙、丙分別為該校之訓導主任及組長，因甲未依規定開週會及行為偏差，且面對師長之輔導與管教表現出傲慢之勢，而適時給予觀念導正及為人處世道理之輔導，並未逾越教師輔導及管教之權限。依據舊教師輔導

與管教學生辦法第3條、第8條、第16條第1款、第9款之規定意旨，尚屬學校整體教育中品德教育之一環，乃屬教師合法權限之行使，難謂有侵害到甲受教之權益及侵權行為之故意可言。且甲既未能舉證證明其受有何損害，從而，甲依共同侵權行為之法律關係，請求乙、丙應連帶給付五十萬元及法定遲延利息，為無理由，應予駁回。

四、學生擦窗戶時自高樓墜落

案號：臺灣高等法院臺南分院86年上更（一）字第122號判決

→ （事實經過）

甲、乙、丙、丁四人分任某國民中學校長、總務主任、總務處組長及某班導師職務，學生戊為導師丁班級之學生。戊於某日中午午休時間，補做早上未做之清潔工作。戊背部倚靠安全護欄，面向教室立於窗台，以抹布擦拭教室上方氣窗時，因靠牆一邊之安全護欄下緣乙處固定之不銹鋼釘鬆脫，以致上緣之固定不銹鋼釘承受不住戊身體重量倚靠而斷裂鬆脫，致戊身體後仰而墜落一樓地面，頸椎骨折，頸部及胸部氣腫，顱內出血，經送醫急救不治死亡。案經檢察官自動檢舉及戊父訴請偵查起訴。

→ （判決結果）

高等法院認為，甲、乙、丙三位行政人員重疊、累積之過失行為與導師丁之過失行為成為併行的競合，並與戊之死亡結果間有相當之因果關係。乃依刑法第276條第2項之業務上過失致死罪，並分別審酌渠等之過失程度、所生危害及事後已與家屬達成民事和解賠償等一切情狀，甲處有期徒刑三月，緩刑二年；乙處有期徒刑八月，緩刑三年；丁處有期徒刑五月，緩刑二年。又三人前均未曾受有期徒刑以上之刑之宣告，初蹈法網，經此教訓，應無再犯之虞，乃認其刑之宣告以暫不執行為當，並諭知緩刑，以勵自新。

（註：同案被告丙經發回前審理明確，認其與甲、乙競合而有上開過失，而判處有期徒刑十月，緩刑三年確定在案。）

五、老師未立即送受傷的學生就醫

案號：臺灣高等法院88年上字第267號民事判決

→（事實經過）

甲於就讀某國小一年級時，因上課時間已到，負責該班課後輔導之老師乙尚未進教室，甲想回到自己座位，同班同學丙卻丟擲鉛筆刺傷甲的右眼，造成甲右眼角膜破裂，當即疼痛異常，淚流不止，隨即由知情之同學向老師乙報告。但是，乙不但沒有送甲就醫、通知學校或家長，反而嚴詞斥回甲，對甲的之傷勢置之不理，直到下午放學回家後，才由甲的母親將其送醫治療，嗣經醫院診斷為「右眼角膜破裂併發創傷性白內障」，右眼裸視僅零點二，矯正後視力為零點四，且日後恐有失明之虞，而須持續追蹤檢查治療。甲即對乙、丙、丙父、丙母四人提出損害賠償之訴。

→（判決結果）

高等法院認為，教師乙沒有立即送甲就醫導致損害擴大，屬於因過失不法侵害甲之權利，且其過失行為與甲之損害間有相當因果關係，又其與丙之侵權行為，均係甲受傷之共同原因，具行為關連共同，其依法應與丙負連帶賠償責任。而丙父、丙母為丙之法定代理人，其等無法舉證證明對丙之監督並未疏懈，或縱加以相當之監督，而仍不免發生本件損害，自亦應就本件損害與丙負連帶賠償之責。故法院依民法第184條第1項前段、第185條第1項前段、第187條第1項前段規定，判決甲請求乙、丙應連帶或丙、丁、戊應連帶就本件傷害，負損害賠償之責。

六、老師對有過動症狀學生的不當管教

案號：臺灣高等法院89年上易字第84號民事判決

→（事實經過）

甲是國中一年級學生，乙是甲的班導師兼數學老師。甲因出生產程不順，致有情緒管理欠佳、注意力不集中、過動及行為衝動無法自我控制等過動症狀，上小學後，因為父母與學校配合，甲的過動症狀在小學畢業已獲大幅改

善。但是乙竟然對甲時常施以笞打、青蛙跳、半蹲、罰跪等處罰行為，致甲之過動症狀加劇，需赴醫靠藥物治療及心理輔導。甲及其母向法院提出損害賠償之訴。

→（判決結果）

　　高等法院認為，乙對甲施以打手、屁股、腿、膝、罰跪等不法行為，為故意侵害甲之身體、健康權，應堪認定。從而，甲依民法第184條第1項、第195條第1項規定，請求乙賠償非財產上損害，應屬有據。故法院綜合兩造身分、地位、資力，乙為管教行為之動機及甲受罰半蹲，打手、屁股、腿、膝，罰跪等侵害之損害程度，判決乙應給付甲五十萬元，及自起訴狀繕本送達翌日起至清償日止，按年息百分之五計算之遲延利息。

七、老師於課堂中嘲笑學生

案號：臺灣臺中地方法院91年訴字第294號民事判決

→（事實經過）

　　甲和乙是國中二年級同班同學，丙是他們的國文老師。丙上國文課時，不但不以正面鼓勵方式教導學生，竟還譏笑甲作文寫得比小學生還差，並把甲的作文唸給同學聽，甲覺得受辱要求丙不要唸，丙不予理會仍繼續唸，甲就站起來大罵三字經，並走到講台要從丙手中搶回作文簿。丙此時跑著讓甲追，見甲拿起籤筒時，已經可以預測他的行為可能會傷及其他同學，竟然沒有加以制止，反而挑釁說出「好膽，你丟過來」等語，甲受到刺激，遂將籤筒丟向丙，不料卻丟中乙之左眼，致乙受有左眼瞼撕裂傷、左眼視網膜破洞、病變，合併視網膜出血之傷害。案經乙及其母親提出損害賠償訴訟。

→（判決結果）

　　地方法院認為，甲及其法定代理人丁應就本件損害負連帶賠償責任，甲與丙亦應負連帶損害賠償責任。甲、丙過失不法侵害乙之身體，致乙因而受有損害，則乙依民法第184條第1項前段、第185條第1項前段、第187條第1項、第195條第1項之規定，訴請連帶賠償，自無不合。故法院斟酌兩造之身分、經濟

情況、乙所受之傷害及精神上之痛苦等一切情狀，認爲乙之請求金額於二十萬二千八百十元之範圍內，尚屬有據。

八、玻璃娃娃事件

案號：民事判決。第一審：臺灣臺北地方法院91年重訴字第2359號；第二審：臺灣高等法院93年上字第433號；第三審：最高法院94年台上字第2374號；最高法院廢棄原判決後，發回高等法院更審，更一審：臺灣高等法院95年上更(一)字第6號

→ (事實經過)

　　甲學生於民國89年間爲被告台北市私立辛高中之學生，乙爲甲學生之母親，丙爲該班之導師，丁爲該班之體育老師，戊亦爲該班之學生，患有先天性染色體異常、肢體重度殘障、全身骨骼鬆軟易碎、行動不便、無法行走（即俗稱玻璃娃娃），89年9月13日下午13時40分該班爲體育課，因天雨，丁將上課地點改在該校某棟大樓地下室上課，而當時天雨造成樓梯地板濕滑，甲抱著戊下樓梯至上課地點之地下室，因地板濕滑，甲於抱著下樓梯過程中自樓梯跌落，造成戊頭部鈍創、顱骨破裂及四肢多處骨折。事發後該班導師丙雖立即通知其母已再轉告其父親庚，但其父庚表示擬自行送往經常治療之醫院，故將原本已召來之醫院救護車遣回，待至送醫中途，發現戊已意識不清，緊急送往醫院急救後，因顱內大量出血，於同日晚間8時20分不幸死亡，於是玻璃娃娃之父母對丁、甲、乙、丙與該高中辛提出民事損害賠償訴訟。

→ (判決結果)

　　第一審：

　　甲同學與家長乙不用負責：玻璃娃娃之父母，起訴請求丁、甲、乙、丙、辛連帶賠償733萬多元，台北地方法院判決原告全部敗訴，理由爲：甲係爲發揮同學間彼此照顧之美德，其行爲並無可非難性，毋庸賠償，其母親乙自亦毋庸負連帶賠償之責。

體育老師丁不用負責：法院認為戊本已申請得免上體育課，當日係戊自行要求到場看同學上體育課，並非被告丁要求戊到場上課，而且丁並不知戊亦同前往地下室欲上體育課，自無從指示甲抱戊下樓，既並不知發生上情，應無從注意，其就戊之死亡即無故意或過失責任可言。

導師丙不用負責：而戊跌倒後立即經同學送至醫護室，當時身體無明顯外傷，學校護士查看後並立即通知醫院派出救護車到校，於等候救護車時，戊尚與老師及同學交談，意識清楚，一再向老師要求切勿處罰甲，不希望甲因此受罰，因其意識及身體外觀均屬正常，在送醫檢查前，無法確知所受傷害，故導師丙告知原告時僅表示戊摔倒，而未說明傷勢，而戊之父於電話中告知不要救護車送，他大約十分鐘後即到達，故導師丙始告知救護車人員，予以遣回，足證當時被告確曾通知救護車到校，如非原告指示，被告當不可能遣回救護車，因此被告導師丙亦無任何故意或過失責任。

學校辛不用負責：學校辛高中既已僱用丁與丙分別擔任戊所就讀班級之體育老師及導師，且已歷時一年餘之久，並未曾發生何疏於照護之情形，足見被告學校辛高中就玻璃娃娃戊應已為必要且適當之照顧，且被告丁體育老師及丙導師，對於照顧玻璃娃娃戊、及事故當日之處置上，均並無何故意過失責任，則被告辛高中自不必依民法第188條第1項負僱用人之侵權行為損害賠償責任。

第二審：

二審改判甲同學與學校敗訴，甲學生欠缺一般人之注意義務，而應負過失責任，甲之母親乙與學校辛亦須連帶負責，應賠償玻璃娃娃戊之父親丁新台幣一百九十二萬三千五百二十八元、戊之母親己新台幣一百四十一萬四千五百○八元，此判決引發社會的廣泛關注，而法院的判決理由如下：

法院認為被上訴人甲、丁、丙、辛等應已知戊患有先天性染色體異常、肢體重度殘障、全身骨骼鬆軟易碎、行動不便、無法行走（即俗稱玻璃娃娃）之症，然而，丁、丙、辛應負善良管理人之注意義務（義務較重），因為戊係由「台北市特殊學生鑑定安置及就學輔導委員會」分發至辛高中就讀之身心障礙學生，為「台北市高級中等學校身心障礙學生輔導實施計劃」所定之輔導對象，則辛高中與教師丙、丁依該「輔導實施計劃」協助戊順利完成學業，應負

有較高之善良管理人注意義務。

教師丙與丁不用負責：但法院卻認為教師丙與體育老師丁毋庸負責，因為其二人的行為與戊的死亡結果，並沒有相當因果關係，所採用之理由與第一審大致相同。

學校辛要負責：然而較為特別的是，學校辛高中固然因為教師丙、丁毋庸負責、進而不生「連帶責任」的問題（此部分與第一審同），但第二審法院卻認為，學校辛高中應「獨立」負責，理由是因為辛高中未依法設置通往該樓地下室電梯之無障礙設施，亦未對殘障之戊實施個別化體育教學，致發生須由甲抱殘障之戊下到地下室，而因天雨溼滑不慎跌倒，導致戊受創死亡的結果，違反了《身心障礙者保護法》、「各級學校體育實施辦法」等法規，所以亦應負起損害賠償之責任。

甲同學與家長乙要負責：至於甲同學並非學校指定平日負責照顧戊之人，其對戊並無特別照護之義務，乃係因為平日負責照顧戊之同學請假，而熱心自願照顧戊，抱戊至地下室，僅應負一般人之注意義務（義務較輕），然而，儘管如此，法院仍然認為甲雖係熱心好意抱戊從樓梯下地下室，惟當日天雨，一般常人均會注意樓梯溼滑，應小心行走，抱他人時更應小心謹慎，尤其甲知悉戊係成骨不全之玻璃娃娃，其身體遭受激烈碰撞可能導致死亡之結果，自應更為謹慎，甲當時已滿16歲，應有此認知及判斷能力，當時亦無不能注意之情事，詎其抱甲從樓梯下地下室時，應注意且能注意，而不注意樓梯地板溼滑，不慎跌倒，致甲跌落頭部鈍創、顱骨破裂及四肢多處骨折，送醫不治死亡，自欠缺一般人之注意義務，而應負過失責任，且不能因其係熱心好意抱戊即免其責任。而被上訴人乙為甲上開過失行為時之法定代理人，應與甲負連帶賠償責任。

綜合言之，辛高中違反保護他人法律之行為及甲之過失行為，係造成戊死亡之共同原因，應依民法第185條規定連帶負損害賠償責任。而至於法院所准許的賠償項目，除父親庚已支付之殯葬費六十萬元外，尚有父庚、母親己扶養費各為三十二萬與四十一萬餘，以及各一百萬元之精神慰撫金。

第三審：

案件上訴後，最高法院廢棄原高等法院的判決，提出的質疑之一為：上訴

人甲並非學校指定平日負責照顧戊之人，其對戊並無特別照護之義務，應負一般人之注意義務云云，其所憑依據何在？究竟上訴人甲之行為，有無過失？過失程度為何？

高院第一次更審：

甲同學與家長乙不用負責：案件發回高等法院更審後的判決，認為甲同學與其法定代理人乙不用負責，理由主要為：構成侵權行為之過失，係指欠缺抽象輕過失（即欠缺「善良管理人之注意義務」：指依交易上一般觀念，認為有相當知識經驗及誠意之人應盡之注意）。行為人已否盡善良管理人之注意義務，應依事件之特性，分別加以考量，因行為人之職業、危害之嚴重性、被害法益之輕重、防範避免危害之代價，而有所不同。

被上訴人甲於事故發生時，僅係未成年人，如課以善良管理人較重注意義務，顯失衡平，僅應以同年齡、具有相當智慧及經驗之未成年人所具注意能力為標準，以及出於熱心無償助人且攸關公共利益者之特性，應從輕酌定，以免傷及青少年學生愛心之滋長。甲盡心盡力，本件又屬無償協助，就一位熱心之高二青少年學生而言，其所負善良管理人之注意義務，應從輕酌定之，而被上訴人甲緊抱戊下樓，因學生所穿鞋子印濕樓梯，致樓梯溼滑，被上訴人甲抱著戊連同自己同時滑落至樓梯間，顯見甲之行為，並無惡意或重大過失之情形，自不負賠償責任，換言之，甲並無怠於其應盡之注意義務。而甲既毋庸負責，則其法定代理人，亦不須依法連帶負損害賠償責任。

學校辛與戊之家長庚、己要負責：至於學校部分仍須負責，理由與原高等法院之判決相同，認為無障礙設備不盡完善，只不過，學校辛與玻璃娃娃戊的家長庚、己皆有過失，玻璃娃娃戊家一方須自負20%的責任，學校須負80%的責任，也就是只須賠償玻璃娃娃戊之父親一百七萬四千一百十七元、母親六十四萬八千七百〇五元，本案後來因學校辛及戊家長未上訴而告確定。

九、老師要求學生作文課寫老師的好話，否則不准下課、要記過、當掉

案號：臺灣基隆地方法院92年少連訴字第28號刑事判決

臺灣高等法院93年少連上訴字第105號刑事判決

→ (事實經過)

　　某甲為某高中之國文教師，因為懷疑自己的教學能力遭受到同校教師惡意攻訐，為了證明自己教學狀況良好，於某日國文課時，分發作文稿紙，要求該班學生以「給某甲老師的話」為題，書寫對某甲教師「有利」的事情，並且以不繳交就「不得下課」、而且將予「不及格成績」、並「記過處分」等言詞，對學生施加壓力，所幸後來其他教師介入並直接宣布下課，學生因此並未完成某甲老師所指定之要求仍得以下課離去。之後，同校其他老師提起刑事告訴，認為某甲違反了《兒童福利法》、《少年福利法》或刑法。

→ (判決結果)

　　法院認為，教師固然有講學自由之基本權利，在「實現講授課程」的「目的範圍內」，教師關於「教學的內容」，具有「自主」的空間。在這個範圍內，學生對於教師之授課也有容許與接受的義務；而且，為了教學目的的實現，教師也具有評定學生成績、決定上課時間之伸長或縮短，以及適當懲處學生之權力。而有無刑法第304條第1項所謂「以強暴、脅迫使人行無義務之事或妨害人行使權利」的「妨害自由之強制罪」，必須就行為之手段、目的，以及其中之關聯進行綜合評價才能夠論斷。因此，在「實現講授課程之目的範圍內」，教師以評定學生成績、延長上課時間及懲處學生的手段，來威勢或利誘使學生積極從事學習之行為，乃是教學過程之合法手段、合法目的與合理必要關聯，就不能評價為違法。反之，教師如果逾越了上述「實現講授課程之目的範圍」，則將貶抑學生成績、延長上課時間及懲處學生之手段等「惡害」告訴學生，自不具有「合目的性」之內涵，因而使學生從事於「逾越學習範圍」之事項，就會屬於「脅迫使人行無義務之事」，而具有違法性。

　　本案例中之某甲教師，以上述手段強迫學生書寫作文，卻只能書寫某甲教師的「好話」，非但目的不符合「實現講授課程之目的範圍」，手段也不符教

育目的之內涵，顯然有刑法上之可非難性。即使因為其他教師之介入處理而未能使學生完成該項寫作，核其所為，仍然觸犯了刑法第304條第2項、第1項之強制未遂罪。最後，某甲被處「以脅迫使人行無義務之事，未遂，處拘役參拾日，如易科罰金，以參佰元折算壹日」之刑罰。

十、苗栗縣某國中老師處罰學生交互蹲跳引發橫紋肌溶解症

案號：臺灣苗栗地方法院94年國字第4號民事判決

→ （事實經過）

苗栗縣某國中一位男學生，於民國93年8月國二暑假期間，因為沒有在返校日返校，開學後又頭髮不及格，所以被班導師處罰交互蹲跳180下，跳到152下時因為體力不支才停止，事後身體不適，尿液並呈現深紅色，經過送醫檢查，診斷出罹患「橫紋肌溶解症」，由於情況危急，再轉送到台大醫院，住進加護病房十天，接受洗腎治療，然後又在普通病房住了六天之後才出院。家長後來聲請國家賠償，苗栗地方法院判決校方應賠償六十六萬一百八十一元，校方原本不服上訴，但後來於民國95年8月21日高等法院台中分院要開庭前，校方撤回上訴，全案因此而定讞。

→ （判決結果）

由於校方後來放棄上訴，使得苗栗地方法院的判決因此確定，該判決的摘要如下：

按《國家賠償法》第2條第2項之國家賠償責任成立要件，須具備：1.「行為人為公務員」；2.「須為執行職務行使公權力之行為」；3.「行為係屬不法」；4.「行為人有故意或過失」；5.「人民之自由或權利受到侵害」；6.「不法行為與損害間具因果關係」等六項要件。依此六項要件，法院認為：

1.《國家賠償法》第2條第1項規定「本法所稱公務員者，謂依法令從事於公務之人員」，係採最廣義之規定；而「該教師係公立國民中學之教師，國民教育係屬於義務教育，國中、小教師在從事輔導管教時，為上開規定中依法令

從事於公務之人員」，所以屬於《國家賠償法》所規定之公務員。

　　2.學校處於國家教育行政機關之地位，公立學校教師之教學活動、對學生之輔導管教，係代表國家為教育活動，屬於「行政給付」之一種，自屬「行使公權力」之行為；至於原告雖為公立國民中學學生，為特別權力關係下之個人，但有服從特別權力關係之人，其本身亦屬人民，故其受其他執行公務、行使公權力之公務員故意或過失不法侵害，自得依《國家賠償法》之規定請求損害賠償，不得因襲舊論而認隸屬於特別權利關係下之個人並非人民。再者，「其憲法上所保障之自由或權利，不因其學生身分而有減損」，其本身亦為人民，自得請求國家賠償。

　　3.不得體罰學生，或為不當輔導管教，而致其影響身心健康之意旨，於《教師法》（92年1月15日修正公布施行）第3、16、17條及諸多法規命令如教育專業人員懲獎標準第3條第4項、公立高級中等以下學校教師成績考核辦法第6條第4項第3款等皆有明文，且「教師對學生之身體、生命安全本具有保護、注意之義務」，本件原告導師以命令原告做交互蹲跳百餘次之體罰方式為輔導管教，已有違上述規定而構成「不法」。

　　4.學校與老師對於學生身體、生命安全具有避免發生侵害行為之安全注意義務，此種義務存在於內在危險性的教育活動，教師實施具有內在直接危險性教育活動，應負有較高安全注意義務，如有怠於注意致學生發生事故受有損害，教師應負過失責任（參見教育部發行教師手冊第231頁）。是以，本件教師以做交互蹲跳之方式體罰學生，係為違反其為國家行使保護、教育學生職務之行為，即應推定為有過失，復就教師對學生本有注意其身心健康、避免學生身心遭受侵害之義務，而教師命原告做交互蹲跳已逾百次自應有會造成原告身體傷害之預見可能，縱然原告確實違反規定，被告之教師基於教師教育職權，亦非無其他方式諸如罰站或適當勞動服務以代替之。至於，被告辯稱其教師不具備醫學專業知識，縱原告罹患橫紋肌溶解症係做交互蹲跳所致，亦不在教師注意範圍內等語，並不足取。

　　5.被告不適當輔導管教之行為已侵害了原告之身體、健康、名譽或自由。而除了有形的身體損害之外，也包括無形的精神損害，法院認為：原告為身心健全少年，正值學習成長之時期，係因本件交互蹲跳之體罰，造成原告罹患橫紋肌溶解症，並在加護病房接受治療十日後始轉入普通病房前後共住院十六

日，而原告不僅因被告不適當之輔導管教方式而造成健康受有損害外，此公開不當體罰易對師生間之信賴關係產生動搖，且傷害其自我尊嚴。

　　6.肌肉過度運動為罹患橫紋肌溶解症原因之一，而原告時年僅15歲，被告所屬教師竟處罰原告共做百餘下之交互蹲跳，原告確係因交互蹲跳之運動過度而造成橫紋肌溶解症狀。

　　雖然所幸原告身體傷害幾已痊癒，然目前仍有畏懼心；被告則為公立國民中學，《教師法》雖於92年修正通過基於尊重學校本位管理之精神，直接授權各校訂定教師輔導與管教學生之辦法，而學校基於教育之目的，在符合憲法比例原則下，具有一定教育效果之處罰是被允許，亦即教師為實現國家提供教育給付、服務所為之輔導管教行為，在符合比例原則下，實有利於學生教育養成目的及信賴的師生關係建立。然被告所屬教師處罰交互蹲跳之方式、次數及原告受有前揭嚴重傷害，顯然已逾越比例原則，且無法達成教育目的。基此，法院審酌上情，認原告請求精神上之慰撫金，應以六十萬元之損害賠償金為公允。

十一、屏東某國中疑似性侵霸凌案

案號：臺灣高等法院高雄分院95年上更（二）字第169號刑事判決

→ （事實經過）

　　民國89年4月20日上午，距離下課還有五分鐘，屏東縣某國中3年某班學生甲舉手告訴老師想去尿尿，後來被發現頭部重創，倒臥學校廁所，送醫急救仍不治死亡。事後本案纏訟六年，最高法院並二次發回高等法院更審，最後，高雄高等法院於95年9月12日，依過失致人於死罪將校長、總務主任以及庶務組長各判處五個月、四個月、三個月有期徒刑，並得易科罰金，全案定讞。

→ （判決結果）

　　法院認為校長「職掌綜理校務」、總務主任「職掌全校環境整潔安全防護」、庶務組長「職掌全校營繕工程計劃之擬訂」3人均為執行學校之建築物等硬體安全設備之人，應注意並能注意隨時予以監督、管理、檢查及維修構

建，提供安全合乎衛生之環境，以維護學生在校時之人身安全，詎料其等竟疏於注意，未爲妥善之處理，該校運動場旁臨近司令台之男生廁所，自民國89年2月某日起，數月長期電燈不亮、電線外露且無開關，該廁所中間有一水箱損壞亦數月長期漏水，經常導致廁所中間部位滿地水跡，日久地板水跡濕滑（水漬並自然循地板瓷磚接縫擴散），上述3人於此項缺失未及時維修構建完善，亦未予以標示提醒學生注意，或暫予停用。

於89年4月20日上午11時42分許，該校3年某班學生甲學生於上音樂課途中，尿急至該廁所小便，尿畢後急欲離去，尙未拉上褲子拉鏈時，因該廁所光線不足，中間部分地上積水較多，轉身下台階跨步走出之際，適行至該地水跡濕滑處，刹時毫無預警身體失衡滑倒引發迷走神經性昏厥倒地，頭部枕骨偏左部位直接猛力撞擊地板，致該生顱內撞擊處及對撞處大量出血，經送醫急救延至89年4月21日凌晨4時45分許，不治死亡

法院認爲被告等怠於維修學校廁所水箱，未營造安全合乎衛生之環境，以維護學生在校時之人身安全，導致被害人滑倒死亡，係犯刑法第276條第1項之過失致死罪。再審酌被告等俱爲負責學校行政之人員，怠於維修學校廁所水箱，未營造安全合乎衛生之環境，以維護學生在校時之人身安全，依其位尊、權大、責重之程度不同，分別量處校長、總務主任以及庶務組長各五個月、四個月、三個月有期徒刑之刑。

→（短評）

甲學生生前因具有「女性氣質」，在學校經常受到嘲弄欺負，因爲這樣的特質而受到同學的性別歧視和暴力，包括怕上廁所時有人欺負他，害他不敢和一般同學一樣去廁所，只好經常提早下課上廁所，這也反映出台灣校園性別敵意環境，司法判決讓「性別友善校園」、「性別正義法治教育」等議題，有了實質的回饋。

本案進而喚起各界對「性別友善校園」的教育省思，爲什麼甲學生必須趕在下課鐘響前獨自去上廁所？他究竟是怎麼死的？學校裡還有多少像甲學生一樣氣質陰柔的孩子，必須默默忍受同儕的嘲笑與霸凌？學校師長和學生，又應該如何「性／別教育」自己，進而能夠擺脫傳統、既成的性別刻板印象？並且，如何才能落實到實際的校園環境呢？

雖然，該台灣高等法院高雄分院的刑事判決認定校長、總務主任與庶務組長均有疏失，應該負起過失致人於死的刑事責任，然而，較為可惜的是，通篇判決並無對於本案背後所隱含的「性別友善校園問題」，做出更深入闡釋與說明；固然，法官或許會認為「刑事案件」就是要依「刑法」來審判，其餘非直接相關的「因素」，皆可以排除在「刑事案件」之外，這樣的說辭當然不能說是違法，只不過，法官有意無意地忽略了刑事法規從頭到尾都是一種極強的倫理、規範、道德之「評價」，「死亡」是一個事實，然而，怎麼樣才算「導致」這個「死亡」的「過失行為」？誰又應該為這些「過失行為」來負責？都會是許許多多的「價值評斷」。

例如，甲學生固然是在廁所滑倒致死，但真的「只是因為」廁所漏水嗎？如果廁所沒有漏水、或者是自己滑倒但並非因為踩到潮濕的地板，學校人員就都無需負責了嗎？認為「廁所有／無漏水」是這個案子重點的人，就會有上述的想法，然而，如果法官認為，這個案子的「真正重點」，其實是在於：為什麼甲學生必須趕在「下課鐘響」前「獨自」去上廁所？所謂因著某些人的「過失」、而導「致」甲學生的「死亡」，就會有完全不同的想法，或許也因此而會有迥然不同、更具有法治教育意義的判決出現，而不是像這個判決，或許在「結論」上要求校方「負責」，而讓人覺得「正義得到彰顯」，然而，通篇判決討論的卻是「校園廁所安全」的問題，而不是「性別友善校園問題」，難免令人覺得有所遺憾。

十二、台北市某國中投票決定小偷案
案號：臺灣士林地方法院94年訴第167號民事判決

→ （事實經過）

台北市立某高中國中部導師，於民國92年5月間某日一早，因有同學向該老師反映錢包不翼而飛，老師竟因此在班會中，向全班同學表示，某學生偷竊的可能性最大，提名該生為候選人，進而要求不具名投票，以決定誰是偷竊嫌犯，公開計票結果，該生果然獲得最高票，老師進而更基於投票結果，認定該學生即為偷竊嫌犯，事後證實皮包並未失竊，莫名被選為小偷的國一生及其母

親認為，教師竟以投票的方法來決定小偷，嚴重侵害了學生的名譽，於是求償二百萬元，士林地方法院第一審判決該教師與某高中應連帶損害賠償學生母子二十萬元，當事人上訴經臺灣高等法院95年度上易字第301號受理後，因原告撤回起訴（非撤回上訴）而告終結。

該導師辯稱學校裡常有竊盜，如果找不到小偷，就會投票選出應該負責的人，並且依應負責的比例來分攤賠償金額，並不是要票選小偷，有班會紀錄可以證明，但是某高中卻稱此紀錄業已遺失；導師亦辯稱隔日得知失竊案乃係烏龍一場，也有馬上請該誤認被偷之學生向該學生與全班同學道歉，恢復該名學生的名譽。

但法院還是認定，導師在當日班會時確實有「票選最有可能是小偷」的投票，這種行為已經造成該學生名譽受到損害，所以和學校連帶要負起賠償之責任。

→（判決結果）

法院審理相關事證後，認為老師認為學生為可能偷錢包之人，提名該學生為候選人，再與其他被提名之5、6人，經全班無記名投票，該學生獲得最高票之事實，應堪信以為真。

而故意或過失，不法侵害他人之權利者，應負損害賠償責任；不法侵害他人之身體、健康、名譽、自由、信用、隱私、貞操，或不法侵害其他人格法益而情節重大者，被害人雖非財產上之損害，亦得請求賠償相當之金額；受僱人因執行職務，不法侵害他人之權利者，由僱用人與行為人連帶負損，民法第184條第1項前段、第195條、第188條第1項分別定有明文。

本件原告確係因被告上述行為致名譽受損害，則原告自得依據前揭規定，請求被告賠償非財產上之損害。另被告某高中不否認被告係其僱傭之教師，則原告請求被告某高中連帶賠償，亦屬有據。

原告請求非財產上之損害二百萬元，本院審酌原告案發生時年僅14餘歲，無端因同班同學無心之過，成為可能偷錢之候選人，並獲得最高票數，個人在班上的評價受到貶損，其內心所受之痛苦；而被告貴為人師，對於同學誤稱丟掉金錢一事，竟以提名投票表決之方式來尋找拿錢之人，事後仍堅認其無過錯；以及原告係學生、被告月入約五萬餘元等兩造社會上身分、地位、資歷

等事項後，認原告請求以二十萬元為公允，逾此數額之請求，不應准許。從而，原告請求被告連帶賠償之損害於二十萬元內，及自延加起訴狀繕本送達翌日起至清償日止，按年息百分之五計算之遲延利息，為有理由，應予准許，逾此部分為無理由，應予駁回。

十三、台北市某國中老師檢查書包案

案號：臺灣臺北地方法院96年訴字第5356號民事判決
　　　臺灣高等法院97年上易字第171號民事判決

→（事實經過）

台北市某國民中學某班之班導師甲於民國95年9月某日晨間升旗時，帶班上5名男同學回班檢查全班學生之書包，班上學生乙及乙之父母認班導師顯已侵犯學生乙之隱私權，故以甲為被告起訴求償新臺幣一百萬元。臺灣台北地方法院以甲師為達維護校園秩序與學生安全等目的，在不逾越正當的權利行使範圍內，所採用之方法縱使侵害他人權利，應認具違法阻卻性，無庸賠償。案件上訴臺灣高等法院，臺灣高等法院即便本案甲師未先觀察學生舉止，再對特定可疑之學生進行搜查，無相當理由、合理懷疑即進行全面性之搜查學生個人物品屬實，屬誤解法律（緊急避難），其據此誤解執行職務，致生過失情形，非故意侵害學生乙之隱私權，學生乙及乙之父母祇得依《國家賠償法》之規定向國家請求賠償損害，班導師不負賠償責任。

→（地方法院判決結果）

法院認為因故意或過失，不法侵害他人之權利者，負損害賠償責任，民法第184條第1項前段固定有明文。惟侵權行為屬於違法行為之一種，如有阻卻違法事由，即非侵權行為，自無損害賠償責任之可言。而學校教育之目的並非單純知識之傳遞，並負有健全學生人格發展之任務，培養學生自制、守紀律、負責任等美德，是教師除了授課外，尚負有教育之任務，為實踐教育目的、維護校園秩序與學生安全，於教育活動實施時，應認教師有授業自由、教育評價權及生活指導權等，而教師對學生所採取輔導、管教甚而教育性措施及維護秩序

性措施，均屬於其教師專業裁量權之行使，除非教師在裁量上有違法或顯然不當，否則應尊重教師及學校本於專業及對事實眞象之熟知所爲之決定（參照司法院大法官會議釋字第382號解釋意旨）。

被告既係因執行春暉專案「防制幫派滲入校園」之工作，學校方面亦未特別要求或限制導師執行之方法，而委由導師針對各個班級的狀況去決定如何執行，被告爲達此維護校園秩序與學生安全等目的，在不逾越正當的權利行使範圍內，所採用之方法縱使侵害他人權利，應認具違法阻卻性，而被告爲瞭解班上學生有無攜帶違禁物品到校，而採用檢查書包之方法，此應係被告行使其生活指導權之裁量範疇，且無從認有何違反比例原則等顯然不當之處，縱使有侵害他人權利之情事，亦可阻卻違法。

況且原告雖指稱被告檢查書包之行爲有侵害其隱私權之情事，然隱私權之保障，並非泛無邊際，學說及實務上對隱私權之保障，仍有一定之分類及標準，如侵入私人獨處生活領域、公開揭露個人秘密等等，原告雖主張其隱私權受到侵害，然未能舉證具體說明被告檢查書包之行爲究侵害其何種個人之私密事務，其泛稱原告侵害其隱私權，亦屬無據。是原告主張被告有不法侵害其隱私權之侵權行爲，難認爲有理由。

一（高等法院判決結果）

隱私權雖非憲法明文列舉之權利，惟基於人性尊嚴及人格發展之完整，屬憲法第22條所保障之基本權利，民法第195條亦設有保護規定，故隱私權之範疇包含「保障個人生活私密領域免於他人侵擾」，上訴人上學所攜帶之書包，除上課所需之書本外，還包括個人私人之用品，如日記本、筆記本、衛生用品（衛生棉等）及其它不欲別人知曉之物品，故書包應認係上訴人生活私密領域，受隱私權之保護。

《教育基本法》第8條第2項明文規定：「學生之學習權、受教育權、身體自主權及人格發展權，國家應予保障，並使學生不受任何體罰，造成身心之侵害。」此條文即重申國家應保障學生學習權、受教育權、身體自主權及人格發展權等四項權利。又，教師之教學及對學生之輔導依法令及學校章則享有專業自主，固爲《教師法》第16條第6款所明定，然依該條文所示，教師對學生之輔導享有專業自主，須依法令及學校章則，始得享有之，故依上開《教育基本

法》第8條第2項中「學生人格發展權」之保障，及現行教育部「學校訂定教師輔導與管教學生辦法注意事項」第28點規定：「為維護學生之身體自主權與人格發展權，除法律有明文規定，或有相當理由及證據顯示特定學生涉嫌犯罪或攜帶第30點第1項及第2項各款所列之違禁物品，或為了避免緊急危害者外，教師及學校不得搜查學生身體及其私人物品（如書包、手提包等）（見本院卷第84頁）。因之，如無「有相當理由及證據」顯示特定學生涉嫌犯罪或攜帶第30點第1項及第2項各款所列之違禁物品，或為了避免緊急危害者，教師及學校不得搜查學生身體及其私人物品（如書包、手提包等）。

本件被上訴人於95年9月12日晨間升旗時，率班上五名男同學檢查全班書包之行為，係為執行台北市政府教育局之「春暉專案」（即防制幫派滲入校園）所為之行為。按，公務員因故意違背對於第三人應執行之職務，致第三人受損害者，負賠償責任。其因過失者，以被害人不能依他項方法受賠償時為限，負其責任（民法第186條第1項參照）；公務員於執行職務行使公權力時，因故意或過失不法侵害人民自由或權利者，國家應負損害賠償責任。公務員怠於執行職務，致人民自由或權利遭受損害者亦同。前項情形，公務員有故意或重大過失時，賠償義務機關對之有求償權（《國家賠償法》第2條參照）。

準此，公務員因故意違背對於第三人應執行之職務，致第三人之權利或利益受損害者，被害人得向公務員或國家請求賠償；若公務員之違背職務係出於過失者，則被害人祇得依《國家賠償法》之規定向國家請求賠償損害。因《國家賠償法》已於70年7月1日實施，公務員因一般過失而違背職務，侵害人民之權利者，對於被害人不負賠償責任（最高法院87年度台上字第473號判決參照），被害人因此所受損害係由國家負無過失責任。

查，台北市教育局95學年度「春暉專案」實施計畫，其執行方式有：（一）教育宣導；（二）清查：1、觀察（晤談）2、尿液篩檢；（三）輔導戒治」（見本院卷第35頁），另依「防制幫派滲入校園」春暉專案之指標參考資料固顯示，台北市政府教育局對各級學校學生疑似涉入幫派行為學生，列出三等級可能涉入之指標參考類型，供學校、教師觀察何種學生可能涉入幫派，進而對其為相關之輔導、關懷。第三級：極可能已涉入（如：自稱加入幫派或有幫派人士撐腰做後台者…）；第二級：高危險群對象（如：反社會傾向、價值

觀偏差者……）；第一級：較易涉入對象（如上課出缺席狀況不佳者……）。是以，縱如上訴人主張被上訴人未依上開指標配合執行，亦未先觀察學生舉止，再對特定可疑之學生進行搜查，無相當理由、合理懷疑即進行全面性之搜查學生個人物品屬實，亦屬誤解法律（緊急避難），並據此誤解執行職務，致生過失情形，亦非故意侵害上訴人之隱私權，上訴人祇得依《國家賠償法》之規定向國家請求賠償損害，被上訴人對於上訴人不負賠償責任。

十四、花蓮縣某國小體罰案

案號：臺灣高等法院花蓮分院98年上國易字第2號民事判決

→（事實經過）

花蓮縣某國民小學五年某班之導師甲，於民國95年12月間因學生乙男未繳交作文，以金屬長棍打乙男之手心；後又因乙男的作文寫在白紙上，再用金屬長棍打乙男之左、右手心以及臀部；隔日，又因乙男背不出來論語，復用金屬長棍打乙男左、右手，接著再打臀部等處成傷。前開傷害事件經媒體披露後，又衍生該校網站五年某班留言板出現恐嚇與辱罵乙男之文字。乙男及其父母提起訴訟請求國家賠償，案件經台灣花蓮地方法院判決學校應賠償十八萬元後，學校並未上訴，而乙男及其父母上訴臺灣高等法院花蓮分院後，二審法院就金錢賠償部分維持原判決（亦即超過十八萬部分學校仍無庸賠償），但另就刊登道歉啟事的部分，二審法院命學校應刊登道歉啟事。

→（高等法院判決結果）

法院認為上訴人乙男主張被上訴人之五年某班導師甲，於95年12月11日，因上訴人乙男未繳交作文，以金屬長棍打上訴人乙男之手心；95年12月12日，又因上訴人乙男的作文寫在白紙上，再用金屬長棍打上訴人乙男之左、右手心以及臀部；95年12月13日，又因上訴人乙男背不出論語，復用金屬長棍打乙左、右手，接著再打臀部等處成傷，經乙男之母丙帶到榮民醫院驗傷結果：「雙臀挫傷瘀血20×10公分、雙側前臂挫傷淤血6×7公分及8×5公分，左前臂0.5公分傷口。」次日，乙男之父丁擔心乙男有骨折，再帶乙男至榮民醫院就

診，診斷結果：「雙臀瘀血20×15公分，背10×0.2公分2處、左上臂至手背多處、右臂至前臂3處、左髖4×2公分、右後大腿等處瘀血。」等情，有其提出之榮民醫院診斷證明書可按。

按公務員於執行職務行使公權力時，因故意或過失不法侵害人民自由或權利者，國家應負損害賠償責任。次按教師應輔導或管教學生，導引其適性發展，並培養其健全人格，而輔導或管教學生辦法，由各校校務會議定之，《教師法》第17條亦有明文。被上訴人學校曾於93年間，依上開規定訂定教師輔導與管教學生辦法，其中第6條、第9條明白揭示：教師不得為情緒性或惡意性之管教；以其他適當措施教育學生時，執行應符合學校常規，並應在常理下被視為適當且不致傷害學生身心，復有該校教師輔導與管教學生辦法在卷可參。查甲係被上訴人學校之教師，被上訴人學校處於國家教育行政機關之地位，甲老師之教學活動、對學生之輔導管教，係代表國家為教育活動，屬於行政給付之一種，自屬行使公權力之行為。其於上開時地，違反上開規定，體罰上訴人乙男成傷，核屬不法侵害上訴人乙男之權利者，被上訴人自應負損害賠償責任。

再按不法侵害他人之身體、健康、名譽、自由、信用、隱私、貞操，或不法侵害其他人格法益而情節重大者，被害人雖非財產上之損害，亦得請求賠償相當之金額。其名譽被侵害者，並得請求回復名譽之適當處分。民法第195條第1項定有明文。法院審酌上訴人乙男因甲老師體罰，致受有雙臀瘀血20×15公分，背10×0.2公分2處、左上臂至手背多處、右臂至前臂3處、左髖4×2公分、右後大腿等處瘀血，傷痕累累。上開傷害事件經媒體披露後，衍生被上訴人學校網站五年某班留言板出現「他（指乙男）的傷口是塗紫藥水」、「聽說是塗紫藥水的」、「聽說是原住民媽媽想要多要點錢才加工的」、「這小孩很壞，老師不得不打」等惡意中傷之流言；嗣乙男於95年12月底轉至另一所國小後，96年4月1日又有人在該所國小司令台、籃球架及遊戲器材上，塗鴉留下「死乙男，最好把你打死」、「我告訴你，你一家人會被『刹』」、「乙男，幹，你以為轉學就不會有事，死七八幹」、「害她的人小心一點，如果她有事，你絕對逃不掉，因為你完了」、「乙男，你皮最好打爛」、「想害老師就小心自己的身體，幹」、「壞了原住民的榮譽、死阿美族的爛人」、「我知道其實你媽只是想要錢，愛錢的臭女人」等恐嚇與辱罵文字；雖無積極證據證

明上開中傷流言及恐嚇辱罵文字，係甲老師或被上訴人學校所為，惟衍生出之流言文字已對上訴人乙男之名譽造成非小之侵害及影響，致上訴人乙男因此患有精神官能性憂鬱症、長期性創傷後壓力疾患等精神病症，此有上訴人乙男提出之同心診所診斷證明書為證。

　　法院再審酌上訴人乙男目前之身分為國中學生，尚在人格發展階段，基於兒童及少年最佳利益原則，應給予相當之保護，以促進其身心健全發展。關於此部分，被上訴人學校於本院審理時，依上訴人之請求，已草擬如附件一所示之道歉聲明，表示同意登載在其學校網站一年。觀乎道歉聲明之內容，被上訴人已嚴肅地表明甲老師於任教班級，使用體罰，導致乙男學受傷送醫，實屬不當，特此致上誠摯歉意。並就事件發生後，有關「紫藥水」傳聞，認同承辦檢察官說法，純屬空穴來風，並非事實，請外界勿再以訛傳訛。至於學校網站留言板，出現外連之不恰當留言，被上訴人亦認為網路言論自由應有其道德及社會規範；並譴責未經查證即姑妄言之之不負責任留言者。日後學校網站之經營，自會小心翼翼，善盡管理之責。又對此事件造成社會一陣動盪，對基層教育產生不良影響，深感抱憾；同時期許所有教育界同仁本持相信學生，循循善誘，愛心關懷，給予適切教導，讓所有學生向上提升，成為優秀國民。並呼籲教育界同仁，共同杜絕體罰，並以為誡；經由教師言教身教，以愛心教化養成，讓所有學生能在潛移默化中，學識精進，學得品德典範。

　　法院認上開道歉聲明經被上訴人學校登載後，將能使此次體罰事件對上訴人乙男所造成之傷害及痛苦減至最輕程度，並發生慰撫之效果；對社會所造成之震撼，亦將漸漸平息；對教育界及家長尚存在之體罰，亦將產生警惕及杜絕之作用及效果。復審酌乙男尚無謀生能力；甲老師尚屬年輕，經濟狀況亦非富有等情狀。法院認為除原判決命被上訴人給付上訴人乙男十八萬元外，再由被上訴人於其學校網站登載道歉聲明如附件一所示，期間至100年6月為止，已足慰撫乙男精神上之痛苦，並回復其名譽，逾此請求逾越回復損害之必要程度，難認為有理由。

附件一

道歉聲明

　　本校（花蓮縣○○國民小學）於中華民國95年12月，因甲於任教班級，使用體罰，導致乙男受傷送醫，實屬不當，特此致上誠摯歉意。甲除受花蓮縣政府給予行政處分外，併花蓮地方法院之刑事判決確定，均已執行完畢。

　　事件發生後，有關「紫藥水」傳聞，根據承辦檢察官96年1月15日之「協調事項受話人通話內容」所稱述：「其臀部情形……就診時臀部不似有上過藥，其該處傷為表淺傷，約一、二週即可復原……該照片呈現紫色部分為瘀傷之表現……。」本校認同承辦檢察官說法。此一傳聞，純屬空穴來風，並非事實。本校特此聲明，以正視聽，請外界勿再以訛傳訛。

　　至於本校網站留言板，出現外連之不恰當留言，本校認為，網路言論自由應有其道德及社會規範，並譴責未經查證即姑妄言之，不負責任留言者。留言板已全數刪除並關板。日後本校網站之經營，自會小心翼翼，善盡管理之責。

　　此事造成社會一陣動盪，對基層教育產生不良影響，本校深感抱憾。期許所有教育界同仁本持相信學生，循循善誘，愛心關懷，給予適切教導，讓所有學生向上提升，成為優秀國民。

　　本校特此聲明，呼籲教育界同仁，共同杜絕體罰，並以為誡。經由教師言教身教，以愛心教化養成，讓所有學生能在潛移默化中，學識精進，學得品德典範。

○○國民小學　校長○○○

十五、台中市某國中體罰案

案號：臺灣臺中地方法院99年國字第7號民事判決

臺灣高等法院臺中分院99年上國字第5號民事判決

→ （事實經過）

　　學生甲於96年間就讀於丙國中3年某班，96年10月某日放學後，於下午6時30分許在校外巧遇該班導師乙，乙因學生甲制服上衣未紮進褲內，服裝不整，即當場斥責糾正，並動手用力扭轉甲臉頰，致甲臉部擦傷，臉頰上且留有三道傷痕。嗣甲於翌日返校上課時，其導師乙竟再罰令甲站於講台上，並在班上同學面前，持木板痛打甲臀部（甲及其同學稱有約108下，惟此尚有爭執），致甲受有臀部挫傷之傷害，其後更令甲至教室後方雙手高舉座椅罰站。台中地方法院認即使無法精細計算論定乙究竟持木板打原告臀部幾下，但由甲臀部受傷情形之照片以觀，可見原告臀部紅腫瘀青之範圍極廣，且其紅腫瘀青之顏色甚深，由其傷勢研判次數應非少數幾下，判丙國中應負國家賠償責任，賠償醫療費用二千一百三十四元及精神慰撫金三十萬元，合計三十萬二千一百三十四元。案件經甲及學校丙皆上訴臺灣高等法院臺中分院，二審法院仍維持原判。

→ （判決結果）

　　法院認為訴外人乙（即原告之導師）持木板打原告臀部即使無法精細計算論定次數，但由卷存原告臀部受傷情形之照片以觀，可見原告臀部紅腫瘀青之範圍極廣，且其紅腫瘀青之顏色甚深，由其傷勢研判，當時該師持木板打原告臀部之次數應非少數幾下，極有可能有失控狂打之情事，否則原告臀部瘀青紅腫之傷勢應不至於如此之劇。

　　訴外人乙係被告丙所聘任之教師，為公立學校教育人員，屬公務員。其身為原告甲就讀被告3年某班時之導師，應知其負有輔導或管教學生，導引其適任發展，培養學生健全人格之義務（《教師法》第17條第1項第4款參照），學生行為有違反校規或其他違法不當情形，應依學生人格特質、身心健康、行為動機及平時表現，施予適當之輔導或管教措施，不得對學生為不當之體罰行為，對學生造成身心傷害。訴外人乙僅因原告服裝不整，即動手用力扭轉原告臉頰，嗣後並再持木板狂打原告臀部，其後更責令原告至教室後方雙手高舉座

椅罰站，顯見其所施予之管教行為極不適當，其不當之體罰行為，造成原告臉部擦傷及臀部挫傷，顯對原告之身心造成傷害。又不法侵害他人之身體或健康者，被害人雖非財產上之損害，亦得請求賠償相當之金額，已分別為民法第193條第1項及第195條第1項前段所明定。本件原告甲因被告丙所聘任之教師乙對之為不當之體罰行為，致原告甲受有臉部擦傷及臀部挫傷等傷害，不法侵害原告甲之身體、健康等人格權，既已如前述，則原告甲請求被告丙應負金錢賠償責任，於法即屬正當。

　　賠償金額審酌如下：（1）醫療費用：屬原告甲所受之財產上損害，原告甲請求被告丙賠償必要之醫療費用二千一百三十四元，於法即屬有據，應予准許。（2）精神慰撫金：查原告甲因訴外人即被告丙所聘任教師乙之不當體罰行為，致受有臉部擦傷及臀部挫傷等傷害，足見原告之肉體及精神均蒙受痛苦，其請求被告丙賠償非財產上所受之損害（按即精神慰撫金），於法自屬有據。訴外人乙所以施予管教行為，其目的無非係為養成良好之生活習實，導引其適性發展，並培養其健全人格，故應採取適當措施管教學生，避免情緒性或不當之管教行為，以免對學生造成身心傷害。即使乙當初係出於一片善意，欲養成原告甲良好之品行行為，而對原告甲施予管教行為，然其竟僅因原告甲服裝儀容不整，即出手用力扭轉原告甲臉頰，翌日於課堂上復令原告甲站在講台上，於全班同學面前，持木板狂打原告甲臀部，其後再令原告甲至教室後方雙手高舉座椅罰站，則其所為該等管教體罰行為顯然已經過當，不僅在同學面前嚴重傷害原告甲自尊，更對原告甲之身心造成極大之傷害，而在其年少之心靈留下長久難以抹滅之陰影，是其所受精神上痛苦之程度自非輕微。法院爰斟酌兩造之身分地位、教育程度、經濟能力、原告甲受害情形及其所受精神上痛苦之程度等一切情狀，認被告丙應賠償原告精神上所受損害三十萬元，方為相當，逾此數額之請求，並非適當，不應准許。綜上所述，原告甲請求被告丙負國家賠償責任，既得請求被告丙賠償醫療費用二千一百三十四及精神慰撫金三十萬元，合計三十萬二千一百三十四元。

十六、新北市某國小午睡睡陽台案

案號：臺灣新北地方法院104年國字第29號民事判決

→（事實經過）

　　乙生於102年9月至104年3月間就讀國小1、2年級，遭甲師要求搬椅子到教室外側陽台（走廊另一側，約1坪大空間，設置洗手台並供擺放打掃用具）午休，且不能使用桌子，並告知以後午休就睡陽台，如不自動自發去陽台午休就處罰不能下課，導師甲師自乙生一年級下學期持續到二年級下學期，長達一年，在每週一天全日班之午休時間，迫使當時年僅6、7歲之乙生無論夏季、冬季，甚至寒流來襲，當全班師生緊閉門窗在教室內趴在桌上睡覺時，其需一人遭隔離在室外，趴在洗手台或椅背上午休。甲師惡意對乙生於午休時所為差別待遇，無正當理由利用老師之權威將乙生隔離於全班共同午休教室之外，造成乙生與同儕間之孤立。又當乙生試圖想回班上教室內午休時，同班同學受到甲師之影響，向乙生表示：「你睡覺不是在這裡，你趕快回去你的陽台睡」等語，甲師標籤化之行為，致同學以異樣眼光看待乙生，造成其內心不安、恐懼。乙生父母發覺上情，於104年3月10日午休時間親自前往忠義國小查看，目睹乙生於校內遭受差別待遇情形，甲師始意識到自身不當管教行為，卻辯稱不是處罰，乙生父母表達反對甲師之管教方式後隨即離去，讓乙生、同學及老師繼續上課。翌日，乙生起先為重感冒，需請病假無法上學，隨後每天常突如其來大哭、易怒，害怕聽到學校兩個字，更不定時躲在桌椅下哭泣，或鎖在自己房間內用手搥牆壁或打自己嘴巴，或到早上上學時間便表示肚子很痛，夜裡無法安穩入睡，直到天快亮才睡著，但入睡後不僅一直莫名發抖又時常驚醒，經精神內科醫師診斷為「創傷後壓力症候群」。

→（判決結果）

　　教師所應採行之輔導與管教措施，參考教育部為協助學校依《教師法》第17條規定訂定教師輔導與管教學生辦法所發布之學校訂定教師輔導與管教學生辦法注意事項第12條「比例原則」載明：「教師採行之輔導與管教措施，應與學生違規行為之情節輕重相當，並依下列原則為之：採取之措施應有助於目的之達成。有多種同樣能達成目的之措施時，應選擇對學生權益損害較少者。採

取之措施所造成之損害不得與欲達成目的之利益顯失均衡。」；第22條「教師之一般管教措施」載明：「教師得採取下列一般管教措施：……（十四）在教學場所一隅，暫時讓學生與其他同學保持適當距離，並以兩堂課為限。」等規定，應得作為判斷甲師對乙生所為管教行為，是否成立故意或過失不法侵害乙生之侵權行為之衡量標準。

　　甲師不問乙生於當日午休之表現為何及是否仍有違規行為，一概命應於每週二於陽台處午休，其採取之懲罰措施（要求乙生固定於陽台午休），顯然無助於目的（要求乙生安靜午休、不打擾他人）之達成，亦非侵害權益最小之手段，至上開學校訂定教師輔導與管教學生辦法注意事項第22條第1項第12款雖有教師得在教學場所一隅，暫時讓學生與其他同學保持適當距離之管教措施，然顯不包括得不問學生當時表現如何，於固定午休時間、常態性將學生隔離至不恰當場所之手段，是甲師所為上開管教行為，顯已逾比例原則及上開規定，甚為明確。其雖非明知並有意使乙生因於陽台午休一事受有心理上之創傷（其所受創傷部分，詳後述），亦難認有縱然乙生受有心理上創傷亦不違反其本意之未必故意，然其未能察覺該項懲處行為已逾比例原則，並體認乙生與其他學生間之個體差異，應有過失。

　　民法第186條第1項規定，本件甲師所為係屬過失侵害乙生權利之行為，乙生既得依國家賠償法之規定請求國家賠償，揆諸上開規定，自不得再依民法第186條第1項規定請求甲師負侵權行為損害賠償責任。最後判決學校應賠償醫療費用為三萬五千六百九十六元及精神慰撫金十五萬元。

十七、新北國中拍頭判賠三千元案
案號：臺灣新北地方法院104年國字第29號民事判決

→ （事實經過）

　　老師於民國104年9月30日，因學生在校未完成功課，於下課時動手打學生的頭，致原告身心受創。原告的教育權、平等權也受損。原告要依民法第184條第1項前段、第195條第1項為本件請求。老師打學生頭部一下之方法管教原告，即係親自對學生身體施加強制力之體罰行為，雖學生並未提出相當證據足

資證明其有因此受傷，然體罰本身已屬違法之處罰行為，業如前述，所屬自該當於侵害原告身體自主權、人格發展權等權利之侵權行為。

→（判決結果）

按《教師法》第17條第1項第4款規定：「教師除應遵守法令履行聘約外，並負有下列義務：……四輔導或管教學生，導引其適性發展，並培養其健全人格。」。是教師依照上開規定，固有輔導或管教學生之義務，惟其所得使用之手段，並不包括對學生施以體罰之情形，此參《教育基本法》第8條第2項規定：「學生之學習權、受教育權、身體自主權及人格發展權，國家應予保障，並使學生不受任何體罰及霸凌行為，造成身心之侵害。」，以及學校訂定教師輔導與管教學生辦法注意事項第1條規定：「規範目的：教育部為協助學校依教師法第十七條規定，訂定教師輔導與管教學生辦法，並落實教育基本法規定，積極維護學生之學習權、受教育權、身體自主權及人格發展權，且維護校園安全與教學秩序，特訂定本注意事項。」、第4條規定：「……管教：指教師基於第十點之目的，對學生須強化或導正之行為，所實施之各種有利或不利之集體或個別處置。處罰：指教師於教育過程中，為減少學生不當或違規行為，對學生所實施之各種不利處置，包括合法妥當以及違法或不當之處置；違法之處罰包括體罰、誹謗、公然侮辱、恐嚇及身心虐待等。」；以及「教師違法處罰措施參考表」，所列舉違法處罰之類型，包含教師親自對學生身體施加強制力之體罰，例如毆打、鞭打、打耳光、打手心、打臀部或責打身體其他部位等，且該表僅屬舉例說明之性質，其未列入之情形，符合法定要件（基於處罰之目的、使學生身體客觀上受到痛苦或身心受到侵害等要件）者，仍為違法處罰，法院判賠新台幣三千元。

十八、苗栗國小老師逼寫自白書案

案號：臺灣新北地方法院104年國字第29號民事判決

→ （事實經過）

老師為就導正學生窺視行為，因學生一直未承認偷窺行為，學生在午休時間，單獨經老師帶往走廊平臺，自同日12時30分許起至14時許止，將近一小時半之期間內，站立一手托板，另手書寫經過，老師不時對學生道以：「年滿12歲要送少年法庭，不承認會送去少年法院」、「沒有承認就要去警察局寫筆錄」、「把媽媽圍起來罵到哭」等言詞，已屬惡害告知、令人心生畏懼之言詞；衡諸常情，以學生之心智及當時身心狀況，經老師施加此等言詞與行為，對於個人意思形成、決定之自由之侵害程度，更甚於經常遭受處罰之學生或成人，足認被告過度干擾學生意思決定形成過程，而生強制作用，已逸脫原先對於管教窺視行徑之目的，悖離僅就窺視行為適當管教之目的，司法機關尚且不能強取任何被告自白或證人證詞、進而濫權追訴與審判，校園內老師面對幼小孩童，更不能執取得自白之目的，正當化其所為之過度管教，是老師故意侵害學生自由法益之事實，顯堪認定。刑事部分已判處拘役。

→ （判決結果）

按學生之學習權、受教育權、身體自主權及人格發展權，國家應予保障，並使學生不受任何體罰及霸凌行為，造成身心之侵害，《教育基本法》第8條第2項定有明文。教師負有積極維護學生受教之權益、輔導或管教學生，導引其適性發展，並培養其健全人格之義務，《教師法》第17條第2項、第4項亦有明定。教育部為協助學校依《教師法》第17條規定，訂定教師輔導與管教學生辦法，並落實《教育基本法》規定，積極維護學生之學習權、受教育權、身體自主權及人格發展權，且維護校園安全與教學秩序，特訂定「學校訂定教師輔導與管教學生辦法注意事項」，該注意事項12（比例原則）：「教師採行之輔導與管教措施，應與學生違規行為之情節輕重相當，並依下列原則為之：1.採取之措施應有助於目的之達成。2.有多種同樣能達成目的之措施時，應選擇對學生權益損害較少者。3.採取之措施所造成之損害不得與欲達成目的之利益顯

失均衡」、十三（輔導與管教學生應審酌情狀）：「教師輔導與管教學生應審酌個別學生下列情狀，以確保輔導與管教措施之合理有效性：1.行為之動機與目的。2.行為之手段與行為時所受之外在情境影響。3.行為違反義務之程度與所生之危險或損害。4.學生之人格特質、身心健康狀況、生活狀況與家庭狀況。5.學生之品行、智識程度與平時表現。6.行為後之態度」十四（輔導與管教學生之基本考量）：「教師輔導與管教學生，應先了解學生行為之原因，針對其原因選擇解決問題之方法，並視狀況調整或變更。」教師輔導與管教學生應尊重學生之學習權、受教育權、身體自主權及人格發展權，啟發學生自我察覺、自我省思及自制能力。十五（處罰之正當法律程序）「學校或教師處罰學生，應視情況適度給予學生陳述意見之機會，以了解其行為動機與目的等重要情狀，並適當說明處罰所針對之違規行為、實施處罰之理由及處罰之手段。學生對於教師之處罰措施提出異議，教師認為有理由者，得斟酌情形，調整所執行之處罰措施，必要時得將學生移請學務處（訓導處）或輔導處（室）處置」二二（教師之一般管教措施）「（十三）要求站立反省。但每次不得超過一堂課，每日累計不得超過兩小時。（十四）在教學場所一隅，暫時讓學生與其他同學保持適當距離，並以兩堂課為限」，前揭注意事項，亦經兩名被告老師行為時所屬國民小學教師輔導與管教學生辦法援用與訂定，被告老師當知前開規定，且應依前開規定之真諦輔導與管教學生。教師固有輔導與管教之權限，但最終目的則在於營造學生人格自由開展之最大可能空間，尊重學生憲法上之基本權、人格尊嚴與表意自由，最後判賠新台幣十五萬元。

國家圖書館出版品預行編目資料

老師，你也可以這樣做：校園法律實務與理念
／財團法人民間公民與法治教育基金會著.
-- 五版. -- 臺北市：五南圖書出版股份有
限公司, 2021.01
面；　公分
ISBN 978-986-522-113-3（平裝）

1.訓導　2.教育輔導

527　　　　　　　　　　109009179

1Q95

老師，你也可以這樣做！
──校園法律實務與理念

作　　　者 ─ 財團法人民間公民與法治教育基金會(446.4)

策　　　劃 ─ 黃旭田律師

發 行 人 ─ 楊榮川

總 經 理 ─ 楊士清

總 編 輯 ─ 楊秀麗

副總編輯 ─ 劉靜芬

責任編輯 ─ 黃郁婷

出 版 者 ─ 五南圖書出版股份有限公司

地　　　址：106台北市大安區和平東路二段339號4樓

電　　　話：(02)2705-5066　　傳　　　真：(02)2706-610

網　　　址：https://www.wunan.com.tw

電子郵件：wunan@wunan.com.tw

劃撥帳號：01068953

戶　　　名：五南圖書出版股份有限公司

法律顧問　林勝安律師

出版日期　2004年11月初版一刷（共十二刷）
　　　　　2006年 6 月二版一刷（共八刷）
　　　　　2008年 3 月三版一刷（共十三刷）
　　　　　2012年 7 月四版一刷（共八刷）
　　　　　2021年 1 月五版一刷
　　　　　2023年 7 月五版二刷

定　　　價　新臺幣400元

經典永恆・名著常在

五十週年的獻禮——經典名著文庫

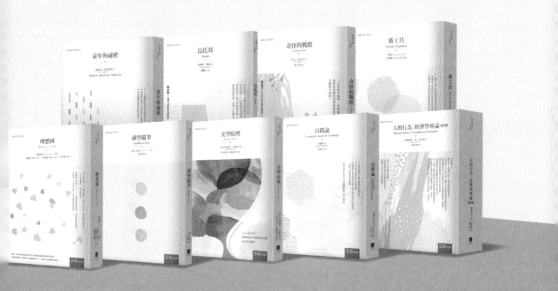

五南，五十年了，半個世紀，人生旅程的一大半，走過來了。

思索著，邁向百年的未來歷程，能為知識界、文化學術界作些什麼？

在速食文化的生態下，有什麼值得讓人雋永品味的？

歷代經典・當今名著，經過時間的洗禮，千錘百鍊，流傳至今，光芒耀人；

不僅使我們能領悟前人的智慧，同時也增深加廣我們思考的深度與視野。

我們決心投入巨資，有計畫的系統梳選，成立「經典名著文庫」，

希望收入古今中外思想性的、充滿睿智與獨見的經典、名著。

這是一項理想性的、永續性的巨大出版工程。

不在意讀者的眾寡，只考慮它的學術價值，力求完整展現先哲思想的軌跡；

為知識界開啟一片智慧之窗，營造一座百花綻放的世界文明公園，

任君遨遊、取菁吸蜜、嘉惠學子！